KB151514

〔증보판〕
자치통감15

〔증보판〕
자치통감15(권085~권090)

2021년 7월 10일 개정증보판 1쇄 찍음
2021년 7월 18일 개정증보판 1쇄 펴냄

지은이   사마광
옮긴이   권중달
펴낸이   정철재

펴낸곳   도서출판 삼화
등 록   제320-2006-50호
주 소   서울 관악구 남현1길 10, 2층
전 화   02)874-8830
팩 스   02)888-8899
홈페이지 www.samhwabook.com

도서출판 삼화, 2021, Printed in Seoul Korea

ISBN 979-11-5826-365-2 (94910)
       979-11-5826-498-7 (세트)

〔증보판〕

자치통감15

권085~권090

도서출판 삼화

증보판《자치통감》출판에 붙여

《자치통감》을 완역해서 세상에 내놓은 다음부터 많은 독자로부터 원문도 함께 읽고 싶다는 요구가 있었다. 그러나 원문 작업이 그리 만만한 일은 아니었을 뿐만 아니라 그보다도《자치통감》에 대한 이해를 돕기 위한 책들을 정리하는 것이 먼저라고 생각하였다.

그래서 탄생한 책이《자치통감》에 실린 사론을 정리하여 해설한《자치통감사론강의》이고, 중국 역사의 전체적인 흐름을 보려는 새로운 시도가《중국분열》이며, 복잡하여 이해하기 힘들다는 위진시대를 쉽게 이해하도록 사상사적 측면에서 접근해 본 것이《위진남북조 시대를 위한 변명》이고, 황제제도의 구조적인 모습을 보기 위한 작업이《황제뽑기》였다. 그 외에도《자치통감》을 좀 더 깊이 이해하고자 하는 독자를 위하여《평설자치통감》을 집필해야 했고, 대중들을 위하여 명언을 모아 설명한《촌철활인》, 입문서《자치통감 3번 태어나다》,《생존》,《3권으로 읽는 자치통감 294》 같은 일반인들의 교양물도 출간하였다.

물론 이러한 작업을 하면서도 눈에 띄는 대로 이미 출간한 원고의 보정 작업을 계속하면서 번역문에도 조금씩 수정을 가한 부분이 있게 되었다. 이러는 동안에도 많은 독자가 원문을 볼 수 없는 아쉬움을 표하는 경우를 접하면서 이왕 이 작업을 하는 바에야 독자들에게 원문을 제공하는 것이 옳을 것 같다는 생각을 하였다.

그러나 원문을 교정 보는 작업은 그리 간단하지가 않았고 많은 시간이 필요하였다. 그러나 '자치통감 행간읽기'를 마친 독자라면 좀 더 깊이 알고자 할 것이고, 따라서 번역문과 원문이 동시에 필요할 것이라는 데까지 생각이 미쳤다. 그리하여 작업이 끝나는 대로 번역과 원문을 붙여 증보판이라는 이름으로 출간하기로 하였다.

증보판을 내는 또 다른 이유는 우리가 그동안 익숙하게 아시아의 역사를 '중국사 프레임'으로 보는 것을 깨 보고자 하는 생각도 있다. 즉 중국 문화는 아시아 문화의 중심이며 중국 문화의 동심원적 확산이 바로 아시아 문화인 것처럼 이해하였다. 그뿐만 아니라 중원 대륙의 주인은 한족(漢族)이고, 언필칭 정사라고 하는 25사가 마치 한족 왕조의 면면히 이어졌다는 오해를 풀어야 하기 때문이다.

《자치통감》은 사마광이 역사 사실을 객관적으로 정리한 역사책이다. 이 책의 집필 의도가 황제나 집정자에게 교육시키려는 것이었으므로 '있는 사실 그대로'를 전하려고 하였던 것이었다. 편견 없는 역사 사실만이 진정으로 자신을 돌아보고, 새로운 방향을 설정할 수 있기 때문이었다. 역사적 진실만이 가치가 있는 것으로 생각한 사마광은 한족(漢族)임에도 한족의 단점과 실패의 사실도 집어낼 수 있었고, 이른바 이적의 장점도 은연중에 드러나게 하였다. 그러한 점에서 《자치통감》은 '중국사'가 아니라 '아시아사'이다.

그런데 숙황(叔皇) 금(金) 왕조에 쫓기어 남쪽으로 내려온 남송의 질황(侄皇) 치하에 살았던 주희는 몰락해 가는 한족을 목도하면서 한족에게 애국심을 고취하여야 했던 당시 시대적 상황에 맞추어 역사를 혈통 중심의 정통론이라는 허구적 이념을 세워 《자치통감》을 《자치통감강목》으로 만들어 중국 중심으로 역사를 보려고 하였다. 물론 이것은 시대적 상황에서 필요하였던 것이고 이념을 주장하기 위하여 역사를 이용한 것일 뿐이다.

그런데 우리나라에서는 주자학을 정치이데올로기로 받아들이고 이념서인 《자치통감강목》을 역사라고 오도함으로써 부지불식간에 아시아 역사를 중국 중심으로 보는 왜곡된 시각이 형성되었다. 그리하여 우리도 모르는 사이에 '혈통'이라는 편견을 가지고 역사를 본 《자치통감강목》의 영향으로 500여 년간 '중국사 프레임'에 갇히게 되었고, 그 영향은 오늘에까지도 미치고 있다.

'중국사 프레임'으로 보는 아시아 역사는 중원에 있는 나라는 한족(漢族)이 중심이고, 중원의 우수한 문화가 동심원적으로 사방으로 퍼져 나가 교화시킨 것이 아시아 문화이고, 화이(華夷)는 당연히 구별되고 이적은 배척되어야 하며, 중원에 세워진 왕조가 면면히 이어져 왔다는 것을 실재하였던 현실로 받아들였던 것이다.

《자치통감》은 주희가 이념으로 가공하기 전의 원본으로 '역사를 사실 그대로 이해할 수 있는' 것이 가능하지만 아직도 《자치통감》을 '중국사'로 생각하고 있는 사람이 대부분이다. 이제부터라도 《자치통감》을 1,362년간의 '아시아 역사'로 인식하기를 바란다.

대방재(待訪齋)에서
권중달 적음

목차

〔증보판〕
자치통감 15

권085
진기7 : 분열시대로의 진입

권088
진기10 : 북방을 포기한 진

권089
진기11 : 서진의 멸망

권090
진기12 : 사마예의 동진 건설

부록

《자치통감》 구성 : 총 294권 1,362년간

권차	기년 왕조	기록 기간	중 요 사 건
001~005	전국 주	기원전 403 ~256년 (148년간)	■ 주나라의 권위가 무너지고 제후국들이 통일을 위해 각축전을 벌인 전국시대.
006~008	진(秦)	기원전 255 ~207년 (49년간)	■ 전국시대에 진나라가 통일을 준비하고, 통일을 완성하였다가 망하는 과정.
009~068	한	기원전 206 ~서기 219년 (425년간)	■ 진의 해체와 유방의 한 왕조가 중국을 재통일한 과정. ■ 황제체제의 성립과 왕망의 찬탈과정. ■ 왕망의 몰락하는 전한시대와 왕망의 멸망과 유수의 후한이 재통일한 과정. ■ 호족들의 등장과 후한의 몰락과정.
069~078	위	220~264년 (45년간)	■ 후한의 멸망과 위·오·촉한의 삼국시대와 위의 촉한 정벌과정.
079~118	진(晉)	265~419년 (155년간)	■ 위의 몰락과 진의 등장과 삼국 통일과정. ■ 북방 오호의 남하 북방의 분열과 진의 남천과 남북 대결과정.
119~134	남북조 송	420~478년 (59년간)	■ 남조의 송 왕조와 북방민족이 중국 유입하여 이룩한 남북조시대.
135~144	남북조 제	479~501년 (23년간)	■ 남조 송의 멸망과 제의 건국, 북조와의 대결과정.

권차	기년 왕조	기록 기간	중 요 사 건
145~166	남북조 양	502~556년 (55년간)	■ 남조 제의 멸망과 양의 건국, 북조와의 대결과정.
167~176	남북조 진(陳)	557~588년 (32년간)	■ 남조 양의 멸망과 진의 건국, 북조와의 대결과정.
177~184	수	589~617년 (29년간)	■ 수 왕조의 중국 재통일과 멸망과정.
185~265	당	618~907년 (290년간)	■ 당 왕조의 성립과 중국 고대문화의 완성 과정과 당말 절도사의 발호와 당의 멸망 과정.
266~271	오대 후량	908~922년 (15년간)	■ 당의 멸망과 후량의 건설 및 오대십국의 진행과정.
272~279	오대 후당	923~935년 (13년간)	■ 후량의 멸망과 후당의 건설 및 오대십국 의 진행과정.
280~285	오대 후진	936~946년 (11년간)	■ 후당의 멸망과 후진의 건설 및 오대십국 의 진행과정.
286~289	오대 후한	947~950년 (4년간)	■ 후진의 멸망과 후한의 건설 및 오대십국 의 진행과정.
290~294	오대 후주	951~959년 (9년간)	■ 후한의 멸망과 송 태조 조광윤의 등장 및 오대십국의 진행과정.

《자치통감》 왕조 계통도

❖   는 기년 왕조이다.

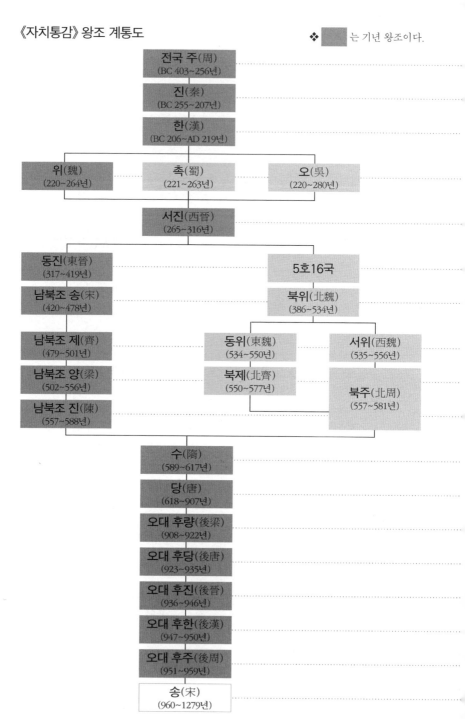

전국 주(周)
(BC 403~256년)

진(秦)
(BC 255~207년)

한(漢)
(BC 206~AD 219년)

위(魏)
(220~264년)

촉(蜀)
(221~263년)

오(吳)
(220~280년)

서진(西晉)
(265~316년)

동진(東晉)
(317~419년

5호16국

남북조 송(宋)
(420~478년)

북위(北魏)
(386~534년)

남북조 제(齊)
(479~501년)

동위(東魏)
(534~550년)

서위(西魏)
(535~556년)

남북조 양(梁)
(502~556년)

북제(北齊)
(550~577년)

북주(北周)
(557~581년)

남북조 진(陳)
(557~588년)

수(隋)
(589~617년)

당(唐)
(618~907년)

오대 후량(後梁)
(908~922년)

오대 후당(後唐)
(923~935년)

오대 후진(後晉)
(936~946년)

오대 후한(後漢)
(947~950년)

오대 후주(後周)
(951~959년)

송(宋)
(960~1279년)

❖ 전국·진시대(★은 기년 왕조임)

★주(周, ~BC 256년) 노(魯, ~BC 249년) ★진(秦, ~BC 207년)
정(鄭, ~BC 375년) 송(宋, ~BC 287년) 초(楚, ~BC 223년)
제(齊, ~BC 221년) 진(晉, ~BC 376년) 위(魏, ~BC 225년)
한(韓, ~BC 230년) 조(趙, ~BC 222년) 연(燕, ~BC 223년)
위(衛, ~BC 209년)

❖ 5호16국시대(★은 16국에 포함하지 않음)

■ 흉노(匈奴)
전조(前趙·漢, 304~329년) 북량(北凉, 397~439년) 하(夏, 407~431년)

■ 갈(羯)
후조(後趙, 319~350년)

■ 선비(鮮卑)
전연(前燕, 384~409년) 후연(後燕, 337~370년) 남연(南燕, 398~410년)
서진(西秦, 385~431년) 남량(南凉, 397~414년) ★서연(西燕, 384~394년)
★요서(遼西, 303~338년) ★대(代·魏, 315~376년)

■ 저(氐)
성한(成漢, 302~347년) 전진(前秦, 351~394년) 후량(後凉, 386~403년)
★구지(仇池, 296~371년)

■ 강(羌)
후진(後秦, 384~417년)

■ 한(漢)
전량(前凉, 301~376년) 서량(西凉, 400~420년) 북연(北燕, 409~436년)
★위(魏, 350~352년) ★후촉(後蜀, 405~413년)

❖ 오대의 십국

■ 십국
전촉(前蜀, 891~925년) 후촉(後蜀, 925~965년) 오(吳, 892~937년)
남당(南唐, 937~975년) 오월(吳越, 893~978년) 민(閩, 893~945년)
초(楚, 896~951년) 남한(南漢, 905~971년) 형남(荊南, 907~963년)
북한(北漢, 951~979년)

〔일러두기〕

· 이 책은 사마광의《자치통감》의 고힐강(顧頡剛) 외의 표점본을 저본으로 하여 전국시대부터 오대후주시대까지의 전권(294권)을 완역한 것이다.

· 번역의 기본 원칙은 원전이 갖고 있는 통감필법의 정신을 최대한 살린다는 의미에서 직역하되 의미가 불분명한 경우는 역자의 역주로 설명했다.

· 역자가 내용과 분량을 감안하여 문단을 나누고 각 문단마다 제목을 달았다.

· 필요한 한자어는 괄호 속에 병기했다.

· 인명, 지명, 관직명 등 고유명사는 외래어 표기법을 따르지 않고 한글 발음대로 표기했다. 인명 가운데 원문에 성이 기록돼 있지 않은 것도 이해를 돕기 위해 성을 추가하였다. 지명은 괄호 속에 현재의 지명을 넣었고, 주(州)·군(郡)·현(縣) 등 행정 단위가 생략되었지만 필요한 경우 이를 추가하였다. 관직명은 길고 그 업무가 생소하고 길게 느껴질 경우 관직명 자체를 우리말로 풀어주고 원 관직명은 각주로 설명을 보충했다.

· 간지로 된 날짜는 괄호 속에 숫자로 표시했다.

· 본문의 '帝'는 '황제'로, '上'은 '황상'으로 번역했다.

· 책이름이나 출전은《 》, 편명은〈 〉로 했다.

· 본문에서 전후관계를 알아야 할 사건이나 내용, 용어, 고사 등 설명이 필요한 경우 각주로 설명을 보충했다.

· 독자들의 이해를 돕기 위해 각주의 설명이 다소 중복 되게 하였다.

· 주어가 생략된 경우는 해당 연도의 기준을 삼은 황제가 주어이다.

· 음은 호삼성의 음주를 따랐다.

· 사마광의 평론은 사마광이 황제에게 아뢰는 것이므로 경어체로, 사마광 이외의 평론은 사마광이 인용한 것이므로 원전의 표현의 살려 평상체로 번역했다.

· 한글로 번역하여 말뜻이 분명하지 않을 경우〔 〕안에 한자를 넣었다.

권085

진기7

분열시대로의 진입

반란군 이특의 죽음

혜제 태안 2년(癸亥, 303년)[1]

1 봄, 정월에 이특이 몰래 강을 건너서 나상(羅尚)을 공격하니 강에 있던 군사들이[2] 전부 흩어져서 달아났다. 촉군(蜀郡)태수 서검(徐儉)이 소성(小城)을 가지고 와서 항복하자, 이특이 들어가서 점거하였는데, 오직 말만을 빼앗아서 군사들에게 제공하였고, 나머지는 침해하여 약탈한 것이 없었으며 그 경내에 사면령을 내리고 기원을 고쳐서 건초(建初)라고 하였다.

나상은 태성(太城)[3]을 지키면서 사자를 파견하여 이특에게 화의를 청구하였다. 촉지역의 백성들 가운데 서로 모여서 오(塢, 마을 단위로 쌓은 작은 보루)를 만들었던 사람들 모두가 이특에게 귀부할 뜻을 보내오

---

1 이특의 건초(建初) 원년이며, 한(漢) 유니(劉尼)의 신봉(神鳳) 원년이다.

2 비수(郫水)에 있던 군사를 말한다.

3 군의 치소는 소성에 있었고, 주의 치소는 태성에 있었는데, 이 두 성은 이어져 있었고, 모두 성도시에 있었다.

자 이특이 사자를 파견하여 그들을 위무하고 군대 안에 양식이 적었기 때문에 마침내 여섯 군의 유민을 여러 보루로 나누어 보내서 밥을 먹게 하였다.

이류(李流)가 이특에게 말하였다.

"여러 오(塢)에서 새로이 귀부하여 사람들의 마음이 아직 확고하지가 아니하니 의당 그 대성(大姓)⁴의 자제를 인질로 삼고서 군사를 모아 스스로 지키게 하여 예측할 수 없는 일이 일어날 것을 대비하여야 합니다."⁵

또 이특의 사마 상관돈(上官惇)에게 편지를 보내어 말하였다.

"항복하는 사람을 받아들이는 것은 마치 적을 맞이하는 것과 같으니 쉽게 처리할 수는 없습니다."

전장군 이웅(李雄)도 역시 그러할 것이라고 생각하였다. 이특이 화가 나서 말하였다.

"큰일은 이미 확정되었으니, 다만 마땅히 백성들을 편안하게 하여야 할 뿐인데 어찌하여 다시 거꾸로 의심하고 거리껴서 그들로 하여금 이반(離叛)하게 하려고 하느냐?"

조정에서는 형주(荊州, 치소는 호북성 襄陽市)자사 종대(宗岱)·건평(建平, 사천성 巫山縣)태수 손부(孫阜)를 파견하여 수군 3만 명을 거느리고 가서 나상을 구원하게 하였다. 종대는 손부를 선봉으로 삼아서 나아가 양덕(德陽)을 압박하게 하였는데, 이특은 이탕(李蕩)과 촉군태

---

4 한 족속 단위로 거주하는데, 그 수가 많고 세력이 있는 족속을 말한다.

5 거짓으로 항복하는 사람이 있을까 두려우니 마땅히 엄하게 대비하는데 특별히 적(敵)을 대하는 것처럼 하여야 한다는 말이다.

수 이황(李璜)을 파견하여 덕양태수 임장(任臧)에게 보내 함께 그들을 막도록 하였다. 종대·손부의 군사 세력은 아주 강성하였으므로 여러 보루에서는 모두 두 마음을 품었다.

익주(益州)의 병조종사(兵曹從事)[6]인 촉군 사람 임예(任叡)가 나상에게 말하였다.

"이특은 무리들을 분산시켜 나아가서 밥을 먹게 하였으며 교만하고 게을러서 아무런 방비를 하지 아니하니 이는 하늘이 망하게 할 때입니다. 의당 여러 오(塢)는 비밀리에 시간을 정하여 동시에 발동하여 안팎으로 그를 공격하면 격파하는 것은 분명합니다."

나상은 임예에게 밤중에 밧줄을 걸고 성을 빠져 나가게 하여 여러 오(塢)에 그 뜻을 선전하였는데, 2월 10일로 기약하여 동시에 이특을 공격하기로 하였다. 임예가 이 기회를 통하여 이특에게 가서 거짓으로 항복하니 이특이 대성 안의 허실을 물었다.

임예가 말하였다.

"저축된 양식이 거의 다 없어졌고, 다만 남은 물건은 비단뿐입니다."

임예가 나가서 집안을 살피게 해달라고 청하자 이특이 이를 허락하니 드디어 돌아와서 나상에게 보고하였다.

2월에 나상이 군사를 파견하여 이특의 군영을 엄습하니 여러 오(塢)에서 모두 이에 호응하여 이특의 군사는 대패하였고, 이특과 이보(李輔)·이원(李遠)의 목을 베고 시체를 모두 태워버리고 그 수급(首級)을 낙양으로 보내니 유민들이 크게 두려워하였다. 이탕(李蕩)·이웅(李雄)

---

6 조(曹)는 주(州)에 있는 부서의 하나로 병조는 군사에 관한 사무를 담당하는 부서이고, 종사는 그 책임자에 해당하는 직책이다.

은 나머지 무리를 수습하여 적조(赤祖, 사천성 綿竹縣의 동쪽)로 돌아가서 지켰다.

이류는 자칭 대장군·대도독·익주목이라 하면서 동쪽 군영을 지켰고, 이탕·이웅은 북쪽 군영을 지켰다. 손부는 덕양을 격파하고 건석(寋碩)을 붙잡았으며 임장은 물러나서 부릉(涪陵, 사천성 彭水縣)에 주둔하였다.

3월에 나상은 독호인 하충(何沖)·상심(常深)을 파견하여 이류를 공격하니, 부릉의 백성인 약신(藥紳)이 또한 군사를 일으켜서 이류를 공격하였다. 이류와 이양(李驤)은 약신을 막고, 하충은 빈틈을 타서 북쪽 군영은 공격하였는데, 저족(氐族)인 부성(苻成)·외백(隗伯)이 영내에 있다가 반란을 일으켜서 이에 호응하였다.

이탕의 어머니 나씨(羅氏)는 갑옷을 입고 막으며 싸웠는데, 외백이 손칼로 그녀의 눈을 상하게 하였지만 나씨의 기운은 더욱 장열하였다. 마침 이류 등이 상심·약신을 격파하고 군사를 이끌고 돌아가 하충과 싸워서 그를 대파하였다. 부성·외백은 그 무리를 인솔하고 돌격해 나가서 나상에게로 갔다. 이류 등은 이긴 기세를 타고서 성도(成都)에까지 다다르니, 나상이 다시금 성문을 닫고 스스로 지켰다. 이탕이 말을 달려 패배한 사람들을 쫓아가다가 창에 맞아서 죽었다.

조정에서는 시중 유침(劉沈)을 파견하여 가절로 나상·허웅(許雄)[7] 등의 군사를 통제하면서 이류를 토벌하게 하였다. 가다가 장안에 도착하였는데 하간왕 사마옹이 유침을 그곳에 머물게 하여 군사(軍師)로 삼고 석원(席薳)을 파견하여 그를 대신하게 하였다.

―――――――
7 나상은 익주의 군사를 인솔하였고, 허웅은 양주의 군사를 지휘하고 있었다.

이류는 이특·이탕이 계속하여 죽은데다가 종대·손부가 장차 그곳에 도착하게 되었으므로 대단히 두려워하였다. 이함이 이류에게 항복할 것을 권고하니 이류가 이를 좇았는데 이양(李驤)·이웅이 번갈아 간하였으나 받아들이지 않았다.

여름, 5월에 이류는 그의 아들 이세(李世)와 이함의 아들 이호(李胡)를 인질로 삼아서 손부의 군영으로 파견하였다. 이호의 형 이리(李離)는 재동(梓潼, 사천성 재동현)태수였는데, 이 소식을 듣고 군에서부터 말을 달려와서 간하려고 하였으나 따라잡지 못하였다.

물러나서 이웅과 더불어 손부의 군대를 습격할 것을 모의하였는데 이웅이 말하였다.

"오늘의 계책을 위해서는 마땅히 이처럼 하여야 하지만 두 영감님[8]이 좇지 않는다면 어떻게 해야 하오?"

이리가 말하였다.

"마땅히 그들을 겁주어야 합니다."

이웅은 크게 기뻐하며 마침내 함께 유민들에게 유세하였다.

"우리 무리들은 전에 이미 촉지역 백성들에게 잔포한 행동을 하였는데 이제 하루아침에 손을 놓게 된다면 바로 그들의 어육(魚肉)이 될 것이니 오직 같은 마음으로 손부를 습격하여 그들의 부귀함을 빼앗아야 합니다."

무리들이 모두 이를 좇았다.

이웅은 드디어 이리와 함께 손부의 군사를 습격하여 그들을 대파하였다. 마침 종대가 점강(墊江, 사천성 合川縣)에서 죽자 형주의 군사들

---

8 이류와 이함을 말한다.

이 드디어 퇴각하였다. 이류는 아주 부끄러워하였고, 이로부터 이웅의 재주를 기이하게 생각하여 군사에 관한 일은 모두 그에게 위임하였다.

촉지역의 반란세력 장창과 이류

2   신야장왕(新野莊王)[9] 사마흠은 정치를 하는 것이 대단히 급하여서 경내에 있는 만이(蠻夷)들에게 인심을 잃었는데, 의양(義陽, 하남성 신야현)의 만족(蠻族) 장창(張昌)이 무리 수천 명을 모아서 난을 일으키려고 하였다. 형주(荊州, 치소는 호북성 樊陽市)에서는 임오(壬午)의 조서[10]로 무용군(武勇軍)[11]을 발동하여 익주(益州)로 가서 이류를 토벌하니, '임오병(壬午兵)'이라고 불렀다. 백성들은 원정을 떠나는 것을 꺼렸으므로 모두가 가기를 원치 않았다.

조서에서는 엄하고 급하게 파견하라고 독촉하여 지나가는 지역의 경계 안에서 5일간 머무른 사람이 있으면 이천석 관원은 면직되도록 하였다. 이로부터 군현의 장관(長官)들은 모두 친히 나가 몰아서 내쫓으니 이리저리 돌다가 멀리 가지 못하고 갑자기 다시 모여들어서 도적 떼가 되었다.

---

9 사마흠은 신야왕이고, 그가 죽은 다음에 시호를 장왕이라고 하였다.

10 지난 정월 임오(壬午)일, 즉 정월 8일에 내린 조서를 말한다.

11 명목만은 무용이 있는 군사란 의미이지만 실제로는 민병이었다.

그때 강하(江夏, 호북성 安陸縣)지역은 크게 풍년이 들어서 백성들 중 밥을 얻어먹으려고 간 사람이 수천 명이었다. 장창은 이를 이용하여 백성들을 속여서 유혹하고 성명을 바꾸어 이진(李辰)이라고 하면서 안륙(安陸)의 석암산(石巖山)에서 무리를 모집하니, 여러 유민과 수자리의 역역(力役)을 피하였던 사람들이 대부분 그를 좇았다.

태수 궁흠(弓欽)이 군사를 파견하여 그들을 토벌하였으나, 이기지 못하였다. 장창이 드디어 군(郡, 강하군)을 공격하니 궁흠의 군사가 패하여 부장 주사(朱伺)와 더불어 무창(武昌, 호북성 鄂城縣)으로 달아났다. 궁흠은 기독(騎督) 근만(靳滿)을 파견하여 그를 토벌하게 하였지만 근만은 다시 패하여 달아났다.

장창이 드디어 강하를 점거하고 요사스러운 말을 만들었다.

"성인이 출현하시게 되니 백성을 위한 군주가 될 것이다."

산도현(山都縣, 호북성 양양현의 서북쪽 40km 지점)의 현리 구침(丘沈)을 찾아내어 다시 성명을 바꾸어 유니(劉尼)라고 하고서 거짓으로 한(漢)의 후예라고 하며 받들고 천자라고 하면서 말하였다.

"이분이 성인이다."

장창이 스스로 상국(相國)이 되고 거짓으로 봉황과 옥새(玉璽)의 상서로운 물건을 만들고 기원을 신봉(神鳳)이라고 세우고, 교외에서의 제사와 관복의 색깔을 모두 한대의 고사(故事)에 의거하였다. 군사 모집에 응하지 않는 사람이 있으면 그를 족멸(族滅)하니 사민(士民)들은 감히 그를 좇지 않는 사람이 없었다.

또 말을 퍼뜨렸다.

"장강·회하(淮河) 이남이 모두 반란을 일으켰는데, 관군도 크게 군사를 일으켜 모두 죽일 것이다."

서로서로 선동하니, 사람들은 마음으로 두려워하게 되었고, 장강과 면수(沔水) 사이에 있는 곳에서 군사를 일으켜서 장창에게 호응하니 순월(旬月)[12] 사이에 무리가 3만 명이 되었으며 모두 붉은 모자를 썼고, 말꼬리로 수염을 만들어 붙였다. 조서를 내려서 감군(監軍) 화굉(華宏)을 파견하여 이를 토벌하게 하였지만 장산(障山, 호북성 安陸縣의 동쪽으로 20km 지점)에서 패하였다.

사마흠[13]이 편지를 올렸다.

"요사스러운 도적인 개나 양 같은 무리들이 1만 명을 헤아리게 되었는데, 붉은 머리띠를 두르고 얼굴에 털을 붙이고서 칼을 휘두르고 창을 놀리며[14] 달려드니 그 예봉을 감당할 수 없습니다. 청컨대 대(臺)에서는 여러 군대에게 칙령을 내리시어 세 길로 와서 구조하여주십시오."

조정에서는 둔기(屯騎)교위 유교(劉喬)를 예주(豫州, 하남성의 동부지역)자사로 삼고 영삭(寧朔)장군인 패국(沛國, 안휘성 濉溪縣) 사람 유홍(劉弘)을 형주(荊州, 호북성과 호남성)자사로 삼았다.

또 하간왕 사마옹에게 조서를 내려 옹주(雍州, 섬서성 중북부지역)자사 유침(劉沈)을 파견하여 주병(州兵) 1만 명을 거느리고 함께 정서(征

---

12 열흘이나 한 달 정도의 짧은 기간을 말한다.

13 신야왕이다.

14 원문에는 도도(挑刀)·주극(走戟)이라고 되어 있다. 호삼성은 '도도란 무도(舞刀)인데, 시골에서 사나운 백성들이 두 손으로 쌍칼을 휘두르며 앉아서 나아갔다 물러났다 하면서 차서 찌르려는 자세를 갖고 칼을 공중으로 1~2장 높이로 던졌다가 손으로 다시 잡는 것이고, 무극(舞戟)을 잘하는 사람이 좌우로 다니며 적을 찌르려는 자세를 가지며 창을 가지고 몸을 돌려서 회전하는데 마치 구르는 것 같으며, 또 창을 땅에 대고 뛰어 그 위를 지나는데 특히 날쌔고 민첩한데 이를 주극이라.'고 하였다.

西)장군부[15]의 군사 5천 명을 합하여서 남전관(藍田關, 섬서성 남전현의 경계 지점. 秦나라시대의 嶢關)으로 나가서 장창을 토벌하라고 하였다.

사마옹이 이 조서를 받들지 않고, 유침이 스스로 주병을 거느리고 남전에 도착하니, 사마옹이 또 압박하여 그 무리들을 탈취하였다. 이에 유교는 여남(汝南, 하남성 여남현)에 주둔하고, 유홍과 전(前)장군 조양(趙驤)·평남(平南)장군 양이(羊伊)는 완(宛, 하남성 南陽市)에 주둔하였다. 장창은 그의 장수 황림(黃林)을 파견하여 2만 명을 인솔하고 예주(豫州)를 향하게 하였는데 유교가 이들을 쳐서 물리쳤다.

애초에, 사마흠과 제왕 사마경은 잘 지냈는데 사마경이 실패하자 사마흠은 두려워서 스스로 대장군 사마영과 관계를 맺었다. 장창이 반란을 일으키기에 이르자 사마흠이 표문을 올려서 그들을 토벌하게 해달라고 청하였다. 그때 장사왕 사마예(司馬乂)는 이미 사마영과 틈이 생겨서 사마흠과 사마영이 연락을 하며 모의할까 의심하고 사마흠이 출병하겠다는 것을 들어주지 않았지만 장창의 무리가 날로 강성해졌다.

종사(從事)중랑 손순(孫洵)이 사마흠에게 말하였다.

"공께서는 악목(岳牧)[16]이셔서 곤외(閫外)[17]의 부탁을 받으면, 절하고 표문을 올리며 번번이 시행할 것인데, 어찌하여 할 수 없다고 하십니까? 그리고 간사하고 흉측한 무리들이 무성하게 자라게 하여서 화

---

15 하간왕 사마옹은 이때 정서장군이었다.

16 고대에는 중앙에서 사방으로 파견하여 각 제후국의 귀족을 통솔하는 사람을 4악(岳)이라고 하였고, 12목(牧)은 12개 지구로 파견한 지방관리 책임자를 말한다. 후대에는 한 방향의 지역을 담당하는 사람을 말한다.

17 곤은 곽문(郭門)이나 국문(國門)을 말한다. 그러므로 곤외란 밖에서 군사를 통솔하는 임무를 말한다.

(禍)와 틈새가 언제 나타날지 헤아릴 수 없는데 어떻게 왕실을 둘러싼 줄기 노릇을 하며 방하(方夏)를[18] 진정시키는 옳은 일을 하시렵니까?"

사마흠이 곧 군사를 출병시키려 하는데 왕수(王綏)가 말하였다.

"장창 등은 작은 도적이니 편장(偏將)이나 비장(裨將)으로도 그들을 제지하기에 충분할 것인데 어찌하여 꼭 조령을 위반하고 화살이나 돌이 나는 곳을 가까이하려고 하십니까?"

장창이 번성(樊城, 호북성 양번시)에 이르렀는데, 사마흠이 마침내 나가서 그들을 막았으나, 무리들이 무너지고 장창에게 살해되었다.[19]

조서를 내려서 유홍(劉弘)으로 사마흠을 대신하여 진남(鎭南)장군으로 삼고 도독형주제군사(都督荊州諸軍事)로 삼았다. 6월에 유홍이 남만(南蠻) 장사(長史) 도간(陶侃)을 대도호(大都護)로 삼고, 참군 괴긍(蒯恆)을 의군독호(義軍督護)로 삼았으며, 아문장(牙門將) 피초(皮初)를 도전수(都戰帥)[20]로 삼아 진격하여 양양(襄陽, 하남성 남양시)을 점거하였다.

장창은 군사를 아울러 가지고 완(宛)을 포위하고 조양(趙驤)의 군사를 격파하고 양이(羊伊)[21]를 죽였다. 유홍이 물러나서 양(梁, 하남성 (臨汝縣)에 주둔하였다. 장창이 나아가서 양양을 공격하였으나 이기지 못하였다.

---

18 화하지역을 말하는 것으로 진(晉)을 지적한 것이다.

19 사마흠은 반란세력에게 피살된 첫 번째의 친왕(親王)이 된 셈이다.

20 남만(南蠻) 장사(長史)는 남만교위의 장사를 말하며 대도호(大都護)는 큰 군영의 지휘자이고, 의군독호는 민간인으로 구성된 군영의 지휘관이고, 도전수(都戰帥)는 총지휘를 담당하는 사람이다.

21 이때 조양(趙驤)은 전장군이었고, 양이(羊伊)는 평남(平南)장군이었다.

3   이웅(李雄)[22]은 문산(汶山)태수 진도(陳圖)를 공격하여 죽이고
드디어 비성(郫城, 사천성 비현. 성도에서 30km 지점)을 빼앗았다.

가을, 7월에 이류(李流)가 옮겨서 비성에 주둔하였다. 촉(蜀)의 백성
들은 모두 험한 지역을 지키며 보루(堡壘)를 만들거나, 혹은 남쪽의 영
주(寧州)로 들어가거나 혹은 동쪽의 형주(荊州)로 내려가서 성읍은 모
두 텅 비었고 들에는 밥 짓는 연기가 나지 않으니, 이류의 무리들이 노
략질을 하였으나 얻은 것이 없었으므로 병사들은 주리고 궁핍했다.

오직 부릉(涪陵)의 1천여 집만 청성산(靑城山)[23]에 있는 처사(處士)
범장생(范長生)에게 의거하고 있었는데, 평서참군(平西參軍)인 부릉
사람 서여(徐轝)가 나상[24]에게 유세하여 문산(汶山, 사천성 汶川의 서남
쪽)태수를 시켜주면 범장생을 초청하여 그와 연결하고서 함께 이류를
토벌하겠다고 하였다.

나상이 허락하지 않으니 서여가 화가 나서 나아가 이류에게 항복하
니 이류는 서여를 안서(安西)장군으로 삼았다. 서여는 범장생에게 유
세하여 군량을 이류에게 공급하도록 하니 범장생이 이를 따르자 이류
의 군사들은 이로부터 다시 떨쳤다.

---

22 익주의 반란세력의 우두머리인 이류의 조카이다.

23 민산(岷山)산맥은 사천성 관현을 거쳐 나가면 여기에 청산봉(靑山峰)이 있고
민산산맥의 제일 높은 봉우리라고 한다.

24 평서참군(平西參軍)은 평서장군부의 참군이라는 말이고 나상은 이때 익주자
사였다.

4   처음에, 이함(李含)이 장사왕 사마예의 세력이 미약하여 반드시
제왕(齊王) 사마경에게 살해될 것이니, 이를 이용하여 사마경의 죄라
고 하고 그를 토벌하고서 황제[혜제 사마충]를 폐위시키고 대장군 사마
영(司馬穎)을 황제로 세우고, 하간왕 사마옹을 재상으로 삼고 자기가
모든 일을 처리하려고 하였다.[25]

이미 사마경이 사마예에게 살해되었고, 사마영과 사마옹이 번국(藩
國)을 지키고 있게 되자 꾀한 바와 같지 못하였다. 사마영이 세운 공로
를 믿고 교만하고 사치하여 모든 제도가 해이해지고 무너져서 사마경
의 시대보다 더 심하니 오히려 사마예가 중앙에 있어서 그가 바라는
것을 이룰 수가 없게 된 것을 싫어하여 그를 제거시키려고 하였다.

그때 황보상(皇甫商)이 다시 사마예의 참군(參軍)이 되었고 황보상
의 형 황보중(皇甫重)을 진주(秦州, 감숙성 동부지역)자사로 삼았다. 이
함이 사마옹에게 유세하였다.

"황보상은 사마예가 일을 맡겼지만 황보중은 끝내 다른 사람이 채용

----

25 이 계획을 세운 것은 혜제 태안 2년(302년)의 일이다.

할 수 없을 것이니[26] 의당 일찍이 그를 제거해야 합니다. 표문을 올려서 황보중을 내직(內職)으로 옮기게 하고 그가 장안을 지나는 것을 이용하여 붙잡으십시오."

황보중이 이를 알고 노격(露檄)[27]을 상서성에 올리고, 농상(隴上)[28]의 군사를 발동하여 이함을 토벌하겠다고 하였다. 사마예는 군사들이 바야흐로 조금 쉬고 있었으므로 사자를 파견하여 황보중에게 조서를 내려서 군사행동을 철폐하도록 하였고, 이함을 징소(徵召)하여 하남윤(河南尹)으로 삼았다.

이함이 징소에 응하였으나, 황보중이 조서를 받들지 아니하니 사마옹은 금성(金城, 감숙성 난주시)태수 유해(游楷)·농서(隴西, 감숙성 농서현)태수 한치(韓稚) 등을 파견하여 네 군의 군사를 합하여 그를 공격하게 하였다.

사마옹은 비밀리에 이함과 시중 풍손(馮蓀)·중서령 변수(卞粹)로 하여금 사마예를 모의하여 죽이게 하였는데, 황보상이 이 사실을 사마예에게 알려서 이함·풍손·변수를 잡아서 죽였다. 표기종사(驃騎從事)[29]인 낭야(琅邪, 산동성 제성현) 사람 제갈매(諸葛玫)·전 사도부(司徒府) 장사인 무읍(武邑, 하북성 무읍) 사람 견수(牽秀)는 모두 업성으로 달아났다.

---

26 황보상과 이함은 사이가 좋지 않았던 사건은 혜제 태안 2년(302년)의 일이고, 《자치통감》 권84에 실려 있다.

27 밀봉하지 않고 공개적으로 보낸 격문이다. 이러한 경우는 편지에서 언급한 내용이 세상에 공개되기를 바라는 경우에 사용한다.

28 농서와 같은 말이다. 농산(隴山)의 서부지역으로 감숙성 농산인데, 육반산(六盤山)의 서쪽과 황하의 동부지역을 말한다.

29 표기장군부의 종사를 말한다.

5   장창의 무리인 석빙(石氷)이 양주(揚州)를 노략질하여 자사 진휘(陳徽)를 패배시키니 여러 군이 모두 무너졌다. 또 강주(江州, 치소는 강서성 구강시)를 공격하여 격파하고, 별장 진정(陳貞)이 무릉(武陵, 혼암성 상덕시)·영릉(零陵, 호남성 영릉시)·예장(豫章, 강서성 남창시)·무창(武昌, 강서성 鄂城縣)·장사(長沙, 호남성 장사시)를 공격하여 모두 이곳들을 함락시켰고, 임회(臨淮, 강소성 肝胎縣) 사람 봉운(封雲)이 군사를 일으켜 서주(徐州)를 침략하면서 석빙에게 호응하였다.

이에 형주·강주·서주·양주·예주의 다섯 주의 경내는 대부분 장창이 점거한바 되었다. 장창은 주목(州牧)과 군수(郡守)를 바꾸어 세웠는데, 모두 사나운 도적 출신의 소인들이었으므로 오로지 겁탈이나 약탈에만 힘썼다.

유홍(劉弘)이 도간(陶侃) 등을 파견하여 장창을 경릉(竟陵, 호북성 천문현)에서 공격하게 하고, 유교(劉喬)[30]는 그의 장수 이양(李楊) 등을 파견하여 강하(江夏, 호북성 운몽현)로 향하게 하였다. 도간 등이 여러 차례 장창과 싸워서 그들을 대파하였는데, 전후로 목을 벤 것이 수만 급이 되니 장창이 하준산(下儁山, 호남성 阮陵縣의 경계 지역)으로 도망하고, 그 무리들은 모두 항복하였다.

애초에, 도간은 어려서 외롭고 가난한 생활을 하였고, 군독우(郡督郵)[31]가 되고 나서 장사태수 만사(萬嗣)가 여강(廬江)을 지나가다가 그를 보고 특이하게 생각하여 그의 아들에게 그와 친구가 되라고 명령

---

30 이때 유홍(劉弘)은 도독형주제군사였고, 도간(陶侃)은 대도호였으며, 장창은 경릉(竟陵, 호북성 천문현)에 있었으며, 유교는 예주자사였다.

31 독우는 시찰관에 해당하는 직책이다.

하고 떠났다. 그 후에 효렴(孝廉)으로 천거되어 낙양에 갔다가 예장국(치소는 강서성 남창시) 왕부의 낭중령(郎中令) 양탁(楊晫)이 그를 고영(顧榮)[32]에게 추천하였고, 도간은 이로 말미암아서 이름이 알려졌다.

이미 장창을 이기고 나자 유홍이 도간에게 말하였다.

"내가 예전에 양공(羊公)[33]의 참군이었는데, 나에게 말하기를 '뒤에 가서는 내가 자기 자신이 있었던 자리에 앉게 될 것이라'고 하였지만, 지금 경을 보니 반드시 이 늙은이의 자리를 이을 것이오."

유홍이 물러나서 양(梁, 하남성 臨汝縣)에 주둔하였는데, 정남(征南) 장군인 범양왕(范陽王) 사마효(司馬虓)가 예전에 장수(長水)교위[34]였던 장혁(張奕)을 파견하여 형주(荊州)자사를 관장하게[35] 하였다. 유홍이 도착하자 장혁이 교대 명령을 받지 않고 군사를 내어 유홍에게 항거하니 유홍이 장혁을 토벌하고 목을 베었다.[36]

그때 형주에 소속한 주군(州郡)의 수재(守宰)[37]들은 대부분 결원 상태였으므로 유홍이 선발하여 보충하게 해달라고 청하였는데 조서를 내려서 이를 허락하였다. 유홍은 공로와 품덕을 헤아리고 재주에 따라서 책임을 맡기니 사람들이 모두 그의 공평하고 적당한 조치에 감복하였다.

---

32 사마경의 장사를 지냈다.

33 양호(羊祜)를 말한다.

34 외국 출신 부대의 지휘관이다.

35 영직이며, 관직명은 영형주이다.

36 일개의 친왕이 자사를 임명하고 또 조정에 의하여 임명된 자사를 공격한다는 것은 진(晉) 왕조의 정치적 혼란상을 말해 주는 사건이다.

37 형주에 소속된 군과 현의 수장들을 말한다.

유홍은 표문을 올려 피초(皮初)를 양양(襄陽, 호북성 양번시)태수에 보임하고자 하니, 조정에서는 피초가 비록 공로를 세우기는 하였지만 명성이 얕다 하여 다시금 유홍의 사위인 전 동평(東平, 산동성 동평현)태수 하후척(夏侯陟)을 양양태수로 삼았다.

유홍이 교서(敎書)를 내려서[38] 말하였다.

"무릇 한 나라를 다스리는 사람은 의당 한 나라를 생각하는 마음을 가지고 있어야 하는데, 반드시 친인척이 된 다음에 채용된다고 하면 형주에는 열 개의 군이 있으니 어디에서 열 명의 사위를 얻은 다음에 정치를 할 수 있겠는가?"

이에 표문을 올렸다.

"하후척은 저의 인척이니 옛날의 제도에 의하면 서로 감독할 수 없는 사이이며 피초의 공훈은 의당 보상을 받아야 합니다."

조서를 내려서 이를 허락하였다. 유홍이 여기에서 농사짓는 일과 누에치는 일을 권장하였고, 형벌을 관대히 처리하고 부렴을 줄여 주었더니 공사(公私) 간에 재물을 충족하게 되었고, 백성들은 아끼며 즐거워하였다.

6 하간왕 사마옹은 이함 등이 죽었다는 보고를 받고, 즉시 군사를 일으켜서 장사왕 사마예를 토벌하였다. 대장군 사마영이 표문을 올려서 장창을 토벌하게 해달라고 청구하자 이를 허락하였지만 이미 장창이 평정되었다는 보고를 받자, 사마옹과 더불어 사마예를 공격하고자 하였다.

---

38 조정에 의해서 임명된 자신의 사위인 하후척에게 내린 것이다.

노지(盧志)가 간하였다.

"공께서는 전에 큰 공로를 세우셨지만 권력을 버리시고 총애 받는 자리도 사양하셨기에 당시의 명망이 아름다웠습니다.[39] 지금 만약에 관문[40] 밖에 군사를 주둔시키고 문관의 복장을 입고 조정에 들어간다면 이는 패권(覇權)의 주인공이 할 일입니다."

참군인 위군(魏郡) 사람 소속(邵續)이 말하였다.

"사람에게 형제가 있는 것은 마치 좌우의 손과 같습니다.[41] 밝으신 공께서 천하의 적이 되는 사람을 감당하려고 하면서 먼저 그의 한 손을 제거하는 것이 옳겠습니까?"

사마영은 이 말을 모두 따르지 아니하였다.

8월에 사마옹·사마영이 함께 표문을 올렸다.

"사마예는 공로를 처리하는 일이 불공평하였으며, 우복야(右僕射) 양현지(羊玄之)·좌장군 황보상(皇甫商)과 더불어 조정의 정치를 오로지 농단하면서 충성스럽고 선량한 사람을 살해하였으니[42] 청컨대 양현지·황보상의 목을 베시고 사마예를 보내어 봉국으로 돌아가게 하십시오."

조서를 내렸다.

"사마옹이 감히 많은 군사를 일으켜서 안으로 경사를 향하고 있으니, 내가 마땅히 친히 6군을 인솔하고 간사한 역적을 주륙(誅戮)해야

---

39 영녕 원년(301년)에 있었던 일로, 《자치통감》 권84에 실려 있다.

40 교관(郊關)의 밖을 말한다.

41 사마예와 사마영은 황제 사마충과 형제간이며, 사마옹은 사마예 등의 3종숙이다.

42 이함 등을 죽인 것을 말한다.

할 것이다. 그래서 사마예를 태위·도독중외제군사(都督中外諸軍事)[43]로 삼으니 이를 방어하라."

사마옹이 장방(張方)[44]을 도독(都督)으로 삼고 정예의 군사 7만 명을 거느리고 함곡관(하남성 신안현의 경계 지역)의 동쪽에서 낙양으로 달려가게 하였다. 사마영은 군사를 이끌고 조가(朝歌, 하남성 淇縣)에 주둔하고, 평원(平原, 산동성 평원현)내사(內史) 육기(陸機)를 전(前)장군·전봉(前鋒)도독[45]으로 삼고, 북중랑장 왕수(王粹)·관군(冠軍)장군 견수(牽秀)·중호군 석초(石超) 등의 군사 20여만 명을 감독하여 남쪽으로 가서 낙양을 향하게 하였다.

육기는 타향살이를 하다가 사마영을 섬기게 되어 어느 날 아침 별안간에 제장들의 우두머리가 되니 왕수 등이 모두 마음으로 복종하지 아니하였다. 백사독(白沙督)[46] 손혜(孫惠)는 육기와 가깝고 두터운 사이였기에 육기에게 도독의 자리를 왕수에게 양보하도록 권고하였다.

육기가 말하였다.

"저들은 장차 내가 쥐새끼처럼 머리를 요리조리 양쪽으로 돌리며 눈치를 본다고 말하게 될 것[47]이니, 화가 더 빨리 다가오게 할 이유가 되

---

43 도독중외제군사라는 직책은 안팎의 모든 군사에 관한 일을 총감독하는 직책이다.

44 진무장군이다.

45 전장군은 선봉장군의 의미가 있는 직책이고, 전봉도독도 선봉도독의 의미를 가진 직책이다.

46 백사는 하북성 임장현의 동남지역으로, 백사독이란 이 지역의 방위책임자다.

47 원문에는 수서양단(首鼠兩端)이라고 하였다. 복건(服虔)은 앞에 가는 쥐는 한 번 앞으로 갔다가 한 번은 물러난다고 하였고, 비아(埤雅)는 구설(舊說)에 의

기에 적당할 것입니다."

드디어 출발하였다. 사마영의 군사를 조가에서부터 하교(河橋, 황하에 있는 다리인데, 부평진에 있는 곳)까지 늘어놓으니, 그들의 북소리가 수백 리까지 들렸다.

을축일(24일)에 황제가 십삼리교(十三里橋, 수도 낙양에서 서쪽으로 7km지점)에 나아갔다. 태위 사마예는 황보상에게 1만여 명을 거느리고 장방을 의양(宜陽, 하남성 의양시)에서 막게 하였다. 기사일(28일)에 황제가 돌아와서 선무장(宣武場, 수도인 낙양의 북쪽)에 진을 쳤다. 경오일(29일)에 석루(石樓, 선무장 부근)에 묵었다.

9월 정축일(6일)에 하교에 주둔하였다. 임자일(11일)에 장방이 황보상을 습격하여 그를 패배시켰다. 갑신일(13일)에 황제의 군사는 망산(芒山, 낙양과 황하 사이에 있는 작은 산맥)에 진을 쳤고, 정해일(16일)에 황제가 언사(偃師, 하남성 언사현)에 행차하였으며, 신묘일(20일)에는 두전(豆田, 낙양성의 동쪽)에 묵었다.

대장군 사마영이 진격하여 황하의 남쪽에 주둔하고서 청수(淸水, 하남성 맹진현의 동쪽)를 장애물로 삼아 보루를 만들었다. 계사일(22일)에는 양현지(羊玄之)가 걱정하고 두려워하다가 죽었는데, 황제는 군사를 낙양성의 동쪽으로 돌렸으며 병신일(25일)에 구지(緱氏, 하남성 구지현의 남쪽)에 행차하여 견수(牽秀)를 쳐서 그들을 도망가게 하였다. 대사면령을 내렸다. 장방이 경성(京城)에 들어와서 크게 약탈하였는데 죽은 사람이 1만 명을 헤아렸다.

하면 쥐의 습성은 의심이 많아서 앞으로 나가는 것을 결단하지 못할 때가 많다. 그러므로 수서는 우유부단하다고 말하는 것이라고 하였다.

곤경에 처한 사마예

7 　이류[48]의 병이 위독하게 되자 제장들에게 말하였다.

"교기(驍騎)장군은 어질고 똑똑하니 진실로 큰일을 처리할 수 있는 사람이지만 전군(前軍)장군[49]은 용감하고 무위에 뛰어나서 거의 하늘이 짝을 맞추어준 것이니 함께 전군장군에게서 할 일을 받으시오."

이류가 죽자 여러 사람들이 이웅을 추대하여 대도독·대장군·익주목(益州牧)으로 추대하고 비성(郫城, 사천성 비현)을 치소로 하였다.

이웅은 무도(武都, 감숙성 성현) 사람 박태(朴泰)로 하여금 나상(羅尙)[50]을 속여서 비성을 습격하게 하고 자기는 안에서 호응한다고 말하게 하였다. 나상은 외백(隗伯)에게 군사를 거느리고 비성을 공격하게 하고, 박태는 횃불을 들어서 내응하기로 약속하여, 이양(李驤)이 길에 군사를 매복시켜 두고, 박태가 밖으로 긴 사다리를 내보냈다. 외백

---

48 익주지역에서 일어난 반란집단의 수령이다.

49 교기(驍騎)장군은 이특의 동생 이양, 전군(前軍)장군은 그의 어린 아들 이웅을 말한다.

50 진 정부의 익주자사이다.

의 군사들이 횃불이 일어난 것을 보고 다투어 사다리를 올라가는데, 이양이 군사를 풀어 종횡으로 그들을 공격하여 대파하였다.

뒤를 쫓아서 밤중에 성도성 아래에 이르러서 속여서 만세를 부르며 말하였다.

"이미 비성을 빼앗았다."

소성(少城)에 들어가서야 나상은 마침내 이 사실을 깨닫고 태성(太城)으로 물러나서 지켰다.

외백의 상처가 심하여 이웅이 그를 사로잡았는데, 용서해 주고 죽이지 않았다.[51] 이양이 건위(犍爲, 사천성 팽상현)를 공격하여 나상의 군량 운반 길을 끊어버리고 태수 공회(龔恢)를 잡아서 죽였다.

8   석초(石超)가 전진하여 구지(緱氏, 하남성 언사현 남쪽)지역을 압박하였다. 겨울, 10월 임인일(2일)에 황제가 궁궐로 돌아왔다. 정미일(7일)에 견수(牽秀)[52]를 낙양성의 동문(東門) 밖에서 패퇴시켰다. 대장군 사마영이 장군 마함(馬咸)을 파견하여 육기(陸機)를 돕게 하였다. 무신일(8일)에 태위 사마예가 황제를 받들고 육기와 건춘문(建春門, 낙양성 동쪽으로 난 문)에서 싸웠다.

사마예의 사마인 왕호(王瑚)가 수천 기병에게 창을 말에다 묶고서 마함의 진지로 돌격하게 하니, 마함의 군사들이 혼란스러워지자 그를 잡아서 목을 베었다. 육기의 군사들이 대패하여 칠리간(七里澗, 낙양의

---

51 지난 3월에 진외는 이류집단을 배반하였었다.

52 석초(石超)는 성도지역 민병의 장수이고, 견수(牽秀)도 성도지역 군사지휘관이다.

동쪽에 있는 작은 시내)으로 갔고 죽은 사람을 포개듯 두었고, 강물은 이 때문에 흐르지 않았다. 그 대장인 가숭(賈崇)[53] 등 16명의 목을 베었는데, 석초는 숨어서 도망하였다.

애초에, 환관 맹구(孟玖)는 대장군 사마영에게서 총애를 받았는데, 맹구가 그의 아버지를 한단(邯鄲, 하북성 한단시)현령으로 채용하고자 하였더니 좌(左)장사 노지(盧志) 등이 감히 어기지 못하였지만 우(右)사마 육운(陸雲)이 고집스럽게 이를 허락하지 않으며 말하였다.

"이 현에는 공부(公府)의 연리(掾吏) 정도의 자질을 가진 사람이 가야할 자리인데 어찌하여 황문(黃門)[54]에 있는 사람의 아버지가 그곳에 가겠는가?"

맹구는 이를 마음속 깊이 원망하였다.

맹구의 동생 맹초(孟超)는 1만 명의 군사를 거느리는 소독(小督)[55]이었는데, 전투를 하지도 않은 상태에서 병사들을 멋대로 풀어놓아 크게 약탈을 시켰으므로, 육기가 그 주동자를 잡아들이자 맹초가 철기(鐵騎) 1백여 명을 거느리고 곧바로 육기의 깃발이 꽂혀 있는 진영으로 들어가 그를 탈취하고서 육기를 돌아보면서 말하였다.

"학노(貉奴)[56] 녀석! 그래가지고 도둑 노릇을 할 수 있겠어!"

---

53 성도지역 군사지휘자이다.

54 환관이 있는 곳이다.

55 소규모 단위의 지휘관이다.

56 6조시대 남북 대치 상황에서 북방인들이 강동지역 사람을 낮추어 부르는 말이다. 학(貉)은 담비를 말한다. 貉의 음은 맥과 학인데, 호삼성은 음이 학(鶴)이라고 하였으므로 학노로 발음하는 것이 옳고, 또 이 학은 짐승의 이름인데, 잠을 잘 자며, 여우같다고 설명하고 있다.

육기의 사마인 오군(吳郡) 사람 손증(孫拯)이 육기에게 그를 죽이라고 권고하였지만 육기는 그 말을 채택할 수가 없었다. 맹초가 많은 사람에게 선언하였다.

"육기가 장차 반란을 일으키려고 한다."

또한 편지를 써서 맹구에게 보내며 육기는 양다리를 걸치고 있으니 그러므로 신속하게 결정을 하지 않고 있다고 말하였다.

전투가 벌어지자 맹초는 육기의 통제를 받지 않고서 경무장을 하고 홀로 나아가다가 패하여 죽었다. 맹구는 육기가 그를 죽인 것이라고 의심하고 사마영에게 그를 참소하였다.

"육기는 장사왕(長沙王)[57]에게도 두 마음을 품고 있습니다."

견수는 평소 맹구를 아첨하여 섬겼고, 장군인 왕천(王闡)·학창(郝昌)·장하독(帳下督)인 양평(陽平, 하북성 대명현) 사람 공사번(公師藩)은 모두 맹구가 끌어다 채용한 사람이어서 서로 함께 이것을 증언하였다. 사마영이 크게 화가 나서 견수에게 군사를 거느리고 가서 육기를 잡아들이게 하였다.

참군사(參軍事)[58] 왕창(王彰)이 간하였다.

"오늘의 거사를 보면 강함과 약함에서 형세가 아주 달라, 못난 사람이라도 오히려 반드시 이긴다는 것을 알 것인데, 하물며 육기와 같이 똑똑하고 달통한 사람인 경우에야! 그러나 육기는 오(吳)지역 사람인데 전하께서 그를 채용하시기를 지나치게 하셨기에 북쪽의 오래된 장

---

57 사마예(司馬乂)이다.

58 장하독(帳下督)은 작전관에 해당하는 직책이고, 참군사(參軍事)는 군사문제를 의논하는데 참여하는 직책이다.

수들 모두가 그를 질시할 뿐입니다."

사마영이 좇지 않았다.

육기는 견수가 도착하였다는 소식을 듣고, 군복을 벗어놓고 흰 모자를 착용하고 견수를 만나보고, 쪽지 편지를 써서 사마영에게 인사하고 나서 한탄하였다.

"화정(華亭, 강소성 송강현의 서쪽)에 있는 학(鶴)이 우는데, 그 소리를 다시 들어볼 수 있을까?"[59]

견수가 드디어 그를 죽였다.

사마영은 또한 육기의 동생인 청하(淸河, 하북성 청하현)내사(內史)[60] 육운(陸雲)·평동(平東)장군부의 좨주(祭酒) 육탐(陸耽)[61] 그리고 손증(孫拯)[62]을 잡아들여서 모두 하옥시켰다.

기실(記室)[63] 강통·진류(陳留, 하남성 진류현) 사람 채극(蔡克)·영천(穎川, 하남성 우현) 사람 조숭(棗嵩) 등이 상소문을 올렸다.

"육기는 얕은 꾀를 가지고 있다가 실패하기에 이르렀으니, 그를 죽이는 것은 괜찮습니다. 반역하기에 이르렀다고 한다면 많은 사람들은 모

---

59 육기는 오(吳)지역 출신인데, 그곳에 화정이 있으므로 이는 다시 살아서 고향에 돌아갈 수 있는지를 몰라 한탄한 말이다. 결과적으로는 돌아가지 못한 셈이 되었다.

60 내사란 군수에 해당한다. 그러나 《진서(晉書)》의 육운전을 보면 육운은 청하 내사에서 대장군의 우사마가 되었다고 되어 있으므로 여기서는 내사가 아니라 우사마(右司馬)라고 하여야 옳다.

61 평동장군부의 좨주는 총감(總監)에 해당하는 사람이다.

62 《진춘추》에는 손승(孫承)으로 되어 있지만 《진서》대로 쓴 것이다.

63 기밀에 관한 사항을 관장하는 직책이다.

두 그것이 그렇지 않았을 것이라고 압니다. 의당 먼저 육기가 반란하려고 하였던 상황을 검토하셔서 만약에 조그만 증거라도 있게 되면 그때 가서 육운 등을 죽이는 것도 늦지는 않습니다."

강통 등이 간절히 끊이지 않고 청하자 사마영은 3일간이나 결정을 미루었다.

채극이 들어가 사마영의 앞에 이르러 머리를 조아려 피를 흘리면서 말하였다.

"육운이 맹구에게 원한을 샀다는 것을 원근에 있는 사람들 모두 듣지 못한 사람이 없는데 지금 결과적으로 죽임을 보게 된다면, 가만히 밝으신 공을 위하여 생각해 보건대 애석한 일입니다."

소속한 관료들 중 채극을 좋아서 들어간 사람이 수십 명이나 되었으며, 눈물을 흘리며 굳게 청하니 사마영이 측은한 생각이 들어서 육운을 용서할 기색을 띄었다. 맹구가 사마영을 부축하고 들어와서 육운·육탐을 죽이라고 재촉하고 육기의 삼족을 다 죽였다.

옥리(獄吏)가 손증을 수백 번이나 고문하여 양쪽 엉덩이뼈가 보일 정도가 되어도 끝내 육기는 억울하다고 말하였다. 옥리는 손증이 의롭고 맵다는 것을 알고 손증에게 말하였다.

"두 분 육씨의 억울함을 누가 모르겠소! 그대는 자신을 아끼지 않으시오?"

손증이 하늘을 우러러 탄식하며 말하였다.

"육군(陸君) 형제분은 세상의 기이한 분이고, 나는 알아주고 아낌까지 받았소. 지금 이미 그의 죽음을 구제해줄 수 없게 되었는데, 차마 다시금 그를 무고까지 한단 말이오!"

맹구 등은 손증이 굴복할 수 없음을 알고, 마침내 옥리에게 거짓으로 손증의 구술서를 만들게 하였다.

사마영이 이미 육기를 죽이고 나서 속으로 항상 이를 후회하였는데, 손증의 구술서를 보자 크게 기뻐하면서 맹구 등에게 말하였다.

"경의 충성스러움이 아니었더라면 이 간사한 놈을 끝까지 찾아내지 못하였을 것이오."

드디어 손증의 삼족을 다 죽였다.

손증의 문인(門人)인 불자(費慈)·재의(宰意) 두 사람은 감옥에 가서 손증의 억울함을 밝히니 손증이 그들에게 돌아가라고 타이르며 말하였다.

"나의 의로움은 두 육씨에게 죄를 짓지 않으려는 것이며, 죽는다는 것은 나 스스로의 몫인데 경들이 왜 이처럼 하는가?"

말했다.

"그대는 벌써 두 육씨에게 죄를 짓지 않으셨지만, 저희들은 또한 어찌하여 그대에게 죄를 짓게 하려고 하십니까?"

굳게 손증의 억울함을 말하니 맹구가 또 그들을 죽였다.

태위 사마예가 황제를 받들고서 장방(張方)을 공격하였는데, 장방의 병사들이 멀리서 승여(乘輿)[64]를 바라보고는 모두 물러나서 달아나니 장방이 드디어 대패하였고 죽은 사람도 5천여 명이었다.

장방이 물러나서 십삼리교(十三里橋, 낙양성의 서쪽)에 주둔하였으나, 무리들이 두려워서 밤중에 숨어버리려고 하자, 장방이 말하였다.

"승리하는 것과 실패하는 것은 군사작전에서 항상 있는 일이지만 군

---

64 승여는 황제가 탄 수레이다. 장방의 군사들은 황제의 승여를 보고 황제가 친정(親征)한 것이라고 보고 달아난 것이다.

사를 잘 운용하는 사람은 실패한 것을 이용하여 성공을 거둘 수가 있다. 지금 나는 다시 앞으로 나아가서 보루를 만들어 그들이 생각하지 못한 일을 해낼 것이니 이것이 기묘한 계책이다."

마침내 밤에 숨어서 몰래 낙양성에 가까이 가서 7리 정도 떨어진 곳에 보루를 여러 겹으로 구축하고 밖에서 창고의 곡식을 끌어다가 군사들에게 밥을 충족하게 먹였다. 사마예는 이미 싸워서 승리하고 나자 장방은 걱정거리가 못된다고 생각하였다.

장방이 보루를 완성하였다는 보고를 받자 11월에 군사를 이끌고 그들을 공격하였지만 승리하지 못하였다. 조정에서 의논하기를 사마예·사마영은 형제 사이[65]이므로 말로 하여 풀 수 있을 것이라고 생각하고 마침내 중서령 왕연(王衍) 등에게 사마영에게 가서 유세하게 하고 사마예와 섬(陝)[66]을 기준으로 나누어 가지라고 하였으나, 사마영이 좋지 않았다.

사마예는 이 기회를 이용하여 사마영에게 편지를 보내 이로운 점과 해로운 점을 진술하고 그와 더불어 화해하고자 하였다. 사마영이 답장을 보냈다.

"청컨대 황보상(皇甫商) 등의 목을 벤다면 군사를 이끌고 업성으로 돌아가겠다."

---

65 두 사람이 모두 황제 사마충과 마찬가지로 사마염의 아들이며, 사마영이 동생이다.

66 섬은 홍농에 있다. 주나라 때 주공과 소공이 섬을 기준으로 나누어 각기 백(伯)이 되었는데, 여기서는 정말로 섬 지역을 기준으로 나누어 가지라는 말이 아니고, 사마영과 사마예가 주공과 소공처럼 2백(伯)이 되어 전국을 두 부분으로 나누어 통치하라는 말이었다.

사마예도 할 수 없었다.

사마영이 군사를 진격시켜서 경사를 압박하니 장방이 천금알(千金
堨)[67]을 터버리니 물레방아를 돌리는 물이 모두 말라버렸다. 이에 왕
공(王公) 집안의 노비들을 징발하여 손으로 방아를 찧어서 병사들에게
식량을 공급하였고, 1품 이하의 관리로 징집되지 않은 자로 남자 13세
이상은 모두 이 노역에 종사하게 하였으며, 또한 노복을 징발하여 군사
들을 돕게 하니, 공사 간에 모두가 궁핍해져서 쌀은 1석(石)에 1만 전
이 되었다. 조서로 내린 명령이 시행되는 곳은 한 개의 성(城)뿐이었다.

표기(驃騎)장군부의 주부(主簿)인 범양(范陽, 하북성 涿縣) 사람 조적
(祖逖)이 사마예에게 말하였다.

"유침(劉沈)[68]은 충성스럽고 의로우며, 과단성이 있고 강한데, 옹주
(雍州, 치소는 섬서성 서안시)에 있는 병력으로는 하간왕(河間王)[69]을 충
분히 제압할 것이니, 의당 황상에게 계문(啓文)을 드려서 조서를 유침
에게 내려 군사를 일으켜 사마옹(司馬顒)을 습격하게 하십시오. 사마
옹이 군색하고 급하게 되면 반드시 장방을 부르는 자구책(自救策)을
쓸 것이니 이것이 훌륭한 계책입니다."

사마예가 이를 좇았다.

유침이 조서를 받들고 사방으로 격문을 보내니 여러 군에서 군사를
일으켜서 이에 호응하였다. 유침이 일곱 군의 무리를 합하여 무릇 1만
여 명이 되자, 장안으로 달려왔다.

---

67 낙양성의 동쪽에 있는 제방이다.

68 이때 표기장군부의 표기장군은 사마예이고, 유침(劉沈)은 옹주자사이다.

69 사마옹이다.

　사마예는 황보상에게 몰래 샛길로 황제가 손수 쓴 조서를 품고 가서
유해(游楷) 등에게 명령을 내려 군사 행동을 철폐하게 하고,[70] 황보중
(皇甫重)에게는 칙령을 내려서 군사를 진격시켜 사마옹을 토벌하게 하
였다.

　황보상이 샛길로 가서 신평(新平, 섬서성 彬縣)에 이르러 그의 5촌 생
질을 만났는데, 5촌 생질은 평소 황보상을 증오하였으므로 사마옹에게
고하였고, 사마옹이 황보상을 체포하여 죽였다.

70　유해(游楷)는 금성(감숙성 난주시)태수이고, 군사 행동을 철폐한다는 것은 황
　　보중에 대한 공격을 중지시킨 것이다.

9   12월에 의랑(議郞) 주기(周玘)·전 남평(南平, 호북성 공안현)내사
였던 장사(長沙, 호남성 장사시) 사람 왕구(王矩)가 강동에서 군사를 일
으켜서 석빙(石氷)[71]을 토벌하였다. 전에 오흥(吳興, 절강성 호주시)태
수였던 오군(吳郡, 강소성 소주시) 사람 고비(顧費)를 추천하여 양주(揚
州)에 있는 아홉 군의 모든 군사(軍事)에 관한 일을 총감독[72]하게 하자
격문을 주(州)와 군(郡)으로 보내어 석빙이 임명한 장수와 관리들을 죽
이게 하였다.

이에 전에 시어사였던 하순(賀循)이 회계(會稽, 절강성 소흥시)에서
군사를 일으키고, 여강(廬江, 안휘성 여강현)내사인 광릉(廣陵, 강소성 양

71 반란세력인 장창은 도망하였으나 그의 부장인 석빙의 세력은 아직 강한 상태
   였다.

72 관직명을 푼 것이고, 원관직명은 도독양주구군제군사이다. 이때 양주는 18개
   의 군을 통할하고 있었는데, 이를 나누어 예장·파양·노릉·임천·건안·남강·
   진안 등 7군을 강주에 소속시켰으며, 양주는 나머지 11군만을 통할하고
   있었다. 그 가운데 고비는 단양·선성·비릉·오·오흥·회계·동양·신안·임해
   등 아홉 군의 군사를 감독하게 하였고, 나머지 회남과 여강군은 강북에 있었
   으므로 고비의 통제에서 뺐다.

주시) 사람 화담(華譚)과 단양(丹陽, 남경) 사람 갈홍(葛洪)·감탁(甘卓)
이 모두 군사를 일으켜서 고비에 호응하였다. 주기는 주처(周處)의 아
들이고, 하순은 하소(賀邵)의 아들이며, 감탁은 감녕(甘寧)[73]의 증손자
이다.

　석빙은 그의 장수인 강독(羌毒)을 파견하여 군사 수만 명을 거느리
고 주기를 막았으나 주기가 그를 공격하여 목을 베었다. 석빙이 임회
(臨淮, 강소성 우태현)에서 수춘(壽春)으로 달려갔다. 정동(征東)장군[74]
유준(劉準)은 석빙이 도착한다는 소식을 듣고, 당황하고 두려워서 어
찌할 줄을 몰랐다.

　광릉군(廣陵郡, 강소성 양주시)의 탁지(度支)인 여강 사람 진민(陳敏)
이 무리를 통제하며 수춘에 있다가 유준에게 말하였다.

　"이들은 본래 멀리까지 가서 수(戍)자리 서는 것을 즐기지 않는데 압
박을 받아서 도적이 된 사람들로 까마귀가 모인 것 같은 무리들이어서
그들의 형세를 보면 쉽게 흩어지게 되어 있으니, 저 진민은 군량미를
나르는 병사[75]를 감독 지휘하여 공을 위하여 그들을 격파하겠습니다."

　유준이 이에 진민에게 군사를 더 보태주며, 그들을 치게 하였다.

73　주처는 진혜제 원강 6년(296년)에 종친인 양왕 사마융을 탄핵했었다. 하소는
　　오나라 때 오의 주군 손호를 섬기다가 그에게 죽었으며, 감녕은 오의 주군 손
　　권을 섬겼는데 용맹한 장수로 이름이 나 있었다. 이 세 집안은 모두 오지역에
　　서 강한 세력을 갖고 있었다.

74　정동장군은 수춘에 주둔하며 방어 임무를 띠고 있었다.

75　탁지는 재무를 관장하는 직책이다. 진민은 광릉군의 탁지였는데 광릉탁지만
　　은 남방의 미곡을 낙양과 기타 중원지역으로 운반하는 책임을 지고 있었으
　　므로 이곳저곳을 옮겨 다니게 되어 있다. 마침 이때 수춘에 머물러 있다.

10   윤월(윤12월)에 이웅(李雄)이 급히 나상(羅尙)[76]을 공격하니 나상
의 군대는 먹을 것이 없어서 아문(牙門) 장나(張羅)를 남겨 성을 지키
게 하고 밤중에 우비수(牛鞞水, 시내의 이름. 건위군 우비현)를 거쳐서 동
쪽으로 달아나니, 장나가 성문을 열고 항복하였다.

    이웅이 성도(成都)에 들어가니 군사[77]들의 기근이 심하여서 무리를
인솔하여 처현(郫縣, 사천성 중강의 동남쪽)으로 곡식을 찾아 갔고, 야생
토란을 캐먹게 했다. 허웅(許雄)이 도적을 토벌하면서 전진하지 않았
다는 죄에 연루되어 불려 와서 죄를 받았다.[78]

11   안북(安北)장군·도독유주제군사(都督幽州諸軍事)[79] 왕준(王浚)
이 천하가 바야흐로 혼란스러워서 이적(夷狄)들과 연결을 맺어 원조를
받고자 하여서 한 명의 딸을 선비족의 단무물진(段務勿塵)에게 처로 삼
게 하고, 다른 딸 하나는 소노연(素怒延)[80]에게 처로 삼게 하고, 또한 표

---

76 이웅(李雄)은 익주지역의 반란세력의 수령이고, 나상(羅尙)은 진나라의 익주
    자사이다.

77 관군을 말한다.

78 허웅은 혜제 태안 원년(301년)에 사마옹에 의하여 양주(梁州)자사가 되었는
    데 이특을 격파하지 못하였으며, 이 내용은 《자치통감》 권84에 기록되었다.
    그런데 그것이 죄가 되어 낙양으로 소환되어 죄를 받은 것이다.

79 관직명이다. 도독은 원래 후한 순제 말에 풍곤에게 지절(持節)로 양주에 속한
    여러 군의 군사적인 업무를 감독하도록 한데서 시작되었다. 조조는 한의 승
    상으로 군사를 감독하였는데, 10군(軍), 20군(軍)을 감독하게 되어 비로소 도
    독이라는 명칭이 생겼다. 진대(晉代)에는 도독제군이 제일 높고, 감제군이 그
    다음이고, 독제군이 그 아래이고, 이들이 갖는 부절도 사지절이 제일 높고,
    그 다음이 지절이고, 가절이 그 다음이다.

문을 올려 요서군(遼西郡, 요녕성 의현의 서쪽)을 가지고[81] 단무물진을 요서공(遼西公)으로 책봉하라고 하였다. 왕준은 왕침(王沈)[82]의 아들이다.

12　모선(毛詵)이 죽자, 이예(李毅)는 오령이(五斧夷)의 우두머리인 우릉승(于陵丞)에게로 도망하였는데, 우릉승이 이의(李毅)[83]에게 가서 이예를 위하여 한 목숨 살려주기를 청하였더니, 이의가 이를 허락하였다. 이예가 도착하자 이의는 그를 죽였다. 우릉승이 화가 나서 여러 이적을 거느리고 반란을 일으켜서 이의를 공격하였다.

13　상서령 악광(樂廣)의 딸이 성도왕비[84]가 되자 어떤 사람이 이를 태위 사마예에게 참소하였는데 사마예가 악광에게 물었더니, 악광의 얼굴빛이 조금도 동요하는 기색이 없이 천천히 말하였다.

"저 악광이 다섯 명의 아들을 가지고 한 명의 딸과 바꾸겠습니까?"[85]

사마예는 그래도 오히려 그를 의심하였다.

---

80 소노연에 관한 일을 《자치통감》 권84 진 혜제 태안 원년(302년)에 실려 있다.

81 요서군을 식읍으로 주면서 책봉하라는 의미이다.

82 왕침은 위 원제 경원 원년(260년)에 상서에서 예주자사가 되었다.

83 모선(毛詵)은 운남의 호족으로 이특이 반란을 일으키자 이에 호응하였는데 진 혜제 태안 원년(302년)에 죽었으며 이예(李叡)는 이특 등과 함께 군사를 일으킨 사람이며 이의(李毅)는 영주(寧州)자사였다.

84 사마영을 말한다.

85 악광에게는 아들 다섯과 딸 하나가 있는데, 사마영에게 시집보낸 것이 사마예와 경쟁 관계에 있는 사마영에게 귀의하려 한 것이라면 그의 다섯 아들은 사마예에게 죽을 것이고, 그렇게 된다면 딸 하나를 위하여 아들 다섯을 죽이는 것이므로 절대 그런 뜻이 아니라는 것을 강하게 표현한 것이다.

혜제 영흥 원년(甲子, 304년)[86]

1 봄, 정월 병오일(8일)에 악광이 걱정을 하다가 죽었다.

2 장사여왕(長沙厲王)[87] 사마예가 여러 차례 대장군 사마영과 전투를 하여 그를 격파하였는데 전후로 목을 베거나 포로로 잡은 사람이 6~7만 명이었다. 그러나 사마예는 일찍이 황상을 받드는 예의에서 조금도 어그러짐이 없었으며 성 안에서는 양식이 날로 군색해졌지만 사졸들은 이반할 마음을 갖고 있지 않았다.

장방(張方)은 낙양을 아직 이길 수 없다[88]고 생각하고 장안으로 돌아가려고 하였다. 그러나 동해왕(東海王) 사마월(司馬越)[89]이 일이 제대로 처리되지 않을까 염려하여 계해일(25일)에 몰래 전중(殿中)에 있는 제장[90]들과 더불어 밤중에 사마예를 잡아서 다른 관청으로 보내버

---

86 이 해는 혜제 태안 3년으로 사용하다가 사마예가 죽자 영안(永安) 원년으로, 다시 건무(建武) 원년, 그리고 장안으로 천도한 다음에 영흥 원년으로 기원을 바꾸었다. 한편 성한(成漢, 前蜀)의 무제(武帝) 건흥(建興) 원년이며, 한조(漢 趙, 前趙) 북제(北帝) 원희(元熙) 원년이다.

87 장사왕 사마예는 죽은 다음에 시호를 여왕으로 하였다.

88 장방은 하간(河間)도독이었는데, 극(克)이라는 용어를 사용하였다. 이것은 심하게 싸우고 나서야 이기는 상태를 표현한 말이다. 여기서는 미가극(未미克)이라고 하였으므로 힘들여 싸워도 이길 수 없다는 말이다.

89 황제 사마충의 재당숙이다.

90 《사마월전》을 보면, 금중에는 3부의 사마가 있었는데, 방어하느라고 피곤하게 되자 비밀리에 좌위장군 주묵(朱默)과 더불어 밤중에 사마예를 잡아서 다른 관청에 가두고 사마월에게 재촉하여 이 일을 주관하게 한 것이라고 하였다.

렸다. 갑자일(25일)에 사마월은 황제에게 계문(啓文)을 올리고, 황제는 조서를 내려서 사마예의 관직을 면직시키고 금용성에 가두었다. 대사면령을 내리고 기원을 고쳤다.[91]

성문은 이미 열어놓았는데 전중에 있던 장사(將士)들은 외부에 있었던 병사들이 많지 않음을 보고 후회하고서 다시금 사마예를 빼내 사마영에게 대항하려고 모의하였다. 사마월이 두려워서 사마예를 죽여 많은 사람이 마음속으로 바라는 것을 끊어버리고자 하였다.

황문시랑 반도(潘滔)가 말하였다.

"옳지 않습니다. 장차 스스로 그 문제를 조용하게 만들 사람이 있을 것입니다."

마침내 사람을 파견하여 비밀리에 장방에게 알렸다. 병인일(26일)에 장방은 금용성에서 사마예를 잡아 자기의 영내로 데리고 와 불에 구워서 죽였는데, 장방의 군사들까지 그를 위하여 눈물을 흘렸다.[92]

공경들이 모두 업성[93]에 이르러 사죄하였고, 대장군 사마영이 수도 낙양에 들어왔다가 다시금 업성으로 돌아가서 진수하였다. 조서를 내려 사마영을 승상으로 삼았으며, 동해왕 사마월에게 수상서령(守尙書

---

91 영원으로 기원을 고친 것이다. 《고이(考異)》에서는 "제기(帝紀)에서 '태안 2년 12월 갑자일에 대사면령을 내렸다'고 하였고, 또 '영흥 원년 정월에 대사면령을 내리고 기원을 고쳤다'고 되어 있는데, 이것은 한 가지 사건을 다르게 기록한 것으로 보아야 할 것이다."라고 하였다.

92 8왕의 난 가운데 다섯 번째인 장사왕 사마예가 죽은 것이다. 태안 2년(302년) 12월에 사마경을 대신하였다가 지금 피살되었으므로 1년2개월 동안 권력을 쥔 셈이다.

93 대장군 사마영이 업성(하북성 임장현)에 있었다.

令)⁹⁴을 덧붙여주었다.

사마영은 분무(奮武)장군 석초(石超) 등을 파견하여 군사 5만 명을
거느리고 가서 열두 개의 성문⁹⁵에 주둔하게 하고, 전중에 있는 사람
으로 원래부터 꺼렸던 사람을 사마영이 모두 죽이고, 숙위하는 군사를
전부 바꾸었다. 표문을 올려 노지(盧志)를 중서감(中書監)으로 삼고, 업
성에 머물러 있으면서 승상부의 업무에 참여하여 처리하게⁹⁶ 하였다.

하간왕 사마옹(司馬顒)이 정(鄭, 섬서성 화현의 동쪽)에 군사를 머물게
하면서 동쪽의 군사들을 성원하다가 유침(劉沈)의 군사가 일어났다는
소식을 듣고, 위성(渭城, 섬서성 함양시의 동북쪽)으로 돌아가서 진수하
면서 독호(督護)⁹⁷ 우기(虞夔)를 파견하여 호치(好畤, 섬서성 건현)에서
그들을 맞아 싸우게 하였다.

우기의 군사가 패하자 사마옹은 두려워서 물러나 장안으로 들어가
급히 장방을 불렀다. 장방은 낙중(洛中)에 있는 관노비와 사노비 1만여
명을 잡아 가지고 서쪽으로 왔다. 군대 안에 식량이 모자라서 사람을
죽여 소와 말고기에 섞어서 이를 먹었다.

유침이 위수(渭水)를 건너서 진을 치고 사마옹과 싸웠는데, 사마옹

94 대리 상서령이다. 수(守)는 대리직이다.

95 낙양에는 12개의 성문이 있다. 동쪽에는 건춘·동양·청명문, 남쪽에는 개양·
　진양·평창·의양문, 서쪽에는 광양·서명·개칭문, 북쪽에는 대하·광막문이
　있었다.

96 관직명은 참서승상부사(參署丞相府事)이다. 이때 사마영은 이미 승상이 되어
　서 업성에 머물고 있으므로 업성에 승상부가 있었다.

97 사마옹(司馬顒)은 장방의 군사를 지원하고 있었으며, 유침(劉沈)은 옹주(雍
　州)자사이고, 독호(督護)란 군사의 대영채를 맡아 지휘하는 직책이다.

이 거듭하여 패하였다. 유침은 안정(安定, 감숙성 진원의 동남쪽)태수 아박(衙博)·공조(功曹) 황보담(皇甫澹)에게 정예의 갑병 5천 명을 가지고 장안을 습격하게 하여 그 문 안으로 들어가서 힘껏 싸워 사마옹이 머무는 장막 아래까지 이르렀다. 유침의 군사들이 도착하는 것이 지연되니 풍익(馮翊)태수 장보(張輔)는 그들에게는 후속하는 병사가 없는 것이라고 보고 군사를 이끌고 가로질러 그들을 공격하여 아박과 황보담을 죽이자 군사들이 드디어 패하였고, 나머지 병졸을 거두어서 물러갔다.

장방이 그의 장수 돈위(敦偉)를 파견하여 밤중에 그를 치니 유침의 군사들이 놀라서 붕괴되었고, 유침이 휘하의 병사들과 함께 남쪽으로 달아났지만 쫓아가서 그를 붙잡았다. 유침이 사마옹에게 말하였다.

"자기를 알아준 은혜라는 것은 가벼운 일이고,[98] 임금과 신하 사이의 의로움은 중요한 것이니, 저 유침은 천자의 조서를 어기고 강함과 약함을 헤아려서 억지로 생명을 보존할 수는 없었습니다. 소매를 뿌리치고 일어나는 날[99]에는 반드시 죽겠다고 기약한 것이며, 젓 담가지는 죽음을 당할지라도 그것을 냉이나물처럼 달게 받는 것입니다."

사마옹이 화가 나서 그를 채찍으로 친 다음에 요참(腰斬)하였다.

신평(新平, 섬서성 빈현)태수인 강하(江夏, 호북성 운몽현) 사람 장광(張光)이 자주 유침을 위하여 계획을 세웠었는데 사마옹이 잡아서 이 문제를 가지고 힐난하였더니 장광이 말하였다.

---

98 사마옹은 유침을 군사(軍師)로 삼았다가 혜제 태안 2년(서기 303년)에 다시 옹주자사로 삼았었다. 그러므로 유침은 사마옹에게 은혜를 입은 것이다.

99 춘추 좌전에 송(宋)나라가 초(楚)나라의 사자를 죽이니 초자(楚子)가 이 말을 듣고 소매를 떨치고 일어났다는 기사가 있다. 따라서 소매를 떨치고 일어났다는 말은 군사를 일으켰다는 말이다.

"유 옹주(劉 雍州)[100]는 저 같이 비천한 사람의 계책을 채용하지 아니하였으니 그러므로 대왕께서 오늘날과 같은 날을 가지게 된 것입니다."[101]

사마옹이 그를 장하다고 생각하여 끌어들여서 환영하는 연회를 갖고 표문을 올려서 우위(右衛)사마로 삼았다.

3 나상(羅尙)[102]이 도망하여 강양(江陽, 사천성 瀘州市)에 이르러서 사자를 파견하여 상황을 표문으로 올리니, 조서를 나상에게 내려서 임시로 파동(巴東, 사천성 봉절현)·파군(巴郡, 중경시)·부릉(涪陵, 팽수현)을 통솔하여 군수용품을 공급하라고 하였다. 나상은 별가(別駕) 이흥(李興)을 파견하여 진남(鎮南, 襄陽, 즉 호북성 양번시에 있었음)장군 유홍(劉弘)에게 보내어 양식을 요구하게 하였는데, 유홍의 강기(綱紀)가 양식을 운반하는 길에 장애가 있고 멀며, 또한 형주(荊州, 호북성 호남성)[103] 자체도 양식이 결핍하다고 하면서 영릉(零陵, 호남성 영릉현)의 쌀 5천 곡(斛)을 나상에게 주고자 하였다.

유홍이 말하였다.

"천하가 한 집안인데, 저쪽이고 이쪽이고 아무런 차이가 없으니 내가 지금 그들에게 양식을 공급하면 서쪽을 돌아보아야 할 근심을 없애

---

100 옹주자사 유침을 말한다.

101 만약 자기의 계책을 유침이 채용했다면 사마옹은 현재 패배하였을 것이라는 말이다.

102 익주자사이다.

103 별가(別駕)는 행정관에 해당하는 직책이고, 강기(綱紀)는 진남장군부에서 부내의 기강을 관장하는 직책이며, 형주는 진남장군의 관할 지역이다.

는 것이다."

드디어 3만 곡의 양식을 그에게 주니, 나상은 이것에 의지하여 스스로 존립하게 되었다.

이홍이 남아서 유홍의 참군이 되기를 원하니, 유홍이 그의 수판(手版)[104]을 빼앗고 그를 보냈다. 또한 치중(治中)[105] 하송(何松)을 파견하여 군사를 이끌고 가서 파동에 주둔하게 하여 나상을 후방에서 이어주게 하였다.

이때 유민으로 형주에 있는 사람이 10여만 호였는데 고향을 떠나서 가난하고 궁핍하여 대부분이 도적이 되니 유홍은 그들에게 전지(田地)와 종자를 제공하고, 그 가운데 똑똑한 사람을 발탁하여 그 자질에 따라서 임용하니 유민들이 드디어 안정되었다.

4   3월 을유일[106]에 승상 사마영이 표문을 올려 황후 양씨(羊氏)를 폐위시켜서 금용성에 유폐하고, 황태자 사마담(司馬覃)[107]을 폐위시켜 청하왕(淸河王)으로 삼자고 하였다.

---

104 홀(笏)이다. 고대에 관리가 조회에 나갈 때 혹은 상사를 만날 때 손에 들고 가는 나무판자를 말한다. 때로는 상사에게 할 말의 요점을 이 수판에 기록하여 잊지 않게 하고 다른 한편으로는 존경의 표시이기도 하다.

105 총무에 해당하는 직책이다.

106 이 판본에는 3월로 되어 있으나 다른 판본에는 2월로 되어 있는 것이 있다. 앞뒤의 상황을 고려하여 볼 때 2월이 합당할 것으로 판단된다. 그렇게 하면 2월 17일이다.

107 양씨를 황후로 삼은 일은 영강 원년(301년)에 있었고,《자치통감》권83에 실려 있다. 사마담을 태자로 삼은 일은 태안 원년(302년)에 있었고,《자치통감》권84에 실려 있다.

5   진민(陳敏)이 석빙(石氷)과 수십 번을 싸웠는데, 석빙의 무리가 진민의 열 배나 많았지만 진민이 이들을 공격하여 가는 곳마다 모두 승리하였고, 드디어 주기(周玘)[108]와 합하여 석빙을 건강(建康, 남경)에서 공격하였다.

3월에 석빙이 북쪽으로 달아나서 봉운(封雲)[109]에게 의탁하니 봉운의 사마 장통(張統)이 석빙과 봉운의 목을 베어서 항복하자 양주(揚州)·서주(徐州)가 평정되었다. 주기·하순(賀循)이 모두 무리들을 흩어서 집으로 돌아가게 하였고 공로와 상에 관하여 말하지 않았다. 조정에서는 진민을 광릉(廣陵, 강소성 양주시)의 재상으로 삼았다.

---

108 진민은 광릉의 탁지였고, 석빙은 반란집단의 수령이며, 주기는 의랑(議郞)이었다.

109 다른 반란세력 가운데 하나이다.

숲 속에 나뒹군 황제

6   하간왕 사마옹이 표문을 올려 승상 사마영을 태제(太弟)[110]로 삼
으라고 요청하였다. 무신일(11일)에 조서를 내려 사마영을 황태제로
삼아 도독중외제군사(都督中外諸軍事)로[111] 하고, 승상의 일을 옛날과
같이 수행하게 하였다. 대사면령을 내렸다.

수레·가마·의복·어용(御用)의 물건을 모두 업성으로 옮겼는데,[112]
그 제도는 일률적으로 위(魏)나라 무제[113]가 하였던 고사와 같게 처리
하였다. 사마옹을 태재(太宰)·대도독·옹주목으로 삼고, 전에 태부였던
유식(劉寔)을 태위로 삼았다. 유식이 늙었으므로 고사하자 임명하지
아니하였다.

---

110 사마영을 후계자로 정한다는 뜻이다. 사마옹은 황제 사마충의 동생이므로
　　태자가 아니고 태제라고 한 것이다.

111 안팎의 모든 군사에 관한 일을 도독하는 관직이다. 실제로 모든 군권을 준
　　것이다.

112 황제는 낙양에 있고, 태제 사마영은 업에 있는 상황에서 낙양에 있는 어용물
　　을 전부 사마영이 있는 업으로 옮긴다는 것은 사리에 맞지 않는다.

113 후한 말의 조조를 말한다.

7   태제 사마영이 분수를 뛰어 넘는 사치를 날로 심하게 부리고, 총애하는 사람이 권력을 휘두르니 많은 사람들의 신망을 크게 잃었다.[114] 사공인 동해왕 사마월[115]이 우위(右衛)장군 진진(陳眕)과 장사왕[116]의 옛 휘하 장수인 상관사(上官巳) 등과 이를 토벌하기로 모의하였다.

가을, 7월 초하루 병신일에 진진이 군사를 챙겨 운용문(雲龍門)으로 들어가서 조서를 내리게 하여 삼공과 백관들 그리고 전중에 있던 사람[117]들을 불러서 계엄령을 내리고 사마영을 토벌하게 하였다. 석초(石超)가 업성[118]으로 달아났다.

무술일(3일)에 대사면령을 내리고 황후 양씨와 태자 사마담을 원상태로 회복시켰다. 기해일(4일)에 사마월이 황제를 모시고 북쪽을 정벌하였다. 사마월을 대도독으로 삼았다. 전에 시중이었던 혜소(嵇紹)[119]를 징소하여 황제의 행재소로 오게 하였다.

시중 진준(秦準)이 혜소에게 말하였다.

"지금 간다면 편안할지 위태로울지 예측하기 어려운데 경에게 좋은 말[馬]이 있소?"

---

114 당시 사람들은 사마영이 황실을 잘 보필하기를 바랐다.

115 사마충의 재당숙이다.

116 8왕의 난에서 다섯 번째 왕인 사마예로 사마영에게 실각하였다.

117 황궁을 지키는 3부의 제장들을 말한다.

118 사마영이 있는 곳이다.

119 장사왕 사마예가 권력을 장악했을 때 시중이었다가 사마예가 죽자 면직되어 서인이 되었었다.

혜소가 정색을 하며 말하였다.

"신하 된 사람이 황제를 호종(扈從)하며 호위할 때에는 이 일을 가지고 죽고 사는 것이지 좋은 말로 무엇을 하겠소?"

사마월이 격문을 보내서 사방의 군사를 소집하니 달려온 사람이 구름처럼 모여서 안양(安陽)[120]에 이를 즈음에는 무리가 10여만 명이었으므로 업성 안에서는 떨며 두려워하였다. 사마영이 여러 신료를 모아 놓고 계책을 물으니, 동안왕(東安王) 사마요(司馬繇)[121]가 말하였다.

"천자가 친히 정벌을 나섰는데, 의당 갑옷을 벗어놓고 상복을 입고 나가서 맞이하며 죄를 청해야 합니다."

사마영은 좇지 않고, 석초를 파견하여 무리 5만 명을 거느리고 막아 싸우게 하였다.

절충(折衝)장군 교지명(喬智明)이 사마영에게 권고하여 승여(乘輿)를 받들어 영접하라고 하였더니, 사마영이 화를 내며 말하였다.

"경은 사태를 잘 파악하는 것으로 이름이 나 있고, 몸을 던져 고(孤)[122]를 섬기며, 지금 주상[123]이 여러 소인들에게 압박을 받고 있는데 경은 어찌하여 고에게 손을 잡아매고 형벌을 받으러 가라고 하시오?"

진진의 두 동생인 진광(陳匡)·진규(陳規)가 업성에서 행재소로 와서 업에는 모두 흩어졌고 이 때문에 방비를 갖추어 둔 것이 없다고 말하였다. 기미일(24일)에 석초의 군사가 모르는 사이에 도착하니, 승여는

---

120 사마영이 있는 업성에서 40리 정도 떨어진 곳이다.

121 황제의 당숙이다.

122 사마영이 자기 자신을 낮추어 부른 것이다.

123 혜제 사마충을 말한다.

탕음(蕩陰, 하남성 탕음현)에서 계속 패전하였고, 황제는 뺨을 다쳤고, 화살 세대를 맞았으며, 백관들과 황제를 시중드는 사람들이 모두 흩어졌다.

혜소는 조복을 입고 말에서 내려 연(輦)에 올라 몸으로 황제를 호위하니, 병사들이 혜소를 수레에서 끌어내려서 찍었다. 황제가 말하였다.

"그는 충신이다. 죽이지 마라!"

대답하였다.

"태제(太弟)[124]의 명령을 받들고 있으며 오직 폐하 한 사람에게만 범접하지 않을 뿐입니다."

드디어 혜소를 죽이니, 피가 황제의 옷을 더럽혔다.

황제는 풀 속에 떨어지는 바람에 여섯 개의 인새를 잃어버렸다. 석초는 황제를 받들고서 그의 군영으로 들어갔는데, 황제가 심히 배고파해서 석초가 물을 올렸고, 주위 사람들이 가을 복숭아를 올렸다.[125] 사마영은 노지(盧志)를 파견하여 황제를 영접하고, 경신일(25일)에 업성으로 들어갔다. 대사면령을 내리고 기원을 고쳐서 건무(建武)라고 하였다.

주위 사람들이 황제의 옷을 빨려고 하였더니 황제가 말하였다.

"혜(嵇) 시중의 피니 빨지 말도록 하라."

진진·상관사 등이 태자 사마담을 받들고 낙양을 지켰다. 사공(司空) 사마월이 하비(下邳, 강소성 비현)로 달아났는데, 서주(徐州)도독이며

---

124 사마영이다.

125 복숭아는 여름에 난 것이 잘 익었기에 황제에게 올리도록 되어 있다. 가을 복숭아를 올렸다는 것은 그 당시의 상황이 먹을 것도 없는 긴박함을 말한다.

동평왕(東平王)인 사마무(司馬楙)가 받아들이지 않자, 사마월이 지름 길로 동해(東海)로 돌아갔다. 태제 사마영은 사마월의 형제들[126]이 종실의 촉망을 받고 있기 때문에 명령을 내려서 그들을 초대하였지만 사마월이 명령에 응하지 않았다.

예전의 분위(奮威)장군이었던 손혜(孫惠)가 편지를 올려 사마월에게 여러 번왕(藩王)들과 연결을 맺어서 함께 왕실을 보필하라고 권고하니, 사마월이 손혜를 기실(記室)참군으로 삼고 모의하는 일에 참여하게 하였다. 북군중후(北軍中候) 구희(苟晞)가 범양왕(范陽王) 사마효(司馬虓)[127]에게 달아나니, 사마효가 승제(承制)[128]하여 구희를 행연주(行兗州)자사[129]로 삼았다.

8   애초에, 세 명의 왕이 군사를 일으켜서 조왕(趙王) 사마륜(司馬倫)을 토벌하였는데,[130] 왕준(王浚)[131]이 무리를 거느리고 양쪽 사이에 끼어 있으면서 거느리는 병사와 백성들에게 행동을 금지시켜서 세 왕이 불러 모으는 곳으로 갈 수 없게 하였다. 태제 사마영이 그를 토벌하

---

126 사마월의 형제는 사마등(司馬騰)·사마략(司馬略)·사마모(司馬模)인데 많은 칭찬을 받았다.

127 기실(記室)참군은 군사 기밀 사항을 결정하는데 참여할 수 있는 직책이며, 북군중후(北軍中候)는 수도를 경비하는 부대인 북군의 참모장에 해당하는 직책이고, 사마효(司馬虓)는 이때 정남장군으로 허창에 있었다.

128 제(制)는 황제의 명령이므로 황제에게로부터 받은 일정한 권한을 말한다.

129 행직(行職)은 대리직으로 연주자사의 업무를 대리하여 수행하는 직책이다.

130 영녕 원년(301년)에 있었던 일로,《자치통감》권84에 실려 있다.

131 안북(安北)장군이며 유주제군사도독이었다. 유주는 하북성 북부이다.

고자 하였으나 할 수 없었고, 왕준도 마음으로 역시 사마영을 도모하고
자 하였다. 사마영이 우사마 화연(和演)을 유주(幽州, 주의 치소는 북경의
서남부)자사로 삼고 비밀리에 왕준을 죽이게 하였다.

화연이 오환(烏桓)의 선우 심등(審登)과 더불어 왕준과 계성(薊城, 북
경의 서남쪽)의 남쪽에 있는 청천(淸泉)으로 놀러 갔다가 그 기회를 이
용하여 그를 도모하고자 모의하였다.[132] 때마침 폭우를 만나서 병기
에 습기가 차게 되어 결과를 내지 못하고 돌아왔다. 심등은 왕준을 하
늘의 도움을 얻은 것이라고 생각하고 마침내 화연이 모의한 내용을 왕
준에게 일러바쳤다.

왕준과 심등이 비밀리에 군사를 엄히 챙겨서 병주(幷州, 산서성)자사
인 동영공(東嬴公) 사마등(司馬騰)과 함께 화연을 포위하여 죽이고 스
스로 유주의 군영에 있는 병사를 거느리기로 약속하였다. 사마등은 사
마월의 동생이다.

태제 사마영이 조서가 내려졌다고 하면서 왕준을 징소하였는데, 왕
준이 선비족의 단무물진(段務勿塵)[133]·오환족의 갈주(羯朱) 그리고
동영공 사마등과 함께 군사를 일으켜서 사마영을 토벌하니, 사마영이
북(北)중랑장 왕빈(王斌)과 석초를 파견하여 이를 치게 하였다.

---

132 왕준을 죽이려고 하였다는 말이다.

133 왕준의 사위이다.

몰락하는 사마영

9   태제 사마영은 동안왕(東安王) 사마요(司馬繇)가 앞서서 논의한 내용[134]을 가지고 원망하자 8월 무진일(3일)에 사마요를 잡아서 그를 죽였다. 애초에, 사마요의 형인 낭야공왕(琅邪恭王) 사마근(司馬覲)이 죽자 아들 사마예(司馬睿)가 뒤를 이었다.

사마예는 침착하고 민첩하며 도량이 넓어서 좌(左)장군이 되었고, 동해왕(東海王)[135]의 참군인 왕도(王導)와 잘 지냈다. 왕도는 왕돈(王敦)의 사촌동생이었고 식견이 넓어 먼 훗날까지 짚어보았는데, 조정에서 많은 사건이 벌어지는 연고로 매번 사마예에게 봉국[136]으로 갈 것을 권고하였다.

사마요가 죽자 사마예는 황제를 좇아서 업성에 있다가 화가 미칠까 봐 두려워서 곧 도망하여 자기 봉국으로 돌아가려고 하였다. 사마영이 먼저 관문이나 나루에 칙령을 내려서 귀인(貴人)들이 출입할 수 없게

---

134 황제를 상복을 입고 맞이하라고 하였다.

135 사마월이다.

136 사마예의 봉국은 산동성 제성현이다.

하였는데, 사마예가 하양(河陽, 하남성 맹현)에 이르자 나루에 있던 관리가 멈추게 하였다.

따르던 사람 송전(宋典)이 뒤에서 와서 채찍으로 사마예를 툭툭 치면서 웃으며 말하였다.

"사장(舍長), 관청에서 귀인을 통과하지 못하게 금지하였는데, 너도 잡혔는가?"[137]

관리는 이 말을 듣고 통과시켰다. 낙양에 이르러 태비(太妃) 하후씨(夏侯氏)를 맞이하여 함께 봉국으로 돌아갔다.

10   승상부의 종사중랑(從事中郎)[138] 왕징(王澄)이 맹구(孟玖)가 간사하게 이익을 챙긴 사건을 드러내어 태제 사마영에게 그를 주살하라고 권고하니 사마영이 이를 좇았다.

11   상관사(上官巳)는 낙양에서 잔포한 짓을 하며 멋대로 행동하였다. 수하남윤(守河南尹)[139] 주복(周馥)은 주준(周浚)의 사촌동생[140]이었는데, 사예교위 만분(滿奮) 등과 더불어 모의하여 그를 죽이려고 하다가 일이 발각되어 만분 등은 죽고, 주복은 달아나서 죽음을 면하였다.

---

137 사장은 집을 지키는 사람을 말하며, 이는 아주 낮은 직책이다. 낭야왕 사마예라는 것이 나루를 지키는 관리들에게 알려지면 통과할 수 없을 것이므로 사마예를 거짓으로 사장이라고 부른 것이다.

138 승상부의 참모장에 해당하는 직책이다.

139 수직(守職)이다. 이는 대리직이므로 하남윤대리를 말한다.

140 주준에 관한 일은 진 무제 태강 원년(280년)에 있었으며, 《자치통감》 권81에 실려 있다.

── 사공(司空) 사마월이 태제 사마영을 토벌하면서 태재 사마옹(司馬
顒)이 우장군인 풍익(馮翊, 섬서성 大荔縣)태수 장방(張方)을 파견하여
군사 2만 명을 거느리고 가서 그를 구원하게 하였으나, 황제가 이미 업
성에 들어갔다는 소식을 듣고 그 기회를 이용하여 장방에게 낙양을 진
수(鎭守)하라고 명령하였다.

상관사가 별장(別將) 묘원(苗願)과 더불어 이에 대항하였다가 대패
하고 돌아갔다. 태자 사마담(司馬覃)이 밤에 상관사·묘원을 습격하니
상관사·묘원이 나가서 도망하였고 장방이 낙양에 들어갔다. 사마담이
광양문(廣陽門)에서 장방을 영접하고 절하니 장방은 수레에서 내려서
그를 부축하며 중지하게 하고, 다시 사마담과 양후(羊后)를 폐위[141]시
켰다.

12   애초에, 태제(太弟) 사마영이 표문을 올려서 흉노의 좌현왕 유연
(劉淵)을 관군(冠軍)장군으로 삼아 5부(部)군사[142]를 감독하며 군사
를 거느리고 업성에 머물게 해달라고 하였다.[143] 유연의 아들 유총(劉
聰)은 날래고 용감하며 뛰어난 사람이었고, 경전과 역사책을 폭 넓게
섭렵하였고, 문장을 잘 썼으며, 3백 근 되는 활을 쏠 수 있었다. 약관(弱

141 두 번째의 폐출이다.

142 흉노의 5부로 나눠진 군관구를 말한다. 양준이 보정할 때 유연은 오부대도
    독이었다가 원강 말년에 그 부 사람들이 반란을 일으켜서 요새를 빠져 나가
    자 관직에서 면직되었다.

143 진나라의 혜제 사마충은 즉위 조에 유연을 건위(建威)장군으로 삼고, 오부
    대도독을 겸하게 한 것이 혜제 영희 원년(290년)이었는데, 그에게 부속한 무
    리들이 반란을 일으키자 요새 지역 밖으로 도망하여 면직되었다.

冠)[144]의 나이에 경사(京師, 낙양)에 유학하였는데, 명사(名士)들 가운데 그와 사귀지 않는 사람이 없었다. 사마영이 유총을 적노(積弩)장군으로 삼았다.

유연의 종조(從祖)인 우현왕 유선(劉宣)이 그의 족속들에게 말하였다. "한나라가 망한 이후로 우리의 선우(單于)는 다만 헛된 이름만을 가지고 있을 뿐 다시는 한 자의 땅도 가진 것이 없으며[145] 나머지 왕후(王侯)들은 떨어져서 편호(編戶)[146]와 같게 되었다.

지금 우리의 무리들이 비록 쇠퇴하였지만 오히려 2만 명까지 줄지 않았는데, 어찌하여 머리를 숙이고 노역을 하면서 갑작이 백년을 지내겠는가! 좌현왕은 영명하고 이 시대에 뛰어난 분이니, 하늘이 진실로 흉노를 부흥시키지 않으려고 했다면 반드시 헛되이 이러한 사람을 내보내지 않았을 것이다.

지금 사마씨는 골육 간에 서로 해치고 있으며, 사해는 물 끓는 솥과 같으니, 호한야(呼韓邪) 선우가 세웠던 대업[147]을 부흥시키려면 지금이 그때이다."

마침내 서로 함께 모의하여 유연을 추대하여 대선우로 삼고, 그의

---

144 사람은 나이에 따라 부르는데, 10대를 유학(幼學), 20대를 약관으로 부른다.

145 이 사건은 한 헌제 건안 21년(216년)에 있었고, 그 내용은 《자치통감》 권67에 실려 있다.

146 일반 백성들을 호구로 한 편제를 말하며, 이 민적(民籍)에 편입된 사람들 사이에는 고하가 없다. 따라서 여기서는 흉노의 왕후가 한의 편호가 되었다는 뜻이다.

147 호한야 선우는 흉노의 14대 선우인 난제계후책(欒提稽侯柵)으로 그의 업적은 전한 선제 감로 3년(기원전 51년)에 있고, 《자치통감》 권27에 실려 있다. 후한 광무제에도 일축왕 난제비를 역시 호한야 선우로 불렀다.

무리인 호연유(呼延攸)[148]에게 업성에 가서 이를 알리게 하였다.

유연이 사마영에게 말하고 고향으로 돌아가서 장례식에 참석하게 해달라고 청하였으나 사마영이 허락하지 않았다. 유연은 호연유로 하여금 먼저 돌아가서 유선 등에게 5부와 잡호(雜胡)에서 군사를 불러 모으게 하면서 겉으로 사마영을 돕겠다고 말하였으나, 실제로는 배반하고자 하였다.

왕준(王浚)[149]·동영공(東嬴公) 사마등(司馬騰)이 군사를 일으키자 유연이 사마영에게 유세하였다.

"오늘날 두 개의 진(鎭)이 발호하고 있는데, 무리가 10여만 명이니, 아마도 숙위병과 가까운 군에 있는 군사들이 막을 수 있는 것이 아닐까 걱정이 됩니다. 청컨대 전하를 위하여 다시 한 번 흉노 5부의 군사를 가지고, 나라의 어려움이 있는 곳으로 달려오도록 유세하게 해 주십시오."

사마영이 말하였다.

"5부의 무리들을 과연 발동하겠소? 바로 그들을 발동할 수 있다 하여도 선비족·오환족이 쉽게 감당하지 못할 것이오. 내가 승여를 받들고 낙양으로 돌아가서 그 예봉을 피하면서 천천히 천하에 격문을 전하여 거꾸로 순리대로 그들을 제압하려고 하는데,[150] 그대의 뜻은 어떠하오?"

유연이 말하였다.

---

148 한대의 흉노 귀족인 호연씨(呼衍氏)가 여기에서 말하는 호연씨(呼延氏)이다.

149 왕준은 안북장군이다.

150 힘으로는 두 진을 제압하기 부족하지만 격문을 보내 천하의 군사를 징집하여 순리에 의지하여 거역하는 무리를 제압하고자 한다는 의미이다.

"전하께서는 무황제의 아드님이시며, 왕실에 큰 공훈을 세우셔서 위
엄과 은혜를 베푸신 것이 멀리까지 드러나 있으니, 사해(四海)의 안쪽
에서 누가 전하를 위하여 죽을힘을 다하는 것을 원하지 않겠습니까?
어찌하여 징발하는데 어려움이 있겠습니까? 왕준은 쥐새끼 같은 녀석
이고 동영공은 먼 친척인데[151] 어찌 전하와 더불어 힘겨루기를 할 수
있단 말입니까?

전하께서 한 번 업궁(鄴宮)을 출발하신다면 다른 사람들에게 약하다
는 것을 보이는 것이니 낙양까지 갈 수 없을 것이고, 비록 낙양에 도착
한다고 하여도 권력과 위엄은 다시 전하에게 있지 않게 될 것입니다.

바라건대 전하께서는 병사의 무리들을 위로하고 권고하여 편안히
하는 방법으로 그들을 진정시키시면, 저 유연이 청컨대 전하를 위하여
두 부의 병력으로 동영공의 무리를 꺾어버리고, 세 부를 가지고 왕준을
효수하게 하여주시면 두 녀석들의 머리는 날짜를 손가락으로 꼽으며
매달아놓을 수 있을 것입니다."

사마영이 기뻐하면서 유연에게 북흉노의 선우·참승상군사(參丞相
軍事)[152]로 임명하였다.

유연이 좌국성(左國城, 산서성 이석현의 북쪽)에 도착하니 유선(劉宣)
등이 대선우라는 명호를 올렸고, 20일 동안에 5만 명의 무리를 갖게 되
자, 이석(離石, 산서성 이석현)을 도읍지로 삼고 유총(劉聰)을 녹려왕(鹿
蠡王)으로 삼았다. 좌어육왕(左於陸王) 유굉(劉宏)을 파견하여 정예의

---

151 사마등은 사마의(司馬懿)의 동생 사마규(司馬馗)의 손자이다.

152 승상부의 군사에 관한 업무에 참여하여 논의할 수 있는 직책이다. 이때 승상
은 사마영이므로 사마영의 군사에 관한 업무에 참여하게 한 것이다.

기병 5천 명을 인솔하고 가서 사마영의 장수 왕수(王粹)와 만나 동영공 사마등을 막게 하였다. 왕수가 이미 사마등에게 패하여서 유굉은 가지도 못하고 돌아왔다.

왕준·동영공 사마등이 군사를 합하여 왕빈(王斌)[153]을 공격하여 이를 대파하였다. 왕준은 주부(主簿) 기홍(祁弘)을 선봉으로 삼아 석초(石超)를 평극(平棘, 하북성 趙縣)에서 패퇴시키고 이긴 기세를 타고 군사를 전진시켰다. 척후(斥候) 기병이 업성에 도착하니 업성에서는 크게 놀라 움직였는데, 백관들은 달아나고 병사들은 나누어져 흩어졌다.

노지(盧志)는 사마영에게 황제를 받들어 모시고 낙양으로 돌아가도록 권고하였다. 이때 갑옷을 입은 병사가 오히려 1만5천 명이 있어서 노지는 밤중에 여러 부서로 나누고 새벽이 되면 곧 출발하려고 하였는데, 정태비(程太妃)가 업성을 사모하여 떠나가려고 하지 않으니 사마영이 여우처럼 의심하면서 결정하지 못하였다.

잠깐 사이에 무리들이 붕괴되었고, 사마영은 드디어 자기 장막 아래 있는 수십 기병을 거느리고 노지와 함께 황제를 모셔서 독거(犢車)를 타게 하여 낙양을 향하여 남쪽으로 달아났다. 갑자기 일어난 일이어서 윗사람이나 아랫사람이나 양식을 싸지 못하였고, 중황문(中黃門)[154]의 이불 보따리 속에 개인 돈 3천 전(錢)을 갖고 있었는데, 조서를 내려서 그것을 빌려 도중에 밥을 사 먹었고, 밤에는 중황문의 면포로 된 이불을 덮고 잤으며, 질그릇에다 밥을 담아 먹었다.

---

153 북중랑장이었다.

154 정태비(程太妃)는 사마영의 어머니이고, 독거(犢車)는 소가 끄는 수레이며 중황문(中黃門)은 황궁의 고급 시종인 환관이다.

온(溫, 하남성 온현)에 도착하여 장차 능묘에 배알하려고 하였는데,[155] 황제가 신발을 잃어버려서 따르던 사람의 신발을 받아 신고 내려가 절을 하며 눈물을 흘렸다.

황하를 건너게 되었는데, 장방(張方)이 낙양에서부터 그의 아들 장비(張麗)를 파견하여 기병 3천 명을 인솔하고 탈 수레를 가지고서 황제를 맞이하였다. 망산(芒山) 아래에 이르니 장방이 스스로 기병 1만여 명을 거느리고 황제를 영접하였다.

장방이 곧 배알하려고 하는데 황제가 수레에서 내려 스스로 그것을 중지하게 하였다.[156] 황제가 궁궐로 돌아가자 달아나고 흩어졌던 사람들이 조금씩 돌아오니 백관도 거칠게나마 갖추어졌다. 신사일(16일)에 대사면령을 내렸다.

왕준이 업성에 들어가자 군사의 무리들이 포학하고 약탈하자 죽은 사람이 아주 많았다. 오환족의 갈주(羯朱)에게 태제 사마영을 뒤쫓게 하니 조가(朝歌, 하남성 淇縣)에 이르러서도 따라잡지 못하였다. 왕준이 계(薊, 북경시 서남쪽)로 돌아오니 선비족들이 대부분 다른 사람의 부녀자들을 약탈하고 있어서 명령을 내리기를 '감히 감추어둔 사람의 목을 벨 것이다.' 하였더니, 이에 역수(易水)에 빠뜨려 죽인 사람이 8천여 명이었다.

---

155 사마의의 고향은 온현이어서 그의 아버지 사마방(司馬防) 이상의 선조들은 모두 온현에 장사지냈다.

156 호삼성은 이왕(夷王)이 당(堂) 아래에서 제후들을 접견한 것보다 심하다고 평하였다.

장기분열의 시작과 흉노 유연의 등장

13 동영공 사마등이 탁발의타(拓跋猗㐌)[157]에게 군사를 빌어서 유
연(劉淵)을 치니, 탁발의타가 동생 탁발의로(拓跋猗盧)와 더불어 군사
를 합쳐 서하(西河)에서 유연을 쳐서 격파하고, 사마등과 더불어 분하
(汾河)의 동쪽에서 맹약을 하고 돌아왔다.[158]

유연은 태제 사마영이 업성으로 떠났다는 보고를 받고 탄식하며 말
하였다.

"내 말을 채용하지 않다가 거꾸로 스스로 도망하고 무너졌으니 정말
로 못난이로군! 그러나 나는 그와 한 말이 있으니 구원하지 않을 수가
없군."

곧 군사를 발동하여 선비족·오환족을 치려고 하였는데, 유선(劉宣)
등이 간하였다.

"진(晉)나라 사람들은 우리를 노예로 부려먹었는데, 지금 그들이 골

---

157 '㐌'는 발음이 '이'로 되어 있으나, 호삼성 음주에 '타'라고 하였다. 아마도 타
    (他)와 같은 글자로 본 것 같다.

158 이 이후로 탁발씨는 여러 차례 군사를 가지고 병주를 도왔다.

육끼리 서로 싸우고 있으니 이는 하늘이 저들을 버린 것이며, 우리에게 호한야(呼韓邪) 선우가 세웠던 위대한 업적을 회복하게 한 것입니다.

선비족·오환족은 우리들과 기(氣)가 같은 족속인데,[159] 원조는 할 수 있지만 어찌하여 그들을 칩니까?"

유연이 말하였다.

"훌륭하오! 대장부란 마땅히 한나라의 고조나 위나라의 무제[160]처럼 되어야지 어찌 호한야 선우를 본받을 만하다고 하는 것이오?"

유선 등이 머리를 조아리면서 말하였다.

"미처 거기까지는 미치지 못하였습니다."

14   형주(荊州)지방의 군사들이 장창(張昌)[161]을 사로잡아서 목을 베었고, 같은 무리들은 모두 삼족을 이멸하였다.

15   이웅(李雄)은 범장생(范長生)이 명성과 덕망을 갖추어서 촉(蜀) 지역 사람들에게 존중을 받고 있기 때문에 영접하여 군주로 삼고 자기가 신하가 되려고 하였는데, 범장생이 안 된다고 하였다. 제장들이 굳게 이웅에게 존위(尊位)[162]에 나아가도록 청하니 겨울, 10월에 이웅이

---

159 선비·오환·동호의 종족은 흉노와 북방의 강한 기운을 같이 받았다는 의미에서 동류라고 한 것이다.

160 한 고조는 유방이고, 위 무제는 조조이다.

161 장창은 반란집단의 수령으로 지난해에 하준산(下儁山)으로 도망하였다가 지금 잡힌 것이다.

162 현재보다 높은 자리를 말하지만 실제로는 왕위 혹은 제위를 의미하는데 다음의 내용으로 보아 여기서는 이웅에게 왕위에 오르라는 말로 보인다.

바로 성도왕(成都王)의 자리에 올라서 대사면령을 내리고 기원을 건흥 (建興)이라고 고쳤다.[163]

진(晉)의 법률을 없애고 법조문을 일곱 조목으로 줄였다. 그의 숙부 이양(李驤)을 태부로 삼고, 형 이시(李始)를 태보(太保)로 삼고, 이리(李離)를 태위로 삼으며, 이운(李雲)을 사도로 삼고, 이황(李璜)을 사공으로 삼고, 이국(李國)을 태재로 삼고, 염식(閻式)을 상서령으로 삼고, 양포(楊褒)를 복야(僕射)로 삼았다.

어머니 나(羅)씨를 높여서 왕태후로 삼고, 아버지 이특(李特)을 추존 (追尊)하여 성도경왕(成都景王)이라고 하였다. 이웅은 이국·이리는 지모가 있어서 모든 일을 반드시 그들에게 자문을 구한 다음에 시행하였다. 이국·이리는 이웅을 모시는 것이 자못 근엄하였다.[164]

16   유연은 좌국성(左國城, 산서성 이석현의 북쪽)으로 도읍을 옮겼다.[165] 호(胡)·진(晉)에서 그에게 귀부하는 사람의 숫자가 더욱 많아졌

---

163 8왕의 난은 중국의 대분열시대를 열었으며, 이것은 589년 다시 통일될 때까지 계속된다. 반란세력이었던 이특이 죽고, 그의 아들 이웅이 성도왕으로 정식 즉위하고 기원을 선포함으로써 중국에 정식 왕조가 두 개가 된 셈이다. 분열상황이 제일 많을 경우에는 11개의 나라가 함께 있었다. 물론 이웅은 2년 후에 황제에 올라 한(漢) 제국을 선포하였지만 실제로는 이때부터 두 개의 나라가 중국 내에 있는 것으로 볼 수 있으며, 이러한 상황에 따라서 진(晉) 제국도 하나의 지방정권으로 떨어진 결과를 가져왔다.

164 이러한 태도에 대하여 역사가들은 여러 이씨들은 군신의 분수를 지켜서 서로 굳게 하였으므로 도적이라고 하지만 도리를 알았다고 하였다.

165 《통감고이》에서는 이석에 기근이 들어서 여정(黎亭)으로 옮겼다고 되어 있으므로 유연은 여전히 이석에 있었던 것 같다. 두우의 통전에는 이석에는 남선우의 왕정이 좌국성에 있었다고 되어 있으므로 유연이 비록 좌국으로 옮겼다

다. 유연이 여러 신하들에게 말하였다.

"옛날 한(漢)이 천하를 오랫동안 차지하고 있었던 것은 은혜를 베풀면서 백성들에게 연결을 맺었던 데 있다. 나는 한의 생질이고 형제로 약속하였다. 형이 망하면 동생이 잇는 것이 또한 옳지 않소?"

마침내 나라를 세우고 국호를 한(漢)이라 하였다.

유선 등이 존호(尊號)[166]에 오르라고 청하였더니 유연이 말하였다.

"지금은 사방이 아직 안정되지 아니하였고, 또한 고조(高祖)가 한 예에 의거하여 한왕(漢王)이라고 칭하는 것이 좋을 것이다."

이에 한왕에 즉위하여 대사면령을 내리고, 기원을 고쳐서 원희(元熙)라고 하였다.[167]

안락공(安樂公)[168] 유선(劉禪)을 효회황제(孝懷皇帝)라고 추존하고, 한 왕조의 세 명의 조(祖)가 들어가는 황제와 다섯 명의 종(宗)[169] 자

고 하여도 여전히 이석의 경내였을 것이다.

166 높임을 받는 칭호를 말하는데, 보통 왕을 칭하거나 황제를 칭한다. 다음에 이어지는 내용을 보건대 황제라는 호칭을 사용하라고 요구한 것으로 보인다.

167 유연은 국호를 한으로 하였으나, 16년 뒤인 319년에 조(趙)로 바꾸고 있다. 역사적으로는 보통 이를 전조(前趙)라고 부르고 혹은 한조제국(漢趙帝國)이라고 부르기도 한다.

168 삼국시대 유비가 세웠던 촉한의 마지막 황제 유선은 오나라가 망하면서 안락공으로 강등되었고 진나라시대에 들어와서 죽었다.

169 세 명의 조(祖) 자가 들어가는 황제는 전한의 유방(고조), 후한의 유수(광무제 세조), 촉한의 유비(소열제로 부르나, 무슨 조를 썼는지 정확한 명칭은 알려지지 않았다. 다만 아버지를 이어받아서 황제에 오른 것이 아니어서 조를 사용했을 가능성은 있다.)이며, 다섯 명의 종(宗)이 들어가는 황제란 전한의 유환(문제 태종), 유철(무제 세종), 유순(선제 중종)과 후한의 유장(명제 현종), 유달(장제 숙종)이다.

가 들어가는 황제의 신주를 만들어서 그들에게 제사를 지냈다. 그의 처 호연씨(呼延氏)를 세워서 왕후로 삼았다.

우현왕 유선(劉宣)을 승상으로 삼고, 최유(崔游)를 어사대부로 삼고, 좌어육왕 유굉을 태위로 삼고, 범륭(范隆)을 대홍로로 삼고, 주기(朱紀)를 태상으로 삼고, 상당(上黨, 산서성 長治市) 사람 최의지(崔懿之)와 후부[170] 사람 진원달(陳元達)을 모두 황문랑으로 삼고, 친척 조카 유요(劉曜)를 건위무(建威武)장군으로 삼았는데, 최유는 굳게 사양하고 취임하지 않았다.[171]

진원달은 젊어서 지조(志操)를 갖고 있었는데, 유연이 일찍이 그를 초청하였으나 진원달은 대답하지 않았다. 유연이 한왕이 되자 어떤 사람이 진원달에게 말하였다.

"그대는 그를 두려워하는가?"

진원달이 웃으며 말하였다.

"나는 그 사람의 사람됨을 알고 있는 지가 오래 되었고, 저 사람은 또한 나의 마음을 잘 헤아리고 있소. 다만 아마도 2~3일이 지나지 않아서 역(驛)을 통하여 전해오는 편지가 도착할 것이오."

그날 저녁에 유연이 과연 진원달을 징소(徵召)[172]하였다. 진원달은

---

170 흉노의 북부지역으로 산서성 흔현(忻縣)이다.

171 최유는 유연의 스승이고, 범륭과 주기는 동문이었다. 최유은 사도(師道)로 유연을 굴복시킬 수 없었으므로 사양한 것이다. 그러나 유연은 한 왕조를 합법적으로 잇는다는 명분을 내세우고 있기 때문에 관직은 모두 한대의 것을 사용하였다.

172 인재를 중앙정부에서 부르는 것은 징소, 지방정부에서 부르는 것은 벽소라고 한다.

유연을 섬기면서 여러 번 충성스러운 말을 진언하였지만 물러나서는 그 상주한 초고(草藁)를 삭제하여버렸으므로 비록 그의 자제라도 그 내용을 알 수가 없었다.

유요는 나면서부터 눈썹이 희었으며 눈동자는 붉은 빛이 났고 어려서부터 총명하고 지혜가 있었고 담력도 있었지만 어려서 고아가 되어 유연에게서 양육되었다. 장성하자 그의 모습은 크고 우뚝하였으며, 성격도 활달하여 고상하고 정직하며 여러 사람과 무리를 이루지 않고 책 읽기를 좋아하고, 글을 잘 썼으며, 쇠의 두께가 1촌(寸)이나 되어도 활로 쏘아 뚫었다.

늘 스스로를 악의(樂毅)와 소하(蕭何)·조참(曹參)[173]에 비유하였지만 당시 사람들은 아무도 그러한 말에 동의하지 않았다. 오직 유총(劉聰)만이 그를 중하게 생각하며 말하였다.

"영명(永明)[174]은 한(漢)의 세조나 위(魏)의 무제와 같은 부류인데, 이들 몇몇 사람들이 어떻게 말할 수 있겠소?"

17   황제가 이미 낙양으로 돌아오고 나서는 장방이 군사를 장악하고 조정의 정사를 전적으로 통제하였고, 태제 사마영은 다시는 일에 간여할 수가 없었다. 예주(豫州, 하남성 동부)도독인 범양왕(范陽王) 사마효(司馬虓)·서주(徐州, 강소성 북부)도독인 동평왕(東平王) 사마무(司馬楙) 등이 말씀을 올렸다.

---

173 악의는 전국시대의 유명한 장수이고, 소하와 조참은 모두 한 고조시대의 명신이다.

174 유총(劉聰)은 유요의 사촌형이고, 영명(永明)은 유요의 자이다.

"사마영은 짊어진 짐을 질 수가 없으니, 의당 그의 봉작은 한 읍을 식읍으로 하도록 조치하여 강등을 시키시고,[175] 특별히 그의 목숨을 온전하게 하십시오. 태재(太宰)[176]는 의당 관우(關右, 함곡관의 서쪽)에 대한 책임을 지도록 맡기시고 주(州)와 군(郡) 이하에 대하여서는 사람을 뽑아서 임무를 주게 하여 한 결 같이 모두가 그를 우러러보게 하도록 하십시오. 조정의 큰일 가운데 일으킬 일과 폐지해버릴 일, 줄여야 될 일과 덧붙여야 될 일은 하나하나 자문을 구하도록 하십시오.

장방은 나라를 위하여 절개를 다 보였으나, 이치의 변화에 통달하지 못하여서 아직 바로 서쪽으로 돌아가지 아니하였으니 의당 그를 본래의 군[177]으로 돌려보내시고, 장방에게 관직을 덧붙여주시되 청컨대 옛날 직책을 전부 그대로 두십시오.

사도 왕융(王戎)과 사공 사마월(司馬越)은 모두 나라에 충성하고 있지만 조심성 있는 사람이니 의당 기밀에 관한 사항을 주관하게 하시고 조정의 정치를 위임하십시오.

왕준은 사직을 안정시킨 공훈을 가졌으니[178] 의당 특별히 높여 존중하여 유·삭(幽·朔, 유주와 삭주 ; 북방 변경에 있는 주)을 위무하는 일을 수행하게 하고 오래 북쪽의 울타리가 되게 하십시오. 신 등이 온 힘을 다하여 성을 지키고 황실의 울타리가 된다면 폐하께서는 손을 내리고

---

175 지금 다음 황제의 뒤를 이을 태제의 자리에 있는 사마영이 태제라는 자리에서 후왕으로 강등되는 것이다

176 사마옹이다.

177 장방은 원래 풍익(馮翊, 섬서성 大荔縣)태수였다.

178 왕준은 안북장군이며, 사마영을 토벌한 공로가 있다.

있더라도 사해는 스스로 올바르게 될 것입니다."

장방이 낙양에서 이미 오랫동안 머물러 있어서 병사들이 노략질을 하여 자못 백성들의 재물이 다 없어지게 되자 무리들의 마음[179]이 들떠 있어서 다시는 그곳에 머물러 있을 생각이 없었으며 논의하여 황제를 받들고 장안으로 천도하고자 하였지만, 황제와 공경들이 자기의 의견을 좇지 않을까 걱정하여 황제가 외출하기를 기다렸다가 그를 겁탈하려고 하였다.

이에 황제에게 사당에 참배하기를 청하였지만 황제가 이를 허락하지 않았다. 11월 을미일(1일)에 장방이 병사를 이끌고 대전(大殿)으로 들어가서 탈 수레를 가지고 황제를 영접하였는데, 황제는 말을 달려 후원에 있는 대숲으로 피하였다. 군인들이 황제를 끌어내어 다그치면서 수레에 오르게 하니 황제는 눈물을 흘리면서 그들을 좇았다.

장방이 말 위에서 머리를 조아리며 말하였다.

"지금 도적들이 종횡하고 있는데도 숙위하는 군사는 단조롭고 적습니다. 바라건대 폐하께서 신의 보루로 행차하신다면 신은 죽을힘을 다하여 어려운 일이 없도록 대비하겠습니다."

그때 여러 신하들은 모두 도망하여 숨었고, 오직 중서감(中書監) 노지만이 황제를 옆에서 모시고 있다가 말하였다.

"폐하! 오늘의 일을 보건대 마땅히 한 번 우장군을 좇아야 합니다."

황제는 드디어 장방의 보루로 가는데, 장방에게 수레를 마련하여 궁인(宮人)들과 보물을 싣게 하였다.

군인들은 이 기회에 후궁들을 약취하여 처로 삼고, 부고(府庫)에 감

---

179 장방 휘하의 군사들의 마음을 말하는 것이다.

춰진 것들을 나누고 다투었으며, 유소(流蘇)·무장(武帳)[180]을 찢어서 말의 안장으로 삼았으니, 위진(魏晉) 이래로 저축된 것들은 싹 쓸어 버려서 남은 것이 없게 되었다.

장방은 장차 종묘와 궁실을 다 불태워서 사람들이 돌아오고 싶은 마음을 없애려고 하니 노지가 말하였다.

"동탁(董卓)이 무도(無道)하여 낙양을 다 불태워서[181] 원망하고 저주하는 소리가 있었고, 백년이 지난 지금에도 오히려 남아 있습니다. 어찌하여 이러한 짓을 이어받으려고 하시오!"

마침내 중지하였다.

황제는 장방의 보루에 3일간 머물러 있었는데, 장방이 황제와 태제 사마영·예장왕 사마치(司馬熾)를 끼고서 장안으로 달려가자, 왕융(王戎)[182]이 나가서 겹(郟, 하남성 겹현)으로 달아났다. 태재 사마옹이 자기의 관속과 보기(步騎) 3만 명을 인솔하고서 패상(霸上, 섬서성 藍田縣)에서 영접하였고, 사마옹이 앞으로 나아가서 배알하고 황제는 수레에서 내려서 이를 저지하였다.

황제가 장안으로 들어가서 정서(征西)장군부[183]를 궁으로 삼았다. 오직 상서복야 순번(荀藩)·사예(司隷) 유돈(劉暾)·하남윤(河南尹) 주

---

180 유소는 다섯 색깔이 나는 털과 수를 놓은 장식품으로 거마의 장식품이나 휘장의 장식품으로 쓰는 것이며, 무장은 병기를 두는 휘장이며 제왕이 사용하는 것이다.

181 한 헌제 초평 원년(190년)의 일로, 《자치통감》 권59에 실려 있다.

182 사마치(司馬熾)는 황제 사마충의 동생이고, 왕융(王戎)은 이때 사도였다.

183 정서장군이 공적 업무를 수행하는 관부인데, 이때 정서장군은 사마옹이었고, 실제로는 사마옹이 이곳에 살고 있었다.

복(周馥)은 낙양에 유대(留臺)[184]를 만들어서 승제행사(承制行事)[185]하게 하니, 동대(東臺)와 서대(西臺)[186]로 호칭하였다. 순번은 순욱(荀勗)의 아들이다.

병오일(7일)에 유대에서 대사면령을 내리고 기원을 바꾸어 다시 영안(永安)이라고 하였다. 신축일(12일)에는 황후 양(羊)씨를 복위[187]시켰다.

18　나상(羅尚)이 파군(巴郡)으로 옮겨서 주둔하였고, 군사를 파견하여 촉(蜀)에서 노략하였는데, 이양(李驤)[188]의 처 잠(昝)씨와 그의 아들 이수(李壽)를 붙잡았다.

---

184 수장이 떠난 곳에 관부를 두어 업무를 처리하게 하는 것을 유수(留守)라고 하는데, 지금은 황제가 장안으로 갔으므로 낙양에는 황제가 없어서 그곳에 유수부(留守府)를 마련한 것이다.

185 제(制)란 황제의 명령을 말한다. 황제가 현장에 없기 때문에 황제에게서 위임을 받아 일을 처리하는 것을 승제라고 하는데, 여기서는 승제하여 업무를 처리하도록 한 것을 말한다.

186 황제가 낙양에서 장안으로 갔으므로 황제가 있는 곳에는 당연히 관부가 있게 마련인데, 도읍인 낙양은 원래의 관부가 있었으므로 여기에 유수부를 두었으니 결국 두 개의 관부를 가진 셈이다. 그리하여 낙양에 있는 유수대가 동쪽에 있으므로 동대라고 하였고, 황제가 있는 장안이 서쪽에 있으므로 서대라고 부른 것이다. 그러나 이 관부 사이에는 업무 연락이나 정책이 협조된 것은 아니다.

187 쫓겨났던 양황후의 황후 지위를 회복시킨 것이며 이는 낙양에 있는 동대에서 내린 조치이다.

188 성한(成漢) 조정의 태부(太傅)였다.

19 12월 정해일(24일)에 조서를 내려서 태제 사마영에게 성도왕의 자격으로 사저에 돌아가게 하고 예장왕 사마치를 바꾸어 세워서 황태제로 삼았다. 황제의 형제는 25명인데 그때 살아남아 있는 사람이 오직 사마영·사마치·오왕(吳王) 사마안(司馬晏) 뿐이었다.

사마안은 자질이 용렬하였고, 사마치는 겸손하고 소박하며 공부하기를 좋아하니 태재(太宰) 사마옹이 그를 세운 것이다. 조서를 내려서 사공 사마월을 태부로 삼아 사마옹과 더불어 황실을 끼고 보필하게 하고, 왕융은 조정의 정사에 참여하여 처리하게 하였다.

또한 광록대부 왕연(王衍)을 상서좌복야로 삼았다. 고밀왕(高密王) 사마략(司馬略)을 진남(鎭南)장군으로 삼고 사예교위의 업무를 관장하게 하여 임시로 낙양을 진수(鎭守)하게 하였다. 동(東)중랑장 사마모(司馬模)를 영북(寧北)장군으로 삼고 기주(冀州, 하북성의 중부와 남부)의 군사에 관한 일을 감독[189]하게 하여 업성을 진수(鎭守)하게 하였다.

백관들을 각기 본직으로 돌아가게 하였다. 주군(州郡)에게 가혹한 정책을 제거하게 하고, 백성을 아껴주며 본직에 힘쓰게 하며, 도로를 잘 소통하게 한 다음에 동경(東京, 낙양)으로 돌아오겠다고 하였다. 대사면령을 내리고 기원을 고쳤다. 사마략·사마모는 모두 사마월의 동생이다.

왕준이 이미 업성을 떠났으므로 사마월은 사마모에게 그곳을 진수하게 하였다. 사마옹은 사방이 어그러지고 흩어졌고 화란(禍亂)이 그치지 않았던 고로 이러한 조서를 내려 화해(和解)하여 조금이라도 안

---

189 사마략이 맡은 사예교위는 영직으로 영사예교위이며, 낙양을 진수하는 것은 권직(權職)이고, 사마모의 관직은 관직명은 도독기주제군사이다.

정을 얻기를 바랐다.

사마월이 태부의 직책을 사양하고 받지 않았다. 또 태재 사마옹에게 조서를 내려 내외의 여러 군사에 관한 일을 감독하게 하였다. 장방을 중령군(中領軍)·녹상서사(錄尙書事)로 삼고, 경조(京兆)태수 업무를 관장하게 하였다.[190]

20 동영공 사마등이 장군 섭현(聶玄)을 파견하여 한왕[191] 유연(劉淵)을 공격하여 대릉(大陵, 산서성 문수현)에서 싸웠는데, 섭현의 군사들이 대패하였다.

유연은 유요를 파견하여 태원(太原, 산서성 태원시)을 침구하고 현지(泫氏, 산서성 高平縣)·둔류(屯留, 산서성 둔류현)·장자(長子, 산서성 장자현)·중도(中都, 산서성 平遙縣)를 빼앗았다.

또 관군(冠軍)장군 교희(喬晞)를 파견하여 서하를 침구하여 개휴(介休, 산서성 개휴현)를 빼앗았다. 개휴현령 가혼(賈渾)이 항복하지 않으니 교희가 그를 죽였고, 그의 처인 종씨(宗氏)를 받아들이려고 하자 종씨가 교희에게 욕을 하고 통곡하니 교희가 또 그를 죽였다.

유연이 소식을 듣고 크게 화가 나서 말하였다.

"가령 하늘이 안다고 한다면 교희에게 후손이 있기를 바라겠는가?"

추가로 그를 돌아오게 하여 네 등급을 강등시켰고, 가혼의 시체를 거둬들여 이를 장사지냈다.*

---

190 사마옹의 관직명은 도독내외제군사이고 장방은 영직인 영경조태수의 직책까지 맡은 것이다.

191 흉노족인 유연이 세운 왕조이다.

권086

진기8

5호16국의 서막

사마월의 조치

혜제 영흥 2년(乙丑, 305년)[1]

1 여름, 4월에 장방(張方)이 양후(羊后)를 폐위시켰다.[2]

2 유해(游楷) 등이 황보중(皇甫重)을 공격하였는데, 몇 년이 되어도
3 이길 수가 없었다. 황보중은 그의 양자인 황보창(皇甫昌)을 파견하
여 밖에서 구원병을 구하게 하였다. 황보창이 사공 사마월에게 가니,
사마월은 태재 사마옹과 새롭게 산동(山東)지역과 연합하는 화의[4]를

---

1 성도(成都)에 있는 한(漢 ; 前蜀) 무제(武帝) 건흥(建興) 2년, 한조(漢趙 ; 前趙)
   광문제(光文帝) 원희(元熙) 2년이다.

2 황후 양씨가 세 번째로 폐출된 것이다.

3 유해(游楷)는 금성군(金城郡)태수이고, 황보중(皇甫重)은 진주(秦州)자사이
   다. 유해가 황보중을 공격한 것은 혜제 태안 2년(303년)부터였으므로 금년까
   지 3년 동안이다.

4 산동은 효산의 동쪽지역을 말하며, 지난해에 반포된 사마월의 동생에게 내
   린 일련의 조서를 말한다.

맺었기 때문에 군사를 내려고 하지 않았다.

황보창은 이에 옛날 전중(殿中)에서 일한 적[5]이 있던 양편(楊篇)과 더불어 사마월의 명령이라고 거짓말을 하고 양후를 금용성(金墉城)에서 영접하였다. 궁궐로 들어오자 황후의 명령으로 군사를 발동하여 장방(張方)을 토벌하게 하고 대가(大駕)를 받들어 영접하였다.

이 사건이 갑자기 일어났기에 백관들은 처음에 모두 이 명령을 좇았지만 조금 있다가 그것이 속인 것임을 알고 서로 함께 황보창의 목을 베었다. 사마옹이 어사를 파견하여 황보중에게 조서를 내려 항복하게 하였다. 황보중이 이 조서를 받들지 않고 거절하였다.

이보다 먼저 성 안에 있던 사람들은 장사여왕(長沙厲王)[6]과 황보상(皇甫商)이 이미 죽었다는 것을 알지 못하여 황보중은 어사 추인(騶人)[7]을 잡고 그에게 물었다.

"나의 동생이 군사를 거느리고 올 것인데, 곧 도착할 것인가?"

추인이 말하였다.

"이미 하간왕[8]에게 해를 당하였습니다."

황보중의 안색이 변하여 즉각 추인을 죽였다.

---

5 전중인(殿中人)이란 2위(衛)에 속한 부곡이었다.

6 장사왕 사마예가 죽자 시호를 여왕이라고 하였으며 장사왕이 죽은 것은 진혜제 영흥 원년(304년)의 일이고, 황보상이 죽은 것은 태안 2년(303년)의 일이며, 그 내용은 모두《자치통감》권85에 실려 있다.

7 진대 제공(諸公)에게는 말을 다루는 추인을 8명씩 공급하였는데, 이것은 어사에 이르기까지 차이를 두고 있었다. 여기서는 조서를 선포하러 온 어사의 추인을 말한다.

8 사마옹이다.

이에 성 안에서는 밖에서 올 구원병이 없다는 것을 알고서 함께 황
보중을 살해하고 사마옹에게 항복하였다. 풍익(馮翊)태수 장보(張輔)[9]
를 진주(秦州)자사로 삼았다.

3   6월 갑자일(4일)에 안풍원후(安豐元侯) 왕융(王戎)[10]이 겹(郟, 하
남성 겹현)에서 죽었다.

4   장보가 진주(秦州, 감숙성 동부)에 도착하여 천수(天水, 감숙성 천수
시로, 진주의 치소임)태수 봉상(封尚)을 죽여서 자기의 권위를 세우려고
하였고, 또한 농서(隴西, 감숙성 농서현)태수 한치(韓稚)를 소환하니 한
치의 아들 한박(韓朴)이 군사들을 챙겨서 장보를 치니, 장보의 군사는
패하고, 그는 죽었다.

양주(涼州) 사마 양윤(楊胤)이 장궤(張軌)[11]에게 말하였다.

"한치가 멋대로 자사를 죽였고, 밝으신 공(公)께서는 한쪽 방향의 군
사를 담당하신 분이니 토벌하지 않으면 안 될 것입니다."

장궤가 이 말을 좇아서 중독호(中督護)[12] 범원(氾瑗)을 파견하여 무
리 2만 명을 인솔하고 한치를 토벌하니 한치가 장궤에게 가서 항복하
였다.

---

9   장보는 지난해에 유침(劉沈)을 격파한 공로가 있었다.

10   왕융은 사도였으며, 죽은 다음에 원후라는 시호를 받았다.

11   양주는 감숙성 중부와 서부지역으로 치소는 무위현(武威縣)에 있고 장궤는
     양주자사이다.

12   중앙의 대군영의 지휘관이다.

며칠 안 있다가 선비족(鮮卑族)인 약라발능(若羅拔能)이 양주(涼州)에 침구하니 장궤는 사마 송배(宋配)를 파견하여 이를 쳐서 약라발능의 목을 베고 10여만 명을 포로로 잡아서 그 위엄 있는 이름을 크게 떨쳤다.

5   한왕(漢王) 유연(劉淵)이 진(晉)의 동영공(東瀛公) 사마등(司馬騰)을 공격하자 사마등이 다시 탁발의타(拓跋猗㐌)[13]에게 원군을 청하였더니 위조(衛操)가 탁발의타에게 권고하여 그를 도와주게 하였다.

탁발의타는 경무장을 한 기병 수천 명을 인솔하고 사마등을 구원하여 한[14]의 장수인 기무돈(綦毋豚)의 목을 베었다. 조서를 내려서 탁발의타에게 대선우(大單于)의 직책을 대리[15]하게 하였고, 위조에게는 우장군의 직책을 덧붙여주었다. 갑신일(24일)에 탁발의타가 죽었고, 그의 아들 탁발보근(拓跋普根)이 대신 섰다.

6   동해국(東海國)[16]의 중위 유흡(劉洽)은 장방이 거가를 겁탈하여 옮겼으므로[17] 사공 사마월(司馬越)에게 군사를 일으켜서 그를 토벌하

---

13 여기서 㐌는 호삼성이 '도하(都河)의 번(翻)'이라고 하였으므로 '타'로 읽어야 할 것이다. 그러나 앞서서 㐌는 '이'로 읽으라고 되어 있는 곳도 있으므로 호삼성 스스로가 일정한 견해를 갖지 못한 것 같다. 앞에서는 이로 발음하게 하였고 '㐌'는 사전에도 '남쪽 야만인'이라고 되어 있으므로 '이'로 읽어야 옳을 것 같지만 호삼성은 이것을 '타'로 읽도록 한 것은 아마도 '타(他)'와 같은 자로 잘못 본 것 같다.

14 위조는 탁발의타의 모사(謀士)이고 한은 유연이 세운 한조(漢趙)의 장수이다.

15 가직(假職)으로 대리 혹은 임시의 의미를 갖다.

16 진(晉)의 제후국인 동해국은 산동성 담성현(郯城縣)에 치소를 두고 있다.

17 장방이 황제를 겁탈한 사건은 혜제 영흥 원년(304년)에 있었고, 이 사건은《자

라고 권고하였다. 가을, 7월에 사마월이 산동에 있는 정(征)·진(鎭)[18]·주(州)·군(郡)에 격문을 보내서 말하였다.

"의로운 군사를 규합하여 이끌고 천자를 받들어 영접하여 돌아와 옛 도읍을 회복시키려고 한다."

동평왕 사마무(司馬楙)가 이 소식을 듣고 두려워하니, 그의 장사(長史) 왕수(王脩)가 사마무에게 말하였다.

"동해왕[19]은 종실에서 두터운 신망을 받고 있는데, 지금 의병을 일으키니 공께서 의당 서주(徐州, 강소성 북부)를 들어서 그에게 준다면 어려움을 면할 것이며, 또한 양보할 수 있는 미덕을 갖게 되는 것입니다."

사마무가 이를 좇았다.

사마월이 마침내 사공으로서 서주도독의 업무를 관장하게 하고,[20] 사마무는 스스로 연주(兗州)자사가 되었는데 조서를 내려 바로 사자(使者) 유건(劉虔)을 파견하여 이 직위를 수여하였다.

이때 사마월 형제는 함께 한 방면의 책임을 맡고 있어서 이에 범양왕(范陽王) 사마효(司馬虓)와 왕준(王浚) 등이 함께 사마월을 추대하여 맹주(盟主)로 삼았지만 사마월이 번번이 자사 이하의 사람을 뽑아서 맡기니 조정의 선비들은 대부분[21] 그에게로 나아갔다.

치통감》 권85에 실려 있다.

18 정은 정동·정서·정남·정북 등 사정(四征)장군을 말하고, 진은 군사 관할 구역을 말한다.

19 사마월이다.

20 영직이다. 관직명은 영서주도독이다.

21 장안으로 황제를 좇아가지 않은 관원들을 말한다.

7   성도왕(成都王) 사마영(司馬穎)은 이미 폐출되었지만, 하북(河北) 사람들은 대부분 그를 가련하게 생각하였다.[22] 옛날에 사마영의 휘하에 있던 장수 공사번(公師藩) 등이 장군을 자칭하면서[23] 조(趙)·위(魏)[24]에서 군사를 일으켰는데, 무리가 수만 명에 이르렀다.

처음에 상당(上黨, 산서성 長治市)의 무향(武鄕, 산서성 楡社縣)에 거주하던 갈족(羯族)인 석륵(石勒)은 담력이 있고 말을 타고서 활쏘기를 잘 하였다. 병주(幷州)에 큰 기근이 들자 건위(建威)장군 염수(閻粹)가 동영공(東瀛公) 사마등(司馬騰)에게 유세하기를 산동에 있는 여러 호(胡)족을 잡아서 팔아 군대의 급식을 충당하라고 하였다.

석륵도 노략질을 당하여 팔려서 치평(茌平, 산동성 치평현) 사람 사환(師懽)의 노예가 되었는데 사환은 그의 모습을 기이하게 생각하여 풀어주었다. 사환의 집은 말을 기르는 목장 근처에 있었는데, 석륵이 목장의 우두머리인 급상(汲桑)과 더불어 장사들을 집결시켜서 도적떼를 만들었다.

공사번이 군사를 일으키자 급상과 석륵이 수백 기병을 인솔하고 그에게로 갔다. 급상이 처음으로 석륵에게 석(石)을 성으로 쓰고 이름을 륵(勒)으로 하라고 하였다. 공사번이 군과 현을 공격하여 함락시키고 이천석의 관리와 장리(長吏)[25]를 죽이면서 이리저리 떠돌며 전진하다

---

22 사마영이 폐위된 것은 혜제 영흥 원년(304년)의 일로, 그 내용은 《자치통감》 권85에 실려 있으며 사마영이 업을 진수할 때 노지의 도움을 받아서 호평을 받았었다.

23 2년 전인 혜제 태안 2년(303년)의 일이다.

24 옛 위나라가 있던 지역으로 하남성의 남부이다.

25 이천석 관리는 태수급에 해당하는 고급 관원이고, 장리란 장급 관리 즉 자사

가 업성을 공격하였다.

평창공(平昌公) 사마모(司馬模)[26]는 아주 두려워하였고, 범양왕 사마효는 그의 장수 구회(苟晞)를 파견하여 업을 구원하게 하자, 광평(廣平, 하북성 鷄澤縣)태수인 초국(譙國, 안휘성 亳縣) 사람 정소(丁紹)와 더불어 공동으로 공사번을 쳐서 그들을 도망하게 하였다.

8 8월 신축일[27]에 대사면령을 내렸다.

9 사공 사마월이 낭야왕(琅邪王) 왕예(王睿)를 평동(平東)장군으로 삼아서 서주(徐州, 강소성 북부)의 군사에 관한 업무를 감독하여[28] 하비(下邳, 강소성 睢寧縣)에 머물면서 진수하게 하였다. 왕예는 왕도(王導)를 청하여 사마(司馬)로 삼고 군사에 관한 일을 위임하였다.

사마월이 갑옷을 입은 병사 3만 명을 인솔하고 서쪽으로 가서 소현(蕭縣, 강소성 소현)에 주둔하고, 범양왕 사마효가 허창(許昌)에서부터 형양(荊陽)으로 가서 주둔하였다. 사마월이 승제(承制)[29]하여 예주(豫州)자사 유교(劉喬)를 기주(冀州)자사로 삼고 범양왕 사마효에게 예주

·태수·현령 등 한 단위 지방의 장에 해당하는 관리를 말한다.

26 사마모는 이때 도독기주제군사의 직책을 가지고 있어서 기주(冀州, 하북성 중남부)지역의 군사에 관한 일을 총괄하도록 되어 있었다.

27 8월 1일이 경신(庚申)일이므로 8월에는 신축일이 없다.

28 이 관직은 도독서주제군사이다.

29 제(制)는 황제의 명령을 말하는데, 황제가 멀리 떨어져 있는 경우에 황제의 위임을 받아서 일을 처리할 수 있다. 이것을 승제라고 한다.

자사의 업무를 관장하게[30] 하였더니 유교가 사마효를 임명한 것은 천자의 명령이 아니라고 하면서 군사를 발동하여 막았다.

사마효가 유곤(劉琨)을 사마로 삼고, 사마월이 유번(劉蕃)을 회북호군(淮北護軍)으로 삼고, 유여(劉輿)를 영천(穎川, 하남성 禹縣)태수로 삼았다. 유교는 상서에 편지를 올려서 유여 형제의 죄악을 늘어놓고 이 기회에 병사를 이끌고 허(許)를 공격하고, 장자 유우(劉祐)를 파견하여 병사를 거느리고 소현에 있는 영벽(靈壁, 안휘성 회북시의 서남쪽)에서 사마월의 군사를 막게 하니, 사마월의 군사들이 나갈 수가 없었다.

동평왕 사마무(司馬楙)는 연주(兗州, 산동성 서부지역)에 있었는데, 물건을 징수하고 요구하는 것이 그치지 않아서 군현에서는 명령을 감당하지 못하였다. 범양왕 사마효는 구회를 파견하여 연주로 돌아가게 하고, 사마무에게 청주(靑州)를 도독하도록[31] 하였다. 사마무는 명령을 받지 않고 산동(효산의 동부지역)의 제후들을 배반하고 유교와 합쳤다.[32]

---

30 영직인데 관직명은 영예주자사이다.

31 이 직책의 명칭은 도독청주제군사이다.

32 동해왕 사마월이 군사를 일으키고, 유교가 허를 공격하여 사마월을 막는다는 사건을 보고한 것이다.

진민의 반란

10 태재 사마옹(司馬顒)이 산동에서 군사들이 일어났다는 보고를 받고 아주 두려워하였다. 공사번이 성도왕 사마영을 위하여 군사를 일으켰으므로 임오일(23일)에 사마영을 진군(鎭軍)대장군·도독하북제군사(都督河北諸軍事)[33]로 하라는 표문을 올리고 군사 1천 명을 주었다. 노지를 위군(魏郡)[34]태수로 삼고 사마영을 수행하여 업성을 진수하게 하여 그들을 어루만져 안정시키고자 하였다. 또 건무(建武)장군 여랑(呂朗)을 파견하여 낙양에 주둔하게 하였다.

사마옹이 조서를 발표하여 동해왕 사마월 등에게 각기의 봉국으로 가게 하였는데 사마월 등이 좇지 않았다. 마침 유교가 사건을 보고하자 겨울, 10월 병자일(18일)에 조서를 내렸다.

"유여는 범양왕 사마효를 협박하여 흉역한 일을 만들었다. 그러니 진남(鎭南)대장군 유홍(劉弘)·평남(平南)장군인 팽성왕(彭城王) 사마

---

33 진군(鎭軍)대장군은 직급이고 도독하북제군사(都督督北諸軍事)는 하북지역의 모든 군사를 감독하는 직함이다.

34 업이 있는 곳이다.

석(司馬釋)·정동(征東)대장군 유준(劉準)에게 명령하니 각기 자기들이 통솔하는 군사를 챙겨서 유교와 힘을 합하고, 장방을 대도독으로 삼아 정예의 병졸 10만 명을 통솔하여 여랑(呂朗)과 더불어 허창에서 만나 유여 형제를 주살하라."

사마석은 선제(宣帝)[35]의 조카인 목왕(穆王) 사마권(司馬權)의 손자이다.

정축일(19일)에 사마옹은 성도왕 사마영에게 장군 유포(劉褒) 등을 거느리고, 전에 거기(車騎)장군이었던 석초(石超)는 북(北)중랑장 왕천(王闡) 등을 거느리고 하교(河橋)[36]에 진을 치고 유교의 뒤를 이어주게 하며, 유교를 진동(鎭東)장군으로 올려주고 가절(假節)을 주었다.

유홍은 유교와 사공 사마월에게 편지를 보내서 그에게 그들 사이에 있는 원한을 풀고 군사를 해산시키고 왕실을 함께 보필하고자 하였으나 모두 들어주지 않았다.

유홍이 또 표문을 올렸다.

"최근에 무기를 사용하는 분란이 일어나고, 시기하는 화란(禍亂)이 날카롭게 나타나며, 의심과 틈이 여러 왕들 사이에서 만들어지고 있어서 재난이 황실의 가족들에게까지 이어지고 있습니다. 오늘날에는 충성하였지만 내일에는 거역하게 되고, 시비(是非)는 뒤바뀌고 서로 상대방을 전화(戰禍)를 일으킨 우두머리로 여깁니다.

역사 기록이 있은 이후로 골육 사이에 일어난 화란으로 오늘날만한 것이 아직 없으니 신은 가만히 이를 슬퍼합니다. 지금 변방에는 미리

---

35 사마의이다.

36 황하에 놓인 큰 다리이다.

대비하기 위한 저축이 없고, 중화(中華)지역에도 옷감을 짜는 일이 곤궁합니다. 팔다리 같은 신하는 국체(國體)를 생각하지 않고 다투는 것을 주로 하는 일이 늘 있으니 스스로 서로 아프고 깎아먹고 있습니다.

만일 사방에 있는 야만인들이 텅 빈 틈을 타고 변고를 일으키면 이 또한 사나운 호랑이가 서로 다투다가 변장(卞莊)에게 잡히는 것[37]의 본보기가 되는 것입니다.

신은 의당 하루 속히 사마월 등에게 밝은 조서를 내리시어 쌍방이 혐의하는 일을 풀어버리고 각기 자기에게 맡겨진 상황을 지키게 해야 한다고 여깁니다. 지금부터 그들 가운데 조서를 받지 않고 멋대로 병마(兵馬)를 일으키는 사람이 있으면 천하 사람들이 함께 그를 치게 하십시오."

그 당시에 태재 사마옹이 바야흐로 함곡관의 동부에서 막고 있는데, 유교가 돕는 것에 의지하여야 했기에 그 말을 받아들이지 못하였다.

유교는 텅 빈 틈을 타고서 허창을 습격하여 이를 격파하였다. 유곤(劉琨)[38]은 병사를 거느리고 허창을 구원하였으나 미치지 못하였고, 드디어 형 유여와 범양왕 사마효와 더불어 하북(河北)으로 달아나고, 유곤의 부모는 유교에게 잡혔다. 유홍은 장방이 잔포하여 사마옹은 반드시 실패할 것이라는 것을 알고, 마침내 참군 유반(劉盤)을 파견하여 도호로 삼고 여러 군사를 통솔하면서 사공 사마월의 통제를 받았다.

---

37 변장이라는 사람이 두 호랑이가 서로 싸우다 한 마리가 죽으면 싸움이 끝나지만 이긴 호랑이도 싸우느라 다쳤기에 쉽게 잡을 수 있었다는 고사이다. 이 고사에 관한 이야기는 기원전 204년에 있었다.

38 이때 허창에는 범양왕 사마효가 있었으며 유곤(劉琨)은 사마효의 군정관인 사마였다.

진기8 혜제 영흥 2년(乙丑, 305년)

이때 천하는 크게 혼란하여 유홍이 양자강·수(漢水)의 치안을 전적으로 책임지니 그의 위신이 남방을 복종하게 하였다. 어떤 일을 꾀하여 성공하면 '이는 아무개의 공로이다'라고 말하였고, 만약에 지거나 실패한 일이 있게 되면 '이 늙은이의 죄요'라고 하였다. 군사를 일으키거나 징발할 때마다 손수 편지를 군의 태수와 봉국의 재상에게 보냈는데, 간절한 태도로 조목조목 규정하고 엄밀하게 하였다.

그 때문에 사람들은 모두 감복하여 기뻐하고 다투어 그에게로 달려와서 모두 말하였다.

"유(劉)공이 보낸 편지 한 장 받는 것이 부종사(部從事)[39] 열 명의 독촉을 받는 것 보다 낫다."

전에 광한(廣漢, 사천성 광한현)태수였던 신염(辛冉)이 유홍에게 종횡하는 일[40]을 가지고 유세하니 유홍이 화가 나서 그의 목을 베었다.

11 북두성(北斗星) 자리에 패성(孛星)이 나타났다.

12 평창공 사마모(司馬模)가 장군 송주(宋冑)를 파견하여 하교(河橋)가 있는 곳으로 나가게 하였다.[41]

13 11월에 입절(立節)장군 주권(周權)이 거짓으로 격문을 받았다[42]

---

39 자사에 소속된 관리로서 각 군의 사무를 독촉하는 책임을 진 사람이다.

40 춘추전국시대 한지역에 할거하며 패권을 장악하는 논리를 주장한 합종책과 연횡책을 주장하는 소진과 장의를 대표로 하는 학파가 있었다. 여기서는 장강 유역에서 독립하고 할거하라는 권고를 한 것이다.

41 사마모는 업에서부터 송주를 파견하여 왕천의 군사행동에 대항하였다.

고 하면서 스스로 평서(平西)장군이라고 하고, 다시금 양후(羊后)를 세
웠다. 낙양현령 하교(何喬)는 주권을 공격하여 죽이고 다시 양후를 폐
위시켰다.[43]

태재 사마옹이 조서를 고쳐서 양후는 여러 차례 간사한 사람들이 세
웠었기 때문에 상서 전숙(田淑)을 파견하여 유대(留臺)[44]에 칙령을 내
려 양후에게 죽음을 내렸다.

조서가 여러 번 도착하였으나, 사예(司隷)교위 유돈(劉暾) 등이 상주
문을 올려서 고집하였다.

"양서인(羊庶人)[45]의 집안은 잘려지고 파괴되었고, 텅 빈 궁궐에 폐
기 방치되었으며, 출입을 금지하는 것도 엄밀하여서 간사한 사람들과
는 어지럽힐 일을 만드는데 낄 수 없는데, 많은 무리들 가운데는 어리
석든지 지혜롭든지를 가릴 것 없이 모두 그녀가 억울하다고 생각합니
다. 지금 한 번 바짝 마르고 궁색한 사람을 죽인다면 천하 사람들을 비
참하게 마음 상하게 할 것이니 정치를 잘 하는데 무슨 이익이 있겠습
니까?"

사마옹이 화가 나서 여랑을 파견하여 유돈을 잡아들이려 하였고, 유
돈은 청주(靑州, 산동반도)로 달아나서 고밀왕(高密王) 사마략(司馬略)
에게 의탁하였다. 그러나 양후 역시 이 일로 죽음을 면할 수 있었다.

---

42 낙양에 유수하고 있는 정권의 상황이다.

43 네 번째로 폐위되었다.

44 황제가 장안에 있기 때문에 낙양에는 유수(留守)하는 관부인 유대가 있고 이
   를 동대라 불렀다.

45 양후는 폐서인이 되었기에 이렇게 부르는 것이다.

14   12월에 여랑 등이 동쪽으로 가서 형양(榮陽, 하남성 형양현)에 주둔
하였고, 성도왕 사마영이 앞으로 나아가서 낙양을 점거하였다.

15   유곤(劉琨)이 기주(冀州)자사인 태원(太原, 산서성 태원시) 사람 온
선(溫羨)에게 유세하여 범양왕 사마효(司馬虓)에게 자리를 양보하게
하였다. 사마효는 기주자사의 업무를 관장하였고, 유곤을 파견하여 유
주(幽州)에 가서 왕준(王浚)에게 군사를 빌었더니 왕준은 돌격기병을
그들에게 보태주어 왕천(王闡)[46]을 황하에서 쳐서 죽였다.

유곤이 드디어 사마효와 더불어 병사를 이끌고 황하를 건너서 형양
에서 석초(石超)의 목을 베었다. 유교는 고성(考城, 하남성 고성현)에서
군사를 이끌고 물러났다. 사마효는 유곤과 독호(督護) 전휘(田徽)를 파
견하여 동쪽으로 가서 동평왕(東平王) 사마무(司馬楙)를 늠구(廩丘, 산
동성 鄆城의 서북쪽)에서 공격하니, 사마무가 도망하여 그의 봉국으로
돌아갔다.

유곤·전휘가 군사를 이끌고 동쪽으로 가서 사마월(司馬越)을 영접
하고, 유우(劉祐)[47]를 초(譙)에서 공격하니 유우는 패하여 죽고, 유교
의 무리는 드디어 붕괴되고, 유교는 평지(平氏, 하남성 桐柏縣)로 달아
났다. 사공 사마월은 전진하여 양무(陽武, 하남성 양무현)에 주둔하였고,
왕준은 그의 장수 기홍(祁弘)을 파견하여 돌격기병 가운데 선비족(鮮
卑族)과 오환족(烏桓族)을 인솔하여 사마월의 선봉이 되게 하였다.

---

46 사마효의 직책은 영직으로 직함은 영기주자사이고, 왕준은 유주자사이며, 왕
   천은 황하대교에 진을 치고 있었다.
47 사마무는 연주(兗州)자사이고, 유우는 유교의 아들이다.

16   애초에, 진민(陳敏)이 석빙(石氷)[48]을 이기고 나자 스스로 자기의 용기와 지략에 대적할 사람이 없다고 생각하고 강동(江東)에 할거할 뜻을 갖게 되었다. 그의 아버지가 화가 나서 말하였다.

"우리 집안을 멸망시킬 사람은 반드시 이 아이일 것이다."

끝내는 걱정을 하다가 죽었고 진민이 부친상으로 사직하였다.

사공 사마월이 진민을 기용하여 우장군·선봉도독으로 삼았다. 사마월이 유우에게 패전하자, 진민이 동쪽으로 돌아가서 병사들을 모으게 해달라고 청하였었고, 드디어 역양(歷陽, 안휘성 和縣)을 점거하고 반란을 일으켰다. 오왕(吳王)[49]의 상시(常侍)인 감탁(甘卓)이 관직을 버리고 동쪽으로 돌아가다가 역양에 도착하였는데, 진민의 아들 진경(陳景)이 감탁의 딸을 아내로 맞았고, 감탁에게 황태제[50]의 명령을 가칭(假稱)하여 진민을 양주(揚州)자사로 삼았다.

진민은 동생 진회(陳恢)와 별장 전단(錢端) 등에게 남쪽으로 가서 강주(江州, 강서성)를 경략하고, 동생 진빈(陳斌)은 동쪽으로 가서 여러 군을 경략하게 하였다. 양주자사 유기(劉機)·단양(丹楊, 남경)태수 왕광(王曠)이 성을 버리고 도망하였다.

진민이 드디어 강동(江東)지역을 점거하자, 고영(顧榮)을 우장군으로 삼고, 하순(賀循)을 단양내사(內史)로 삼고, 주기(周玘)를 안풍(安豊, 안휘성 霍丘의 서남쪽)태수로 삼고, 무릇 강동지역의 호걸과 명사들 모

---

48 진민은 광릉탁지였고, 석빙은 농민반란세력인데, 이 일은 혜제 태안 2년 (303년)과 영흥 원년(304년)에 일어났고, 그 내용은 《자치통감》 권85에 실려 있다.

49 오왕은 사마안(司馬晏)이었다.

50 이때 황태제는 사마치였다.

두를 예의로 받아들여서 장군·군수로 삼은 사람이 40여 명이었는데,
혹 그 사람 가운데 늙고 병든 사람이 있으면 관질을 덧붙여주었다.

하순은 거짓으로 미치광이가 되어서 면직될 수가 있었고, 이에 고영
을 단양내사로 삼았다. 주기는 또한 병이 있다고 하면서 군으로 가지
않았다. 진민은 여러 명사들이 끝내 자기에게 이용되지 않을 것이라고
의심하고 이들을 모두 죽이고자 하였다.

고영이 진민에게 유세하였다.

"중원지역에 있는 나라에서 화란(禍亂)이 일어났고, 호이(胡夷)들이
안으로 들어와서 모욕하니[51] 오늘날의 형세를 보건대 다시금 떨쳐 일
어날 수 없고, 백성들이 장차 그 종자를 남길 수가 없게 되었습니다. 양
자강 남쪽은 비록 석빙(石氷)의 난을 겪었다고 하지만 사람과 산물은
아직도 온전하니 저 고영은 항상 손권이나 유비 같은 주군이 있어서
이들을 살려주게 되지 못할까 걱정하였습니다.

지금 장군께서는 귀신같은 불세출의 무공으로 공훈이 이미 현저하
고 갑옷을 입은 병사가 수만 명이고 배도 산처럼 쌓여있어서 만약에
능히 군자들에게 믿고 일을 맡겨 각자에게 품은 것을 다 할 수 있게 하
며 실낱같은 오해라도 흩어버리고 아첨하는 입을 막는다면 상류 지역
에 있는 몇 개의 주는 격문 한 장만 전하면 평정될 것이지만 그렇지 않
으면 끝내 해결할 수 없습니다."

진민이 자신의 관료보좌관들에게 명령하여 자신을 도독강동제군사
(都督江東諸軍事)·대사마·초공(楚公)으로 추천하게 하고, 구석(九錫)

<hr/>

51 성도에서 반란세력에 의하여 한(漢)이 세워졌고, 흉노 유연도 한조(漢趙)를
세운 사실을 말한다.

을 덧붙였으며, 중앙의 조서를 받았다고 하며 양자강에서 면수(沔水)·한수(漢水)로 들어가서 난가(鑾駕)[52]를 받들어 영접하였다.

태재 사마옹이 장광(張光)을 순양(順陽, 하남성 淅川縣)태수로 삼아 보병과 기병 5천 명을 인솔하고 형주(荊州)로 가서 진민을 토벌하게 하였다. 유홍(劉弘)[53]은 강하(江夏, 호북성 雲夢縣)태수 도간(陶侃)·무릉(武陵, 호남성 常德市)태수 묘광(苗光)을 파견하여 하구(夏口, 호북성 무한시)에 주둔하게 하고, 또 남평(南平, 호북성 公安縣)태수인 여남(汝南, 하남성 여남현) 사람 응첨(應詹)을 파견하여 수군을 감독하여 그들을 이어주게 하였다.

도간과 진민은 같은 군 출신 사람이었고, 또 같은 해에 관리로 천거되었다. 수군(隨郡, 호북성 수현)내사 호회(扈恢)가 유홍에게 말하였다.

"도간은 큰 군에 있으면서 강한 군사를 통솔하고 있으니 만약에 다른 뜻을 갖게 된다면 형주는 동쪽 문이 없는 것과 마찬가지일 것입니다."

유홍이 말하였다.

"도간은 충성스럽고 유능한 사람이며 내가 그를 안 지 이미 오래되었는데, 반드시 그러한 일은 없을 것이오."

도간이 이 소식을 듣고, 그의 아들 도홍(陶洪)과 조카 도진(陶臻)을 유홍에게 보내어 자기의 의사를 굳게 하니,[54] 유홍이 이들을 이끌어 참군(參軍)으로 삼고, 그들에게 많은 자금을 주어 돌려보내면서 말하

---

52 황제의 수레를 말하는 것으로 이때 한수를 거쳐서 장안에 들어가서 황제 사마충을 데려오려고 한 것이다.

53 진남대장군 겸 도독형주제군사였다.

54 인질로 보낸 것이다.

였다.

"현명하신 그대의 숙부께서 정벌을 수행하시는데, 그대의 할머니는 연세가 많으니 바로 돌아가야 옳소. 필부가 교제하는 데도 항상 마음속에 빚을 지지 말아야 하는데 하물며 대장부인 경우에야!"

진민이 진회(陳恢)를 형주자사로 삼고 무창(武昌)을 침략하게 하니, 유홍이 도간에게 전봉독호(前鋒督護)[55]를 삼아 그곳을 방어하게 하였다. 도간이 곡물운반선으로 전함을 만들려고 하니 어떤 사람이 안 된다고 하였다.

도간이 말하였다.

"관선(官船)으로 관적(官賊)을 치려고 하는데, 어찌 안 된단 말이오."

도간이 진회와 더불어 전투하여 여러 차례 그들을 격파하였고, 또 피초(皮初)·장광(張光)·묘광(苗光)과 더불어 공동으로 전단(錢端)[56]을 장기(長岐, 호북성 黃陂縣의 서남쪽에 있는 長岐 방어진지)에서 격파하였다.

남양(南陽, 하남성 남양시)태수 위전(衛展)이 유홍에게 유세하였다.

"장광은 태제[57]의 심복이고, 공은 이미 동해왕과 더불어 하고 있으니, 의당 장광의 목을 베어서 향배(向背)를 밝혀야 할 것입니다."

유홍이 말하였다.

"재보(宰輔)[58]가 잘못한 일이 어찌 장광의 죄가 되겠는가! 다른 사

55 선봉부대의 지휘관을 말한다.

56 진민의 부장(部將)이다.

57 태재는 사마옹이고, 동해왕은 사마월이다.

58 태재인 사마옹을 말한다.

람을 위태롭게 하여 스스로 편안하게 지내려는 것은 군자가 할 짓이
아니다."

마침내 표문을 올려서 장광의 특수한 공로를 보고하고 진급시켜 발
탁해줄 것을 빌었다.

17   이 해에 이석(離石, 산서성 이석현)에는 대기근이 들어서 한왕(漢
王) 유연이 여정(黎亭, 산서성 壺關縣)으로 옮겨서 주둔하였고, 저각(邸
閣)[59]의 곡식 있는 곳으로 나가고, 태위(太尉) 유광(劉宏)을 머물게 하
여 이석을 지키게 하며, 대사농 복예(卜豫)에게 곡식을 운반하여 그에
게 공급하게 하였다.

---

59 군사용을 대비하기 위하여 군량을 쌓아놓는 건물이다.

다시 낙양으로 와서 죽은 황제 사마충

혜제 광희 원년(丙寅, 306년)[60]

1 봄, 정월 초하루 무자일에 일식이 있었다.

2 애초에, 태제의 중서자(中庶子)인 난릉(蘭陵, 산동성 棗莊市 嶧城鎭) 사람 무파(繆播)가 사공 사마월에게 총애를 받았는데, 무파의 사촌 동생인 우위솔(右衛率)[61] 무윤(繆胤)은 태재(太宰) 사마옹의 죽은 전처의 동생이다.

사마월이 군사를 일으키니 무파·무윤을 파견하여 장안에 가서 사마옹에게 유세하여 황제를 받들어 낙양으로 돌아오게 하면서 사마옹과 섬현(陝縣, 하남성 섬현)을 기준으로 나누어 백(伯)이 되자고 약속하였다. 사마옹이 평소에 무파 형제를 믿고 중히 여겼으므로 바로 그 의견

---

60 성한(成漢, 前蜀) 무제(武帝) 건흥(建興) 3년, 안평(晏平) 원년, 한조(漢趙, 前趙) 광문제(光文帝) 원희(元熙) 3년이다.

61 중서자(中庶子)는 태제궁 소속의 관직이고, 우위솔(右衛率)은 태제궁의 우익 부대장에 해당하는 직책이다.

을 좇으려고 하였다.

장방(張方)[62]이 스스로 죄가 무겁다는 것을 알고, 자기의 목이 베어질까 두려워하여 사마옹에게 말하였다.

"지금 형승지(形勝地)를 점거하면 나라는 부유하고 군사는 강해지며 천자를 받들어 천하를 호령하는데 감히 누가 좇지 않는다고 어찌 두 손을 모으고 다른 사람에게 통제를 받으려고 하십니까?"

사마옹은 이에 그 일을 중지하였다.

유교(劉喬)가 패전하게 되자 사마옹은 두려워서 군사행동을 그만두고, 효산(崤山)의 동쪽에 있는 사람들과 화해하려고 하였으나,[63] 장방이 좇지 않을까 두려워서 미적미적하며 결정하지 아니하였다.

장방은 평소 장안에 사는 부자 질보(郅輔)와 친하게 잘 지내서[64] 장하독(帳下督)[65]으로 삼았다. 사마옹의 참군(參軍)인 하간(河間, 하북성 獻縣) 사람 필원(畢垣)이 일찍이 장방에게 모욕을 당한 일이 있어서 이 기회에 사마옹에게 유세하였다.

"장방이 오랫동안 패상(霸上)에 주둔하고 있어서 효산 동쪽의 군사가 강성하다는 소식을 듣고, 빙글빙글 돌기만 하면서 전진하지 않으니 의당 그것이 싹 트기 전에 막아야 합니다. 그가 가깝게 믿는 사람인 질

---

62 장방은 중령군(中領軍), 즉 중앙 금군의 총사령관에 해당하는 직책을 갖고 있었다.

63 유교(劉喬)는 예주자사였고, 효산(崤山)의 동쪽에 있는 사람은 사마월을 말하며, 결과적으로 사마옹이 천자와 대적하는 것이었다.

64 장방이 처음에 장안에 왔을 때 가진 재물이 없었는데, 질보가 계속 도와주었으며 장방이 높은 관직에 오르게 되었다.

65 작전관에 해당하는 직책이다.

보는 그의 꾀를 모두 알고 있습니다."

　무파·무윤이 다시 사마옹에게 유세하였다.

　"의당 급히 장방의 목을 베어 사죄하신다면 효산의 동쪽은 수고를 하지 않고도 안정될 것입니다."

　사마옹이 사람을 시켜서 질보를 부르니, 필원이 질보를 맞이하여 유세하였다.

　"장방이 반역하려고 하는 것에 대하여 사람들은 경(卿)이 알고 있다고 생각하고 있소. 왕이 만약 경에게 묻는다면 무슨 말로 대답하시겠소?"

　질보가 놀라서 말하였다.

　"실제로 장방이 반란하려고 한다는 소문을 듣지 못하였는데, 이를 어찌해야 하오?"

　필원이 말하였다.

　"왕께서 경에게 묻는다면 다만 '이이(爾爾)'[66]라고만 말하시오. 그렇지 않다면 반드시 화를 면치 못할 것이오."

　질보가 들어가니 사마옹이 그에게 물었다.

　"장방이 반란하려 한다는데 경은 그것을 아시오?"

　질보가 말하였다.

　"이(爾)."

　사마옹이 말하였다.

　"그러면 경을 파견하여 그를 잡을 것인데 할 수 있겠소."

66　원문은 '이이(爾爾)라고만 말하시오.'라고 되어 있다. 호삼성이 이이란 '여차여차(如此如此)'라고 주를 달았으므로 '그렇지요, 그렇지요.' 정도로 볼 수 있다. 즉 내용을 구체적으로 말하지 않아도 된다는 의미를 지닌 말이다.

또 말하였다.

"이(爾)."

사마옹은 이에 질보를 시켜서 장방에게 편지를 보내고 이 기회에 그를 죽이게 하였다.

질보는 이미 장방과는 아주 친밀한지라 칼을 가지고 들어가도 집을 지키는 사람이 의심하지 않았다. 장방이 불 밑에서 편지 봉함을 열 때 질보가 그의 머리를 베었다. 돌아와서 보고하니, 사마옹이 질보를 안정(安定, 감숙성 鎭原縣의 동남쪽)태수로 삼았다. 장방의 머리를 사마월에게 보내며 화의할 것을 청하였지만 사마월이 허락하지 않았다.

송주(宋胄)가 하교(河橋)를 습격하자 누포(樓褒)[67]가 서쪽으로 도망하였다. 평창공(平昌公) 사마모(司馬模)가 전봉독호(前鋒督護) 풍숭(馮嵩)을 파견하여 송주를 만나서 낙양을 압박하게 하였다. 성도왕 사마영(司馬穎)은 서쪽으로 달아나서[68] 장안으로 가다가 화음(華陰, 섬서성 화음현)에 이르렀는데, 사마옹이 이미 효산의 동쪽 세력과 화친하였다는 보고를 듣고, 머물면서 감히 나아가지 못하였다.

여랑(呂朗)[69]이 형양에 주둔하고 있었는데, 유곤(劉琨)이 장방의 머리를 가지고 그에게 보여주자 드디어 항복하였다. 사공 사마월은 기홍(祁弘)·송주·사마찬(司馬纂)을 파견하여 선비족을 인솔하고 서쪽으로 가서 거가를 영접하고, 주복(周馥)을 사예(司隷)교위·가절(假節)로 삼

---

67 송주는 근왕군의 지휘관이고, 성도왕 사마영은 낙양을 점거한 뒤에 누포(樓褒, 劉襃)를 하여금 하교(황하에 있는 대교)에 주둔하게 하였었다.

68 전봉독호(前鋒督護) 풍숭(馮嵩)은 업(鄴)에 있다가 남하한 것이고, 성도왕 사마영(司馬穎)은 자기의 장수인 유포가 패전하여 낙양에 있을 수가 없었다.

69 건무(建武)장군이다.

아 모든 군사를 감독하게[70] 하고 면지(澠池, 하남성 면지현)[71]에 주둔하게 하였다.

3   3월에 현(呡, 산동성 黃縣)[72]현령(縣令) 유백근(劉伯根)이 반란을 일으켰는데, 무리가 수만 명이 되자, 현공(呡公)이라고 자칭하였다. 왕미(王彌)가 가동(家僮)들을 거느리고 그를 좇으니, 유백근이 왕미를 장사(長史)로 삼고, 왕미의 사촌동생 왕상(王桑)을 동(東)중랑장으로 삼았다.

유백근이 임치(臨淄)에 침입하니 청주(靑州)도독인 고밀왕(高密王) 사마략(司馬略)이 유돈(劉暾)에게 군사를 거느리고 그를 막게 하였지만 유돈의 군사가 패전하여 낙양으로 달아났고 사마략은 달아나서 요성(聊城, 산동성 요성현)을 지켰다. 왕준(王浚)이 장수를 파견하여 유백근을 토벌하고 목을 베었다. 왕미는 도망하여 장광산(長廣山, 산동성 즉묵현의 서남쪽)으로 들어가서 도적떼가 되었다.

4   영주(寧州, 치소는 운남성 曲靖)에서는 해마다 기근이 들고 역질(疫疾)이 돌아서 죽은 사람이 10만 명을 헤아렸다. 오령(五䒷)에 사는 이족[73]이 강성하여져서 주(州 ; 영주)의 병사들은 누차 패전하였다. 관리

---

70 직책의 명칭은 도독제군사이다.

71 '민지' 또는 '면지'로 발음하는데, 호삼성은 특히 '澠'은 '미연(彌兗)의 변(翻)'이라고 하였으므로 '면'으로 읽는 것이 옳다.

72 '현(呡)'을 '견'으로 읽으라고 한 경우도 있다.

73 오령은 영주의 요새 지역에 있는 부락의 이름인데, 오령의 이족들을 핍박한 사건은 혜제 태안 2년(303년)에 있었고, 그 내용은 《자치통감》 권85에 실려 있다.

와 백성들 가운데 교주(交州, 광동, 광서성과 베트남의 북부)로 유입하는
사람이 아주 많게 되자, 이족들이 드디어 주성(州城, 영주를 방어하는 성)
을 포위하였다.

이의(李毅)[74]는 병이 들고, 구원해 주는 길도 끊긴지라 이에 상소하
였다.

"침입하는 도적들의 포학함을 막을 길이 없어서 앉아서 죽음을 기다
리고 있습니다. 만약 긍휼함을 내려주시지 않는다면 빌건대 대사(大使)
라도 내려보내주시고 그때까지 신(臣)이 살아 있으면 신에게 중벌을
가해 주며, 만약 신이 이미 죽었다면 육시(戮屍)하여 벌려놓으십시오."

조정에서는 회보하지 않았다.

몇 년이 지나서 아들 이소(李釗)가 낙양에서 그곳으로 가서 찾아보
는데, 도착하기 전에 이의는 죽었다. 이의의 딸 이수(李秀)가 총명하고
활달하며 아버지의 풍도를 갖고 있었으므로 무리들이 이수를 추천하
여 영주의 일을 관장[75]하게 하였다.

이수는 전사들을 독려하고 칭찬하며 농성(籠城)하며 굳게 지켰다.
성 안에 양식이 다 떨어지자 쥐를 잡아 굽거나 풀을 뽑아 먹었다. 이족
들이 조금 나태한 것이 엿보이자 별안간 병사를 내어 습격하여 그들을
격파하였다.

5   범장생(范長生)[76]이 성도에 가니, 성도왕 이웅(李雄)이 성문까지

---

74 이의는 영주자사이다.

75 영직이다. 관직명은 영영주사(領寧州事)이다.

76 범장생은 은사(隱士)인데 청성산(靑城山)에 살고 있었다.

나와서 영접하는데 손에 홀판(笏版)[77]을 잡고서 벼슬을 주어 승상으로 삼고 그를 높여서 범현(范賢)이라고 하였다.

6 여름, 4월 기사일(13일)에 사공 사마월이 병사를 이끌고 온(溫, 하남성 온현)에 주둔하였다. 애초에, 태재 사마옹은 장방이 죽으면 효산 동쪽에 있는 군사들이 반드시 해체될 수 있을 것이라고 생각하였다.

이미 그리하였는데, 효산 동쪽에 있던 군사들이 장방이 죽었다는 소식을 듣자 다투어 함곡관으로 들어오니, 사마옹은 후회하고 마침내 질보의 목을 베고, 홍농(弘農, 하남성 靈寶縣)태수 팽수(彭隨)와 북지(北地, 섬서성 耀縣)태수 조묵(刁默)을 파견하여 군사를 거느리고 기홍(祁弘) 등을 호(湖, 하남성 영보현)에서 막게 하였다.

5월 임신일(7일)에 기홍 등이 팽수·조묵을 공격하여 이들을 대파하고 드디어 서쪽으로 가서 함곡관으로 들어가고 또 사마옹의 장수 마첨(馬瞻)과 곽위(郭威)를 패수(霸水, 섬서성 藍田縣)에서 패퇴시키니, 사마옹은 단 한 필의 말을 타고 도망하여 태백산(太白山, 섬서성 郿縣의 경계 지역)으로 들어갔다. 기홍 등이 장안에 들어가자 그들이 거느리는 선비족 병사들이 크게 약탈하고 2만여 명이나 죽이니 백관들은 흩어져 달아나서 산속으로 들어가 도토리를 주어서 먹었다.

기해일(14일)에 기홍 등은 황제를 소가 끄는 수레에 태워서 동쪽으로 돌아왔다. 태제태보(太弟太保) 양유(梁柳)를 진서(鎭西)장군으로 삼아 관중(關中)지역을 지키게 하였다. 6월 병진일(1일)에 황제가 낙양에 도착하였고 양후(羊后)를 복위시켰다. 신미일(16일)에 대사면령을 내

---

77 상급자나 군왕을 만날 때 사용하는 나무로 만든 판(版)이다.

리고 기원[78]을 고쳤다.

7   마첨(馬瞻)[79] 등이 장안으로 들어가서 양유를 죽이고, 시평(始平, 섬서성 彬縣)태수 양매(梁邁)와 더불어 태재 사마옹을 남산(南山)에서 영접하였다. 홍농태수 배이(裴廙)·진국(秦國, 섬서성 興平縣)[80]의 내사 (內史) 가감(賈龕)·안정태수 가필(賈疋) 등이 군사를 일으켜서 사마옹을 공격하여 마첨·양매를 죽였다. 가필은 가후(賈詡)의 증손이다.

사공 사마월이 독호 미황(麋晃)을 파견하여 군사를 거느리고 사마옹을 치게 하여 정(鄭)에 도착하였는데, 사마옹은 평북(平北)장군 견수 (牽秀)에게 풍익(馮翊, 섬서성 大荔縣)에 주둔하게 하였다. 사마옹의 장 사 양등(楊騰)이 거짓으로 사마옹의 명령이라고 하면서 견수에게 군사 활동을 철폐하게 하자 양등이 드디어 견수를 죽이니 관중지역은 모두 사마월에게 귀부하게 되었고, 사마옹은 겨우 성(城)만을 보존하였을 뿐이었다.[81]

8   성도왕 이웅(李雄)이 황제의 자리에 오르고 대사면령을 내렸으며 기원을 고쳐서 안평(晏平)이라고 하고, 나라를 대성(大成)이라고 불렀 다. 아버지 이특(李特)을 추존하여 경황제(景皇帝)라고 하고, 묘호(廟 號)를 시조(始祖)라고 하였으며, 왕태후를 높여서 황태후라고 하였다.

---

78 광희(光熙)라고 고쳤다.
79 사마옹의 부장이다.
80 혜제가 즉위할 때 부풍을 진국이라 하고, 진왕에 사마간(司馬柬)을 책봉하였다.
81 장안지역을 전부 잃고 겨우 장안성 하나만을 지키게 되었다는 말이다.

범장생(范長生)을 천지태사(天地太師)[82]라고 하고, 그 부곡의 부세를 면제시키고 모든 세금을 걷지 않았다. 제장들은 은총을 믿으면서 반열과 지위를 가지고 서로 다투니 상서 염식(閻式)이 상소문을 올려서 한나라·진(晉)나라의 고사를 고려하여 백관제도를 만들게 해달라고 청하자 이를 좇았다.

9   가을, 7월 초하루 을유일에 일식이 있었다.

10   8월에 사공 사마월을 태부로 삼고, 녹상서사(錄尙書事)[83]로 하고, 범양왕(范陽王) 사마효가 사공이 되고 업(鄴, 하북성 臨漳縣)에서 진수하게 하고, 평창공(平昌公) 사마모는 진동(鎭東)대장군이 되어서 허창(許昌, 하남성 허창시)에서 진수하게 하고, 왕준(王浚)을 표기(驃騎)대장군·도독동이하북제군사(都督東夷河北諸軍事)로[84] 삼고, 유주(幽州, 하북성 북부)자사의 업무를 관장[85]하게 하였다.

사마월은 이부랑(吏部郎) 유애(庾敳)를 군자좨주(軍諮祭酒)[86]로 삼고, 전 태제중서자(太弟中庶子) 호무보지(胡毌輔之)를 종사중랑으

---

82 천지는 범장생을 부르는 이름이다. 《화양국지》에 보면 '범장생을 높여서 사시팔천지절태사(四時八節天地太師)라고 하였다'고 하였다.

83 상서의 업무를 총괄하는 직책이라는 말로, 정부의 기밀에 관한 일을 주관한다.

84 관직명으로 동이지역과 하북지역에 있는 모든 군사에 관한 일을 감독하는 직책이다.

85 영직으로 관직명은 영유주자사이다.

86 한위(漢魏)시대에 군사적인 문제가 많아지자, 군사 문제에 대하여 자문을 구하는 관직으로 이러한 제도가 생겼는데, 참모부장에 해당하는 직책이다.

로 삼고, 황문시랑 곽상(郭象)을 주부(主簿)로 삼았으며, 홍려승(鴻臚丞)[87] 완수(阮脩)를 행참군(行參軍)으로 삼고 사곤(謝鯤)을 연(掾)[88]으로 삼았다.

호무보지가 낙안(樂安, 산동성 박홍현) 사람 광일(光逸)을 사마월에게 천거하니, 사마월도 또 그를 벽소(辟召)하였다. 유애 등이 모두 허현(虛玄)한 담론[89]을 숭상하였으므로 세상 업무에 마음을 기울이지 않고 멋대로 술을 마시며 허튼 짓거리를 하였는데, 유애는 재물을 모으는 일을 하면서 조금도 만족하지 않았고, 곽상은 각박한 행동을 하며 권력을 잡기를 좋아하지만 사마월은 그들의 명성이 세상에서 중하게 여겨졌으므로 그들을 벽소한 것이다.

11   기홍(祁弘)이 함곡관에 들어가면서 성도왕 사마영이 무관(武關, 섬서성 商縣의 경계 지역)에서 신야(新野, 하남성 신야현)로 도망하였다. 마침 신성원공(新城元公) 유홍(劉弘)[90]이 죽자, 그의 사마인 곽매(郭勵)가 난을 일으켜 사마영을 영접하여 주군으로 삼으려고 하였으나, 곽서(郭舒)[91]가 유홍의 아들 유번(劉璠)을 받들고 곽매를 토벌하여 그

---

87 태제중서자는 태자부의 중서자 직책을 말하며, 중서자란 태재부 안의 서무를 관장하는 직책이다. 홍려는 번속(藩屬)사무를 관장하는 곳이고, 승(丞)은 비서장에 해당하는 직위이다.

88 행참군은 행직(行職)은 대리직이므로 참군대리 즉 대리군사참의관에 해당하는 직책이며, 연리(掾吏)는 비서에 해당하는 직책이다.

89 도가적인 담론 즉 죽림칠현류의 현학(玄學)을 말한다.

90 진남대장군 겸 도독형주제군사인 유홍이 죽자 시호를 원공이라고 하였다.

91 곽서는 치중(治中), 즉 총무를 맡은 사람이다.

의 목을 베었다.

남(南)중랑장 유도(劉陶)에게 조서를 내려서 사마영을 잡아두라고 하였다. 사마영이 북쪽으로 황하를 건너서 조가(朝歌, 하남성 淇縣)로 달아나 옛 장사(將士)들을 불러 모아 수백 명을 만들자 공사번(公師藩)에게 가려고 하였는데, 돈구(頓丘, 하북성 淸豐縣)태수 풍숭(馮嵩)이 그를 잡아서 업성으로 압송하였지만 범양왕 사마효가 차마 그를 죽이지 못하고 유폐시켰다.

공사번이 백마진(白馬津, 하남성 滑縣에 있는 황하를 건너는 나루)에서 남쪽으로 황하를 건너가려 하니, 연주(兗州)자사 구희(苟晞)가 토벌하여 목을 베었다.

12 동영공(東瀛公) 사마등(司馬騰)의 작위를 올려서 동연왕(東燕王)으로 삼고, 평창공 사마모를 남양왕(南陽王)으로 삼았다.

13 겨울, 10월에 범양왕 사마효가 죽었다. 장사 유여(劉輿)는 사마영이 평소 업성 사람들이 귀부하였던 터라 비밀에 붙이고 발상(發喪)을 하지 않고 거짓으로 사람을 시켜서 '대사(臺使)[92]가 조서를 가져 와서 밤중에 사마영에게 죽음을 내리고, 아울러 그의 두 아들을 죽였다.'고 하였다.[93]

---

92 대란 중서대를 말하므로 중앙에 있는 조정이어서 대사관 중앙에서 내려온 사자를 말한다.

93 8왕의 난 가운데 여섯 번째 왕이 죽은 것이다. 사마영은 혜제 영흥 원년(304년) 정월에 승상이 되었다가 10월에 낙양으로 도망하였으므로 10개월간 권력을 잡았다. 그 후 2년간은 유랑생활을 하였고, 지금 죽임을 당하였다. 그런데

사마영의 관속들이 먼저 모두 도망하여 흩어졌지만 오직 노지(盧志)만이 쫓아다녔으며 죽기에 이르러서도 게으르지 않고 그 시체를 거두어 염하여서 장사지냈다. 태부 사마월이 노지를 불러서 군자좨주(軍諮祭酒)로 삼았다.

사마월이 유여(劉輿)를 불렀는데 어떤 사람이 말하였다.

"유여는 매끈매끈한[94] 사람과 같아서 가까이 하면 사람을 더럽게 합니다."

도착하자 사마월이 그를 소원(疏遠)하게 대하였다. 유여가 비밀리에 천하의 병부(兵簿)와 창고·소와 말·무기와 수륙(水陸)의 형세를 살피면서 이것을 모두 속으로 외었다.

그 당시 군사와 국가에는 많은 일이 있었고, 매번 회의를 할 적마다 장사 반도(潘滔)에서부터 그 이하의 관원들은 어떻게 대답할지를 몰랐으나, 유여가 기회를 보아서 일을 분석하고 계획을 세우니 사마월이 무릎을 맞대고 상대하게 되고, 바로 좌장사(左長史)로 삼아서 군사와 국가의 업무를 모두 그에게 위임하였다.

유여는 사마월에게 유세하여 그의 동생 유곤(劉琨)을 파견하여 병주(幷州)를 진수하게 하여 북방의 중요지점으로 삼으라고 하였더니, 사마월이 표문을 올려서 유곤을 병주자사로 삼고, 동연왕 사마등을 거기(車騎)장군·도독업성제군사(都督鄴城諸軍事)[95]로 삼아 업성을 진수하

그의 죽음을 중앙에서 죽인 것으로 만들고자 한 것이다.

94 이(膩)라고 표현하고 있는데, 호삼성은 피부가 더럽고 기름져 미끈거리는 것을 말한다고 하였다. 아마도 부정하게 돈을 모아서 기름기가 흐르는 사람을 형용한 것 같다.

95 관직명으로 업성에 있는 모든 군사적인 업무를 총감독하는 직책이다.

게 하였다.

14 11월 기사일(17일) 밤에 황제가 떡을 먹고 중독이 되었는데, 경오일(18일)에 현양전(顯陽殿)에서 붕어(崩御)하였다. 양후(羊后)[96]는 자기가 태제 사마치(司馬熾)의 형수가 되므로 태후가 될 수 없을까 두려워서 장차 청하왕(淸河王) 사마담(司馬覃)을 세우고자 하였다.

시중 화곤(華琨)이 간하였다.

"태제가 이미 동궁에 살고 있는 지가 오래 되었으므로[97] 백성들의 희망이 이미 확정되었는데 오늘 어찌 바꿀 수가 있겠습니까?"

즉시 노판(露版)[98]을 만들어 말을 달려서 태부 사마월을 부르고 태제를 불러서 궁궐로 들어오게 하였다.

황후는 이미 사마담을 불러서 상서합(尙書閤)[99]에 도착했지만 변란이 있을까 의심하고 질병이 있다는 핑계를 대고 돌아가 버렸다. 계유일(21일)에 태제가 황제의 자리에 올랐고, 대사면령을 내리고 황후를 높여서 혜황후(惠皇后)라고 하여 홍훈궁(弘訓宮)에 거주하게 하였으며, 어머니 왕재인(王才人)을 높여서 황태후라고 하였다. 비(妃)[100]인 양

---

96 혜제 사마충이 죽었을 때, 나이는 48세였다. 호삼성은 어떤 사람은 사마월이 떡에 짐독을 넣었다고 말하기도 하였다고 하였다. 양후란 혜제의 황후인 양헌용(羊獻容)으로 몇 번이나 폐위되었다가 다시 복위한 인물이다.

97 사마치가 태제가 된 것은 3년 전(303년)이고, 이 일은《자치통감》권85에 기록되어 있다.

98 편지의 내용이 드러나도록 봉함을 하지 않은 편지이다.

99 상서들이 업무를 보는 건물이다.

100 왕재인은 황제가 된 사마치의 어머니이다. 진나라 때 재인은 황제의 비빈 가

(梁)씨를 황후라고 하였다.

회제(懷帝)는 비로소 옛 제도를 준수하여 동당(東堂)[101]에서 정치에 관한 보고를 받았고, 매번 연회에 나가서 번번이 여러 관리들과 많은 업무를 논의하고 경전과 전적을 상고하였다. 황문시랑 부선(傅宣)이 감탄하며 말하였다.

"오늘에서야 다시 무제시대의 모습을 보게 되었구나!"

운데 14급에 해당하며, 비란 사마치가 태제였을 때의 태제비(太弟妃)를 말한다.

101 회제는 황제에 오른 사마치의 제호이며, 동당은 태극전의 동쪽에 있는 방이다.

불타는 업성

15   12월 초하루 임오일에 일식이 있었다.

16   태부 사마월이 조서를 가지고 하간왕 사마옹을 징소하여 사도로 삼으니 사마옹이 마침내 부름에 나아갔다. 남양왕 사마모가 그의 장수 양신(梁臣)을 파견하여 신안(新安, 하남성 신안현)에 있는 수레에서 사마옹을 맞이하여 손으로 목을 졸라 죽이고, 그의 세 아들도 죽이게 하였다.[102]

17   신축일(20일)에 중서감 온선(溫羨)을 좌(左)광록대부로 삼아 사도의 업무를 관장하게[103] 하고, 상서좌복야 왕연(王衍)을 사공으로 삼았다.

18   기유일(28일)에 혜제를 태양릉(太陽陵, 邙山의 남쪽 기슭)에 장사지

---

102 사마모는 사마월의 동생이지만 후환을 막기 위하여 형도 죽인 것이다.

103 영직으로 관직명은 영사도이다.

냈다.

19 유곤(劉琨)[104]이 상당(上黨, 산서성 長治市)에 도착하니 동연왕(東燕王) 사마등이 바로 정형(井陘, 하북성 정형의 서북쪽)에서 동쪽으로 내려갔다. 당시 병주(幷州, 산서성)에는 기근이 들었고, 자주 호족(胡族)[105]에게 노략질 당하였으며 군이나 현에서는 스스로 이들로부터 보호할 수가 없었다. 주(州)의 장수 전견(田甄)·전견의 동생인 전란(田蘭)·임지(任祉)·기제(祁濟)·이운(李惲)·박성(薄盛) 등과 이민(吏民) 1만여 명이 모두 사마등을 좇아서 곡식을 찾아 기주(冀州, 하북성 중남부)로 갔는데, 이를 '걸활(乞活)'[106]이라고 불렀으며, 나머지 호구는 2만 호가 되지 못하였고, 침입한 도적들이 종횡하니 길은 끊겨버렸다.

유곤이 상당에서 군사를 모집하여 500명을 얻고서 돌아다니며 싸우면서 앞으로 나아갔다. 진양(晉陽, 병주의 치소가 있는 곳으로 산서성 태원시)에 도착하니 부시(府寺)[107]는 불타고 부서져서 읍이나 들이 모두 쓸쓸하였지만 유곤이 수고롭게 온 사람들을 안무하니 유민(流民)들이 조금씩 모여들었다.

---

104 병주도독으로 그의 치소인 산서성 태원시로 가는 도중이었다.

105 흉노를 지칭하는 것이며, 구체적으로는 한(漢)을 세운 유연의 무리를 말한다.

106 주란 유곤이 자사인 병주를 말하며, 걸활이란 살기 위하여 빌어먹는 사람이란 뜻이다.

107 관부의 건물을 말한다. 여기서는 진양 즉 병주에 있던 병주부의 관청건물을 말한다.

회제 영가 원년(丁卯, 307년)[108]

1   봄, 정월 계축일(2일)에 대사면령을 내리고 기원을 고쳤다.

2   이부랑(吏部郞) 주목(周穆)은 태부 사마월의 고모의 아들이었는데, 그의 매부인 어사중승 제갈매(諸葛玫)와 더불어 사마월에게 유세하였다.

"주상(主上)이 태제가 되었던 것은 장방(張方)의 뜻이었습니다. 청하왕이 본래의 태자이니 공께서는 의당 그를 세워야 합니다.[109]"

사마월이 이를 허락하지 않았다. 다시금 이를 이야기하니 사마월이 화가 나서 그들의 목을 베었다.

3   2월에 왕미(王彌)[110]가 청주(靑州, 산동반도)·서주(徐州, 강소성 북부) 두 주를 노략질하고 스스로 정동(征東)대장군이라고 하면서 이천석 벼슬을 가진 사람들을 공격하여 죽였다. 태부 사마월이 공령거(公車令)인 동래(東萊, 산동성 掖縣) 사람 국선(鞠羨)을 본군[111]의 태수로 삼

---

108 성한(전촉) 무제 안평 2년, 한조(전조) 광문제 원희 4년이다.

109 성도왕 사마영이 태제에서 폐위되자, 하간왕 사마옹이 현재의 황제를 세워서 황태제로 하였는데, 이것은 결국 사마옹의 세력이었던 장방의 뜻이 반영된 것이라는 말이다. 현재 사마옹과 장방은 모두 죽은 상태이다. 청하왕이 제왕 사마경을 세워서 태자로 삼았다가 폐위를 몇 번이나 거쳤다.

110 동래역에서 일어난 반란집단의 우두머리이다.

111 공거령은 진 왕조에서는 위위(衛尉)에게 소속되었으며, 본군이란 국선의 고향인 동래군을 말한다.

아 왕미를 토벌하게 하였으나, 왕미가 그를 공격하여 죽였다.

4   진민(陳敏)이 형벌을 주고 정치를 하는 것에는 아무런 규정이 없어서 뛰어난 인물들이 귀부하지 않게 되고 자제들은 흉악하고 포악하여서 있는 곳마다 걱정거리가 되자 고영(顧榮)·주기(周玘)[112] 등이 이를 걱정하였다.

여강(廬江, 안휘성 여강현)내사 화담(華譚)이 고영에게 편지를 보내어 말하였다.

"진민이라는 도적이 오(吳)·회계(會稽)를 점거하고 있지만,[113] 목숨의 위태로움은 아침이슬과 같소. 여러분들은 혹 부절을 나누어 이름 난 군을 맡거나 혹은 근신(近臣)의 대열에 있었는데, 다시금 간사한 사람의 조정에서 자기 몸을 욕보이며 절개를 반역하는 무리들에게 내버렸으니 또한 수치스러운 일이 아닙니까?

오나라 무열제(武烈帝) 부자[114]는 모두 영웅호걸의 재주를 가지고 대업을 계승하였소. 지금 진민은 흉악하고 교활하고 일곱 명의 아둔하고 쓸모없는 동생들을 데리고 환왕(桓王)의 높은 흔적을 밟고 대황(大皇)[115]의 끊긴 궤적을 좇으려하는데 멀리서 여러 현명한 분들을 헤아

---

112 강동지역을 점거한 반란세력인 진민은 고영을 단양(丹楊, 남경)태수로, 주기를 안풍(安豊, 안휘성 霍丘縣)태수로 임명하였었다.

113 강동지역을 말한다. 오는 강소성 소주이고, 회계는 절강성 소흥이다.

114 옛날 손견과 손권을 말한다. 손견은 손권이 황제가 된 다음에 무열제로 추존하였다.

115 환왕은 손책을 말하는데, 손권이 황제에 즉위한 뒤에 손책을 장사환왕으로 추존하였으며, 대황은 손권인데, 그가 죽은 후에 시호를 대황제로 하였다.

려보니 오히려 아직은 될 것 같지 않구려.

황제의 수레가 동쪽으로 돌아왔고, 뛰어나고 멋진 사람[116]들이 조정에 꽉 찼으며, 장차 6사(師)[117]를 들어 건업(建業, 남경)을 깨끗하게 하고자 하는데, 여러 현명하신 분들께서는 무슨 낯으로 다시금 중원에 있는 선비들을 보려고 하시오!"

고영 등이 평소 진민을 도모하려는 마음을 갖고 있었는데 편지를 받자 매우 부끄러워서 비밀리에 사자를 파견하여 정동(征東)대장군 유준(劉準)에게 회보하고, 군사를 발동하여 장강으로 오면 자기들은 안에서 그에게 호응하겠다고 하며 머리를 깎아 신표로 삼았다. 유준이 양주(揚州)자사 유기(劉機) 등을 파견하여 역양(歷陽, 안휘성 和縣)을 출발하여 진민을 토벌하였다.

진민이 그의 동생인 광무(廣武)장군 진창(陳昶)에게 군사 수만 명을 거느리고 오강(烏江, 안휘성 화현의 동북쪽)에 주둔하고, 역양태수 진굉(陳宏)은 우저(牛渚)[118]에 주둔하게 하였다. 진민의 동생 진처(陳處)는 고영 등이 두 마음을 품고 있다는 것을 알고 진민에게 그들을 죽이라고 권고하였으나, 진민이 좇지 않았다.

진창의 사마 전광(錢廣)은 주기와 같은 군 출신 사람으로 주기가 비밀리에 전광에게 진창을 죽이게 하고서, 주하(州下)[119]에서 이미 진민

---

116 준언(俊彦)이라고 표현하였다. 호삼성은 준이란 재주가 천 명을 넘을 정도의 인재이고, 언은 아름다운 선비를 말한다고 하였다.

117 전국의 모든 군사를 통칭할 때 사용하는 말이다.

118 안휘성 당도현(當塗縣)의 서북쪽 장강 가에 있는 산으로 북부가 장강 속으로 툭 튀어나와 있다.

119 건업을 말한다. 양주자사가 건업을 통치하므로 건업을 주하라고 하였다.

을 죽였으니 감히 움직이는 사람은 삼족을 다 죽이겠다고 선언하였다. 전광이 주작교(朱雀橋)의 남쪽에서 병사들을 챙기는데, 진민이 감탁(甘卓)[120]을 파견하여 전광을 토벌하게 하고 굳은 갑옷을 입은 정예의 군사를 모두 그에게 위탁하였다.

고영은 진민이 의심할 것을 염려하여 고의로 진민에게 갔다. 진민이 말하였다.

"경은 마땅히 사방으로 나아가서 진압하고 보위하여야 할 것인데 어찌 나에게로 올 수가 있었소!"

고영이 마침내 밖으로 나와서 주기와 함께 감탁에게 유세하였다.

"만약 강동지역의 일이 잘 넘어갈 수 있다면 마땅히 함께 이를 성공시켜야 합니다. 그러나 경은 이러한 사태와 형세를 보건대 당연히 잘 진행될 이치가 있겠소? 진민은 이미 보통 정도의 재주를 가졌을 뿐이었고, 정치 명령은 반복되며 계획도 확정된 것이 없고, 그 자제들은 각기 교만하고 자랑하니 그가 실패한다는 것은 분명하오.

그래서 우리들은 편안하게 앉아서 그의 관직과 녹봉을 받다가 일이 실패하는 날에는 장강의 서쪽[121]에 있는 여러 군사들이 우리의 목을 낙양으로 보내면서 그 겉에다 '역적인 고영과 감탁의 머리'라고 제목을 붙이게 할 것이니 이는 만세나 갈 치욕스러운 일입니다."

감탁은 드디어 거짓으로 병이 들었다고 말하고 딸을 맞아들이고 다리를 끊어버리고 선박을 남쪽 강안에나 거둬놓고, 주기·고영 그리고

---

120 감탁은 딸을 진민에게 시집보냈다. 이 사건은 진 혜제 영흥 2년(305년)에 있었다.

121 장강 하류의 북안에서 회하 이남까지의 지역을 가리킨다.

전에 송자후(松滋侯, 송자국은 호북성 송자현)의 재상이었던 단양(丹楊, 남경) 사람 기첨(紀瞻)과 더불어 진민을 공격하였다.

진민이 스스로 1만여 명을 인솔하여 감탁을 토벌하는데, 군인들이 강물을 사이에 두고 진민의 무리들에게 말하였다.

"본래 진(陳)공에게 온 힘을 다하려고 한 까닭은 바로 단양태수 고영·안풍태수 주기 때문이었을 뿐인데, 지금 모두 생각을 달리했으니, 너희들은 어찌하겠는가?"

진민의 무리들이 여우 같이 의심하면서 결정을 못하자 고영이 흰 깃털로 된 부채를 가지고 그들에게 휘두르니 그 무리들이 모두 붕궤되어 떠나버렸다.

진민이 단 한 필의 말을 타고 북쪽으로 도주하였지만 추격하여 강승(江乘, 강소성 句容의 북쪽)에서 그를 잡았다. 탄식하여 말하였다.

"여러 사람들이 나를 잘못되게 하여 오늘에 이르렀구나!"

그의 동생 진처에게 말하였다.

"나는 경에게 잘못을 저질렀지만 경은 나에게 잘못을 저지르지 않았소."[122]

드디어 건업에서 진민의 목을 베고, 삼족을 다 죽였다. 이에 회계 등의 군에서는 진민의 여러 동생들을 다 죽였다.

그때 평동(平東)장군 주복(周馥)이 유준을 대신하여 수춘(壽春, 안휘성 수현)을 진압하고 있었다. 3월 초하루 기미일에 주복이 진민의 머리를 전하여 경사에 도착하였다. 조서를 내려서 고영을 징소하여 시중으

---

122 진민은 동생 진처가 고영을 죽이라고 건의하였으나 이 의견을 좇지 않았던 것을 말하는 것이다.

로 삼고, 기첨은 상서랑이 되었다. 태부 사마월(司馬越)이 주기를 벽소
하여 참군으로 삼고, 육완(陸玩)을 연리(掾吏)로 삼았다. 육완은 육기
(陸機)의 사촌동생이다.

고영 등이 서주(徐州, 치소는 강소성 서주)에 이르러서 북방은 바야흐
로 더욱 혼란스러워진다는 소식을 듣고 의심하며 나아가지 않았더니,
사마월이 서주자사 배순(裴盾)에게 편지를 보내어 말하였다.

"만약 고영 등이 생각하고 관망한다면 군례(軍禮)를 가지고 보내도
록 하라."

고영 등이 두려워서 도망하여 돌아갔다. 배순은 배해(裴楷)의 조카
이며 사마월의 처 배씨의 오빠이다.

5   서양(西陽, 호북성 黃岡縣)의 이적들이 강하(江夏, 호북성 雲夢縣)
를 침구하였는데, 태수 양민(楊珉)이 독장을 청하여 이를 상의하였다.
제장들이 다투어 방책을 바쳤지만 기독(騎督)[123] 주사(朱伺)만이 홀로
말하지 않았다.

양민이 말하였다.

"주 장군은 어찌하여 말하지 않는가?"

주사가 말하였다.

"여러 사람들은 혓바닥을 가지고 적을 치고 있지만 저 주사는 오직
힘을 가지고 할 뿐입니다."

양민이 또 물었다.

"장군이 전후로 도적을 치면서 어떻게 늘 이겼는가?"

---

123 기병도독 즉 기병지휘관을 말한다.

주사가 말하였다.

"양쪽에서 대적하고 있게 되면 오직 이를 참고 있어야 마땅하니 저들이 참을 수 없고 내가 참을 수 있었으니 이리하여 승리한 것입니다."

양민이 이를 훌륭하다고 하였다.

6 조서를 내려서 양(楊)태후[124]의 존호를 다시 회복시키고 정묘일(17일)에 장사를 고쳐 지냈는데 시호를 무도(武悼)라고 하였다.

7 경오일(20일)에 청하왕(淸河王) 사마담(司馬覃)의 동생인 예장왕(豫章王) 사마전(司馬詮)을 황태자로 삼고, 신미일(21일)에 대사면령을 내렸다.

8 황제가 굵직한 정치적인 일을 살펴보았고, 보통 일에 대하여서도 마음을 썼더니 태부 사마월(司馬越)이 기뻐하지 않고 번부(藩部)[125]로 나기를 굳게 청하였다. 경진일(30일)에 사마월이 나가서 허창(許昌)을 진수(鎭守)하였다.

9 고밀왕(高密王) 사마략(司馬略)을 정남(征南)장군·도독형주제군사(都督荊州諸軍事)로 삼아 양양(襄陽, 호북성 襄樊市)에 진수하게 하였

---

124 양후가 화를 당한 것은 혜제 원강 원년(291년)이고, 이 사건은 《자치통감》권 82에 실려 있다. 혜제의 어머니 가태후(賈太后)가 며느리 가후를 폐위시킨 것이다.

125 제후왕의 근거지를 말한다. 사마월이 제후왕이었으므로 자기의 근거지로 가서 번병(藩屛) 노릇을 하겠다고 한 것이다.

고, 남양왕(南陽王) 사마모(司馬模)를 정서(征西)장군·도독진옹양익제
군사(都督秦·雍·梁·益諸軍事)로 삼아 장안에 진수하게 하고, 동연왕(東
燕王) 사마등(司馬騰)을 신채왕(新蔡王)·도독사기이주제군사(都督司·
冀二州諸軍事)[126]로 삼고 거듭하여 업성에 진수하게 하였다.

10   공사번(公師藩)이 이미 죽고 나자,[127] 급상(汲桑)이 도망하여 말
을 목축하는 초원 지대[128]로 돌아가서 다시 무리를 모아 군과 현을 겁
주어 약탈하고 스스로 대장군이라고 부르면서 큰 소리로 성도왕(成都
王)[129]에게 원수를 갚겠다고 하고 석륵(石勒)을 선봉으로 삼았는데,
가는 곳에서 번번이 승리하자 석륵을 토로(討虜)[130]장군으로 임명하
니 드디어 업성으로 진격하였다.

이때 업성에 있는 부고가 텅 비어 있었지만, 신채무애왕(新蔡武哀
王)[131] 사마등이 쓸 물자는 아주 풍족하였다. 사마등은 성격이 인색하

---

126 도독형주제군사(都督荊州諸軍事)는 형주지역의 모든 군사적인 업무를 총감
　　독하는 직책이고, 도독진옹양익제군사(都督秦·雍·梁·益諸軍事)는 진주·옹
　　주·양주·익주 네 주의 모든 군사적인 일을 감독하는 직책이다. 따라서 다른
　　판본에는 도독진옹양익사주제군사(都督秦·雍·梁·益四州諸軍事)로 되어 있
　　는 것도 있는데, 이것이 정식 명칭이고, 여기에서는 네 개의 주라는 사주라는
　　글자가 생략된 것으로 보이며, 도독사기이주제군사(都督司·冀二州諸軍事)는
　　사주와 기주 두 주의 모든 군사에 관한 업무를 총감독하는 직책이다.

127 반란세력의 우두머리로 혜제 광희 원년(306년)의 일이다.

128 산동성 치평현이 반란을 시작하였던 곳이다.

129 사마영을 말한다.

130 다른 판본에는 토로를 소로(掃虜)라고 한 곳도 있다.

131 신채왕 사마등이 죽자 시호를 무왕이라고 하였다.

여 구제하거나 은혜를 베푸는 일이 없었는데, 위급함이 닥치자 마침내 장군과 사병들 각 사람에게 쌀 몇 되씩과 포 몇 자씩을 주니 이 때문에 사람들은 이용되지 않았다.

여름, 5월에 급상은 위군(魏郡, 鄴城)태수 풍숭(馮嵩)을 대파하고 멀리까지 달려서 업성으로 들어가니, 사마등이 경무장을 한 채 나와서 달아나다가 급상의 장수인 이풍(李豊)에게 죽었다. 급상은 성도왕 사마영의 관을 꺼내 수레에 싣고서 일이 있을 때마다 이를 아뢰고 나서 떠났다.

드디어 업궁(鄴宮)에 불탔는데, 불길이 열흘 동안이나 꺼지지 않았다.[132] 병사와 민간인을 1만여 명이나 죽이고 크게 노략질한 다음에 떠났다. 연진(延津, 하남성 연진현 , 황하에 있는 나루)에서 건너서 남쪽으로 가서 연주(兗州)를 공격하였다. 태부 사마월이 크게 두려워 구희(苟晞)[133]와 장군 왕찬(王讚)을 시켜서 이를 토벌하게 하였다.

---

132 사마영이 죽자 노지가 이를 수습하여 염습을 하였는데, 지금은 급상이 이를 가지고 있는 것이다. 업성에 있는 궁전은 원소가 후한 헌제 초평 2년(191년)에 업성에 근거를 마련한 뒤에 궁궐을 짓기 시작하였고, 조조가 확충하면서 117년간이나 이 궁궐이 경영되었는데, 이때 다 타버렸다.

133 연주자사이다.

강동지역에 온 사마예

11　진주(秦州, 감숙성 동부)의 유민인 등정(鄧定)·굉저(訇氐) 등이 성고(成固, 섬서성 성고현)를 점거하고 한중(漢中)을 노략질하였는데, 양주(梁州)자사 장은(張殷)이 파서(巴西, 사천성 閬中縣)태수 장연(張燕)을 파견하여 이들을 토벌하였다. 등정 등이 배고프고 군색하여 거짓으로 장연에게 항복하고 또 그에게 뇌물을 주니, 장연이 그 때문에 군사 행동을 늦추었다.

등정이 비밀리에 굉저를 파견하여 성(成)[134]에 가서 구원하여 주기를 청하니 성의 주군 이웅(李雄)이 태위 이리(李離)·사도 이운(李雲)·사공 이황(李璜)을 파견하여 군사 2만 명을 거느리고 등정을 구원하여 장연과 싸워서 그를 대파하니, 장은과 한중태수 두맹치(杜孟治)가 성을 버리고 도망하였다.

10여 일 있다가 이리 등이 군사를 이끌고 돌아갔고, 한중의 백성들을 다 촉으로 옮겼다. 한중 사람인 구방(句方)·백락(白落)은 관리와 백성을 인솔하고 돌아와서 남정(南鄭)[135]을 지켰다.

---

134 5호16국의 전촉의 전신이며 이때에는 이웅이 주군이다.

12   석륵과 구희가 평원(平原, 산동성 평원현)·양평(陽平, 하북성 大名
縣) 사이에서 몇 달간이나 서로 대치하면서 크고 작은 전투 30여 차례
를 치렀는데, 서로 이기기도 하고 지기도 하였다. 가을, 7월 초하루 기
유일에 태부 사마월이 관도(官渡, 하남성 中牟縣의 동북쪽)에 주둔하고
서 구희를 성원하였다.

13   기미일(11일)에 낭야왕 사마예(司馬睿)를 안동(安東)장군·도독양
주강남제군사[136]·가절(假節)로 삼아서 건업(建業)을 진수하게 하였다.

14   8월 초하루 기묘일에 구희가 급상을 쳐서 동무양(東武陽, 산동성
朝城縣)에서 대파하였다. 급상은 물러나서 청연(淸淵, 산동성 臨淸縣)을
보위하였다.

15   형주(荊州)·강주(江州)에서 여덟 군[137]을 분리하여 상주(湘州)를
만들었다.

---

135 양주의 치소는 남정에 있었다.

136 도독양주강남제군사(都督揚州·江南諸軍事)는 양주와 강남지역의 모든 군사
   를 감독하는 도독이다.

137 새로운 주인 상주를 만든 것인데, 여기에는 여러 가지 설이 있다. 《진서》에는
   형주에 속한 형양·장사·상동·소양·영릉·계양과 광주(廣州)에 속한 시안·
   시흥·임하 등 아홉 군을 나누어서 상주를 설치하였다고 되어 있고, 《진서》의
   〈제기〉에는 《자치통감》의 기록과 같아서 같은 《진서》에서도 서로 틀린 부분
   이 있다. 심약도 형주에 속한 장사·형양·상동·소릉·영릉·영양·건창과 강주
   의 계양을 합하여 여덟 군으로 상주를 만들었다고 되어 있다.

16　9월 무신일(1일)에 낭야왕 사마예(司馬睿)가 건업(建業)에 이르렀
다. 사마예는 안동(安東)장군부의 사마 왕도(王導)를 모주(謀主)로 삼
고 마음속으로 믿음을 갖고서 매사를 자문하였다. 사마예의 명성은 평
소 가벼웠으므로 오(吳)의 사람들은 그에게 귀부하지 않았고, 그곳에
거주한 지 오래 되어도 사대부들 가운데 오는 사람이 없자 왕도가 이
를 걱정하였다.

마침 사마예가 나아가서 계(禊)[138]를 보게 되자, 왕도는 사마예에게
어깨에 메는 가마를 타고 위엄 있는 의장을 갖추고 왕도와 여러 이름
이 나 있는 사람들이 모두 말을 타고 좇게 하니, 기첨(紀瞻)·고영 등이
이를 보고 경이(驚異)롭게 생각하고 서로 이끌면서 길의 왼편에서 절
하였다.

왕도는 이 기회에 사마예에게 유세하였다.

"고영·하순(賀循)은 이 지방의 명망 있는 사람들이니 의당 그들을
끌어 들여서 사람들의 마음을 맺어야 하는데 이 두 사람이 도착하면
다른 사람들은 오지 않는 일이 없을 것입니다."

사마예가 이에 왕도에게 몸소 하순·공영을 찾아가게 하였고, 두 사
람은 명령에 호응하여 왔다.

하순을 오국(吳國)내사(內史)로 삼고, 고영을 군사(軍司, 군사마)로
삼고, 산기(散騎)상시의 직책을 덧붙여주어 무릇 군부(軍府)의 정치적
인 일은 모두 이들과 모의하였다. 또 기첨을 군(軍, 軍諮)좨주로 삼고,
변곤(卞壼)을 종사(從事)중랑으로 삼고, 주기(周玘)를 창조속(倉曹屬)

---

138 춘추시대에 봄과 가을 물가에서 거행하는 일종의 제례의식이다. 위진시대에
　는 통상 3월 3일에 물가에서 세탁을 하여 묵은 때를 씻어 냈는데 이것이 불
　길한 것을 없애준다고 생각하였다.

으로 삼고, 낭야 사람 유초(劉超)를 사인(舍人)으로 삼고, 장개(張闓)와 노국(魯國, 산동성 곡부현) 사람 공연(孔衍)을 참군으로 삼았다.[139] 변곤은 변수(卞粹)의 아들이고, 장개는 장소(張昭)[140]의 증손이다.

왕도가 사마예에게 유세하였다.

"겸손하게 선비들을 만나고 검소하게 생활하여 쓸 것을 충족시키며, 깨끗하고 고요하게 정치를 하고, 새로운 사람과 옛날 사람[141]들을 편안하게 어루만지십시오."

그리하였던 고로 강동의 인심이 귀부하였다.

사마예가 처음에 왔을 때 자못 술을 마시며 모든 일을 팽개쳐버리듯 하자, 왕도가 이야기하였고 사마예는 술을 따르라고 명령하고 술잔을 끌어당겨 엎어버리니, 이에 드디어 술을 끊었다.

17   구희가 급상을 추격하여 그의 여덟 개 보루를 격파하니 죽은 사람이 1만여 명이었다. 급상은 석륵(石勒)과 남은 무리들을 거두어 한(漢)[142]으로 달아나려고 하였는데, 기주(冀州)자사인 초국(譙國, 안휘성 박현) 사람 정소(丁紹)가 적교(赤橋, 산동성 臨淸縣의 경계 지역)에서

---

139 내사(內史)는 제후국의 벼슬로 군장(郡長)에 해당하며, 군사마(軍司馬)는 군사참모에 해당하는 직책이고, 군(軍)좨주는 군사 참모 주관자이고, 창조속(倉曹屬)은 군량창고 관리자이고, 사인(舍人)은 수행원이고, 참군은 군사 문제를 논의하는데 참여하는 직책이다.

140 변수(卞粹)는 혜제 태안 2년(303년)에 사마예를 모살한 사람이고, 장소(張昭)는 손권을 보좌한 사람이다.

141 새로운 사람은 중원지역에서 강동으로 내려온 사람이고, 옛날 사람이란 원래 강동지역에 살던 사람이다.

142 구희는 진(晉)의 연주자사이고, 한(漢)은 유연이 세운 한조(漢趙)를 말한다.

이들을 맞았고 또 이들을 격파하였다. 급상은 마목지(馬牧地)¹⁴³로 달아나고, 석륵은 낙평(樂平, 산서성 昔陽縣)으로 도망하였다. 태부 사마월은 허창(許昌, 하남성 허창현)으로 돌아와서 구희에게 무군(撫軍)장군·도독청연제군사(都督靑·兗諸軍事)를 덧붙여주고, 정소에게는 영북(寧北)장군·감기주제군사(監冀州諸軍事)¹⁴⁴를 덧붙여주고, 모두에게 가절을 주었다.

구희는 여러 차례 강한 침구를 격파하여 위엄과 이름이 대단해졌고, 아주 번잡스러운 일을 잘 처리하고, 법률을 적용하는 것이 준엄하였다. 이모가 그에게 의탁하고 있는데, 구희는 봉양하는 것이 아주 두터웠다.

이모의 아들이 장수가 되기를 청하자 구희는 허락하지 않고 말하였다.

"나는 왕법으로 다른 사람을 용서하지 않는데 장차 후회함이 없겠는가?"

굳게 청하자, 구희가 마침내 그를 독호(督護)로 삼았지만 뒤에 법을 어기자 구희는 부절을 꺼내서 그의 목을 베는데 이모가 머리를 조아리며 그를 구하려고 하였으나, 들어주지 않았다.

그리하고 나서 흰옷을 갈아입고 그를 위하여 곡을 하며 말하였다.

"그대를 죽인 사람은 연주자사이고, 동생을 위하여 곡을 하는 사람은 구도장(苟道將)¹⁴⁵일세."

---

143 원래 급상의 고향인 산동성 치평(茌平)에 있는 말 목장을 말한다.

144 구희에게는 도독직을 주고, 정소에게는 감직을 주었는데, 군사를 감독하는 일은 같으나 직급은 도독이 높고, 감은 그보다 낮다.

145 독호는 큰 진영의 지휘자를 가리키는 직급이다. 구희가 말한 연주자사와 구도장은 모두 구희 자신을 말하는 것으로 연주자사는 그의 직함이고, 도장은

18   흉노의 부대(部大)[146]인 장배독(張䚉督)·풍막돌(馮莫突) 등이 무리 수천 명을 모아서 상당(上黨, 산서성 長治市)에 성벽을 쌓으니, 석륵이 그에게로 가서 좇았고 이어서 배독 등에게 유세하였다.

"유(劉) 선우[147]가 군사를 일으켜서 진(晉)나라를 치는데, 부대께서는 막고 좇지 않으시니 스스로 끝내 독립할 수 있다고 생각하십니까?"

말하였다.

"할 수 없소."

석륵이 말하였다.

"그렇다면 어찌하여 일찍 그에게 소속되지 않습니까? 지금 부락이 모두 이미 선우가 상주며 모집하는 것을 받아 왕왕 모여서 의논하며 부대를 배반하고 선우에게 귀부하고자 합니다."

장배독 등이 그러할 것이라고 생각하였다.

겨울, 10월에 장배독 등이 석륵을 좇아 단신으로 말을 타고 한(漢)[148]에 귀부하니 한왕 유연(劉淵)이 장배독을 친한왕(親漢王)으로 삼고, 풍막돌을 도독부대(都督部大)[149]로 삼고, 석륵을 보한(輔漢)장군·평진왕(平晉王)으로 삼아서 이들을 통솔하게 하였다.

오환족의 장복리도(張伏利度)가 무리 2천 명을 데리고 낙평(樂平, 산

그의 자이다. 따라서 공적인 일로 사형을 집행하고, 사적인 입장에게 곡한다는 말이다.

146 흉노의 1부의 장(長)을 지칭하는 말이다.

147 유연을 말한다. 유연은 한나라의 뒤를 잇는다고 하면서 한이라는 나라를 세웠는데, 이를 보통 조한이라고 하며 후에 전조가 된다.

148 조한(趙漢)을 말한다.

149 흉노부를 감독하는 직책이고 한 군영의 지휘관에 해당한다.

서성 석양현)에 성벽을 쌓았는데, 유연이 여러 번 초청하였으나 올 수 없었다. 석륵이 거짓으로 유연에게 죄를 얻은 것으로 하고 장복리도에게로 도망하니, 장복리도가 기뻐하며 형제관계를 맺고서 석륵에게 여러 호족(胡族)을 거느리고 침구하며 노략질하게 하니, 향하는 곳마다 아무도 없는 것처럼 되자 여러 호족들이 두려워하며 복종하였다.

석륵은 무리들의 마음이 자기에게 귀부하였음을 알고 마침내 기회를 이용하여 장복리도를 체포하고 여러 호족들에게 말하였다.

"지금 큰일을 일으켰는데, 나와 장복리도 가운데 누가 주인 노릇을 감당하여야 하오?"

여러 호족들이 모두 석륵을 추천하였다.

석륵은 이에 장복리도를 풀어주고 그 무리를 이끌고 한나라로 귀부하였다. 유연이 석륵에게 독산동정토제군사(督山東征討諸軍事)[150]를 덧붙여주고, 장복리도의 무리를 그에게 배속시켰다.

19 11월 무신일(2일)에 일식이 있었다.

20 갑인일(8일)에 상서우복야 화욱(和郁)을 정북(征北)장군으로 삼고 업성에서 진수(鎭守)하게 하였다.

21 을해일(29일)에 왕연(王衍)을 사도로 삼았다. 왕연이 태부 사마월에게 유세하였다.

---

150 독직이다. 독은 군사를 지휘하는 직책으로 여기서는 산동을 정토하는 모든 군사를 감독하는 직위이다.

"조정이 위험하고 어지러우니 마땅히 방백(方伯)[151]들에게 의지해야 할 것인데, 의당 문무의 자질을 아울러 갖춘 사람을 찾아서 이를 맡겨야 합니다."

이에 동생 왕징(王澄)을 형주(荊州)도독으로 삼고, 친족 동생 왕돈(王敦)을 청주자사로 삼고서 이들에게 말하였다.

"형주에는 장강·한수라는 단단한 울타리가 있고 청주는 바다를 짊어진 험준함을 갖춘 곳인데, 경 두 사람은 밖에 있고 나는 중앙에 있으니, 충분히 세 개의 굴(窟)[152]로 여길 것이오."

왕징이 진수할 곳으로 가서 곽서(郭舒)를 별가(別駕)[153]로 삼아 독부(督府)의 업무를 위탁하였다. 왕징은 밤낮으로 멋대로 술을 먹고 여러 업무를 친히 살피지 않으면서 비록 도적들이 들이닥쳐서 교전(交戰)하는 급한 일이 있어도 마음속에 두지 않았다. 곽서가 항상 간절하게 간언을 하면서 의당 백성을 아끼고 병사를 길러서 주의 경내(境內)를 안전하게 보호해야 할 것이라고 하였으나, 왕징이 좇지 않았다.

22   12월 무인일(2일)에 걸활(乞活)[154] 전견(田甄)·전란(田蘭)·박성

---

151 지방장관을 말한다.

152 《전국책》에 있는 말을 인용한 것이다. 마원이 맹상군에게 말하기를 '교활한 토끼는 세 개의 굴을 가져서 겨우 그 죽음을 면할 수 있었소.'라고 하였다. 육전(陸佃)의 《비아(埤雅)》에서 이르기를 '속설에 토끼가 굴을 만들 때 반드시 등 뒤에 있는 언덕과 통하게 하여 교활한 토끼의 세 개의 굴이라는 말이 생겼다.'고 하였다. 그러나 왕징과 왕돈은 서로 어육이 되었고, 왕연도 석륵에게 죽었다.

153 별가는 행정관에 해당하는 직책이고, 독부는 왕징이 형주도독이므로 형주도독부를 말한다.

(薄盛) 등이 군사를 일으키고 신채왕(新蔡王) 사마등(司馬騰)을 위하여
원수를 갚겠다고 하며 급상을 낙릉(樂陵, 산동성 惠民縣)에서 목을 베었
다. 성도왕 사마영의 관(棺)을 옛 우물에 버리니 사마영의 옛 신하들이
이를 거두어 장사지냈다.

23   갑오일(18일)에 전에 태부였던 유식(劉寔)을 태위로 삼으니 유식
이 늙었다는 이유로 고사하였지만 허락하지 않았다. 경자일(24일)에
광록대부 고광(高光)을 상서령으로 삼았다.

24   전 북군중후(北軍中候)[155]였던 여옹(呂雍)·탁지(度支)교위[156]
진안(陳顏) 등이 청하왕 사마담(司馬覃)을 세워 태자로 삼을 것을 모의
하였다가 일이 발각되어 태부 사마월이 조서를 고쳐서 사마담을 금용
성에 가두었다.

25   애초에, 태부 사마월과 구희는 가깝게 잘 지내어 이끌어 승당(升
堂)[157]하며 형제관계를 맺었다. 사마 반도(潘滔)가 사마월에게 유세하
였다.
　"연주는 요충 지역이어서 위의 무제[158]는 여기에서 창업을 하였습

---

154 어려움 속에서 살기 위하여 빌어먹기로 나선 사람이란 뜻으로 유민(流民)을
　　말한다.
155 수도경비군 참모장에 해당하는 직책이다.
156 양곡 운반 책임자에 해당하는 직책이다.
157 구희는 이때 연주자사였으며 승당이란 승당배모(升堂拜母)라고 하여 당에
　　오르게 하여 어머니를 뵙게 한다는 말로 절친한 사이를 말한다.

니다. 구희는 큰 뜻을 가졌으니, 순수한 신하가 될 사람은 아니어서 그를 오래 두는 것은 걱정거리를 뱃속에 만드는 것입니다.

만약 청주로 옮긴다면 그의 명호(名號)를 두텁게 해 주는 것이니 구희는 반드시 기뻐할 것입니다. 공(公)께서는 스스로 연주를 다스리시며 제하(諸夏)를 경륜하시고 본조(本朝)를 울타리로 보위하시는데, 이것이 이른바 아직 혼란하게 되지 않았을 때에 취하는 조치입니다."

사마월이 그렇다고 생각하였다.

계묘일(27일)에 사마월이 스스로 승상이 되어 연주목(兗州牧)과의 업무를 관장하고, 또 연예사기유병제군사(兗·豫·司·冀·幽·幷諸軍事)가의 업무를 총감독하였다.[159] 구희를 정동(征東)대장군·개부의동삼사(開府儀同三司)로 삼고, 시중·가절·도독청주제군사(都督靑州諸軍事)를 덧붙여주었으며,[160] 청주자사의 직책을 관장하게 하고 동평군공(東平郡公)으로 책봉하였다. 사마월과 구희는 이로부터 틈이 생겼다.

구희가 청주에 이르자 엄격하고 각박하게 하여 위엄을 세우고, 매일 사람의 목을 베거나 죽이니 청주 사람들은 그를 도백(屠伯)[161]이라고

---

158 조조가 창업을 시작한 곳이다. 290년대의 일이고, 이 내용은《자치통감》권 60과 권61에 실려 있다.

159 사마월이 영연주목(領兗州牧)과 도독연예사기유병제군사(都督兗·豫·司·冀·幽·幷諸軍事)를 겸직한 것이다. 이는 연주를 직접 다스리고 연주·예주·사주·기주·유주·병주 6개 주의 모든 군사에 관한 일을 감독하겠다는 뜻이다.

160 구희가 갖게 된 개부의동삼사(開府儀同三司)라는 직책에서 개부는 관부를 열 수 있는 지위이고, 의동삼사란 대우하는 의례에서 삼공과 같이 한다는 말이므로 재상급이라는 뜻이다. 도독청주제군사(都督靑州諸軍事)은 청주지역의 모든 군사를 감독하는 직책이다.

161 도(屠)는 백정이란 말이고, 백(伯)은 자사를 뜻하므로 사람백정인 자사라는

생각하였다. 돈구(頓丘, 하남성 淸豊縣)태수 위식(魏植)이 유민들의 압박을 받아서 무리 5만~6만 명으로 연주지역을 크게 노략질하자 구희가 나아가 무염(無鹽, 산동성 東平縣에서 동쪽으로 10km)에 주둔하고서 이들을 토벌하였다. 동생 구순(苟純)으로 청주를 관장[162]하게 하였는데, 형벌을 내리고 죽이는 것이 구희보다 더 심하였다. 구희는 위식을 토벌하여 격파하였다.

처음에, 양평(陽平, 하북성 大名縣) 사람 유령(劉靈)이 어려서 가난하고 미천하였지만 힘이 달리는 소를 막을 정도이고, 달리면서 뛰는 말을 따라잡으니 당시 사람들은 비록 그를 특이하게 보았지만 천거할 수는 없었다. 유령이 가슴을 만지면서 탄식하며 말하였다.

"하늘이시여! 언제 난세가 되겠습니까?"

공사번(公師藩)이 일어나자 유령이 스스로 장군이라고 칭하고, 조(趙)·위(魏)지역에 침입하여 노략질을 하였다.

마침 왕미(王彌)가 구순(苟純)에게 패하자 유령도 왕찬(王讚)에게 패배하여 드디어 함께 사자를 보내어 한[163]에 항복하였다. 한에서는 왕미에게 진동(鎭東)대장군·청서이주목(靑·徐二州牧)·도독연해제군사(都督緣海諸軍事)[164]의 벼슬을 주고 동래공(東萊公)에 책봉하였고 유령은 평북(平北)장군이 되었다.

말이다.

162 영직이다. 관직명은 영청주자사이다.

163 한조(漢趙)를 말한다.

164 진동(鎭東)대장군은 군사계급이고, 청서이주목(靑·徐二州牧)은 행정직이며, 도독연해제군사(都督緣海諸軍事)는 군사권의 범위이다.

26   이소(李釗)[165]가 영주(寧州, 치소는 운남성 曲靖縣에 있음)에 가니 그 주의 사람들이 이소를 받들어 주의 업무를 관장하게 하였다. 치중(治中)[166] 모맹(毛孟)이 경사에 가서 자사를 파견해줄 것을 청하려고 여러 차례 상주문을 올렸으나 살펴보지 않았다.

모맹이 말하였다.

"주군은 죽었고 친척도 죽어 궁박한 성에 유폐되자 만 리를 달려와서[167] 슬픔으로 호소하는데, 정성을 다하여도 아무런 감동을 못 주니 사는 것이 죽는 것만 못하도다!"

스스로 목을 매 죽으려고 하자 조정에서 그를 가련하게 생각하여 위흥(魏興, 섬서성 安康縣)태수 왕손(王遜)을 영주자사로 삼았다.

이로 인하여 교주(交州, 광서성과 베트남의 북부지역)에 조서를 내려서 군사를 내어 이소를 구원하라고 하였다. 교주자사 오언(吾彦)이 그의 아들 오자(吾咨)를 파견하여 군사를 거느리고 그를 구원하였다.

---

165 광희 원년(306년)에 죽은 연주자사 이의(李毅)의 아들이다. 호삼성은 釗의 음은 소(昭)라고 하였다.

166 주에서 총무에 관한 업무를 담당하는 직책이다.

167 곡정에서 낙양까지는 직선거리로 1천500㎞나 된다.

27　모용외(慕容廆)¹⁶⁸가 스스로 선비(鮮卑)대선우라고 불렀다.

28　탁발록관(拓跋祿官)¹⁶⁹이 죽고 그의 동생 탁발의려(拓跋猗廬)가 3부(部)¹⁷⁰를 총섭(總攝)하고 모용외와 교류하며 잘 지냈다.

회제 영가 2년(戊辰, 308년)¹⁷¹

1　봄, 정월 초하루 병오일에 일식이 있었다.

---

168 선비부락의 우두머리이다.

169 선비 색두(索頭)부락의 우두머리이다.

170 탁발록관이 선비국을 3부로 나눈 것은 혜제 원강 5년(295년)의 일로,《자치통감》 권82에 실려 있다.

171 성(전촉) 무제 안평 3년, 한(전조) 광문제 원희 5년, 영봉(永鳳) 원년이다.

2   정미일(2일)에 대사면령을 내렸다.

3   한왕 유연이 무군(撫軍)장군 유총(劉聰) 등 10명의 장수를 파견하여 남쪽으로 태행산(太行山)을 점거하고, 보한(輔漢)장군 석륵 등 10명의 장수는 동쪽으로 옛날의 조(趙)·위(魏)지역으로 내려가게 하였다.

4   2월 신묘일(16일)에 태부 사마월이 청하왕 사마담(司馬覃)[172]을 죽였다.

5   경자일(25일)에 석륵이 상산(常山, 하북성 正定縣의 남쪽)을 침범하였는데, 왕준(王浚)[173]이 이를 격파하였다.

6   양주(涼州, 감숙성이고, 치소는 감숙성 武威縣)자사 장궤(張軌)가 중풍에 걸려서 입으로 말을 할 수가 없게 되어 그의 아들 장무(張茂)가 주의 업무를 관장하였다. 농서(隴西, 감숙성 농서현)내사[174]인 진창(晉昌, 감숙성 안서현) 사람 장월(張越)이 양주의 호족이었는데 장궤를 축출하고 이를 대신하고자 하여 그의 형인 주천(酒泉, 감숙성 주천현)태수 장진(張鎭)과 서평(西平, 청해성 西寧市)태수 조거(曹袪)와 더불어 사자를 파견하여 장안에 가서 남양왕(南陽王) 사마모(司馬模)에게 장궤는 폐인

---

172 태자였다가 쫓겨나서 금용성에 유폐되었으며, 이때의 나이는 14세였다.

173 동이(東夷)와 하북지역의 모든 군사에 관한 일을 총감독하는 도독동이하북제군사(都督東夷河北諸軍事)의 직책에 있었다.

174 군수 또는 군장과 같은 군의 책임자이다.

이 되는 질병에 걸렸다고 말하며, 진주(秦州, 치소는 감숙성 천수시)자사 가감(賈龕)으로 그 자리를 대신하게 해달라고 청하자고 모의하였다.

가감이 이를 받아들이니 그의 형이 가감을 나무라며 말하였다.

"장 양주(張 涼州)는 한 시대의 이름난 인물이어서 위엄이 서주(西州, 중국의 서부지역)에 드러났는데, 너는 무슨 덕을 가지고 그를 대신하겠는가?"

가감이 이에 중지하였다.

장진·조거가 상소문을 올려서 다시금 자사를 요청하였으나 회답이 없자, 드디어 격문을 보내고 장궤를 폐출하고 군사(軍司)[175] 두탐(杜耽)으로 주의 업무를 관장하게 하였으며, 두탐에게 장월을 자사로 삼아 달라는 표문을 올리게 하였다. 장궤가 교서(敎書)를 내려서 자리를 피하고 의양(宜陽)으로 돌아가 늙겠다고 하였다.[176]

장사 왕융(王融)·참군 맹창(孟暢)이 장진의 격문을 밟아서 쪼개버리고 작은 문을 밀치고 들어가서 말하였다.

"진(晉)의 황실에 많은 사고가 있었지만 밝으신 공(公)께서 서하(西夏, 河西지역)를 어루만져서 편안하게 하셨는데, 장진 형제가 감히 방자하고 흉악하게 거스르는 짓을 하니 마땅히 북을 울려서 그들을 죽여야 합니다."

드디어 나가서 엄하게 경계를 하였다.

마침 장궤의 장자 장식(張寔)이 경사에서 돌아오자 장식을 중독호

---

175 군사참모장에 해당하는 직책이다.

176 피위(避位)한 것이다. 피위란 현명한 사람이 자리에 앉을 수 있도록 자기의 자리를 내놓는 것을 말하며, 장궤는 어려서 의양의 여궤산(女几山)에 은거하였었음으로 의양에 돌아가서 늙겠다고 한 것이다.

(中督護)로 삼아 군사를 거느리고 장진을 토벌하였다. 장진의 생질인 태부(太府)의 주부(主簿)[177] 영호아(令狐亞)를 파견하여 먼저 가서 장진에게 유세하게 하며 이로움과 해로움을 열거하니, 장진이 눈물을 흘리면서 말하였다.

"다른 사람이 나를 그르쳤구나!"

마침내 장식에게 가서 죄를 받겠다고 하였다. 장식이 남쪽으로 내려가서 조거를 공격하여 도망치게 하였다.

조정에서 장진·조거의 상소문을 받고서 시중 원유(袁瑜)를 양주(凉州)자사로 삼았다. 치중(治中)[178] 양담(楊澹)이 말을 달려 장안에 가서 귀를 잘라 쟁반 위에 놓고서 장궤가 무고를 받았다고 호소하였다.

남양왕 사마모가 표문을 올려 원유를 중지시키게 하였고, 무위(武威, 감숙성 무위현)태수 장전(張琠)도 역시 표문을 올려서 장궤를 머물러 있게 해달라고 하니 조서를 내려서 사마모의 표문대로 하고 또 조거의 목을 베도록 명령을 내렸다.

장궤는 이에 장식에게 명령을 내려 보병과 기병 3만 명을 거느리고 조거를 토벌하고 그의 목을 베었다. 장월이 업성(鄴城, 하북성 임장현)으로 달아나니 양주(凉州)는 마침내 안정되었다.

7   3월에 태부 사마월이 허창(許昌, 하남성 허창시)에서 견성(鄄城, 산동성 견성)으로 옮겨서 진수하였다.

---

177 태부(太府)는 사령관이 있는 관청이고 주부(主簿)는 비서장에 해당하는 직책이다.

178 주의 총무담당관에 해당한다.

8　　왕미(王彌)가 도망하여 흩어졌던 사람들을 불러 모으니 군사는 다시 크게 떨쳤다. 제장을 나누어 파견하여 청주·서주·연주·예주 네 주를 공략하였는데, 지나는 곳에서 군현(郡縣)을 공격하여 함락시키고 수령들을 많이 죽이고 무리가 수만 명이 되었다. 구희[179]가 이들과 더불어 연속적으로 싸웠으나 이길 수가 없었다. 여름, 4월 정해일(13일)에 왕미가 허창으로 들어갔다.

태부 사마월이 사마 왕빈(王斌)을 파견하여 갑사(甲士) 5천 명을 인솔하고 가서 경사[180]에 들어가 호위하게 하였고, 장궤 역시 독호 북궁순(北宮純)을 파견하여 군사를 거느리고 가서 경사를 호위하게 하였다.

5월 왕미는 환원관(轘轅關, 하남성 偃師縣의 남쪽)으로 들어가서 관군을 이수(伊水)의 북쪽에서 패퇴시키니 경사에서는 크게 놀랐고, 궁성의 문을 낮에도 닫아걸었다. 임술일(19일)에 왕미가 낙양에 도착하여 진양문(津陽門, 낙양 남성의 동쪽에 있는 첫 번째 문)에 주둔하였다. 조서를 내려 왕연(王衍)을 도독정토제군사(都督征討諸軍事)로 하였다.

북궁순[181]은 용사 100여 명을 모집하여 진지로 돌격하니 왕미의 군사가 대패하였다. 을축일(22일)에 왕미가 건춘문(建春門, 낙양 동성의 북쪽에 있는 문)에 불을 지르고 동쪽으로 갔고, 왕연이 좌위(左衛)장군 왕병(王秉)을 파견하여 그를 뒤쫓게 하고, 칠리간(七里澗)에서 싸워서 또 그들을 패배시켰다.

---

179 왕미는 유연의 한조(漢趙) 정부의 진동대장군이고, 구희는 진나라의 진동대장군이다.

180 이때 경사는 낙양이었다.

181 다른 판본에는 북궁순 앞에 '갑자일(21일)에 왕연과 왕빈(王斌) 등이 나가서 싸웠다.'는 말이 있다.

왕미가 달아나서 황하를 건너 왕상(王桑)과 더불어 지관(軹關, 하남성 濟源縣 서북쪽)에서 평양(平陽, 산서성 臨汾縣)으로 갔다. 한왕 유연이 시중 겸 어사대부를 파견하여 교외에서 영접하면서 명령을 내려 말하였다.

"고(孤)가 친히 장군이 머무는 곳에 와서 자리를 털고 술잔을 씻어서 장군을 존경하며 대접하는 것이오."

도착하자 사예(司隸)교위로 벼슬을 주고 시중·특진(特進)[182]의 직책을 더하여주었고, 왕상을 산기시랑으로 삼았다.

북궁순 등은 한나라의 유총과 하동에서 싸워서 그들을 패퇴시켰다.

9 장궤에게 조서를 내려 서평군공(西平郡公)에 책봉하였으나, 장궤는 사양하고 받지 않았다. 그때 주와 군의 사자(使者) 가운데에는 경사까지 오는 사람이 없었으나, 장궤는 홀로 사신을 보내 공물을 바쳤으며 세시(歲時)[183]에 끊이지 않았다.

10 가을, 7월 갑진일(2일)에 한왕 유연이 평양을 침략하니, 태수 송추(宋抽)가 군을 버리고 달아나고, 하동(河東, 산서성 夏縣)태수 노술(路述)이 싸우다 죽자 유연은 포자(蒲子, 산서성 隰縣)로 도읍을 옮겼다. 상군(上郡, 섬서성 楡林縣)의 선비족 육축연(陸逐延)과 저족(氐族)의 우두머리 선징(單徵)[184]이 나란히 한(漢, 유연의 전조)나라에 항복하였다.

---

182 조회 때 삼공의 바로 아래 자리에 있는 지위이다.

183 새해가 될 때와 네 계절이 될 때를 말한다.

184 《재기》에는 '저족 추장 대선우 징'이라고 하여 선을 중심으로 앞뒤에 대우(大

11 8월 정해일(15일)에 태부 사마월이 견성(鄄城, 산동성 견성현)에서
복성(濮城, 하남성 복성현)으로 옮겨서 주둔하였다. 얼마 안 있다가 또
옮겨서 형양(榮陽, 하남성 형양현)에 주둔하였다.

12 9월에 한의 왕미(王彌)·석륵(石勒)이 업성을 침구하니 화욱(和
旭)[185]이 성을 버리고 달아났다. 예주(豫州)자사 배헌(裴憲)에게 조서
를 내려서 백마(白馬, 하남성 滑縣의 동쪽)에 주둔하여 왕미를 막고, 거
기(車騎)장군 왕감(王堪)은 동연(東燕, 하남성 延津縣의 동쪽)에 주둔하
여 석륵을 막으며, 평북(平北)장군 조무(曹武)는 대양(大陽, 산성성 평륙
현)에 주둔하고서 포자[186]를 대비하게 하였다. 배헌은 배해(裴楷)[187]
의 아들이다.

13 겨울, 10월 갑술일(3일)에 한의 유연이 황제의 자리에 올랐다. 대
사면령을 내리고 기원을 영봉(永鳳)이라고 고쳤다. 11월에 그의 아들
유화(劉和)를 대장군으로 삼고, 유총(劉聰)을 거기대장군으로 삼고, 친
척 조카 유요(劉曜)를 용양(龍驤)대장군으로 삼았다.

于)가 있는 것으로 되어 있어서 선(單)은 성이 아니고 선우로 보았다. 호삼성
은 당시 융적의 추장은 다만 '대(大)'라고만 했으므로 대선우라고 하지는 않
았다고 하면서 선징은 광문선후(光文單后)의 아버지라고 하며, 우(于)는 연
(衍, 쓸데없이 끼워진 글자)자라고 하였다. 선징은 영가 4년(310년)조에 다시
나오므로 선징이 맞는 것으로 보인다.
185 진의 정북장군으로 업에 진수하고 있었다.
186 포자는 한왕 유연이 새로이 도읍으로 정한 곳이다.
187 무제와 혜제 때의 인물이다.

14   임인일(1일)에 병주(幷州)자사 유곤(劉琨)이 상당(上黨)태수 유돈(劉惇)에게 선비족을 인솔하고 호관(壺關, 산서성 장치현의 경계 지역)을 공격하게 하니, 한의 진동(鎭東)장군 기무달(綦毋達)이 싸우다가 패하자 도망하여 돌아갔다.

15   병오일(5일)에 한의 도독중외제군사·영(領)승상[188]·우현왕 유선(劉宣)이 죽었다.

16   석륵·유령(劉靈)이 무리 3만 명을 인솔하고 위군(魏郡, 하남성 臨漳縣)·급군(汲郡, 하남성 급현)·돈구(頓丘, 하남성 淸豊縣)에 침구하니 백성들 가운데 풍문을 듣고 항복하여 귀부한 사람이 50여 보루(堡壘)였는데, 모두에게 보루의 주군에게 장군·도위의 인수를 주고, 그 가운데 강하고 힘센 사람 5만 명을 선발하여 군사로 삼고 늙었거나 약한 사람들은 옛날처럼 편안하게 지내도록 하였다. 기유일(18일)에 석륵이 위군태수 왕수(王粹)를 삼대(三臺)[189]에서 잡아서 죽였다.

17   12월 초하루 신미일에 대사면령을 내렸다.

18   을해일(5일)에 한의 주군[190] 유연이 대장군 유화를 대사마로 삼아

---

188 도독중외제군사는 안팎의 모든 군대를 감독하는 직책이고, 영(領)승상은 승상의 직책을 관장하는 직함이다.

189 업성의 서북쪽에 있는데, 중앙에 동작대, 남방에 급작대, 북방에 빙정대(氷井臺)가 있다. 이것은 후한 헌제 광화 15년(210년)에 조조가 만들었다. 3대에 관하여서는 《자치통감》 권88에도 설명하였다.

양왕(梁王)으로 책봉하고, 상서령 환락(歡樂)을 대사도로 삼아 진류왕(陳留王)으로 책봉하며, 황후의 아버지인 어사대부 호연익(呼延翼)을 대사공[191]으로 삼아 안문군공(鴈門郡公)으로 책봉하고, 종실 사람들은 친소에 따라서 모두 군왕(郡王)이나 현왕(縣王)으로 책봉하고, 이성(異姓)[192]들은 전공에 따라서 모두 군·현(郡·縣)의 공·후(公·侯)로 책봉하였다.

19   성(成)[193]의 상서령 양포(楊褒)가 죽었다. 양포는 곧은 소리를 좋아하였는데, 성의 주군인 이웅(李雄)이 처음으로 촉(蜀)을 차지하게 되었을 때 사용할 것이 부족하자 제장들이 금·은을 바치고 관직을 얻은 사람이 있자, 양포가 간하였다.

"폐하께서 관직과 작위를 두셨으니 마땅히 천하의 영웅호걸을 망라하셔야 하는데, 어찌 관직을 금으로 사는 일이 있단 말입니까?"

이웅이 그에게 사과하였다.

일찍이 이웅이 술에 취하여 중서령을 밀어내 태관령(太官令)[194]에게 곤장을 치게 하는데, 양포가 나가서 말하였다.

---

190 유연이 황제에 즉위하였으나,《자치통감》에서는 황제를 진(晉)의 황제에게만 제(帝) 또는 상(上)이라는 용어를 쓰고, 한의 황제 유연에게는 주(主)라는 표현을 쓰는 것은 삼국시대의 경우와 같다.

191 어사대부와 사공은 모두 감찰직인데, 이 두 직책이 병존하는 경우는 드물다. 병존하는 경우에는 사공의 직위가 어사대부보다 높다.

192 한의 황제와 성이 다른 사람을 말한다.

193 반란세력 이웅에 의하여 성도에 세워진 나라를 말한다. 후에 전촉이 된다.

194 황제의 주방을 담당하는 책임자이다.

"천자는 목목(穆穆)하고 제후는 황황(皇皇)한다[195] 하였는데, 어디에 천자가 술주정을 하는 일이 있단 말입니까?"

이웅은 부끄러워하며 중지하였다.

20   성(成)의 평구(平寇)장군 이봉(李鳳)이 진수(晉壽, 사천성 廣元縣)에 주둔하고서 여러 차례 한중(漢中, 섬서성 南鄭縣)을 침구하니, 한중의 백성들이 형면(荊沔)[196]으로 도망하였다. 조서를 내려서[197] 장광(張光)을 양주(梁州, 주의 치소는 남정)자사로 삼았다.

형주(荊州)에서 침입하여 도둑질하는 것이 금해지지 않자, 조서를 내려 유번(劉璠)[198]을 기용하여 순양(順陽, 하남성 淅川縣)내사(內史)로 삼으니 장강과 한수 사이에 있는 사람들이 일치하여 그에게 귀부하였다.*

―――――

195 천자목목은 《예기》에 나오는 말이며 목목이나 황황은 모두 용모를 단정하게 한다는 뜻이다.

196 면수는 양주에서 형주의 경계 지역으로 들어가므로 이를 형면이라 부른다.

197 진나라 황제의 조서이다.

198 유번은 유홍의 아들이다. 유홍이 광희 원년(306년)에 죽었으므로 유번이 부친상을 다 마치지 못한 상태였는데, 형주에서는 유홍을 가슴속에 품고 있어서 유번에게 귀부한 것이다.

권087

진기9

거세지는 북방세력

회제 영가 3년(己巳, 309년)[1]

1 봄, 정월 초하루 신축일에 형혹성(熒惑星)이 자미성(紫微星) 자리[2]를 침범하였다. 한의 태사령 선우수지(宣于脩之)가 한의 주군 유연에게 말하였다.

"3년을 넘지 않아서 반드시 낙양을 쳐서 이길 것입니다. 포자(蒲子, 산서성 隰縣)는 험준하니 오래 편안하게 지내기는 어렵고 평양(平陽, 산서성 臨汾縣)의 기상은 바야흐로 번창하고 있으니 청컨대 옮겨서 그곳에 도읍하십시오."

유연이 이를 좇았다. 대사면령을 내리고 기원을 고쳐서 하서(河瑞)[3]

---

1 성(成 ; 前蜀) 무제(武帝) 안평(晏平) 4년이며, 한(漢 ; 前趙) 광문제(光文帝) 하서(河瑞) 원년이다.

2 형혹성은 화성(火星)의 다른 이름이고 자미성은 자궁(紫宮)을 말한다. 형혹성은 나타날 때와 숨어있을 때가 일정하지 않기 때문에 이러한 이름이 붙여졌다.

3 이때 분수(汾水)에서 옥새(玉璽)를 얻었으므로 하서라고 한 것이다.

라고 하였다.

2   3월 무신일(9일)에 고밀효왕(高密孝王)⁴ 사마략(司馬略)이 죽었
다. 상서좌복야 산간(山簡)을 정남(征南)장군·도독형상교광사주제군
사(都督荊·湘·交·廣四州諸軍事)⁵로 하고 양양(襄陽, 호북성 襄樊市)에
서 진수하게 하였다.

산간은 산도(山濤)의 아들인데, 술을 좋아하였고, 정치에 관한 일에
흥미가 없어서 표문을 올렸다.

"순양(順陽, 하남성 淅川縣의 동쪽)내사 유번(劉璠)이 많은 사람들의
마음을 사로잡았으니 백성들이 유번에게 겁주어서 주군이 되게 할까
걱정입니다."⁶

조서를 내려서 유번을 징소하여 월기(越騎)교위로 삼았다.

남쪽의 각 주에서는 이로 말미암아서 드디어 혼란스럽게 되었고, 부
로(父老)들 가운데 유홍(劉弘)을 추념(追念)하지 않는 사람이 없었다.

3   정사일(18일)에 태부 사마월이 형양(滎陽)에서 경사로 들어왔다.
중서감 왕돈(王敦)이 친한 사람들에게 말하였다.

"태부가 오로지 위엄 있는 권세를 잡고 있지만 사람을 뽑아서 채용
하려고 표문을 올려 청하면 상서는 오히려 옛날 제도를 가지고 이를

---

4 고밀왕 사마략이 죽자 그의 시호를 효왕이라 한 것이다.

5 형주·상주·교주·광주 등 네 주의 모든 군사에 관한 일을 감독하는 관직이다.

6 유번이 백성들에게 더 밀려서 반란을 일으키고 그 수령이 될 가능성이 있다
   는 말이다.

통제하였는데, 오늘 왔으니 반드시 사람을 주살할 것이다."

황제가 태제였을 때 중서자(中庶子) 무파(繆播)와 친하게 잘 지냈는데, 즉위하자 무파를 중서감으로 삼고, 무윤(繆胤)을 태복경(太僕卿)[7]으로 삼아서 마음을 주었는데, 황제의 외삼촌인 산기상시 왕연(王延)·상서 하수(何綏)·태사령 고당충(高堂沖)이 나란히 기밀을 의논하는데 참여하였다.

사마월이 조정의 신하들이 자기에게 두 마음을 품고 있다고 의심하자 유여(劉輿)[8]·반도(潘滔)가 사마월에게 무파 등을 모두 죽이라고 권고하였다. 사마월이 마침내 무파 등이 난을 일으키려고 한다고 무고하고, 을축일(26일)에 평동(平東)장군 왕병(王秉)을 파견하여 갑옷을 입은 병사 3천 명을 인솔하고 궁궐로 들어와서 황제 옆에서 무파 등 10여 명을 잡아서 정위에게 보내 그들을 죽였다.[9] 황제는 탄식을 하며 눈물을 흘릴 뿐이었다.

하수는 하증(何曾)의 손자이다. 애초에 하증이 무제[10]를 모시고 연회에 참석하였다가 물러나서 여러 아들들에게 말하였다.

"주상께서 대업을 개창하시고 내가 매번 연회에서 뵈었는데, 국가를 경륜하고 먼 훗날까지 계획하는 이야기를 듣지 못하고, 오직 살아가는

---

7 중서자는 태제부에 소속된 관리이고, 태복경의 경우 진(晉)의 관직에는 경(卿)이 없으므로 여기에 들어간 경(卿)은 연(衍, 필사 과정에서 쓸데없이 들어간 글자)이고, 관직명은 태복이다.

8 사마월의 모사이다.

9 사마월은 무파 형제를 이용하여 하간왕 사마옹을 와해시켰는데, 지금 와서는 다시 그들을 죽였으니, 이들은 정치적 목적에 이용되고 버림받은 것이다.

10 진나라의 무제, 즉 사마염이다.

일상적인 일만 이야기하시며, 그 후손들이 꾀해야 할 길을 남겨주지 아니하였고, 그 자신에게 미치는 이야기만 할 뿐이었으니, 뒤를 이을 사람은 위태로워질 것이다. 너희들은 오히려 면할 수 있을 것이다."

여러 손자들을 가리키며 말하였다.

"이들에게 반드시 어려움이 닥칠 것이다."

하수가 죽자 그의 형 하숭(何嵩)이 그를 위하여 곡을 하며 말하였다.

"나의 할아버지는 거의 성인이시로다!"

하증이 하루에 식비를 1만 전을 쓰면서도 오히려 젓가락으로 집어 먹을 것이 없다고 말하였고, 아들 하소(何劭)는 하루에 2만 전씩을 식비로 사용하였다. 하수와 동생인 하기(何機)·하선(何羨)은 사치한 것이 아주 더 심하여 다른 사람에게 편지를 보내는 데는 말씨에 예의를 차리지 않고 오만하였다.

하내(河內, 하남성 沁陽縣) 사람 왕니(王尼)가 하수의 편지를 보고 다른 사람에게 말하였다.

"백울(伯蔚)[11]이 난세를 살면서 자랑하고 호탕한 것이 이와 같으니, 그가 능히 죽음을 면할 수 있겠는가?"

그 사람이 말하였다.

"백울이 경이 하는 말을 듣는다면 반드시 해쳐서 위태롭게 할 것이오."

왕니가 말하였다.

"백울은 내가 한 말을 들을 때쯤에는 스스로 이미 죽었을 것이오."

영가(永嘉) 말년에 이르자 하씨(何氏)는 씨도 남기지 못하였다.

---

11 하수의 자이다.

❈ 신 사마광이 말씀드립니다.

"하증이 무제가 나태하면서 편안한 것만 바라며 눈앞에 지나가
는 것만 취하고 먼 훗날까지 생각하지 못하였음을 논의하고 천하
가 장차 혼란스러워질 것을 알았고, 자손들이 반드시 그러한 걱정
을 할 것으로 알았으니, 얼마나 그가 명석합니까?

그러나 자신은 분수를 넘게 사치하였고, 자손들에게 그 흐름을
이어받게 하였다가 끝내 교만과 사치로 종족을 망하게 하였으니,
그의 명석함은 어디에 있습니까? 또 자신은 재상이 되어 그 군주
의 허물을 알고도 이를 말하지 않고 사사롭게 집에서 말하였으니
충신은 아닙니다."

4   태부 사마월이 왕돈을 양주(揚州)자사로 삼았다.

5   유식(劉寔)[12]이 몇 년을 계속하여 늙어서 사직하겠다고 청하였으
나 조정에서 허락하지 않았다. 상서좌승 유탄(劉坦)이 말씀을 올렸다.
"옛날에 노인을 봉양하는 것은 일을 시키지 않는 것을 우대한다고
생각하고 관리가 되는 것을 귀중하게 생각한다고 하지 않았으니, 의당
유식이 지키려는 바를 들어주어야 한다고 생각합니다."

정묘일(28일)에 유식에게 후작(侯爵)을 가지고 집에 가 있게 하였다.
왕연(王衍)을 태위로 삼았다.

태부 사마월이 연주목(兗州牧)을 풀어놓고 사도의 직책을 관장[13]하

───────────

12 이때 유식은 태위였다.

였다. 사마월은 최근 들어 사건을 일으킨 것은 대부분 궁전에서 나온 것[14]이므로 마침내 주문을 올려서 숙위하는 사람 가운데 후작을 가진 사람은 모두 파면하도록 하였다.

그때 궁전 안에 있던 무관도 나란히 후작에 책봉되었으니 이로 말미암아서 나간 사람이 거의 전부였고 모두가 눈물을 흘리면서 떠났다. 다시 우위(右衛)장군 하륜(何倫)·좌위(左衛)장군 왕병(王秉)이 동해국(東海國)의 군사 수백 명을 이끌고 와서 숙위하였다.

6   좌적노(左積弩)장군 주탄(朱誕)이 한(漢)으로 달아나서 낙양[15]이 외롭고 약하다고 진술하고, 한의 주군인 유연에게 이를 공격하라고 권고하였다. 유연이 주탄을 전봉(前鋒)도독으로 삼고 멸진(滅晉)대장군 유경(劉景)을 대도독으로 삼아 군사를 거느리고 여양(黎陽, 하남성 浚陵)을 공격하여 싸워 이겼으며[16] 또한 왕감(王堪)[17]을 연진(延津, 하남성 연진현)에서 패배시키고, 남녀 3만여 명을 황하에 빠뜨렸다.

유연이 이 소식을 듣고 화가 나서 말하였다.

---

13 영직이며, 관직명은 영사도이다.

14 양준을 주살한 일과 가후를 폐위시킨 일, 조왕 사마륜과 제왕 사마경을 죽인 일, 그리고 성도왕 사마영을 토벌한 일과 양후와 태자 사마담을 여러 차례 폐위시켰다가 복위시킨 일들은 모두 궁중에 있던 사람들이 추진한 것이다.

15 진(晉) 왕조를 말한다. 주탄은 진의 좌적노장군이어서 낙양에 도읍한 진 왕조의 사정을 소상히 알고 있었으며 이를 유연의 한(후에 전조)에게 알린 것이다.

16 이를 극(克)으로 서술하였는데, 극이란 저항하는 세력이 존재하였지만 이를 이겼다는 뜻이다.

17 진나라의 거기장군이다. 왕감이 동연에 주둔하면서 석륵을 막았던 사건은 회제 영가 2년(308년)에 있었다.

"유경이 무슨 낯으로 다시 짐을 볼 것인가! 또 하늘이 어찌 그를 용납하겠는가! 내가 없애려고 하는 것은 사마씨일 뿐이지 힘없는 백성이 무슨 죄란 말인가?"

유경을 강등시켜서 평로(平虜)장군으로 삼았다.

북방에 한을 세운 유연의 남하

7 여름에 큰 가뭄이 들었고, 장강·한수(漢水)·황하·낙수(洛水)가 모두 말라서 건널 수가 있었다.

8 한의 안동(安東)대장군인 석륵이 거록(鉅鹿, 하북성 平鄕縣)·상산 (常山, 하북성 正定縣)을 침입하였는데 그 무리가 10여만 명에 이르고, 의관을 갖춘 인물을 모아서 따로 군자영(君子營)[18]을 만들었다. 조군 (趙郡, 하북성 高邑縣) 사람 장빈(張賓)을 모사사의 중심인물로 삼고, 조 응(刁應)을 고굉(股肱)으로 삼고, 기안(夔安)·공장(孔萇)·지웅(支雄)· 도표(桃豹)·녹명(逯明)을 조아(爪牙)[19]로 삼았다. 병주(幷州)지역의 호 족(胡族)과 갈족(羯族)들이 대부분 그를 좇았다.

---

18 의관을 갖춘 인물이란 보통 사람이 아닌 학식을 갖춘 인물들을 말하며 군자 영(君子營)은 군자들로 이루어진 부대라는 뜻이다.

19 모사는 꾀를 내는 업무를 담당하는 사람이고, 고굉(股肱)은 팔과 다리라는 말로 팔이나 다리처럼 가장 가깝게 있는 사람을 말하고, 조아(爪牙)란 손톱 과 이빨이라는 뜻이지만 손톱과 이빨은 적을 방어하는 가장 사나운 부위이 므로 최측근에서 주군을 보위하는 책임을 진 경우를 일컫는다.

애초에 장빈은 책읽기를 좋아하였고, 성격이 활달하며 큰 뜻을 갖고 있어서 항상 스스로를 장자방(張子房)[20]에 비유하였다. 석륵이 태행산의 동쪽지역을 순행하기에 이르자 장빈이 친한 사람에게 말하였다.

"내가 제장들을 살펴보니, 이 호(胡)장군[21] 만한 사람이 없으니, 그와 더불어 대업을 이룩할 수 있을 것이다."

마침내 칼을 빼어들고 군영의 영문까지 찾아가서 큰 소리로 뵙기를 청하였지만 석륵은 역시 그를 기이하다고 생각하지 않았다. 장빈이 자주 석륵에게 계책을 올렸는데, 이미 그리하면 모두가 말한 바처럼 되자 석륵이 이로 말미암아서 그를 기이하게 생각하여 군공조(軍功曹)[22]로 삼아 움직이든 머물든 그에게 자문하였다.

9   한의 주군 유연이 왕미를 시중(侍中)·도독청서연예형양육주제군사(青·徐·兗·豫·荊·楊六州諸軍事)·정동(征東)대장군·청주목(青州牧)[23]으로 삼아서 초왕(楚王) 유총(劉聰)과 더불어 호관(壺關, 산서성 호관현)을 공격하는데, 석륵을 전봉(前鋒)도독으로 삼았다.

유곤(劉琨)[24]이 호군 황숙(黃肅)·한술(韓述)을 파견하여 이를 구원

---

20 한나라를 세운 유방의 모사였던 장량을 말한다.

21 석륵은 본래 호족(胡族)이었으므로 호장군이라고 한 것이다.

22 큰 군영의 인사 담당 책임자에 해당하는 직책이다.

23 도독청서연예형양육주제군사는 청주·서주·연주·예주·형주·양주의 여섯 주의 모든 군사에 관한 일을 감독하는 직책이며, 정동(征東)대장군은 장군의 직급으로 동서남북 4정군 가운데 하나이며, 청주목(青州牧)은 청주지역의 행정책임을 맡은 관직이다.

24 진나라의 병주(幷州)자사이다.

하게 하였지만 유총이 서간(西澗, 호관의 동남쪽)에서 한술을 패배시키고, 석륵이 봉전(封田, 호관의 동남쪽)에서 황숙을 패배시키고 이들을 모두 죽였다.

태부 사마월이 회남내사(內史) 왕광(王曠)·장군 시융(施融)·조초(曹超)를 파견하여 군사를 거느리고 유총 등을 막게 하였다. 왕광이 황하를 건너 멀리까지 달려서 전진하고자 하였다. 시융이 말하였다.

"저들은 험한 지역의 틈새를 보아가며 나오니 우리는 비록 수만 명의 무리를 거느리고 있지만 오히려 한 부대만이 적을 맞게 됩니다. 또한 마땅히 물로 막으며 견고하게 하면서 형세를 헤아려 보고 그런 다음에 그들을 도모해야 합니다."

왕광이 화를 내며 말하였다.

"그대는 많은 사람의 사기를 떨어뜨리려고 하는가?"

시융이 물러가면서 말하였다.

"저들은 용병(用兵)을 잘하는데, 왕광이 사태의 형세에 아둔하니, 우리들은 오늘 반드시 죽겠구나!"

왕광 등이 태행산(太行山)에서 유총의 군사를 만났고, 장평(長平, 산서성 高平縣)에서 싸웠는데, 왕광이 대패하니 시융과 조초는 모두 죽었다.

유총이 드디어 둔류(屯留, 산서성 둔류현)·장자(長子, 산서성 長治縣)를 격파하였는데, 무릇 참수한 것과 사로잡은 것이 1만9천 급이었다. 상당(上黨, 산서성 장치현)태수 방순(龐淳)이 호관(壺關, 산서성 호관현)[25]을 가지고 한에 항복하였다. 유곤이 도위 장의(張倚)를 영(領)상

---

25 호관은 상당태수의 관할이고, 영상당태수는 상당태수의 업무를 관장하는 영직이다.

당태수로 삼고, 양원(襄垣, 산서성 양원시)을 점거하게 하였다.

애초에, 흉노 유맹(劉猛)이 죽자,[26] 우현왕 유거비(劉去卑)의 아들 유고승원(劉誥升爰)이 대신 그 무리를 관장하였다. 유고승원이 죽자 그의 아들 유호(劉虎)가 뒤를 잇고 신흥(新興, 산서성 忻縣)에 살면서 철불씨(鐵弗氏)라고 불렸는데, 백부선비족(白部鮮卑族)[27]과 함께 모두 한에 귀부하였다. 유곤이 스스로 군사를 거느리고 유호를 공격하자 유총은 군사를 파견하여 진양(晉陽, 산서성 太原市)[28]을 습격하게 하니 이기지 못하였다.

10   5월, 한의 주군 유연이 아들 유유(劉裕)을 제왕(齊王)으로 삼고, 유륭(劉隆)을 노왕(魯王)으로 삼았다.

11   가을, 8월에 한의 주군 유연이 초왕 유총 등에게 나아가서 낙양을 공격하라고 명령하니, 평북(平北)장군 조무(曹武) 등에게 조서[29]를 내려서 이를 막게 하였지만 모두 유총에게 패하였다. 유총이 멀리까지 달려가서 의양(宜陽, 하남성 의양현)에 이르러 빠르게 승리한 것을 믿고 게을리 하여 방비를 만들어두지 않았다.

9월에 홍농(弘農, 하남성 靈寶縣)태수 원연(垣延)이 거짓으로 항복하

---

26 유맹은 진 무제 태시 7년(271년)에 반란을 일으키고 요새 지역에서 나갔고, 그 다음 해에 피살되었다. 이 사건은 《자치통감》 권79에 실려 있다.

27 철불씨(鐵弗氏)는 후에 혁련발발(赫連勃勃)이 되고, 백부선비족(白部鮮卑族)은 백부부락에 사는 선비족이다.

28 진(晉)의 병주자사인 유곤의 근거지 즉 병주의 치소가 있는 곳이다.

29 진나라 황제의 조서이다.

였다가 밤에 유총의 군대를 습격하니 유총이 대패하여 돌아갔다.

왕준(王浚)[30]이 기홍(祈弘)과 선비족인 단무물진(段務勿塵)을 파견하여 석륵을 비룡산(飛龍山, 하북성 元氏縣의 서북쪽)에서 공격하여 이들을 대파하니 석륵이 물러나서 여양(黎陽, 하남성 浚縣)에 주둔하였다.

12   겨울, 10월에 한의 주군 유연이 다시 초왕 유총과 왕미(王彌)·시안왕(始安王) 유요(劉曜)·여음왕(汝陰王) 유경(劉景)을 파견하여 정예의 기병 5만 명을 인솔하고 낙양을 침구하게 하고, 대사공이자 안문(鴈門, 산서성 代縣) 사람인 강목공(剛穆公)[31] 호연익(呼延翼)[32]이 보병을 인솔하고 그 뒤를 이어주었다. 병진일(21일)에 유총 등이 의양에 이르렀다.

조정에서는 한의 군사가 좀 전에 패퇴하였는데, 뜻하지 않게 그들이 다시 이르자 크게 두려웠다. 신유일(26일)에 유총이 서명문(西明門, 낙양성의 남쪽에 있는 두 번째 문)에 주둔하였다. 북궁순(北宮順)[33] 등이 밤중에 용사 1천 명을 인솔하고 나가서 한의 성벽을 공격하고, 그들의 정로(征虜)장군 호연호(呼延顥)의 목을 베었다.

임술일(27일)에 유총이 남쪽으로 가서 낙수(洛水)에 주둔하였다. 을축일(30일)에 호연익이 그의 부하들에게 살해되어 그의 무리들은 대양(大陽)에서부터 붕괴되어 돌아갔다. 유연이 유총 등에게 칙령을 내려서 군사를 돌아오게[34] 하였더니 유총이 표문을 올려서 진(晉)의 군사

---

30 진나라의 표기장군 겸 유주자사이다.

31 강공인데 죽은 다음에 시호를 목공이라고 한 것이다.

32 흉노의 4성 가운데 호연씨가 제일 귀족이다.

33 진나라 양주독호(涼州督護)였다.

는 미약하니 호연익과 호연호가 죽었다는 이유로 군사를 돌이켜서는 안 된다고 하면서 머물러 있다가 낙양을 공격하게 해달라고 굳게 청하자 유연이 이를 허락하였다.

태부 사마월이 농성하며 스스로 지켰다. 무인일(14일)에 유총이 친히 숭산(嵩山, 낙양에서 동쪽으로 60리 지점)에서 기도를 드리는데, 평진(平晉)장군인 안양애왕(安陽哀王)[35] 유려(劉勵)·관군(冠軍)장군 호연랑(呼延朗)을 머물러 있게 하여 남아 있는 군사를 감독하여 관리하게 하니, 태부의 참군 손순(孫詢)이 사마월에게 유세하여 빈틈을 타고 나가 호연랑을 공격하여 그의 목을 베게 하자 유려가 물에 빠져 죽었다.

왕미가 유총에게 말하였다.

"지금 군사들이 이미 승리를 잃었고, 낙양의 수비는 오히려 견고하며 운반하는 수레는 섬(陝, 하남성 섬현)에 있어서 양식은 며칠을 더 지탱하지 못할 것입니다. 전하께서는 용양(龍驤)대장군과 더불어 평양으로 돌아갔다가 양식을 싸가지고 졸병들을 발동하여 다시 뒤에 거동하십시오. 하관(下官)[36]은 역시 병사와 곡식을 거두고, 연주·예주에서 명령을 기다리는 것이 또한 좋지 않겠습니까?"

유총이 스스로 머물러 있기를 요청하여서 감히 돌아가지 못하였다.

선우수지(宣于脩之)[37]가 유연에게 말하였다.

---

34 이때 유연의 한나라는 평양(平陽)에 도읍하고 있었다.

35 안양왕은 죽어서 애왕이라는 시호를 받았다.

36 용양(龍驤)대장군은 유요를 말하고, 하관은 왕미가 자기 자신을 낮추어 부른 말이다. 왕미는 유총에 비하여 직위가 낮아서 한 말이다.

37 태사령 즉, 천문대를 관장하는 사람이므로 천기를 보는 사람이다.

"신미년[38]이 되면 낙양을 함락시킬 수 있습니다. 지금 진나라의 기세가 오히려 왕성하니 대군이 돌아가지 않으면 반드시 패할 것입니다."

유연이 마침내 유총 등을 불러서 돌아오게 하였다.

13　　천수(天水, 감숙성 천수시) 사람 횡기(訇琦) 등이 성(成)의 태위 이리(李離)와 상서령 염식(閻式)을 죽이고 재동(梓潼, 사천성 재동현)을 가지고 나상(羅尙)[39]에게 항복하였다. 성(成, 성한국)의 주군 이웅이 태부 이양(李驤)·사도 이운(李雲)·사공 이황(李璜)을 파견하여 그들을 공격하였으나 이기지 못하고 이운과 이황이 싸우다 죽었다.

애초에, 초주(譙周)[40]에게는 아들이 있었고, 파서(巴西, 사천성 閬中縣)에 거주하였는데, 성[성한]의 파서태수 마탈(馬脫)이 그를 살해하니 그의 아들 초등(譙登)이 유홍(劉弘)[41]에게 가서 군사로 복수해 주기를 청하였다.

유홍이 표문을 올려서 초등을 재동내사(內史)로 삼아 스스로 파·촉(巴·蜀)지역에 있는 유민들을 모집하게 하였더니 2천 명을 얻어서 서쪽으로 가서 파군에 이르러 나상에게 군사를 덧붙여 달라고 요구하였

---

38 이때는 기사년(회제 영가 3년)이므로 신미년은 후년 즉, 회제 영가 5년(311년)이므로 2년 뒤를 말한다.

39 횡기(訇琦)에서 호삼성은 굉(訇)은 '호굉(呼宏)의 번(翻)'이라고 하였으므로 '횡'으로 읽어야 하고, 성(成)은 이웅이 성도에 세운 나라이며, 나상(羅尙)은 진나라의 익주자사로, 이때 파군(巴郡, 사천성 중경시)에 주둔하고 있었다.

40 삼국시대의 명사이다. 촉한 유선황제 때 광록대부였고, 유선에게 위나라에 항복하라고 권고한 공로로 사마소에게 양성정후(陽城亭侯)로 책봉되었고, 진나라가 된 뒤에는 산기상시가 되었다.

41 진나라의 도독형주제군사이다.

으나 얻지 못하였다.

초등이 전진하여 탕거(宕渠, 사천성 渠縣)를 공격하고 마탈의 목을 베고 그의 간을 씹어 먹었다. 마침 재동이 항복하자, 초등은 나아가서 부성(涪城, 사천성 錦陽縣)을 점거하였고, 이웅이 스스로 이를 공격하였는데 초등에게 패하였다.

14 11월 갑신일(20일)에 한의 초왕 유총과 시안왕 유요가 평양으로 돌아왔다. 왕미[42]가 남쪽으로 나아가서 환원(環轅, 하남성 偃師縣의 남쪽)에 가니 유민들로 영천(潁川, 禹縣)·양성(襄城, 양성현)·여남(汝南, 여남현)·하남에 거주하는 사람이 수만 호나 되었는데, 평소 그곳에 사는 사람들에게 고통이 되었으므로 모두가 성읍에 불 지르고 이천석 녹봉의 관리·장리(長吏)들을 죽이고 왕미에게 호응하였다.

15 석륵이 신도(信都, 하북성 冀縣)에 침구하여 기주(冀州)자사 왕빈(王斌)을 죽였다. 왕준(王浚)이 스스로 기주를 관장하였다.[43] 거기장군 왕감(王堪)·북(北)중랑장 배헌(裴憲)에게 조서를 내려서 병사를 거느리고 석륵을 토벌하게 하자 석륵이 병사를 이끌고 돌아와서 이를 막았고, 위군(魏郡, 업성 즉, 하북성 임장현)태수 유구(劉矩)가 군(郡, 위군)을 가지고 석륵에게 항복하였다. 석륵이 여양(黎陽)에 도착하니 배헌이 군사를 버리고 회남으로 달아나고, 왕감이 물러나서 창원(倉垣, 하남성 개봉시 서북쪽)을 보위하였다.

---

42 정동대장군이었다.

43 진(晉)의 유주자사로 기주자사의 업무까지 관장한 것이다.

유연의 죽음과 유총의 등장

16 12월에 한의 주군 유연이 진류왕(陳留王) 유환락(劉歡樂)을 태부로 삼고, 초왕 유총(劉聰)을 대사도로 삼고, 강도왕(江都王) 유연년(劉延年)을 대사공으로 삼았다. 도호대장군인 곡양왕(曲陽王) 유현(劉賢)을 파견하여 정북(征北)대장군 유령(劉靈)·안북(安北)장군 조고(趙固)·평북(平北)장군 왕상(王桑)과 함께 동쪽으로 가서 내황(內黃, 하남성 내황현)에 주둔하게 하였다.

왕미가 표문을 올려서 좌(左)장사 조억(曹嶷)을 안동(安東)장군의 업무를 수행하게[44] 하여 동쪽으로 가서 청주(靑州)를 경략하게 하고, 또 그의 집안사람들을 영접하겠다고 하니 유연이 이를 허락하였다.

17 애초에, 동이(東夷)교위인 발해(渤海, 하북성 南皮縣) 사람 이진(李臻)이 왕준과 함께 진(晉)나라 황실을 보필하기로 약속하였는데, 왕준[45]이 속으로 다른 뜻을 갖고 있어서 이진이 이를 한스러워 하였다. 화

---

44 조억의 관직은 행직으로 임시직이며 관직명은 행안동장군이다.

45 진나라의 유주자사이다.

연(和演)이 죽으면서[46] 별가(別駕)인 창여(昌黎, 요령성 義縣) 사람 왕탄(王誕)이 도망하여 이진에게로 돌아와서 이진에게 유세하여 군사를 일으켜 왕준을 토벌하게 하였다.

이진이 그의 아들 이성(李成)을 파견하여 군사를 거느리고 가서 왕준을 치게 하였다. 요동태수 방본(龐本)이 평소 이진과 틈이 있었는데, 빈틈을 이용하여 이진을 습격하여 죽이고 사람을 파견하여 무려(無慮, 요령성 北鎭縣)에서 이성을 죽였다. 왕탄이 도망하여 모용외(慕容廆)에게 귀부하였다.

조서를 내려서 발해 사람 봉석(封釋)으로 이진을 대신하여 동이교위로 삼자, 방본이 다시 그를 살해하려고 꾀를 내니, 봉석의 아들 봉전(封悛)이 봉석에게 군사를 숨겨놓고 방본을 청하도록 권고하여 그를 잡아서 목을 베고 그의 집안사람들을 모두 죽였다.

회제 영가 4년(庚午, 310년)[47]

1   봄, 정월 초하루 을축일에 대사면령을 내렸다.

2   한의 주군 유연이 선징(單徵)[48]의 딸을 황후로 세우고, 양왕(梁

---

46 혜제 영흥 원년(305년)에 있었던 일로, 《자치통감》 권85에 실려 있다.

47 성(전촉) 무제 안평 5년, 한(전조) 광문제 하서 2년이다.

48 호삼성이 단(單)의 음은 선(善)이라고 하였으므로 선으로 읽어야 한다. 선징은 상군 저족의 추장인데, 회제 영가 2년(308년)에 한에 귀부하였다.

王) 유화(劉和)를 황태자로 삼고, 대사면령을 내리고, 아들 유차(劉乂)를 북해왕(北海王)으로 삼고, 장락왕(長樂王) 유양(劉洋)을 대사마로 삼았다.

3   한의 진동(鎭東)대장군 석륵이 황하를 건너서 백마(白馬, 하남성 滑縣의 동쪽)를 뽑아버리고,[49] 왕미는 3만 명의 무리를 데리고 이들과 만나서 함께 서주·예주·연주를 침입하였다.

　2월에 석륵이 견성(鄄城)을 습격하여 연주자사 원부(袁孚)를 죽이고 드디어 창원(倉垣, 하남성 개봉시 북부)을 뽑아버리고 왕감(王堪)을 죽였다. 다시 북쪽으로 황하를 건너가서 기주(冀州)의 여러 군을 공격하니 백성들 가운데 그를 좇는 사람이 9만여 명이었다.

4   성(成)의 태위 이국(李國)이 파서(巴西, 사천성 閬中縣)에 진수하는데, 장하(帳下) 문석(文石)이 이국을 죽이고 파서를 가지고 나상[50]에게 항복하였다.

5   태부 사마월이 건위(建威)장군인 오흥(吳興, 절강성 湖州市) 사람 전회(錢璯)와 양주(揚州, 치소는 건업, 남경)자사 왕돈(王敦)을 불러들였다. 전회가 왕돈을 살해하고 반란을 일으키려고 모의하자 왕돈이 건업(建業)으로 달아나서 낭야왕(琅邪王) 사마예에게 알렸다.

49　발(拔)이라고 표현하였는데 이는 공격하는 성의 근거지를 거의 완전하게 파괴하는 것을 의미한다.

50　장하란 지휘관이 머무르는 장막의 바로 아래 있는 사람이란 뜻으로 작전관에 해당하는 관직이며, 나상은 이때 파군에 주둔하고 있었다.

전회가 드디어 반란을 일으키고 나아가서 양선(陽羨, 강소성 宜興縣)을 침구하니 사마예는 장군 곽일(郭逸) 등을 파견하여 그를 토벌하게 하였다. 주기(周玘)가 향리의 사람들을 규합하여 곽일 등과 더불어 전회를 토벌하여 목을 베었다.

주기가 세 번 강남지역을 평정하니 사마예는 주기를 오흥태수로 삼으며, 그 향리에 의흥군(義興郡, 강소성 의흥현)을 설치하여 그를 표창하였다.

6   조억(曹嶷)이 대량(大梁, 하남성 개봉시)에서 군사를 이끌고 동쪽으로 갔는데 가는 곳마다 모두 떨어뜨렸고,[51] 드디어 동평(東平, 산동성 동평현)을 함락시키고 나아가서 낭야(琅邪, 산동성 諸城縣)를 공격하였다.

7   여름, 4월에 왕준(王浚)의 장수 기홍(祁弘)이 한의 기주자사 유령(劉靈)을 광종(廣宗, 하북성 威縣)에서 패퇴시키고 그를 죽였다.

8   성(成)의 주군 이웅이 그의 장수 장보(張寶)에게 말하였다.

"네가 재동(梓潼, 사천성 재동현)을 빼앗을 수 있다면 내가 이리(李離)[52]가 가진 관직을 너에게 상으로 주겠다."

장보는 먼저 사람을 죽이고 도망하여 재동으로 달아났다. 횡기(訇琦) 등이 그를 신임하였고 심복으로 삼았다.

---

51 하(下)라고 하였다. 하란 전투에서 상대가 큰 저항 없이 항복한 경우를 말한다.

52 혜제 영흥 원년(304년)에 석빙을, 회제 영가 원년(307년)에 진민을, 금년에 전회를 격파하였으며, 조억은 한의 안동장군이고, 왕준은 진의 유주자사이며, 이리는 성의 태위로 횡기에게 죽은 것이 회제 영가 3년(309년)이었다.

마침 나상[53]이 사자를 파견하여 재동에 가게 하였었는데, 횡기 등이 나아가서 그를 환송하자[54] 장보가 뒤에서 문을 닫아버리니, 횡기 등이 파서(巴西, 사천성 閬中縣)지역으로 달아났다. 이웅은 장보를 태위로 삼았다.

9   유(幽)주·병(幷)주·사(司)주·기(冀)주·진(秦)주·옹(雍)주 등 여섯 주에 황충의 재해가 크게 나타나서 풀과 나무, 소와 말의 털도 먹어서 모두가 없어졌다.

10   가을, 7월에 한의 초왕(楚王) 유총·시안왕 유요·석륵 그리고 안북(安北)대장군 조국(趙國)이 하내(河內)태수 배정(裴整)을 회현(懷縣, 하남성 武陟縣)에서 포위하자, 정로(征虜)장군 송추(宋抽)에게 조서를 내려서 회현을 구원해 주도록 하였다.

석륵과 평북(平北)대장군 왕상(王桑)이 거꾸로 송추를 공격하여 그를 죽이자 하내 사람들이 배정을 잡아 가지고 항복하였고, 한의 주군 유연이 배정을 상서좌승으로 삼았다. 하내 독장(督將) 곽묵(郭默)이 배정의 남은 무리들을 거두어 스스로 오주(塢主)[55]가 되고, 유곤(劉

---

53 진의 익주자사이다.

54 원문에는 송(送)으로 되어 있으므로 나상의 사자가 왔다가 갈 때에 환송하기 위해 성 밖까지 나간 것으로 해석할 수 있다. 그러나 다른 판본에는 迎으로 되어 있으므로 나상의 사자를 영접하기 위하여 성 밖까지 나간 것으로 해석해야 할 것이다. 경우야 어떠하든 횡기 등은 재동의 성 밖으로 나간 것은 틀림없다.

55 작은 규모의 보루(堡壘)를 오(塢)라고 하므로, 오주란 작은 성채의 책임자를 말한다.

琨)[56]이 곽묵을 하내태수로 삼았다.

11   나상[57]이 파군(巴郡, 사천성 중경시)에서 죽자 조서를 내려서 장사
(長沙, 호남성 장사시)태수인 하비(下邳, 강소성 睢寧縣 서북쪽) 사람 피소
(皮素)로 그를 대신하게 하였다.

12   경오일(9일)에 한의 주군 유연이 병들어 누웠는데, 신미일(10일)
에 진류왕(陳留王) 유환락(劉歡樂)을 태재(太宰)로 삼고, 장락왕(長樂
王) 유양(劉洋)을 태부(太傅)로 삼고, 강도왕(江都王) 유연년(劉延年)을
태보(太保)로 삼고, 초왕 유총을 대사마·대선우로 삼고, 나란히 상서성
의 일을 관장하게 하였다. 선우대(單于臺)[58]를 평양(平陽, 산서성 臨汾
市)의 서쪽에 설치하였다.

제(齊)왕 유유(劉裕)를 대사도로 삼고, 노(魯)왕 유륭(劉隆)을 상서
령으로 삼고, 북해(北海)왕 유차(劉乂)를 무군(撫軍)대장군·영사예(領
司隸)교위로 삼고, 시안(始安)왕 유요(劉曜)를 정토(征討)대도독·영선
우좌보(領單于左輔)로 삼고, 정위 교지명(喬智明)을 관군(冠軍)대장
군·영선우우보(領單于右輔)로 삼고, 광록대부 유은(劉殷)을 좌복야로
삼고, 왕육(王育)을 우복야로 삼고, 임의(任顗)를 이부상서로 삼고, 주
기(朱紀)를 중서감으로 삼고, 호군(護軍) 마경(馬景)을 영좌위(領左衛)

---

56 진의 병주자사이다.

57 익주자사였다.

58 유연의 한은 호한의 분리 통치 정책을 채택하였으며, 선우대는 흉노족과 관계
    된 각종 사무를 관장하는 곳이다.

장군으로 삼고, 영안(永安)왕 유안국(劉安國)을 영우위(領右衛)장군으로 삼고, 안창(安昌)왕 유성(劉盛)·안읍(安邑)왕 유흠(劉欽)·서양(西陽)왕 유선(劉璿)을 모두 영무위(領武衛)장군으로 삼아 금군(禁軍)을 나누어 관장하게 하였다.[59]

애초에 유성이 어렸을 때 책읽기를 좋아하지 않았으며, 오직 《효경》·《논어》만을 읽고 말하였다.

"이것을 읽어 외우고 실천할 수 있다면 충분한데 많이 외우고도 실천하지 않는 것을 어디에 쓸 것이냐?"

이희(李熹)가 이를 보고 감탄하였다.

"그를 바라볼 때에는 쉽게 상대할 수 있을 것 같더니, 가까이 가보니 엄숙하기가 엄한 군주 같아서 군자라고 할 수 있겠구나!"

유연은 그가 충성스럽고 독실하였던 고로 임종(臨終)하면서 그에게 중요한 임무를 위탁하였다.

정축일(16일)에 유연이 태재 유환락 등을 불러 궁중으로 들어오게 하고 유언하는 조서를 내려서 보정(輔政)하게 하였다. 기묘일(18일)에 유연이 죽었고, 태자 유화가 즉위하였다.

유화의 성격은 시기심이 많았고, 은혜를 베푸는 일이 없었다. 종정 호연유(呼延攸)는 호연익(呼延翼)의 아들인데, 유연이 그는 재능과 좋은 행실이 없다고 하여 종신토록 관직을 올려주지 않았으며, 시중 유승(劉乘)은 평소 초왕 유총을 싫어하고, 위위(衛尉)인 서창왕 유예(劉銳)는 자기에게 고명(顧命)을 주지 않은 것을 수치로 생각하자 마침내 서

---

59 영사예(領司隷)교위·영선우좌보(領單于左輔)·영선우우보(領單于右輔)·영우위(領右衛)장군·영무위(領武衛)장군은 모두 영직으로 본직을 가지고 있으면서 일정한 직책을 그 관부에 가지 않고 관리하는 직책이다.

로 모의하다가 유화에게 유세하였다.

"먼저 돌아가신 황제께서는 가볍고 무거운 형세를 생각하지 않으시고, 세 명의 왕에게 강한 군사를 안에 모아놓았으며, 대사마[60]는 10만 명의 무리를 가까운 교외에 주둔하게 하였으니, 폐하께서는 더부살이하고 있을 뿐입니다. 의당 일찍 이를 위하여 계책을 세우십시오."

유화는 호연유의 생질이어서 이를 깊이 믿었다.

신사일(20일) 밤에 안창왕 유성·안읍왕 유흠 등을 불러서 이를 알렸다. 유성이 말하였다.

"먼저 돌아가신 황제의 재궁(梓宮)[61]이 아직 빈소(殯所)에 있고, 네 왕[62]도 아직은 반역 행위가 없는데, 하루아침에 스스로 자기 사람을 어육(魚肉)으로 만드시면 천하 사람들이 폐하를 무엇이라고 생각하겠습니까? 또한 대업은 이처럼 큰데 폐하께서는 참소하는 사람들의 말을 믿고 형제들을 의심하지 마십시오. 형제를 믿을 수가 없다면 다른 사람 누구를 믿을 만하겠습니까?"

호연유·유예(劉銳)가 그들에게 화를 내며 말하였다.

"오늘날 논의하는 것은 다른 이유가 없으니 영군(領軍)장군[63]은 무슨 말을 하는 것이오!"

주위 사람에게 명령하여 그를 칼로 목을 베게 하였다. 유성이 이미

---

60 세 왕이란 제왕 유유·노왕 유륭·북해왕 유차이며 대사마는 유총을 말한다.

61 죽은 황제 유연의 관을 말한다.

62 유총이 유연의 넷째 아들이므로 유총을 가리키는 말이라고도 하고, 또는 앞에서 말하였던 세 왕과 유총을 합하여 네 명이라고도 한다.

63 영군장군은 유성을 말하며 황제 유화 등의 계책을 반대한 사람이다.

죽고 나자 유흠이 두려워서 말하였다.

"오직 폐하께서 명령하십시오."

임오일(21일)에 유예가 마경을 인솔하고 초왕 유총을 선우대에서 공격하였고, 호연유가 영안왕 유안국을 인솔하고 제왕 유유를 사도부에서 공격하였으며, 유승이 안읍왕 유흠을 인솔하고 노왕 유룡을 공격하였으며, 상서 전밀(田密)·무위(武衛)장군 유선에게 북해왕 유차를 공격하게 하였다.

전밀·유선은 유차(劉乂)를 끼고서 관문(關門)을 깨버리고 유총에게로 귀부하니 유총이 갑옷을 입고 그들을 기다리도록 명령하였다. 유예는 유총이 대비하고 있음을 알고, 말을 달려 돌아와서 호연유·유승과 더불어 유룡·유유를 공격하였다.

호연유·유승은 유안국·유흠이 다른 생각을 갖고 있다고 의심하여 그들을 죽였고, 이날로 유유의 목을 베고, 계미일(22일)에 유룡의 목을 베었다. 갑신일(23일)에 유총이 서명문(西明門)을 공격하여 이기니[64] 유예 등이 달아나서 남궁(南宮)으로 들어갔고, 선봉부대가 그들을 좇았다. 을유일(24일)에 유화를 광극전(光極殿)의 서실(西室)에서 죽이고,[65] 유예(劉銳)·호연유·유승을 잡아서 대로에서 효수하였다.

군신들이 유총에게 황제의 자리에 오르기를 청하였지만 유총이 북해왕 유예(劉義)가 선후(單后)의 아들이라는 이유를 가지고 자리를 그에게 양보하였다.[66] 유예가 눈물을 흘리면서 굳게 청하니 유총이 오래

---

64 극(克)으로 표현한 것으로 보아 전투 상황이 격렬했던 것으로 보인다.

65 유화는 황제에 등극한 지 7일 만에 죽었다.

66 義(예)의 속자이다. 《통감고이》에서는 《재기》에 예(乂)라고 하였다고 하였지만

있다가 이를 허락하며 말하였다.

"유예와 여러 공(公)들은 바로 화란(禍難)이 오히려 큰 것을 바로 잡았는데, 고(孤)가 나이가 많다는 것을 생각하였을 뿐이오. 이는 집안과 나라의 일이니 고가 어찌 감히 사양하겠소. 유예가 나이가 먹는 것을 기다렸다가 마땅히 대업을 그에게 돌릴 것이오."

드디어 즉위하였다.

대사면령을 내리고, 기원을 광흥(光興)으로 고쳤다. 선씨(單氏)를 높여서 황태후라 하고, 그의 어머니 장씨(張氏)를 제태후(帝太后)라 하였다. 유예를 황태제·영대선우(領大單于)·대사도로 하였다. 그의 처 호연씨(呼延氏)를 세워서 황후로 삼았다. 호연씨는 유연 황후의 사촌동생이다.

그의 아들 유찬(劉粲)을 책봉하여 하내왕(河內王)으로 삼고, 유이(劉易)를 하간왕(河間王)으로 삼고, 유익(劉翼)을 팽성왕(彭城王)으로 삼고, 유괴(劉悝)⁶⁷를 고평왕(高平王)으로 삼았으며, 이어서 유찬을 무군(撫軍)대장군·도독내외제군사⁶⁸로 삼았다. 석륵(石勒)을 병주(幷州, 산서성)자사로 삼고, 급군공(汲郡公)으로 책봉하였다.

16국춘추에서는 본문처럼 썼으나, 약자를 썼을 리가 없으며 그렇다고 차(叉)도 아니다. 그러므로 여기서는 예(乂)로 한다. 유총이 양보한 것은 유예는 적자(嫡子)이고 유총은 서자(庶子)였다는 말이다.

67 호삼성은 '리(悝)'를 '고회(苦回)의 번(翻)'이라고 하였으므로 '괴'라고 읽어야 한다.

68 안팎의 모든 군사에 관한 일을 감독하는 직책이다.

13　약양(略陽, 감숙성 진안현)과 임위(臨渭, 남안현)의 저족(氐族) 우두 머리인 포홍(蒲洪)은 날쌔고 용감하며 권모술수가 많아서 많은 저족들 이 그를 두려워하며 복종하였다. 한의 주군 유총이 사신을 파견하여 포 홍에게 벼슬을 주어 평원(平遠)장군으로 임명하니, 포홍이 이를 받지 않고서 스스로 호저(護氐)교위·진주(秦州, 감숙성 동부지역)자사·약양 공이라고 불렀다.

14　9월 신미일(11일)에 한의 주군 유연을 영광릉(永光陵)에 장사지내 고, 시호를 광문(光文)황제라고 하고, 묘호(廟號)를 고조(高祖)라고 하 였다.

15　옹주(雍州, 섬서성 중북부지역)의 유민들이 대부분 남양(南陽, 하남성 남양시)에 있었는데, 조서를 내려서 고향으로 돌아가게 하였다. 유민들 은 관중(關中, 섬서성)이 황폐하고 파괴되어 모두 돌아가기를 원하지 않 으니, 정남(征南)장군 산간(山簡)·남(南)중랑장 두유(杜蕤)가 각기 군사 를 파견하여 그들을 호송하는데, 기한을 재촉하며 출발하게 하였다.

경조(京兆, 섬서성 서안시) 사람 왕여(王如)가 드디어 몰래 장사들을 결합하여 밤중에 이 두 사람의 군대를 습격하여 그들을 격파하였다. 이에 풍익(馮翊, 섬서성 대협현) 사람 엄억(嚴嶷)·경조(京兆) 사람 후탈(侯脫)이 각기 무리를 모아서 성과 진(鎭)을 공격하여 영장(令長)들을 죽이고 그들에게 호응하니 얼마 후에 그 무리가 4만~5만 명에 이르렀고, 스스로 대장군·영사옹이주목(領司·雍二州牧)[69]이라고 하고, 한(漢, 유총의 조한을 말함)의 번국(藩國)이라고 하였다.

16 겨울, 10월에 한의 하내왕 유찬·시안왕 유요 그리고 왕미(王彌)가 무리 4만 명을 인솔하고 낙양(洛陽)을 침략하였고, 석륵이 기병 2만 명을 인솔하고 대양(大陽, 산서성 평륙현)에서 유찬과 만나서 감군 배막(裴邈)을 면지(澠池, 하남성 면지현)[70]에서 패배시키고 드디어 멀리까지 달려가서 낙천(洛川, 하남성 황하 이남의 심장부)으로 들어갔다.

유찬이 환원(環轅, 하남성 언사현 동남쪽)을 나와서 양(梁, 하남성 상구시)·진(陳, 개봉의 동남쪽)·여(汝, 여남현)·영(穎, 하남성 우현) 지대를 노략질하였다. 석륵이 성고관(成皐關, 하남성 사수현의 서쪽에 있는 호뢰관)을 나와서 임인일(13일)에 진류(陳留, 개봉시 동남쪽)태수 왕찬(王讚)을 창원(倉垣, 하남성 개봉시 북쪽)에서 포위하였는데, 왕찬에게 패배하여 물러나서 문석진(文石津, 하남성 연진현 동북쪽에 있는 나루)에 주둔하였다.

---

69 영장은 현의 책임자이다. 현의 크기에 따라서 현령이나 현장을 두었다. 영사옹이주목은 사주와 옹주 두 주의 주목 직책을 관장한다는 의미의 관직명이다. 그러나 이것은 자칭이었다.

70 澠은 민과 면, 승으로 읽으며 모두 지명이지만 호삼성은 특히 음주에서 '澠'은 '미연(彌兗)의 번(翻)'이라고 하였으므로 '면'이라고 읽어야 한다.

17　유곤(劉琨)[71]이 스스로 군사를 거느리고 유호(劉虎)와 백부(白
部)를 토벌하고[72] 사신을 파견하여 겸손한 말과 후한 예물을 보내면서
선비족 탁발의로(拓跋猗盧)[73]에게 유세하여 군사를 청하였다. 탁발의
로는 동생 탁발불(拓跋弗)의 아들 탁발울율(拓跋鬱律)에게 기병 2만 명
을 거느리고 그를 돕게 하여 드디어 유호·백부를 격파하고 그 군영을
도륙(屠戮)[74]하였다.

유곤은 탁발의로와 형제관계를 맺고 탁발의로를 대선우로 삼아 달
라고 표문을 올리고 대군(代郡, 하북성 울현)에 그를 책봉하여 대공(代
公)으로 삼아달라고 하였다. 그때 대군은 유주(幽州, 하북성 북부)에 소
속되었는데 왕준(王浚)[75]이 이를 허락하지 않고 군사를 파견하여 탁
발의로를 치니, 탁발의로가 그를 막고 격파하였다. 왕준은 이로 말미암
아서 유곤과 틈이 생겼다.

탁발의로는 책봉해준 식읍이 자기 나라에서 멀리 떨어져 있고,[76] 백
성들도 서로 연결되어 있지 않자 마침내 부락의 1만여 가구를 인솔하
고 운중(雲中, 내몽고 탁극탁)에서 안문(鴈門, 산서성 대현)으로 들어가서
유곤에게 형령(陘嶺, 안문관)의 북쪽 땅을 요구하였다.

71　진(晉)나라의 병주(幷州)자사였다.

72　유호는 신흥(新興)지역에 근거를 두었던 흉노 철불(鐵弗)부락의 우두머리이
　　고, 백부는 부락 이름이며, 이 사건은 진 회제 영가 3년(309년)에 있었고, 내
　　용은 전년(회제 영가 3년)조에 실려 있다.

73　탁발의로에 관한 일은《자치통감》권86, 진 회제 영가 원년(307년)에 실려 있다.

74　정복지의 사람까지 모두 싹 쓸어 죽이는 것을 표현한 말이다.

75　유주자사이다.

76　두 곳의 직선거리는 약 350km이다.

유곤이 이를 통제할 수 없고, 또 그에 의지하여 도움을 받고자 하여
마침내 누번(樓煩, 산서성 영무현)·마읍(馬邑, 산서성 삭현)·음관(陰館, 삭
현의 동남쪽)·번치(繁時, 산서성 渾源현)·곽(崞, 혼원현의 서쪽) 다섯 현의
백성들을 형령의 남쪽지역으로 옮기고 그 땅을 탁발의로에게 주었다.
이로부터 탁발의로는 더욱 강성하여졌다.

유곤이 사자를 파견하여 태부 사마월에게 말을 하고서 군사를 출동
시켜 함께 유총과 석륵을 토벌하자고 청하였지만 사마월이 구희(苟晞)
와 예주(豫州, 하남성 동부)자사 풍숭(馮嵩)을 꺼리고,[77] 후환이 될까 두
려워서 허락하지 않았다. 유곤이 마침내 탁발의로의 군사 원조에 고맙
다는 말을 하면서 귀국하게 하였다.

유호(劉虎)가 나머지 무리를 모아서 서쪽으로 황하를 건너 삭방(朔
方)의 사로천(肆盧川)[78]에 거주하니, 한의 주군 유총은 유호가 종실이
어서 누번공(樓煩公)으로 책봉하였다.

18 　임자일(23일)에 유곤을 평북(平北)대장군을 삼고, 왕준을 사공으
로 삼으며, 선비족 단무물진(段務勿塵)을 올려서 대선우라고 하였다.

19 　경사[낙양]의 기근과 곤궁함이 날로 심하여 태부 사마월이 사자를
보내 우격(羽檄)[79]으로 천하의 군사들을 징소하여 경사로 들어와서

---

77 사마월은 회제 영가 원년(307년)에 작은 일로 구희에게 원망을 샀는데 이 사
　　건은《자치통감》권86에 있으며, 풍숭과는 왜 틈이 생겼는지 분명하지 않다.

78 산서성 원평현과 흔(忻)현 사이에 있는 간평천(間平川)을 말한다.

79 격문 가운데 새의 깃털을 곁에 붙여서 보내는 것을 말한다. 이는 긴급 상황일
　　때 보내는 격문의 형식으로 새처럼 빠르게 처리하라는 뜻이다.

돕게 하였다. 황제가 사자에게 말하였다.

"나를 위하여 여러 정(征)·진(鎮)[80]들에게 '오늘이면 그래도 구원해 줄 수 있지만 그 후면 구원할 수 없을 것이다.'라고 말하시오."

이미 그리했으나 끝내 도착한 사람이 없었다.

정남(征南)장군 산간(山簡)이 독호(督護) 왕만(王萬)을 파견하여 군사를 거느리고 원조하려고 들어와서 열양(涅陽, 하남성 등현의 동북쪽)에 진을 쳤는데, 왕여(王如)[81]에게 패하였다. 왕여가 마침내 면수(沔水)·한수(漢水)에서 크게 노략질하고, 나아가서 양양(襄陽, 호북성 양번시)을 몰아붙이니, 산간이 농성(籠城)[82]하며 스스로 방어하였다.

형주(荊州)자사 왕징(王澄)이 스스로 군사를 거느리고 경사를 원조하고자 하여 이구(沶口, 호북성 의성현의 동북쪽)[83]에 도착하였는데, 산간이 패하였다는 소식을 듣자 무리들이 흩어져서 돌아갔다. 조정에서는 대부분이 도읍을 옮겨서 피난하고자 하였으나, 왕연(王衍)은 그렇게 할 수 없다고 생각하고, 수레와 소를 팔아서 많은 사람의 마음을 안심시켰다.[84] 산간은 엄억(嚴嶷)에게 압박을 받아서 양양에서 하구(夏

---

80 장군들을 말한다. 진(晉)은 4정(征)과 4진(鎮)장군을 두었는데, 이는 정동·정서·정남·정북과 진동·진서·진남·진북장군을 말하며, 이들이 국가의 가장 중요한 보위를 맡았다.

81 독호는 큰 부대의 지휘관이고, 왕여는 옹주(섬서성)에서 일어난 반란 유민의 수령이다.

82 성 안에 들어가서 방어하는 방법의 하나로 군사를 성 안에서 동서남북으로 배치하는 것이다.

83 '沶'는 지명으로 쓰이는데 '시'로 발음하지만 양정형이 음은 '이(怡)'라고 하여 '이'로 표기하였다.

84 왕연은 진의 태위였는데, 자기가 타는 수레와 소라는 필수품을 팔아 치웠기

□, 호북성 무한시)로 옮겨서 주둔하였다.

20   석륵이 군사를 이끌고 황하를 건너서 장차 남양(南陽, 하남성 남양시)으로 가려고 하니 왕여·후탈·엄억[85] 등이 이 소식을 듣고 무리 1만여 명을 파견하여 양양에 주둔시키고 석륵을 막게 하였다. 석륵이 이를 격파하고 그 무리를 전부 포로로 잡고 나아가서 완(宛, 하남성 남양시)의 북쪽에 주둔하였다.

 이때 후탈이 완을 점거하고 있었고, 왕여가 양(穰, 하남성 등현)을 점거하고 있었다. 왕여는 후탈과 평소 화합하지 못하여 사자를 파견하여 석륵에게 많은 뇌물을 주고 형제관계를 맺고, 후탈을 공격하도록 유세하였다. 석륵이 완을 공격하여 이곳에서 이기니 엄억이 군사를 이끌고 완을 구원하려는데 도착하지 않았는데 항복하였다.

 석륵은 후탈을 참수하고 엄억을 죄수로 묶어서 평양(平陽)[86]으로 호송하고 그 무리들을 다 합병하였다. 드디어 남쪽으로 가서 양양을 노략질하고 장강 서쪽에 있는 누성(壘城) 30여 곳을 공격하여 뽑아버렸다. 돌아오다가 양성(襄城, 하남시 양성현)으로 향하는데, 왕여가 동생 왕리(王離)를 파견하여 석륵을 습격하게 하였지만 석륵이 이를 받아쳐서 격멸하고 다시 장강의 서쪽(호북성 漢口의 서쪽)에 주둔하였다.

21   태부 사마월은 이미 왕연(王延) 등을 죽이고 나자[87] 많은 사람들

 때문에 움직이지 않겠다는 뜻을 보인 것이다.

85 옹주지역 유민들의 수령들이다.

86 흉노가 세운 한(유총)의 도읍이다.

이 바라는 것을 잃어버렸고, 또 호족(胡族)들의 침구가 더욱 많아지니 안으로 스스로 편안하지가 못하여서 마침내 융복(戎服, 군복)을 입고 들어가서 황제를 알현하고 석륵을 토벌하게 해달라고 청하고, 또한 연주(兗州, 산동성 서부)·예주(豫州, 하남성 동부)의 군사를 집결시켜 진무(鎭撫)하였다.

황제가 말하였다.

"지금 야만인 흉노가 침입하여 경기지역 근교를 압박하여 사람들은 굳건한 의지를 갖지 못하였지만 조정과 사직은 공에게 의뢰하고 있으니, 어찌 멀리 나아가서 뿌리[88]를 외롭게 할 수 있겠소?"

대답하였다.

"신이 출동하여 다행히 적들을 격파하면 나라의 위엄은 떨칠 수 있을 것이니, 오히려 앉아서 곤궁해지기를 기다리는 것보다는 낫습니다."

11월 갑술일(15일)에 사마월이 갑옷 입은 병사 4만 명을 거느리고 허창(許昌, 하남성 허창시)으로 향하면서 비(妃) 배씨(裴氏)·세자 사마비(司馬毗)와 용양(龍驤)장군 이운(李惲)·우위장군 하륜(河倫)을 남겨두어 경사(京師, 낙양)을 방위하고 궁궐과 관아를 막고 살피게 하고 반도(潘滔)를 하남윤으로 삼아서 유수(留守) 업무를 총괄하게 하였다.

사마월이 표문을 올려 행대(行臺)[89]는 자기를 좇아가게 하고, 태위

---

87 회제 영가 3년(309년)의 일로, 그 내용은 앞에 실려 있다.

88 야만인 흉노란 석륵을 말하고, 근본이란 낙양을 말한다.

89 수도 지역을 떠나서 상서성의 업무를 관장하는 기구이다. 보통 군사 정벌을 수행할 때에 설치한다.

왕연을 군사(軍司)로 삼고, 조정에서 똑똑하고 평소 명망 있는 사람들
은 모두 보좌하는 관리로 삼고, 이름난 장수와 굳센 병졸들은 모두 그
의 관부[90]에 들어오게 하였다.

이에 궁성은 다시 지킬 사람이 없었고, 황량하고 배를 주리는 일이
날로 심해지니 궁전 안에서도 죽은 사람이 엇바뀌며 뒹굴었다. 도적은
공공연하게 다니고, 정부의 관청에서는 나란히 참호를 파고서 스스로
지켰다. 사마월은 동쪽으로 가서 항(項, 하남성 항성현)에 주둔하였고,
풍숭(馮嵩)을 좌사마로 삼고, 스스로 예주목(豫州牧)의 업무를 관장[91]
하였다.

경릉왕(竟陵王) 사마무(司馬楙)[92]가 황제에게 말하여 군사를 파견
하여 하륜을 습격하게 하였으나 이기지 못하였는데, 황제가 그 죄를 사
마무에게 돌리니 사마무는 도망쳐서 죽음을 면할 수 있었다.

22 양주(揚州, 안휘성과 절강성)도독 주복(周馥)이 낙양이 외롭고 위태
하므로 편지를 올려서 수춘(壽春, 안휘성 수현)으로 천도하기를 청하였
다. 태부 사마월은 주복이 먼저 자기에게 말하지 않고 직접 편지를 올
렸다고 하여 크게 화가 나서 주복과 회남태수 배석(裴碩)을 불렀다. 주
복이 가려고 하지 않고 배석에게 군사를 인솔하고 먼저 나가게 하였다.

배석이 거짓으로 사마월의 밀지(密旨)를 받았다고 하면서 주복을 습

---

90 사마월이 태부였으므로 여기서는 태부부를 말한다.

91 영직으로 관직명은 영예주목이다.

92 원래 동평왕이었으나, 회제가 즉위하고 경릉왕으로 고쳤으며, 낙양에 남아 있
   었다.

격하였다가 주복에게 패배하여 물러나서 동성(東城, 안휘성 정원현)을 지켰다.

23 조서를 내려서 장궤(張軌)에게 진서(鎭西)장군·도독농우(都督隴右)제군사[93]의 직책을 덧붙여주었다. 광록대부(光祿大夫) 부지(傅祇)·태상(太常) 지우(摯虞)가 장궤에게 편지를 보내서 경사의 기근과 궁핍함을 알렸다. 장궤는 참군 두훈(杜勳)을 파견하여 말 500필과 담포(毯包, 담요) 3만 필을 헌납했다.

24 성(成)의 태부 이양(李驤)이 초등(譙登)[94]을 부성(涪城, 사천성 금양현)에서 공격하였다. 나상의 아들 나우(羅宇)와 그를 보좌하는 인사들은 평소 초등을 미워하여서 그들에게 양식을 제공하지 않았다. 익주자사 피소(皮素)가 화가 나서 그들의 죄를 다스리고자 하여 12월에 피소가 파군(巴郡, 사천성 중경시)에 도착하니, 나우가 사람을 시켜서 밤중에 피소를 죽이고, 건평(建平, 사천성 무산현)도위 폭중(暴重)이 나우를 죽이니, 파군은 혼란에 빠졌다.
　이양은 초등의 양식이 다하였고 원조도 끊겼다는 것을 알고 부성을 더욱 급하게 공격하였다. 군사와 백성들은 모두 쥐구멍에 연기를 피워 이를 잡아서 먹었고, 굶어 죽은 사람이 아주 많았지만 떠나거나 배반하는 사람은 하나도 없었다.

---

93 장궤는 이때 양주(涼州, 감숙성 중서부)자사였고 도독농우제군사는 농우지역(감숙성)의 모든 군사에 관한 일을 감독하는 직책이다.
94 초등에 관한 사건은 회제 영가 3년(309년)에 있었다.

이양의 아들 이수(李壽)가 먼저 초등이 있는 곳에 있었는데,[95] 초등은 마침내 그를 돌려보냈다. 삼부[96]의 관속들이 표문을 올려서 파동(巴東, 사천성 봉절현)감군인 남양(南陽, 하남성 남양시) 사람 한송(韓松)을 익주자사로 삼아달라고 하고 파동을 그 치소(治所)로 하였다.

25 애초에, 황제는 왕미(王彌)·석륵이 경기[낙양지역]에 침입하여 압박하자 구희(苟晞)[97]에게 조서를 내려서 주와 군의 군사를 감독하고 인솔하여 이를 토벌하게 하였다. 마침 조억(曹嶷)[98]이 낭야(琅邪, 산동성 臨沂현의 북쪽)를 격파하고 북쪽으로 가서 제(齊)지역을 접수하니 군사 세력이 더욱 강성하여졌고, 구순(苟純)[99]이 성문을 닫고 스스로 지켰다. 구희가 돌아와서 청주(靑州)를 구원하여 조억과 더불어 계속 전투하여 그들을 격파하였다.

---

95 이수 모자는 회제 영흥 원년(304년)에 포로가 되어서 이곳에 있었던 것이다.

96 평서장군부·익주자사부·서융교위부를 말하는데, 나상은 이 세 직책을 겸하고 있었다.

97 청주자사였다.

98 한조의 동안장군이다.

99 구희의 동생으로 청주자사의 업무를 대리하고 있었고, 이에 관한 사건은 회제 영가 원년(307년)에 있었고, 《자치통감》 권86에 실려 있다.

종결되는 8왕의 난

26 이 해에 영주(寧州, 치소는 운남성 곡정현)자사 왕손(王遜)이 관부에 도착하여 표문을 올려서 이소(李釗)를 주제(朱提, 운남성 소통현)태수로 삼게 하였다. 그때 영주의 외곽은 성(成)에게 압박을 받았고, 안으로는 이족(夷族)들의 침구를 받아서 성읍이 텅 비었다.

왕손은 좋지 않은 의복을 입고 채소를 먹으며 흩어진 사람들을 불러 모으고 수고를 하면서 게으름을 안 피우니, 수 년 동안에 주의 경내가 다시 안정되었다. 호우(豪右)로서 법을 지키지 않는 10여 집을 잡아 죽이고, 오령이(五苓夷)[100]들이 옛날에 반란을 처음 일으켰으므로 이들을 쳐서 없애니 안팎이 놀라서 복종하였다.

27 한의 주군 유총이 스스로 순서를 뛰어 넘어서 즉위하였기 때문에 그의 적형(嫡兄)인 유공(劉恭)을 꺼렸는데, 유공이 잠자는 틈에 그의 집의 벽을 뚫고 들어가서 칼로 찔러 죽였다.

---

100 오령지역에 사는 이적들로 혜제 태안 2년(303년)에 반란을 일으켰었다. 내용은 《자치통감》 권85에 실려 있다.

28 　한의 태후 선씨(單氏)가 죽으니, 한의 주군 유총이 어머니 장씨(張氏)를 높여서 황태후라고 하였다. 선씨는 나이가 어리고 아름다웠으므로 유총이 증(烝)하였다.[101] 태제 유예(劉乂)가 거듭하여 말을 하니 선씨가 부끄럽고 화가 나서 죽은 것이다. 유예의 총애도 이로 말미암아서 점차 쇠퇴하였지만 그러나 선씨로 인하여 오히려 아직은 폐위시키지 않았다.

호연후(呼延后)가 유총에게 말하였다.

"아버지가 죽으면 아들이 계승하는 것은 예로부터 오늘날까지 늘 있어온 도리입니다. 폐하께서 고조의 대업을 이어받았는데, 태제는 무엇을 하는 사람입니까? 폐하의 백년 뒤에 유찬(劉粲)[102] 형제는 반드시 씨도 안 남을 것입니다."

유총이 말하였다.

"그렇겠는데, 내가 마땅히 그에 관하여 천천히 생각해 보겠소."

호연씨가 말하였다.

"일이란 내버려두면 변화가 생깁니다. 태제는 유찬 형제가 점차 자라는 것을 보면 반드시 불안한 생각을 갖게 될 것인데, 만일 소인배들

---

101 증(烝)은 아랫사람이 윗사람과 간통하는 것이다. 다른 말로 보(報)가 있는데 보는 윗사람이 아랫사람과 간통하는 것을 말한다. 여기서는 유총이 자기 아버지 유연의 후처인 선씨를 범하였으므로 증이라는 용어를 사용한 것이다. 선씨의 소생이 유예이고 지금의 태제이다. 《자치통감》에는 후에 수양제 양견이 진부인을 증(烝)한 사실도 기록하고 있다.

102 백년 뒤라는 말은 죽은 뒤라는 뜻이다. 황제나 윗사람에 대하여 죽는다는 용어를 사용하지 않는 것이 원칙이어서 죽는 후라는 말을 백년 후 혹은 천년 후, 어떤 경우에는 만년 후라는 말을 하고 있다. 유찬은 유총과 호연후 사이에서 난 아들이다.

이 그들 사이에서 일을 얽어놓는다면 반드시 오늘에 화란(禍亂)이 발생하지 않을 것이 아닙니다."[103]

유총이 마음속으로 그러할 것이라고 생각하였다.

유예의 외삼촌 광록대부 선충(單沖)이 눈물을 흘리면서 유예에게 말하였다.

"소원한 사람이 가까운 사이에 끼어드는 것은 아닙니다.[104] 주상께서 속으로 하내왕(河內王, 유찬)에게 뜻을 두고 있는데, 전하께서는 어찌하여 이를 회피하지 않으십니까?"

유예가 말하였다.

"하서(河瑞) 말년에 주상께서 스스로 적서(嫡庶)를 구분해야 할 것이라고 생각하면서 큰 자리를 저 유예에게 물려주려고 하였습니다.[105] 저 유예는 주상께서 연장자이셨던 연고로 추천하여 받들었던 것입니다.

천하라고 하는 것은 고제(高帝, 유연)의 천하이니 형이 끝나면 아우가 이어 받는 것이 어찌하여 안 된단 말입니까? 유찬 형제가 이미 장성하였다고 하여도 오히려 오늘날과 같을 것입니다. 또한 부자와 형제 사이에 가깝고 먼 것이 있다고 하여도 얼마 정도이겠으며, 주상께서 어찌

---

103 유예가 유총을 죽일 것이라는 말이다.

104 소원한 사이란 현 황제인 유총과 태제인 유예를 말한다. 이들은 형제간인데, 현 황제에게 아들인 하내왕 유찬이 있으므로 태제인 유예는 결국 가까운 부자 사이에 낀 것이다.

105 하서란 한 유연의 마지막 연호이다. 유연이 죽고 나서 정변이 일어났고, 이를 계기로 현 황제인 유총이 등장하였는데, 이 정변은 진 회제 영가 4년(310년) 7월에 일어났다. 여기서 주상이라 함은 현 황제인 유총을 말한다. 유총이 유예에게 황제의 자리를 미루었던 사건은 앞에 보인다.

그러한 뜻을 가졌겠습니까?"

회제 영가 5년(辛未, 311년)[106]

1 봄, 정월 임신일(14일)에 구희가 조억[107]에게 패배하여 성을 버리고 고평(高平, 산동성 거양현)으로 달아났다.

2 석륵이 장강·한수를 점거하여 보위하고자 모의하였는데, 참군도위 장빈(張賓)이 안 된다고 생각하였다. 마침 군대 안에 기근과 역질이 돌아서 죽은 사람이 반을 넘게 되니, 이에 면수(沔水)를 건너서 강하(江夏, 호북성 운몽현)를 노략질하고 계유일(15일)에 그곳을 뽑아버렸다.

3 을해일(17일)에 성(成)의 태부 이양이 부성(涪城, 사천성 삼태현의 서북쪽)을 뽑아버리고 초등(譙登)을 붙잡고, 태보(太保) 이시(李始)가 파서(巴西, 사천성 낭중현)를 뽑아버리고 문석(文石)[108]을 죽였다. 이에 성의 주군 이웅(李雄)이 대사면령을 내리고 기원을 옥형(玉衡)이라고 고쳤다. 초등이 성도에 도착하자 이웅이 그를 용서해 주려고 하였는데, 초등의 말솜씨와 기세가 꺾기지 않아서 이웅이 그를 죽였다.

---

106 성(전촉) 문제 안평 6년, 옥형 원년, 한(전조) 소무제 광흥 2년, 가평 원년이다.

107 구희는 진의 청주자사이고, 조억은 한의 안동장군이다.

108 초등과 문석 모두 진의 장수이다.

4 　파촉(사천성)의 유민들이 형주(荊州, 호북성)·상주(湘州, 호남성) 사이에 흩어져 있었는데, 자주 토착민들에게 침해되는 고통을 당하였다. 촉(蜀) 사람 이양(李驤)[109]이 무리를 모아서 낙향(樂鄉, 호북성 송자현)을 점거하고 반란을 일으키니, 남평(南平, 호북성 공안현)태수 응첨(應詹)과 예릉(醴陵, 호남성 예릉현)현령 두도(杜弢)가 함께 이들을 격파하였다.

왕징(王澄)[110]이 성도내사 왕기(王機)에게 이양을 토벌하게 하니 이양이 항복을 받아달라고 청하였는데, 왕징이 거짓으로 허락하고서 습격하여 그들을 죽이고, 그의 처자를 상품으로 내주고, 8천여 명을 강에 빠뜨리니, 유민들이 더욱 원망하고 분하게 생각하였다.

촉 사람 두주(杜疇) 등이 다시 반란을 일으켰는데, 상주 참군 풍소(馮素)와 촉 사람 여반(汝班) 사이에 틈이 생기자 자사 순도(荀眺)에게 말하였다.

"파·촉의 유민들이 모두 반란을 일으키고자 합니다."

순도는 이 말을 믿고 유민들을 다 죽이려고 하였다.

유민들은 몹시 두려워하여 4만~5만 집이 일시에 모두 반란을 일으키고, 두도가 주리(州里)의 신망을 받는지라 함께 추천하여 주군으로 삼았다. 두도는 스스로 양익이주목(梁·益二州牧)·영상주(領湘州)자사이라고 하였다.

5 　배석(裴碩)[111]이 낭야왕(琅邪王) 사마예(司馬睿)에게 구원해 주기

---

109 성한의 사부도 이양이지만 다른 사람이다.

110 형주자사이다.

를 청하였더니, 사마예가 양위(揚威)장군 감탁(甘卓) 등에게 주복(周
馥)을 수춘(壽春, 안휘성 수현)에서 공격하게 하였다. 주복의 무리들이
무너져서 항현(項縣, 하남성 항성현)으로 달아났는데, 예주(豫州)도독·
신채왕(新蔡王) 사마확(司馬確)이 그를 붙잡으니, 주복이 걱정스럽고
분하여서 죽었다. 사마확은 사마등의 아들이다.

6   양주자사 유도(劉陶)가 죽었다. 낭야왕 사마예는 다시 안동장군
부의 군자좨주(軍咨祭主)[112] 왕돈(王敦)을 양주자사로 삼고 조금 있다
가 도독정토제군사(都督征討諸軍事)[113]의 직책을 덧붙여주었다.

7   경진일(22일)에 평원왕 사마간(司馬幹)이 죽었다.

8   2월에 석륵이 신채(新蔡, 하남성 신채현)를 공격하여 신채장왕(新
蔡莊王)[114] 사마확(司馬確)을 남돈(南頓, 하남성 항돈현의 서쪽)에서 죽
이고, 진격하여 허창(許昌, 하남성 허창시)을 뽑아버리고, 평동(平東)장
군 왕강(王康)을 죽였다.

9   저족(氐族) 부성(苻成)·외문(隈文)이 다시 반란을 일으키고[115] 의

---

111 회제 영가 4년(310년)에 진의 회남태수였던 배석은 양주도독 주복에게 격파
    되었다.

112 참모주임에 해당하는 직책이다.

113 왕돈이 지난해에 건업으로 도망하였으며, 그는 정벌이나 토벌하는 모든 군사
    에 관한 일을 감독하는 직책을 받았다.

114 사마확은 신채왕이었는데, 죽자 시호를 장왕이라고 했다.

도(宜都, 호북성 의도현)에서 파동(巴東, 사천성 봉절현)으로 나아갔는데 건평(建平, 사천성 무산현)도위 폭중(暴重)이 이를 토벌하였다. 폭중은 한송(韓松)[116]을 죽이고 스스로 세 부(府)[117]를 관장하였다.

10　　동해효헌왕(東海孝獻王) 사마월은 이미 구희와 틈이 생겼는데,[118] 하남윤(河南尹) 반도(潘滔)·상서 유망(劉望) 등이 다시 좇아서 그를 참소하였다. 구희가 화가 나서 표문을 올려 반도 등의 수급(首級)을 내놓으라고 하면서 소리 높여 말하였다.

"사마원초(司馬元超)는 재상이 되어 공평하지 아니하여서 천하를 혼란스럽게 하였는데, 나 구도장(苟道將)[119]이 어찌 옳지 않은 사람에게 부림을 받을 수 있을 것인가?"

마침내 격문을 여러 주로 보내 스스로 자기의 공로를 자랑하면서 사마월의 죄상을 늘어놓았다.

황제도 역시 사마월이 권력을 오로지하면서 조명(詔命)을 대부분 어기는 것을 싫어하였고, 남겨놓은 장사(將士) 하륜(何倫) 등이 공경들에게서 약탈하고 공주들을 다그치고 능욕하자 비밀리에 구희에게 수조

---

115 부성이 이류를 배반하고 익주자사인 나상에게 귀부한 사건은 진 혜제 태안 2년(303년)에 있었고, 이는 《자치통감》 권85에 실려 있는데, 지금 다시 진를 배반하고 반란을 일으킨 것이다.

116 익주자사이다.

117 평서장군부·익주자사부·서융교위부를 말한다.

118 사마월은 동해왕이었는데, 죽자 시호를 효헌왕으로 했으며, 틈이 생긴 것은 회제 영가 2년(308년)부터이다.

119 원초는 사마월의 자이고, 도장은 구희의 자이다.

(手詔)를 내려서 그를 토벌하게 하였다.

구희가 자주 황제와 문서를 주고받게 되니, 사마월이 이를 의심하고 유기(遊騎)[120]에게 성고(成皐, 하남성 사수현의 서쪽 호뢰관)에서 이를 엿보게 하였으며, 결과적으로 구희의 사자와 조서를 얻게 되었다. 마침내 격문을 내려보내서 구희의 죄상을 드러내고 종사중랑 양모(楊瑁)를 연주(兗州, 산동성 서부)자사로 삼고, 서주자사 배순(裴盾)과 더불어 구희를 토벌하게 하였다.

구희는 기병을 파견하여 반도를 잡으려고 하였는데, 반도는 밤중에 숨어버려서 벗어날 수 있었지만 상서 유증(劉曾)·시중 정연(程延)을 잡아서 목을 베었다. 사마월은 걱정하고 분해 하다가 병이 되니 이후에는 뒷일을 왕연(王衍)에게 맡겼는데 3월 병자일(19일)에 항현(項縣, 하남성 침구현)에서 죽었지만[121] 이를 비밀에 붙이고 발상(發喪)하지 않았다.

무리들이 함께 왕연을 추천하여 원수로 삼았는데 왕연이 감당하지 못하여 양양왕(襄陽王) 사마범(司馬範)에게 양보하니, 사마범도 이를 받지 않았다. 사마범은 사마위(司馬瑋)의 아들이다. 이에 왕연 등은 서로 사마월의 영구(靈柩)를 모시고 동해로 돌아가서 장사를 지냈다.

하륜·이운(李惲) 등은 사마월이 죽었다는 소식을 듣고, 배비(裴妃)와 세자 사마비(司馬毗)를 모시고 낙양에서 동쪽으로 달아나니, 성 안에 있던 사민(士民)들이 다투어 그들을 좇았다. 황제는 사마월을 추폄

---

120 수조는 황제가 손수 쓴 조서를 말하며, 유기는 일정한 지역을 다니면서 순찰하는 기병을 말한다.

121 8왕의 난은 여기에서 끝난다. 혜제 관희 원년(306년) 8월에 사마량에서부터 시작된 8왕의 난은 사마위·사마륜·사마경·사마예·사마영·사마옹을 거쳐서 사마월에서 끝나는데, 이들이 권력을 잡은 기간은 4년 8개월이었다.

(追貶)[122]하여 현왕(縣王)[123]으로 삼았으며, 구희를 대장군·대도독·독청서연예형양육주군사제(督靑·徐·兗·豫·荊·楊六州諸軍事)[124]로 삼았다.

11 익주의 장군과 관리들이 함께 폭중(暴重)을 살해하고, 표문을 올려서 파군태수 장라(張羅)를 행삼부사(行三府事)로 삼았다.[125] 장라가 외문(隈文) 등과 싸우다 죽었는데, 외문 등은 관리와 백성들을 몰아서 노략질하다가 서쪽으로 가서 성(成)에 항복하였다.

세 부의 문관과 무관들이 함께 표문을 올려서 평서장군부의 사마인 촉군 사람 왕이(王異)를 세 부의 업무를 대행하고 영(領)파군태수로 하겠다고 하였다.

12 애초에, 양주(梁州, 섬서성 남부와 사천성 북부)자사 장광(張光)이 위흥(魏興, 섬서성 안강현)에서 여러 군의 태수를 모아서 함께 나아가 빼앗을 것을 모의하였다. 장연(張燕)[126]이 부르짖으며 말하였다.

"한중(漢中)은 황폐하고 무너졌으며, 큰 도적[127]들이 아주 가깝게

---

122 죽은 다음에 관직을 깎아내려 낮추는 것을 말한다.

123 사마월은 동해국왕, 즉 국(國)의 왕인데, 현(縣)의 왕으로 깎아내린 것이다.

124 청주·서주·연주·예주·형주·양주의 여섯 주의 모든 군사에 관한 일을 감독하도록 하는 직책이다.

125 폭증이 맡았던 업무인데, 행삼부사란 세 개의 관부의 업무를 임시로 수행하는 직책이며, 세 개의 관부란 평서장군부·익주자사부·서융교위부를 말한다.

126 파서태수이다.

127 유연에 의하여 건국된 흉노족의 한(漢, 전조)을 지칭한다.

있으니, 이겨서 회복하는 일은 영웅이 나타나기를 기다려야 할 것입니다."

장광은 장연이 등정(鄧定)[128]의 뇌물을 받았기 때문에 한중을 잃어버리게 된 것[129]인데, 지금 다시 무리들을 가로막고 있어서 소리를 질러 내쫓고 목을 베었다. 군사를 정돈하여 나아가 싸워 몇 년이 걸려서 마침내 한중에 다다를 수 있게 되자 황량하고 찢겨진 것을 위로하고 달래주니, 백성들이 기뻐하며 복종하였다.

---

128 장광이 회제 영가 2년(308년)에 양주자사가 되었으며, 이 일은《자치통감》권86에 실려 있고, 등정은 유민의 수령이다.

129 회제 영가 원년(307년)의 일이고《자치통감》권86에 그 내용이 실려 있다.

포로가 된 진 회제

13   여름, 4월에 석륵이 경무장한 기병을 인솔하고 태부 사마월의 영구를 뒤쫓아 가서 고현(苦縣, 하남성 녹읍현)의 영평성(寧平城, 녹읍현의 서남쪽에 있음)에서 따라잡고, 진의 군사를 대패시키고 기병들을 풀어놓고 그들을 포위하고 활을 쏘니, 장사(將士) 10여만 명이 서로 밟아 마치 산처럼 되었고, 한 사람도 죽음을 면한 사람이 없었다.

태위 왕연·양양왕 사마범·임성왕 사마제(司馬濟)·무릉장왕(武陵莊王)[130] 사마담(司馬澹)·서하왕 사마희(司馬喜)·양회왕(梁懷王) 사마희(司馬禧)·제왕 사마초(司馬超)·이부상서 유망(劉望)·정위 제갈전(諸葛銓)·예주자사 유교(劉喬)·태부의 장사(長史) 유애(庾敳) 등을 붙잡아 장막에 이들을 앉혀놓고서 진이 이렇게 된 연고를 물었다.

왕연이 화란이 일어나서 실패한 연유를 진술하고 그 계책을 세우는 것은 자기에게 있지 않다고 말하고, 또 자기는 스스로 젊어서 관직을 가질 생각을 갖지 않았으며 세상일에 대하여 관심을 갖지 않았다고 말하고 이를 통하여 석륵에게 존호(尊號)[131]를 가지라고 권고하고서 자

---

130 사마담은 무릉왕이었는데, 죽은 다음에 시호를 장왕이라고 하였다.

기는 죽음을 면하게 되기를 바랐다.

석륵이 말하였다.

"그대는 젊어서 조정에 들어가서 그 이름이 사해를 덮을 정도였고, 몸은 중요한 책임을 맡고 있었는데, 어찌하여 관직을 가질 생각이 없었다고 말할 수 있는가? 천하를 파괴한 것이 그대가 아니면 누구란 말인가?"

주위 사람에게 명하여 그를 붙들고 나가게 하였다.

많은 사람들은 죽는 것이 두려워서 대부분이 스스로 진술하였다. 다만 양양왕 사마범은 정신과 겉모습이 엄숙하고 태연하며 그들을 돌아보고 꾸짖으며 말하였다.

"오늘에 벌어진 일을 어찌 다시금 분분하게 말하는가?"

석륵이 공장(孔萇)에게 말하였다.

"내가 천하를 다닌 곳이 여러 곳이었는데, 아직 일찍이 이러한 무리들을 본 일이 없었으니, 이들을 마땅히 그대로 살려둘 수는 있겠소?"

공장이 말하였다.

"저들은 모두 진의 왕공들이니 끝내는 우리가 써먹을 수 없을 것입니다."

석륵이 말하였다.

"비록 그렇지만 그들에게 칼이나 창을 댈 수는 없을 것이오."

밤중에 사람을 시켜 담장을 무너뜨려서 그들을 죽게 하였다.

사마제는 선제(宣帝, 사마의를 말함)의 조카인 경왕(景王) 사마릉(司馬陵)의 아들이고, 사마희(司馬禧)는 사마담(司馬澹)의 아들이다. 사마

---

131 높은 칭호를 말하며, 여기서는 황제의 칭호를 가리킨다.

월의 영구(靈柩)를 갈라서 그 시체를 불태우고 말하였다.

"천하를 혼란하게 만든 사람이 이 사람인데, 내가 천하 사람들을 위하여 보복하니, 그러므로 그 뼈를 불에 태워서 천지에 알리노라."

하륜(何倫) 등이 유창(洧倉, 하남성 허창시의 동북쪽에 있음)에 도착하여 석륵을 만났는데 싸우다 패하고, 동해국의 세자와 종실 48명의 왕이 모두 석륵에게 죽으니, 하륜은 하비(下邳, 강소성 수녕현)로 달아나고, 이운(李惲)은 광종(廣宗, 하북성 위현)으로 달아났다. 배비(裵妃)는 다른 사람에게 붙잡혀 팔려버렸는데, 한참 후에 장강을 건넜다.

애초에, 낭야왕 사마예가 건업을 진압한 것은 배비의 뜻이었으니, 그러므로 사마예가 그에게 은덕을 베풀고 두텁게 위무(慰撫)하여주었고, 그의 아들 사마충(司馬沖)으로 사마월의 뒤를 잇게 하였다.

14 한(漢)의 조고(趙固)·왕상(王桑)이 배순(裵盾)[132]을 공격하여 그를 죽였다.

15 두도(杜弢)[133]가 장사(長沙, 호남성 장사시)를 공격하였다. 5월에 순조(荀眺)가 성을 버리고 광주(廣州, 광동성 광주시)로 달아나니 두도가 이를 쫓아가서 잡았다. 이에 두도는 남쪽으로 가서 영릉(零陵, 호남성 영릉시)과 계양(桂陽, 호남성 郴州)을 격파하고, 동쪽으로 가서 무창(武昌)을 노략질하였는데, 이천석 관리와 장리를 죽인 것이 아주 많았다.

---

132 조고는 한의 안북대장군, 왕상은 한의 평북대장군, 배순은 진의 서주자사다.
133 파촉지역에서 일어난 유민의 우두머리이다.

16   태자태부 부지(傅祇)를 사도로 삼고, 상서령 순번(荀藩)을 사공으로 삼고, 왕준(王浚)에게 대사마·시중·대도독을 덧붙여주고, 독유·기(督幽·冀)제군사로[134] 하고, 남양왕 사마모(司馬模, 사마월의 동생)를 태위·대도독으로 삼고, 장궤(張軌)를 거기(車騎)대장군으로 삼고, 낭야왕 사마예를 진동(鎭東)대장군으로 삼고, 독양강상교광오주제군사(督揚·江·湘·交·廣五州諸軍事)[135]를 겸직하게 하였다.

처음에, 태부 사마월이 남양왕 사마모가 관중을 제대로 진무(鎭撫)할 수 없어서 그를 징소하여 사공으로 삼고자 표문을 올렸다. 장군 순우정(淳于定)이 사마모에게 유세하여 징소에 응하여 나가지 말라고 하자 사마모가 이를 좇고, 표문을 올려서 세자 사마보(司馬保)를 파견하여 평서(平西)중랑장으로 삼아서 상규(上邽, 감숙성 천수현)를 진압하게 하였는데, 진주(秦州)자사 배포(裴苞)가 이를 거절하였다.

사마모가 장하(帳下)도위 진안(陳安)에게 배포를 공격하게 하니 배포가 안정(安定, 감숙성 경천현)으로 달아났고, 그 태수인 가필(賈疋)이 그를 받아들였다.

17   구희(苟晞)가 표문을 올려서 창원(倉垣, 하남성 개봉시 북쪽)으로 천도할 것을 청하고 종사중랑 유회(劉會)에게 배 수십 척과 숙위할 군사 500명을 거느리고 곡식 1천 곡(斛)을 가지고 황제를 영접하게 하였다.

황제가 이를 좇으려고 하였는데, 공경들이 미적미적 미루었고, 좌우

---

134 유주와 기주(冀州)의 모든 군사에 관한 업무를 감독하는 관직이다.

135 양주(揚州)·강주(江州)·상주(湘州)·교주(交州)·광주의 다섯 주의 모든 군사에 관한 업무를 겸하여 감독하는 직책이다.

사람들도 재물에 연연하여 끝내는 실행하지 못하였다. 이미 그리하고 나서 낙양에는 기근이 들었고 곤란하게 되어서 사람들이 서로 잡아먹고, 백관들 가운데 도망한 사람이 열에 여덟아홉 명이 되었다. 황제가 공경들을 소집하여 논의하니 장차 가려고 하여도 시위하며 좇을 사람들이 갖추어지지 않았다.

황제는 손을 비비면서 탄식하여 말하였다.

"어떻게 되어 일찍이 거여(車輿)도 없어졌는가?"

마침내 부지에게 하음(河陰, 낙양의 동북쪽)으로 나아가서 배를 마련하게 하고, 조정의 관원 수십 명이 안내하며 따라갔다. 황제가 걸어서 서액문(西掖門)을 나와 동타가(銅駝街)에 이르니[136] 도적들에게 노략질을 당하여 나아갈 수도 없었고, 돌아올 수도 없었다.[137]

탁지(度支)교위[138]인 동군(東郡, 하남성 복양현) 사람 위준(魏浚)이 유민 수백 집을 인솔하고 하음의 협석(峽石)을 보위하다가, 그때 겁탈하여 곡식과 보리를 얻어서 이를 바치니 황제가 그를 양위(揚威)장군·평양(平陽, 산서성 임분현)태수로 삼고, 탁지교위의 업무는 그대로 수행하게 하였다.

18　한의 주군 유총이 전군(前軍)대장군 호연안(呼延晏)에게 군사 2만7천 명을 거느리고 낙양을 침략하게 하여 거의 하남(河南)지역에

---

136 궁궐문에서 곧바로 나오면 낙양의 남성 서쪽에 있는 두 번째 문인 선양문이 나오는 데 이곳이 가장 넓고 번화한 거리였다.

137 황제를 좇는 이들의 의복이 깨끗하였으므로 유민들의 공격 대상이 되었다.

138 곡식 운반 책임자이다.

도달할 즈음에는 진의 군사들이 전후로 12차례나 패배하였고, 죽은 사람이 3만여 명[139]이었다.

시안왕 유요(劉曜)·왕미·석륵이 모두 군사를 이끌고 와서 만나기로 하였지만 아직 도착하지 않았는데, 호연안이 장방의 옛 보루[140]에 치중(輜重)을 남겨두고 계미일(27일)에 먼저 낙양에 도착하였으며, 갑신일(28일)에는 평창문(平昌門, 낙양 남성 동쪽 두 번째 문)을 공격하고, 병술일(30일)에는 여기서 이기고 드디어 동양문(東陽門, 낙양 동성 남쪽 두 번째 문)과 여러 관청에 불을 질렀다. 6월 초하루 정해일에 호연안 밖에서 뒤를 이어줄 부대가 도착하지 않자 포로를 잡고 노략질을 하고서 떠났다.

황제가 낙수(洛水)에 배를 다 준비해놓고 장차 동쪽으로 도망하려고 하는데, 호연안이 이것들을 모두 태워버렸다. 경인일(4일)에 순번(荀藩)과 동생인 광록대부 순조(荀組)가 환원(環轅, 하남성 언사현의 남쪽)으로 달아났다.

신묘일(5일)에 왕미가 선양문(宣陽門, 낙양 남성 서쪽의 두 번째 문)에 이르렀고, 임진일(6일)에 시안왕 유요가 서명문(西明門, 낙양 서성 남쪽 두 번째 성문)에 도착하였으며, 정유일(11일)에 왕미·호연안이 선양문에서 싸워 이기고 남궁(南宮)에 들어가 태극전(太極殿)의 전전(前殿)에 올라가서 군사를 풀어 크게 노략질하고 궁인과 진귀한 보배를 다 거둬들였다.

---

139 이 기록은 문제가 있다. 이렇게 많은 군사가 죽었다면 회제가 동타가를 벗어나지 못할 때 이 군사들은 어디에 있었을까?

140 낙양성에서 서쪽으로 7리쯤에 있다. 장방에 관한 사건은 회제 영흥 원년(304년)의 기록을 참고하시라. 《자치통감》 권85에 실려 있다.

황제는 화림원(華林園) 문으로 나가서 장안으로 달아나려고 하였으나 한의 군사들이 뒤쫓아 와 그를 잡아서 단문(端門)에 유폐(幽閉)시켰다. 유요는 서명문에서 들어가서 무고(武庫)에 주둔하였다. 무술일(12일)에 유요는 진의 태자 사마전(司馬詮)·오효왕(吳孝王)[141] 사마안(司馬晏)·경릉왕 사마무·우복야 조복(曹馥)·상서 여구충(閭丘沖)·하남윤 유묵(劉默) 등을 죽였는데, 병사와 민간인으로 죽은 사람이 3만여 명이었다.

드디어 여러 능묘를 파헤치고 궁궐에 있는 사당과 관청 건물을 다 불태워 모두 없앴다. 유요는 혜제의 양(羊)황후[142]를 받아들이고, 황제와 여섯 개의 인새를 평양(平陽, 유총의 한 도읍지, 산서성 임분시)으로 옮겼다. 석륵이 병사를 이끌고 환원을 나와서 허창(하남성 허창시)에 주둔하였다. 광록대부 유번(劉蕃)[143]·상서 노지(盧志)가 병주(幷州)로 달아났다.

정미일(21일)에 한의 주군 유총이 대사면령을 내리고 기원을 고쳐서 가평(嘉平)이라고 하였다. 황제[144]를 특진(特進) 좌광록대부로 삼고, 평아공(平阿公)에 책봉하고, 시중 유민(庾珉)과 왕준(王儁)을 광록대부로 삼았다. 유민은 유애(庾敱)의 형이다.

애초에, 시안왕 유요는 왕미가 자기를 기다리지 않고 먼저 낙양에

---

141 사마안은 오왕인데, 죽은 다음에 시호를 효왕으로 했다.

142 회제가 등장하자(306년) 양후는 혜황후라고 하여 홍훈궁에 거주하게 하였는데, 이번에 잡혀서 유요가 처로 삼았다.

143 병주자사 유곤(劉琨)의 아버지다.

144 사로잡힌 진(晉) 황제 사마치를 말한다.

들어간 것을 가지고 원망스럽게 생각하였다. 왕미가 유요에게 유세하였다.

"낙양은 천하의 중심지이고 산과 황하가 사방으로 막고 있으며 성과 해자와 궁실은 다시 수리를 하지 않아도 되니 의당 주상에게 보고하여 평양에서 옮겨서 여기에 도읍하도록 해야 합니다."

유요는 천하가 아직 평정되지 않았고, 낙양은 사방으로부터 적을 만나게 되니 지킬 수 없다고 하여 왕미의 계책을 채용하지 않고 이를 태운 것이다. 왕미가 욕을 하며 말하였다.

"도각자(屠各子)[145]가 어디 제왕다운 마음을 가졌단 말이오?"

드디어 유요와는 틈이 생기고, 군사를 이끌고 동쪽으로 가서 항관(項關, 하남성 항성현에 있는 관문)에 주둔하였다.

전(前)에 사예(司隷)교위였던 유돈(劉暾)이 왕미에게 유세하였다.

"지금 9주가 죽 끓듯 하며 많은 영웅들이 경쟁적으로 각축전을 벌이고 있고, 장군께서는 한을 세우는데 그동안 세상에 없었던 공로를 세우셨지만,[146] 또한 시안왕과는 서로의 믿음을 잃고 있으니, 장차 어떻게 처신하실 것입니까?

동쪽으로 가서 본주(本州)[147]를 점거하고 천천히 천하의 형세를 보는 것 만한 것이 없을 것입니다. 위로는 사해를 섞어서 하나로 통일하고, 아래로는 정치(鼎峙)[148]하는 업적을 잃지 않는 것이 정책 가운데

---

145 흉노의 귀족이나 선우는 모두 도각부락 출신이다. 그러므로 왕미가 유요를 보고 도각자라고 부른 것이다.

146 전통시대에 신하로서 큰 공로를 세웠다는 말은 다른 말로는 모반의 모함을 받을 수 있다는 말이기도 하다.

147 왕미는 청주 출신이므로 청주를 말한다.

상책(上策)입니다.”

왕미는 마음속으로 그러할 것이라고 생각하였다.

---

148 천하를 솥처럼 셋으로 나누어 대치하는 경우를 말한다.

19 　사도 부지(傅祗)가 하음(河陰, 낙양의 동북쪽)에 행대(行臺)[149]를 세우고, 사공 순번이 양성(陽城, 하남성 등봉현)에 있으며, 하남윤 화회(華薈)가 성고(成皐, 하남성 사수현의 서쪽에 있는 호뢰관)에 있고, 여음(汝陰, 안휘성 부양현)태수인 평양(平陽, 산서성 임분시) 사람 이구(李矩)가 이들을 위하여 집을 짓고 곡식을 날라서 먹을 것을 공급하였다. 화회는 화흠(華歆)의 증손이다.

순번은 동생 순조(荀組)·조카인 중호군(中護軍) 순숭(荀崧)과 화회는 동생인 중령군(中領軍) 화항(華恒)과 밀(密, 하남성 밀현)에다 행대를 세우고 격문을 사방으로 보내고 낭야왕 사마예(司馬睿)를 추대하여 맹주(盟主)로 삼았다.

순번이 승제(承制)[150]하여 순숭을 양성(襄城, 하남성 양성현)태수로 삼고, 이구를 형양(滎陽, 하남성 형양현)태수로 삼고, 전(前) 관군(冠軍)장

---

149 행이란 본거지를 떠난 상태를 말하며, 여기서는 낙양의 상서대가 없어져서 임시로 지방에 가 있는 조정을 말한다.

150 황제의 명(命)을 제(制)라고 하므로, 승제란 황제로부터 일정한 범위에서 권한을 위임받아서 일을 처리하는 것을 말한다.

군인 하남 사람 저삽(褚翜)을 양국(梁國, 하남성 상구현)내사로 삼았다.

양위(揚威)장군 위준(魏浚)이 낙수 북쪽에 있는 석량오(石梁塢)에 주둔하고 유곤(劉琨)이 승제하여 위준을 임시[151]하남윤으로 삼았다. 위준이 순번에게 가서 군사적인 일에서 자문을 받아 꾀를 내니, 순번이 이구를 초청하여 함께 모이자고 하자 이구가 밤중에 그곳으로 달려갔다.

이구의 관속들이 모두 말하였다.

"위준은 믿을 수 없으니 밤중에 가는 것은 마땅치 않습니다."

이구가 말하였다.

"충성스러운 신하란 같은 마음을 가졌으니 어찌 의심할 것인가?"

끝내는 가서 서로서로 만나 기뻐하면서 관계를 맺은 다음에 헤어졌다. 위준의 조카 위해(魏該)가 무리를 모아서 일천오(一泉塢, 하남성 의양현 경계 지역)를 점거하고 있었는데, 순번이 무위(武威)장군으로 삼았다.

예장왕(豫章王) 사마단(司馬端)은 태자 사마전의 동생이었는데, 동쪽으로 가서 창원(倉垣, 하남성 개봉시)으로 도망하니, 구희가 여러 관리들을 인솔하고 그를 받들어 황태자로 삼고 행대를 설치하였다. 사마단은 승제하여 구희를 영(領)태자태부·도독중외제군사·녹상서사[152]로 삼고, 창원에서 몽성(蒙城, 하남성 상구시 북쪽)으로 옮겨서 주둔하였다.

무군(撫軍)장군인 진왕(秦王) 사마업(司馬業)은 오효왕(吳孝王, 사마안)의 아들이며 순번의 생질이고 나이는 12살이었는데, 남쪽으로 가서 밀(密)로 달아나자 순번 등이 이를 받들고 남쪽으로 허창에 갔다. 전

---

151 가직(假職)이다.

152 영(領)태자태부는 태자태부의 업무를 관장하는 영직이며, 도독중외제군사는 내외의 군사에 관한 일을 모두 감독하는 직책이며, 녹상서사는 상성의 업무를 관장하는 직책으로 조정의 기밀을 주관한다.

(前) 예주(豫州)자사인 천수(天水, 감숙성 천수시) 사람 염정(閻鼎)이 서주(西州, 감숙성)의 유민 수천 명을 밀에서 모아놓고 향리로 돌아가고자 하였다.

순번은 염정이 재주가 있고, 무리를 거느리고 있기 때문에 염정을 기용하여 예주자사로 삼고, 중서령 이긍(李絚)·사도부의 좌장사인 팽성(彭城, 강소성 서주시) 사람 유주(劉疇)·진군(鎭軍)장군[司馬毗]의 장사 주의(周顗)·사마 이술(李述) 등을 그를 위하여 보좌하는 일에 참여하게 하였다. 주의는 주준(周浚)의 아들이다.

그때 해내는 크게 혼란하였지만 다만 강동지역만 조금 안정되어서 중원지역의 병사와 백성들로 난을 피하려 하는 사람들은 대부분 남쪽으로 내려가서 장강을 건넜다. 진동(鎭東) 장군부의 사마 왕도(王導)가 낭야왕 사마예에게 유세하여 그 가운데 똑똑하고 뛰어난 인재를 거둬들여 그들과 함께 일을 하게 하였다. 사마예가 이 말을 좇아서 연속(掾屬)[153] 100여 명을 벽소하니, 그때 사람들이 이들을 106연(掾)이라고 불렀다.

전에 영천(潁川, 하남성 우현)태수였던 발해(勃海, 하남성 남피현) 사람 조협(刁協)을 군자좨주(軍諮祭主)로 삼고, 전 동해(東海, 산동성 염성현)태수 왕승(王承)·광릉(廣陵, 강소성 양주시)재상 변곤(卞壼)을 종사중랑으로 삼고, 강녕(江寧, 강소성 남경시)현령 제갈회(諸葛恢)·역양(歷陽, 안휘성 화현)참군인 진국(陳國, 하남성 진류현) 사람 진군(陳頵)을 행(行)참군으로 삼고, 전 태부 연리(掾吏) 유량(庾亮)을 서조연(西曹掾)[154]으로

---

153 연리와 속리로 이들은 관리이다. 연리는 정관(正官)이고 속리는 부이관(副貳官)에 해당하는 관리이다.

삼았다. 왕승은 왕혼(王渾)의 조카이고, 왕회는 왕정(王覿)의 아들이며, 유량은 유연(庾兗)의 조카이다.

20   강주(江州, 강서성과 복건성)자사 화일(華軼)이 화흠(華歆)의 증손 자인데, 스스로는 조정의 명령을 받겠다고 하였으나 낭야왕 사마예가 감독하게 되자 대부분 그의 교령(敎令)을 받지 않았다. 군현에서 대부분 이를 가지고 그에게 간하니 화일이 말하였다.

"나는 조서를 보고 싶을 뿐이오."

사마예가 순번의 격문을 받아서 승제(承制)하여 관사(官司)를 두고, 그 장리(長吏)들을 바꾸자 화일과 예주(豫州)자사 배헌(裴憲)이 모두 이 명령을 좇지 아니하였다. 사마예는 양주(揚州)자사 왕돈(王敦)·역양(歷陽, 안휘성 화현)내사 감탁(甘卓)을 파견하여 양열(揚烈)장군인 여강(廬江, 안휘성 여강현) 사람 주방(周訪)과 합하여 화일을 공격하게 하였다.

화일의 군사가 패하여 안성(安成, 강서성 안복현)으로 달아났고, 주방이 쫓아가서 그의 목을 베고, 그의 다섯 명의 아들에게까지 미쳤다. 배헌은 유주(幽州)로 달아났다. 사마예는 감탁을 상주(湘州)자사로 삼고, 주방을 심양(尋陽, 강서성 구강시)태수로 삼으며, 또 양무(揚武)장군 도간(陶侃)을 무창(武昌, 호북성 악성현)태수로 삼았다.

21   가을, 7월에 왕준(王浚)[155]이 제단을 만들어 유제(類祭)[156]를 지

---

154 행정관리관에 해당하는 직책이다.

155 이때 왕준은 대사마이고, 유주와 기주의 자사이며, 계현(薊縣, 북경)에 있었다.

내고, 황태자를 세우고서 천하에 이를 포고하고, 중앙의 조서를 받아서 승제하여 책봉하고 관직을 제수한다고 말하면서 관청을 갖추어 두고, 정(征)·진(鎭)에 책임자를 두고 순번을 태위로 삼고 낭야왕 사마예를 대장군으로 삼았다. 왕준은 스스로 영(領)상서령이 되고, 배헌과 그의 사위 조숭(棗嵩)을 상서로 삼았으며, 전휘(田徽)를 연주(兗州)자사로 삼고, 이운(李惲)을 청주(靑州)자사로 삼았다.

22   남양왕 사마모(司馬模)는 아문(牙門) 조염(趙染)에게 포판(蒲坂, 산서성 영제현)을 지키게 하였는데, 조염이 풍익(馮翊, 섬서성 대협현)태수를 시켜달라고 요구하였다가 얻지 못하자 화가 나서 무리를 거느리고 한에 항복하니, 한의 주군은 조염을 평서(平西)장군으로 삼았다.

8월에 유총이 조염과 안서장군 유아(劉雅)를 파견하여 기병 2만 명을 거느리고 장안에서 사마모를 공격하는데, 하내왕 유찬·시안왕 유요가 많은 무리를 이끌고 이를 뒷받침해 주었다. 조염이 동관(潼關, 섬서성 동관현)에서 사마모의 군사를 패배시키고 멀리까지 말을 달려서 하규(下邽, 섬서성 위남현)에 도착하였다.

양주(涼州)의 장군 북궁순(北宮純)[157]이 장안에서부터 그 무리를 인솔하고 한에 항복하였다. 한의 군사들이 장안을 포위하니 사마모가 순우정(淳于定)을 파견하여 나가 싸우게 하였으나 패하였다. 사마모의 창고는 텅 비어 고갈되었고, 사졸들은 흩어졌으므로 드디어 한에 항복

---

156 특수한 사건, 예컨대 황제에 등극하거나 태자를 세우는 경우에 거행하는 제사를 말한다. 천(天)과 오제(五帝)에 제사를 지낸다. 이러한 일은 진 무제 태시 원년(265년)에도 있었고, 《자치통감》 권79에 실려 있다.

157 북궁순은 3년 전에 양주에 파견되었었다.

하였다.

조염은 사마모를 하내왕 유찬에게 보냈는데, 9월에 유찬이 사마모를 죽였다. 관서(關西, 함곡관의 서부지역)지역에 기근이 들어서 백골이 들을 덮었고 병사와 백성 가운데 살아남은 사람이 백에 한두 명도 없었다. 유총은 시안왕 유요를 거기(車騎)대장군·옹주목(雍州牧)으로 삼고 다시 중산왕(中山王)으로 바꾸어 책봉하고 장안을 진수(鎭守)하게 하였다. 왕미를 대장군으로 삼고 제공(齊公)에 책봉하였다.

23 구희는 교만하고 사치하며 가혹하고 광포하자, 전 요서(遼西)태수 염형(閻亨)은 염찬(閻纘)의 아들인데, 자주 구희에게 간(諫)하였더니 구희가 그를 죽였다. 종사중랑 명예(明預)가 병이 들어 연(輦)을 타고 들어가서 간하였다. 구희가 화를 내며 말하였다.

"내가 염형을 죽였는데, 다른 사람의 일과 무슨 관계가 있다고 병들어 가지고 연을 타고서 나를 나무라는가?"

명예가 말하였다.

"밝으신 공께서 예의를 가지고 저 명예를 대하여주셨으니 그러므로 저 명예도 예의를 가지고 스스로 모든 것을 다 말씀드리는 것입니다. 지금 밝으신 공(公)께서 저 명예에게 화를 내시는데, 만약에 원근에 있는 사람들이 밝으신 공에게 화를 낸다면 어떻겠습니까? 걸(桀)은 천자가 되었지만 오히려 교만하고 포학하여 망하였는데, 하물며 신하인 경우에야! 바라건대 밝으신 공께서 화나는 것을 접어두시고 저 명예의 말을 생각해 보시기를 원합니다."

구희는 좇지 않았다.

이로 말미암아서 무리들의 마음은 떠나고 원망하게 되고, 그 위에 질병이 돌고 기근까지 겹쳤다. 석륵이 왕찬(王讚)[158]을 양하(陽夏, 하남성 태강현)에서 공격하여 포로로 잡고 드디어 몽성(蒙城, 하남성 상구시 북쪽)을 습격하여 구희와 예장왕 사마단(司馬端)을 잡아서 쇠줄을 구희의 목에 매어놓고 좌사마로 삼았다. 한의 주군 유총이 석륵에게 벼슬을 주어 유주목(幽州牧)으로 하였다.

왕미와 석륵[159]이 겉으로는 서로 친했으나, 속으로는 서로 시기하니 유돈(劉暾)[160]이 왕미에게 유세하여 조억(曹嶷)[161]의 군사를 불러서 석륵을 도모하게 하였다. 왕미가 편지를 써서 유돈에게 조억을 부르고, 또 석륵을 초청하여 함께 청주(靑州)로 향하자고 하였다.

유돈이 동아(東阿, 산동성 양곡현)에 이르렀다가 석륵의 유기병(遊騎兵)에게 붙잡히고 석륵이 몰래 유돈을 죽였지만 왕미는 알지 못하였다. 마침 왕미의 장수 서막(徐邈)·고량(高梁)이 갑자기 그들이 거느리는 군사를 이끌고 떠나버리자 왕미의 군사세력이 점차 쇠퇴하였다.

왕미는 석륵이 구희를 붙잡았다는 소식을 듣고 마음으로 이를 싫어하였지만 편지를 써서 석륵에게 축하하였다.

"공께서 구희를 붙잡아서 그를 채용하신다니 얼마나 그 신 같습니까! 구희에게 공의 왼쪽에서 보좌하게 하고, 저 왕미가 공의 오른쪽에서 보좌하면 천하는 평정된다는 말을 할 거리도 못됩니다."

석륵이 장빈(張賓)에게 말하였다.

---

158 진의 진류태수였다.

159 왕미는 대장군이었고, 석륵은 진동대장군이었다.

160 현재는 왕미의 모사이며, 진의 사예교위를 역임한 사람이다.

161 안동장군이다.

"왕공(王公)의 지위는 무거운데 말을 낮추니 그가 나를 도모하려고 하는 것이 분명하다."

장빈이 이를 이용하여 석륵에게 왕미가 조금 쇠퇴하는 기회를 틈타서 그를 유인하여 잡으라고 권고하였다.

그때 석륵은 바야흐로 걸활(乞活)[162]인 진오(陳午)와 봉관(蓬關, 하남성 개봉시의 남쪽)에서 서로 공격하고 있었고, 왕미도 역시 유서(劉瑞)와 더불어 서로 대치하고 있어서 아주 급한 상황이었다. 왕미는 석륵에게 구원병을 요구하였는데, 석륵이 아직 허락하지 않았다.

장빈이 말하였다.

"공은 항상 왕공[왕미]을 잡는 것이 편하지 못할까 걱정하셨는데, 오늘은 하늘이 왕공을 우리에게 보내주었습니다. 진오 같은 녀석은 걱정할 거리가 못 되고 왕공은 걸출한 인물이니 마땅히 일찍 그를 제거해야 할 것입니다."

석륵이 마침내 군사를 이끌고 가서 유서를 쳐서 그의 목을 베었다. 왕미는 대단히 기뻐하며 석륵은 실제로 자기와 친하다고 생각하고 다시는 의심을 품지 아니하였다.

겨울, 10월에 석륵은 왕미를 초청하여 기오(己吾, 하남성 영릉현)에서 연회를 열었다. 왕미가 장차 가려고 하자 장사 장숭(張嵩)이 간하였으나, 듣지 않았다. 술에 취하자 석륵이 손수 왕미의 목을 베고 그 무리들을 합병하고 한의 주군 유총에게 표문을 올려서 왕미가 반역하려고 하였다고 하였다.

---

162 장빈은 석륵의 모사이고 걸활은 말 그대로 살기 위하여 구걸하는 사람을 지칭하는데, 여기서는 북쪽에서 내려온 유민을 말한다.

유총이 크게 화를 내고 사자를 파견하여 석륵을 나무라며 말하였다.

"공작(公爵)이며 보필하는 신하에게 오로지 해를 입혔으니, 군주를 무시하는 마음을 가진 것이오."

그러나 오히려 석륵에게 진동(鎭東)대장군·독병유이주제군사(督幷·幽二州諸軍事)·영(領)병주자사[163]의 직책을 덧붙여주면서 그의 마음을 위로하였다. 구희·왕찬이 몰래 석륵에게 반란하려고 모의하니, 석륵이 그를 죽이고 아울러 구희의 동생 구순도 죽였다.

석륵은 군사를 이끌고 예주(豫州)에 속한 여러 군을 노략질하고 장강에 이르렀다가 돌아와서 갈피(葛陂, 하남성 신채현)에 주둔하였다.

애초에 석륵은 노략되어서 다른 사람에게 팔렸었기[164]에 그의 어머니 왕씨와 헤어졌다. 유곤(劉琨)이 그를 찾았고,[165] 그의 조카 석호(石虎)와 함께 석륵에게 호송하면서 그 기회에 석륵에게 편지를 보냈다.

"장군께서 용병하시는 것이 귀신같으시니 가는 곳에서는 대적할 사람이 없지만 천하를 두루 다니더라도 받아줄만한 곳이 없고 백 번 싸워 백 번 승리하더라도 한 자의 공로도 인정받지 못한 까닭은 대개 주군을 만나면 의병이 되는 것이고, 역적에게 붙으면 도적이 되기 때문입니다. 성패(成敗)의 운수는 마치 호흡하는 것과 같아서 불면 차가워지

---

163 진동(鎭東)대장군은 사진(四鎭) 장군의 하나로 계급이며, 독병유이주제군사(督幷·幽二州諸軍事)는 병주와 유주의 모든 군사에 관한 일을 감독하는 직책이며, 영(領)병주자사는 영직으로 병주자사라는 행정직을 관장하는 직책이다.

164 석륵이 팔려 다닌 일은 진 혜제 영흥 2년(305년)에 있었고, 이 사건은《자치통감》권86에 기록되어 있다.

165 유곤은 진의 병주자사로 석륵의 어머니 왕씨를 찾아낸 것이다. 다른 판본에는 그 다음에 '견사(遣使)'라는 두 글자가 있으므로 유곤이 사자를 석륵에게 파견하면서 그 어머니와 동생까지 딸려 보낸 것이다.

고, 들이 마시면 따뜻해집니다. 이제 시중·거기대장군·영호흉노(領護匈奴)중랑장·양성공(襄城公)을 주었으니, 장군께서는 이를 받으시오."166

석륵이 회답하는 편지를 썼다.

"공로를 세우는 일은 길이 다르니 썩어빠진 유자(儒者)가 알 바 아니오. 그대는 마땅히 본래의 조정에 정절을 바치고 나는 스스로 어려움을 극복하면서 본을 보이겠소."

유곤에게 명마와 진귀한 보배를 보내고 그 사자에게 후한 예우를 하고 고맙다고 하면서 그와 절교하였다.

그때 석호는 17세였는데, 잔인무도하여 군대 안에서 걱정거리였다. 석륵이 어머니에게 말하였다.

"이 아이가 흉포한 무뢰한이어서 군인에게 그를 죽이게 하면 명목상으로 애석하다고 말을 하게 될 것이니 스스로 그를 제거하는 것만 못합니다."

어머니가 말하였다.

"빠른 소는 송아지였을 때 대부분 수레를 부수어버리는 법이니, 너는 조금만 참아보아라."

그가 자라자 활을 쏘고 말을 타기를 잘하였고 용감하기로는 당시에 제일이었다.

석륵이 정로(征虜)장군으로 삼으니, 매번 성읍을 도륙하여 거의 남아 있는 것이 없게 하였다. 그러나 무리를 통제하는데 엄격하였고 복

---

166 진의 병주자사 유곤이 반란세력인 한을 떠나 진으로 귀부하라고 유혹한 것이다.

잡하게 하지 않아서 감히 범접하는 사람이 없었으며, 공격하여 토벌하라고 지시하면 가는 곳에서는 아무도 없는 듯하니 석륵이 드디어 그를 총애하고 일을 맡겼다. 석륵이 형양태수 이구(李矩)를 공격하였는데, 이구가 쳐서 그를 물리쳤다.

가필과 모용외

24　애초에, 남양왕 사마모는 종사중랑 색침(索綝)을 풍익(馮翊, 섬서성 대협현)태수로 삼았다. 색침은 색정(索靖)의 아들이다. 사마모가 죽자 색침은 안이(安夷)호군인 금성(金城, 감숙성 난주시) 사람 국윤(麴允)·빈양(頻陽, 섬서성 부평현)현령 양숙(梁肅)이 함께 안정(安定, 감숙성 경천현)으로 도망하였다.

그때 안정태수 가필(賈疋)이 여러 저족(氐族)·강족(羌族)과 더불어 모두 한에 아들을 인질로 보내고 있었는데, 색침 등이 음밀(陰密, 감숙성 영태현)에서 이들을 만나서 이들을 데리고 임경(臨涇, 안정군의 치소, 감숙성 진원현)으로 돌아와서 가필과 더불어 진(晉)나라의 황실을 부흥시킬 것을 모의하자 가필이 이를 좇았다.

마침내 다 함께 가필을 천거하여 평서(平西)장군으로 삼아 무리 5만 명을 거느리고 장안으로 향하였다. 옹주자사 국특(麴特)·신평(新平, 섬서성 빈현)태수 축회(竺恢)는 모두 한에 항복하지 않았는데, 가필이 군사를 일으켰다는 소식을 듣고, 부풍(扶風, 섬서성 홍평현)태수 양종(梁綜)과 더불어 무리 10만 명을 인솔하고서 그를 만났다. 양종은 양숙의 형이다.

한의 하내왕 유찬(劉粲)이 신풍(新豊, 섬서성 임동현)에 있었는데, 그의 장수인 유아(劉雅)·조염(趙染)에게 신평을 공격하게 하였으나 이기지 못하였다. 색침이 신평을 구원하려고 크고 작은 전투 100번을 싸웠는데, 유아 등이 패하여 물러났다.

중산왕 유요가 가필 등과 더불어 황구(黃丘, 섬서성 순화현)에서 싸웠는데 유요의 무리가 대패하였다. 가필은 드디어 한의 양주(梁州)자사 팽탕중(彭蕩仲)을 습격하여 그를 죽였다. 국특 등이 신풍에서 유찬을 격파하자 유찬이 평양(平陽, 한의 도읍)으로 돌아왔다. 이에 가필 등의 군사 세력이 크게 떨쳤고, 관서(關西, 함곡관의 서부)의 호인(胡人)들과 진에서 한꺼번에 호응하였다.

염정(閻鼎)[167]이 진왕(秦王) 사마업(司馬業)을 모시고 관중으로 들어가서 장안을 점거하고 사방에 호령하고자 하니, 하음(河陰, 낙양의 동북쪽)현령 부창(傅暢)이 부지(傅祗, 재상임)의 아들인데, 또한 편지를 보내어 그것을 권고하니 염정이 드디어 출발하였다. 순번(荀藩)·유주(劉疇)·주의(周顗)·이술(李述)[168] 등은 모두 산동 사람이어서 서쪽으로 가려고 하지 아니하여 중도에 도망하고 흩어졌고, 염정은 군사를 파견하여 그들을 쫓아갔으나 따라잡지 못하고, 이긍(李絚)[169] 등을 죽였다.

염정과 사마업이 완(宛, 하남성 남양시)에서 무관(武關, 섬서성 상현의 경계 지역)으로 나아가다가 상락(上洛, 섬서성 상현)에서 도적을 만나서

---

167 예주자사이다.

168 순번은 사공이고, 유주는 사도좌장사이며, 주의는 진군장사이고, 이술은 사마이다.

169 중서령이다.

사졸들이 패하여 흩어지자 그 나머지 무리를 거두어서 나아가 남전(藍田, 섬서성 남전현)에 도착하여 사람을 시켜 가필에게 알리니 가필이 군사를 파견하여 그를 영접하고, 12월에 옹성(雍城, 섬서성 봉상현)에 들어가서 양종에게 군사를 거느리고 이를 호위하게 하였다.

주의가 낭야왕 사마예에게로 달아나니 사마예가 주의를 군자좨주(軍諮祭主)로 삼았다. 전에 기(騎)도위였던 초국(譙國, 안휘성 박현) 사람 환이(桓彝)도 역시 난을 피하여 장강을 건넜는데, 사마예가 미약한 것을 보고 주의에게 말하였다.

"나는 중주(中州, 중원지역)에 많은 사고가 있어서 이곳에 와서 온전하게 되기를 구하였으나 단출하고 약한 것이 이와 같으니 장차 어떻게 해결해 갈 것이오?"

그리고 나서 왕도(王導)[170]를 보고 함께 세상일에 관하여 논의하고 물러나서 주의에게 말하였다.

"좀 전에 관이오(管夷吾)[171]를 만나보았더니 다시는 걱정할 것이 없소."

여러 명사들이 서로 함께 신정(新亭, 강소성 남경시 남쪽 강변에 있는 정자)에 올라가서 노는 연회를 하였는데, 주의가 중간에 앉아 있다가 탄식하며 말하였다.

"풍경이 특별한 것이 없지만 눈을 들어보니 장강과 황하는 차이가 있구려!"

이 말로 서로 바라보면서 눈물을 흘렸다.

---

170 진동장군부의 사마이다.

171 관이오는 춘추시대의 관중이다. 여기서는 왕도를 관중에 비유한 것이다.

왕도는 결연히 안색을 바꾸어서 말하였다.

"마땅히 함께 왕실을 위해 힘을 합하여 신주(神州, 중원지역)를 회복시켜야 할 것이지 어찌하여 초(楚)의 죄수들 같은 얼굴을 해가지고 마주 보고 눈물을 흘린단 말이오."

여러 사람이 모두 눈물을 거두고 그에게 사과하였다.

진군(陳頵)[172]이 왕도에게 편지를 보냈다.

"중화(中華, 중원)가 기울어지고 피폐된 까닭은 바로 인재를 선발하여 적당한 자리에 두는 것에 실패하였으니, 허명(虛名)을 먼저 거론하고 실제 사실을 뒤로 미루었으며, 들뜬 경쟁으로 달려 나가면서 서로 추천하여서 중하다고 거론되는 사람은 먼저 드러나고 가볍다고 거론되는 사람은 뒤로 처지니, 드디어 이러한 것이 서로 파급되어 마침내 지지부진하게 된 것입니다.

그 위에 장자(莊子)·노자(老子)의 풍속이 조정을 기울이고 현혹시켜서 명망을 기르는 사람을 도량이 넓고 우아한 사람이라고 길러주고, 정사에 참여하는 사람은 속된 사람이 되어서 왕이 해야 할 직무는 걱정도 안 하고, 법이라는 것도 떨어지고 없어졌습니다.

무릇 먼 곳을 통제하려고 한다면 먼저 가까운 곳에서 시작하여야 합니다. 지금 의당 다시 고쳐서 펼치며 상주는 일을 분명히 하고 벌주는 일을 믿음직스럽게 하며 탁무(卓茂)를 밀현(密縣, 하남성 밀현)에서 발탁하고,[173] 주읍(朱邑)을 동향(桐鄉, 안휘성 동성현)에서 드러내 듯하

---

172 진동장군부의 행참군이었다.

173 후한 광무제가 물러나 있는 탁무를 발탁하였다. 이는 한 광무제 건무 원년(25년)의 일로,《자치통감》권40에 실려 있다.

고.[174] 그런 다음에 대업을 거론할 수 있고 중흥시키는 일도 바라볼 수 있습니다."

왕도는 이 말을 좇을 수가 없었다.

25   유곤(劉琨)[175]이 사람을 불러 모아 품어주는 데는 장기를 가졌으나, 그들을 다독거리고 통솔하는 점에서는 부족하여 하루 동안에 비록 귀부하는 사람이 수천 명이라고 하더라도 떠나는 사람도 또한 서로 이어져 있었다.

유곤이 아들 유준(劉遵)을 파견하여 대공(代公) 탁발의로(拓跋猗盧)에게 군사를 청하고, 또 친족인 고양(高陽, 하북성 고양현)내사 유희(劉希)를 파견하여 중산(中山, 하북성 정현)에다 무리를 모으게 하니, 유주가 통할하는 대군(代郡, 하북성 울현)·상곡(上谷, 하북성 회래현)·광녕(廣寧, 요녕성 북진현)의 백성들이 많이 그에게 귀부하여 그 무리가 3만 명에 이르렀다.

왕준(王浚)[176]이 화를 내고,[177] 연(燕)의 재상 호구(胡矩)를 파견하여 모든 군사를 감독하게 하여 요서공(遼西公) 단질육권(段疾陸眷)[178]

---

174 주읍은 서동향의 색부(嗇夫)였는데, 청렴하고 가혹한 행동을 못하고 이익을 찾아서 행동하지 못하는 사람이었다. 한(漢) 선제(宣帝)가 그를 들어서 채용하여 관직이 대사농에 이르렀다.

175 진의 병주자사이다.

176 대사마 겸 유주자사이다.

177 왕준이 관할하는 유주는 하북성 북부인데, 유희가 이에 속한 세 군에서 사람들을 모아갔으므로 화를 낸 것이다.

178 선비족 추장이다.

과 함께 유회를 공격하여 그를 죽이고, 말을 몰아 세 군의 남녀를 약취(略取)하여 갔다. 단질육권은 단무물진(段務勿塵)의 아들이다. 탁발의로는 그의 아들 탁발육수(拓跋六脩)를 파견하여 군사를 거느리고 유곤을 도와서 신흥(新興, 산서성 흔현)을 지키게 하였다.

유곤의 아문장 형연(邢延)이 벽옥(碧玉)을 유곤에게 바치니, 유곤이 이것을 탁발육수에게 주었고 탁발육수는 다시 형연에게 가서 이것을 요구하였으나 얻지 못하자 형연의 처자를 잡아갔다. 형연이 화가 나서 그가 거느리는 병사를 가지고 탁발육수를 습격하니 탁발육수는 달아나고, 형연이 드디어 신흥지역을 바치면서 한에 귀부하고, 군사를 청하여 병주(幷州, 유곤이 자사임)를 공격하였다.

26   이진(李臻)이 죽었을 때[179] 요동(遼東)에 붙어 있는 요새에 사는 선비족인 소희련(素喜連)·목환진(木丸津)이 이진에게 원수를 갚는다는 이유를 들어 여러 현을 공격하여 함락시키고 병사와 백성들을 죽이고 약취하여 갔으며, 여러 차례 군의 군대를 패배시키고 몇 년을 계속하여 침략하였다.

동이(東夷)교위 봉석(封釋)이 이들을 토벌할 수 없게 되자 소희련에게 화해하자고 청하였는데, 소희련·목환진이 좇지 않았다. 백성들이 직업을 잃고 모용외(慕容廆)에게 귀부하는 사람이 아주 많아지니 모용외는 그들에게 먹을 것을 공급하고 돌려보냈지만 그곳에 남기를 원하는 사람에게는 바로 달래주면서 살게 하였다.

---

179 이진은 동이교위였는데, 회제 영가 3년(309년)에 요동태수 방본에게 습격을 받아 죽었다.

모용외[180]의 작은아들인 응양(鷹揚)장군 모용한(慕容翰)이 모용외에게 말하였다.

"옛날부터 일을 하는 군주는 천자를 존중하고 백성들의 희망을 좇아서 대업을 이룩하지 않는 사람이 없었습니다. 지금 소희련·목환진이 밖으로는 방본(龐本)에게 원수를 갚는다는 명목을 내세우고 있지만 속으로는 실제로 재앙이 들어 혼란한 것을 다행으로 생각하고 있습니다.

봉사군(封使君)[181]께서 이미 방본을 주살하고 화해를 청하였으나, 침략하고 폭행하는 일을 그치지 않고 있습니다. 중원은 흩어지고 혼란하며 주(州)[182]의 군사들은 떨치지 못하고 요동이 황폐하여 백성들이 흩어지고 있지만 이들을 구휼(救恤)하지 못하고 있으니 선우(單于)[183]께서 그들의 죄를 헤아리며 토벌하는 것만 못합니다.

위로는 요동지역을 부흥시키고, 아래로는 두 부(部)[184]를 병탄하여 충성과 의로움을 본조(本朝)에 빛내고, 사사로운 이익은 우리나라에 귀속하게 될 것이니 이는 패왕(霸王)의 기업이 됩니다."

모용외가 웃으며 말하였다.

"어린아이가 여기까지 생각이 미칠 수 있었느냐?"

드디어 무리를 이끌고 동쪽으로 가서 소희련·목환진을 공격하는데, 모용한이 선봉에 서서 그들을 깨뜨려 목을 베고, 이들 두 부의 무리들

---

180 모용외는 다른 선비족의 우두머리이고, 자칭 모용 선우라고 하였다.

181 동이교위인 봉석을 말하는 것이고, 사군은 존칭어이다.

182 평주의 군사를 말하는 것으로 동이교위가 관할하는 병사이다.

183 모용외는 이때 스스로 선우라고 자칭하였다.

184 소희련과 목환진이 거느린 두 부를 말한다.

을 모두 병합시켰다. 노략질을 당했던 백성이 3천여 가구를 얻었는데, 전에 모용외에게 귀부하였던 사람을 모두 군으로 보내니 요동군은 이 것에 의지하여 다시 살아남게 되었다.

봉석이 병이 들어서 그의 손자 봉혁(封奕)을 모용외에게 부탁하였다. 봉석이 죽자 모용외가 봉혁을 불러 이야기를 하고서 기뻐하며 말을 하였다.

"기이한 인사로다!"

소도독[185]에 보임하였다. 봉석의 아들인 기주(冀州, 하북성 중남부)주부(主簿) 봉전(封悛)·유주(幽州, 하북성 북부)참군 봉추(封抽)가 와서 상례에 참여하였다.

모용외가 이들을 보고 말하였다.

"이 집안사람들은 하늘에서 떨어진 천근이나 나가는 힘센 소로다."

도로가 불통하여 영구(靈柩)가 고향으로 갈 수 없게 되자 모두 남아 모용외에게서 벼슬하니, 모용외는 봉추를 장사로 삼고, 봉전을 참군으로 삼았다.

왕준은 처삼촌인 최비(崔毖)를 동이교위로 삼았다. 최비는 최염(崔琰)의 증손이었다.＊

---

185 초급 지휘관에 해당하는 직책이다.

진기10

북방을 포기한 진

```
┌─────────────────────────────────────┐
│        석륵을 구한 장빈의 계책        │
└─────────────────────────────────────┘
```

회제 영가 6년(壬申, 312년)[1]

1   봄, 정월 한의 호연후(呼延后)가 죽으니 시호를 무원(武元)이라고
하였다.

2   한의 진북(鎭北)장군 근충(靳沖)·평북(平北)장군 복후(卜珝)가 병
주(幷州, 치소는 산서성 태원시)를 침략하였다. 신미일(19일)에 진양(晉
陽, 산서성 태원시)을 포위하였다.

3   갑술일(22일)에 한의 주군 유총(劉聰)이 사공 왕육(王育)·상서 임
의(任顗)의 딸을 좌(左)·우소의(右昭儀)로 삼고, 중군(中軍)대장군 왕
창(王彰)·중서감 범륭(范隆)·좌복야 마경(馬景)의 딸을 모두 부인으로
삼고, 우복야 주기(朱紀)의 딸을 귀비[2]로 삼고서 모두에게 금으로 된

─────────

1   성(成, 前蜀) 무제(武帝) 옥형 2년, 한(漢, 前趙) 소무제(昭武帝) 가평(嘉平) 2년
이다.

인장과 붉은 인수를 주었다.

유총이 장차 태보 유은(劉殷)의 딸을 받아들이려고 하였으나, 태제 유예(劉乂)가 굳게 간하였다. 유총은 태재 유연년(劉延年)·태부 유경(劉景)에게 이 일에 관하여 물었더니 모두 말하였다.

"태보가 스스로 유강공(劉康公)의 후예라고 말하고 있어서 폐하와는 조상이 다르니, 그들을 받아들인다 하여 무슨 잘못이 있겠습니까?"[3]

유총이 기뻐하며 유은의 두 딸인 유영(劉英)·유아(劉娥)를 좌·우 귀빈(貴嬪)으로 삼았는데, 그 지위는 소의(昭儀)의 위에 두었으며, 또 유은의 네 손녀를 받아 들여서 모두 귀인(貴人)으로 삼았는데, 지위는 귀비의 다음이었다. 이에 여섯 명의 유씨에게로 총애가 기울어져서 유총이 밖으로 나오는 일이 드물어졌고, 일은 모두 중황문에서 상주하여 결정하였다.

4   옛날 신야왕 사마흠(司馬歆)[4]의 아문장(牙門將)이었던 호항(胡亢)이 경릉(竟陵, 호북성 종상현)에서 무리를 모아 스스로 초공(楚公)이라고 하면서 형(荊, 호북성)지역을 노략질을 하니, 유흠의 남만사마(南蠻司馬)인 신야(新野, 하남성 신야현) 사람 두증(杜曾)을 경릉태수로 삼

---

2 소의는 1급 비빈이고, 부인은 2급 비빈이며, 귀비는 3급 비빈이다.

3 유강공은 주(周)나라의 경사(卿士)였고 유(劉)에 식읍을 갖고 있어서 후에 유씨라는 성을 갖게 되었다. 유강공은 주의 광왕(匡王)의 아들이라고도 하고 정왕(定王)의 아들이라고도 하며, 강공은 시호이다. 유총은 비록 성은 유씨이지만 흉노 종족이므로 같은 유씨여서 비빈으로 받아들이는 것에 반대한 유예의 말이 맞지 않는다는 뜻이다.

4 사마흠은 혜제 태안 2년(303년)에 장창에게 죽었다. 이 사건은 《자치통감》 권 85에 실려 있다.

았다. 두증이 용감하기로는 삼군 가운데 으뜸이어서 갑옷을 입고 물속에서 수영을 할 수 있었다.

5   2월 초하루 임자일에 일식이 있었다.

6   석륵이 갈피(葛陂, 하남성 신채현의 북쪽 40km)에 보루를 쌓고 농사를 장려하고 배를 만들면서 장차 건업(建業, 남경)을 공격하려고 하였다. 낭야왕(琅邪王) 사마예가 장강 남쪽에 있는 무리들을 수춘(壽春, 안휘성 수현)에 많이 모아놓고, 진동(鎭東)장군부[5]의 장사(長史)인 기첨(紀瞻)을 양위(揚威)장군으로 삼고 여러 군사를 총감독하며 이를 토벌하게 하였다.

마침 큰 비를 만나서 석 달 동안 그치지 않자 석륵의 군사들 가운데는 주리고 병든 사람이 생겨서 죽은 사람이 반을 넘었으며, 진(晉)의 장군이 도착한다는 소식을 듣고, 여러 보좌하는 장수들을 모아놓고 이를 의논하였다.

우장사(右長史) 조응(刁膺)이 먼저 사마예에게 정성을 보내 하삭(河朔, 북중국)의 땅을 깨끗하게 청소하여 스스로의 죄를 속죄 받게 해달라고 청하고, 그들의 군사들이 물러나기를 기다렸다가 다음에 서서히 이를 도모하자고 하니 석륵이 엄숙한 얼굴로 오래 탄식하였다. 중견(中堅)장군 기안(夔安)이 높은 곳으로 올라가서 수재를 피하자고 청하였다.

석륵이 말하였다.

"장군은 어찌 그리 겁쟁이요?"

---

5   사마예가 진동대장군이었다.

공장(孔萇) 등 30여 명의 장수들이 각기 군사를 거느리고 여러 길로 나누어 밤중에 수춘을 공격하여 오에 있는 장수들의 목을 베고 그 성을 점거하고 그들의 곡식을 먹으면서 금년 중에 단양(丹陽, 건업 즉, 남경을 말함)을 격파하고 강남을 평정하게 해달라고 청하였다. 석륵이 웃으면서 말하였다.

"이는 용감한 장수의 계책이오."

각 사람에게 무장한 말 한 필씩을 하사하였다.

고개를 돌려서 장빈(張賓)에게 말하였다.

"그대의 생각으로는 어떻소?"

장빈이 말하였다.

"장군께서 경사[6]를 공격하여 함락시키고, 천자를 사로잡아 가두고, 왕공(王公)들을 죽이고, 왕비와 공주를 붙들어 처로 삼으니, 장군의 머리카락을 뽑으면서 장군의 죄를 센다고 하여도 모자랄 터인데,[7] 어찌 다시 그들의 신하가 되어 받든단 말입니까?

작년에 이미 왕미(王彌)를 죽였으니 이곳으로 오지 않았어야 옳았습니다. 지금 날씨는 수백 리에 걸쳐서 장맛비가 내리는 것은 장군에게 이곳에 머물러서는 안 된다는 것을 보여주는 것입니다. 업성(鄴城, 하북성 임장현)은 삼대(三臺)[8]의 견고함을 가지고 있고, 서쪽으로는 평양(平

6　진의 수도 낙양을 말한다.

7　머리카락을 뽑으며 죄를 센다고 하여도 죄가 커서 머리카락이 모자랄 지경이라는 말이다.

8　업성의 서북쪽에는 세 개의 대가 있는데, 이 대를 기초로 하여 성을 쌓았다. 한 건안 15년에 위 무제가 쌓은 것으로 가운데 있는 것을 동대(銅臺)라고 하고 높이는 10장(丈)이지만 그 뒤에 있는 석호(石虎)는 2장을 더 쌓았다. 남쪽

陽, 한조의 도읍지)과 인접해 있으며, 산하로 사방이 막혀 있으니 의당 북쪽으로 옮겨가서 그곳을 점거하고서 황하 북쪽지역을 경영해야 하고, 황하의 북쪽이 이미 평정되고 나면 천하에서는 장군의 오른쪽에 있을 만한 사람이 없을 것입니다.

진이 수춘을 지키고 있는 것은 장군이 가서 그곳을 공격할까 두려워하는 것일 뿐이니 저들은 우리들이 떠났다는 소문을 들으면 스스로를 온전하게 된 것을 기뻐할 것인데, 어느 겨를에 우리들의 뒤를 쫓아와서 습격하여 우리를 불리하게 만든단 말입니까?

장군께서는 의당 치중(輜重)[9]을 북쪽 길로 먼저 출발시키시고, 장군은 대군을 이끌고 수춘을 향하십시오. 치중이 멀리 갔을 때쯤에 대군을 천천히 돌리신다면 나아가거나 돌아갈 곳이 없다고 걱정할 것이 무엇입니까?"[10]

석륵이 소매를 걷어 올리고 수염을 떨면서 말하였다.

"장군(張君, 장빈)의 계책이 옳소."

조응을 나무라며 말하였다.

"그대는 이미 나를 보좌하고 있으니 마땅히 함께 큰 공로를 세워야 할 것이거늘 어찌하여 급하게 고(孤)에게 항복하라고 권고하는가? 이 대책을 세운 사람은 마땅히 목을 베어야 할 것이다. 그러나 평소 그대

에는 금작대(金雀臺)가 있는데 높이는 8장이고, 북쪽에는 빙정대(氷井臺)가 있는데 높이는 역시 8장이다.

9 군대에 필요한 무거운 물건들을 실은 수레를 말한다. 양식이나 무거운 무기, 마초 같은 것을 실은 수레이다.

10 이것이 장빈의 갈피 대책이다. 이 대책은 한신의 한중(漢中) 대책과 제갈량의 융중(隆中) 대책과 아울러 유명한 대책으로 알려져 있다.

가 겁쟁이라는 것을 알고 있으므로 특별히 용서할 뿐이다.”

이에 조응을 쫓아내어 장군으로 삼고, 장빈을 발탁하여 우장사(右長史)로 삼고 '우후(右侯)'라고 불렀다.

석륵이 병사를 이끌고 갈피를 출발하면서 석호(石虎)를 파견하여 기병 2천 명을 거느리고 수춘을 향하게 하였는데, 진(晉)의 운반선을 만나자 석호의 장사들이 이를 싸워 빼앗았으나 기첨에게 패하였다. 기첨은 뒤를 추격하여 100리쯤 달려가는데, 앞으로 석륵의 군대에 다다르니, 석륵이 진을 치고 그들을 기다리고 있자 기첨이 감히 공격하지 못하고 물러나서 수춘으로 돌아갔다.

7   한의 주군 유총이 황제[11]를 회계군공(會稽郡公)에 책봉하고 의동삼사의 직위를 덧붙여주었다. 유총이 조용히 황제에게 말하였다.

“경이 옛날에 예장왕(豫章王)이었을 때 짐과 왕무자(王武子)[12]가 경을 방문했더니 왕무자는 경에게 짐을 칭찬하였고, 경은 그 이름이 오래 갈 것이라고 하는 말을 들었다고 말하면서 짐에게 자궁(柘弓)[13]과 은연(銀研)[14]을 주었었는데, 경은 이를 기억하고 있소?”

---

11 포로로 잡힌 진(晉) 황제였던 사마치를 말한다. 이미 붙잡혀서 포로가 된 상황이지만 아직 진(晉)에는 새로운 황제가 세워지지 않아서 사마광은 사마충을 계속 제(帝)라고 쓰고 있고 황제에 오른 한의 유총을 한주(漢主)라고 적고 있다.

12 왕제(王濟)를 말한다. 왕제의 자가 무자이다.

13 뽕나무로 만든 활이다. 나무의 중심이 노란색이고 단단하여 뽕나무 활은 양궁(良弓)으로 알려졌다.

14 은으로 만든 벼루이다.

황제가 말하였다.

"신이 어찌 감히 그것을 잊었겠습니까? 다만 그날 일찍이 용안을 알아보지 못한 것을 한스럽게 생각할 뿐입니다."

유총이 말하였다.

"경의 집안에서 어찌하여 골육들이 이처럼 서로 해치게 되었소?"

황제가 말하였다.

"위대한 한[15]은 장차 하늘의 뜻에 감응하여 천명을 받았던 연고로 폐하를 위하여 스스로 서로 몰아내고 제거하였으니, 이는 거의 하늘의 뜻이지 사람이 한 일은 아닐 것입니다. 또 신의 집안이 만약에 무황제의 기업을 받들 수가 있고, 9족이 두텁게 화목하였다면 폐하께서 어떻게 이를 얻었겠습니까?"

유총이 기뻐하고서 소유귀인(小劉貴人)[16]을 황제에게 처로 삼게 하고서 말하였다.

"이 사람은 저명한 공경집안의 손녀이니, 경이 그녀를 잘 대우해 주시오."

---

15 당시 한조(漢趙)제국은 아직도 국호를 한(漢)이라고 불렀기 때문에 한이라고 하였다.

16 유총의 귀인이 되었던 유은의 네 손녀 가운데 가장 어린 사람을 말한다.

유곤을 도와준 탁발의로

8   대공(代公) 탁발의로(拓跋猗盧)가 군사를 파견하여 진양(晉陽, 산서성 태원시)을 구원하였는데, 3월 을미일(14일)에 한의 군사가 패하여 달아났다. 복후(卜珝)의 병졸이 갑자기 먼저 달아나니 근충(靳沖)[17]이 멋대로 복후를 잡아서 목을 베자 유총이 크게 화가 나서 사자를 파견하여 지절(持節)을 가지고 근충의 목을 베었다.

9   유총이 그의 외삼촌인 보한(輔漢)장군 장식(張寔)의 두 딸 장휘광(張徽光)·장려광(張麗光)을 받아들여서 귀인으로 삼았는데, 태후 장씨의 뜻이었다.

10   양주(涼州, 감숙성 중서부)의 주부(主簿) 마방(馬魴)이 장궤(張軌)[18]에게 유세하였다.

---

17 탁발의로는 진의 대공이고, 복후는 한의 평북장군이고, 근충은 진북장군이었다.

18 진의 양주자사이다.

"의당 군사를 출전시켜서 황실을 추대하고 보위하도록 명령하여야 합니다."

장궤는 이 말을 좇아서 말을 달려 격문을 관중(關中, 섬서성)으로 보내고 함께 진왕(秦王)[19]을 높여 보필하자고 하였다.

또 말하였다.

"지금 전봉(前鋒)독호 송배(宋配)를 파견하여 보병과 기병 2만 명을 인솔하여 지름길로 장안으로 가게 하고, 서(西)중랑장 장식은 중군(中軍) 3만 명을 인솔하였으며, 무위(武威, 감숙성 무위시)태수 장전(張琠)은 호기(胡騎) 2만 명을 인솔하고 서로 연락하면서 이어서 출발하라."

11 여름, 4월 병인일(16일)에 정남(征南)장군 산간(山簡)이 죽었다.

12 한의 주군 유총이 그의 아들 유부(劉敷)를 발해왕(渤海王)으로 삼고, 유기(劉驥)를 제남왕(濟南王)으로 삼고, 유난(劉鸞)을 연왕(燕王)으로 삼고, 유홍(劉鴻)을 초왕(楚王)으로 삼고, 유매(劉勱)를 제왕(齊王)으로 삼고, 유권(劉權)을 진왕(秦王)으로 삼고, 유조(劉操)를 위왕(魏王)으로 삼고, 유지(劉持)를 조왕(趙王)으로 삼았다.

13 유총이 물고기와 게가 제대로 공급되지 않자 좌도수사자(左都水使者)[20]인 양릉왕(襄陵王) 유터(劉攄)의 목을 베었고, 온명전(溫明殿)과 휘광전(徽光殿) 두 전각이 완성되지 않자 장작대장(將作大匠)인 망

---

19 진의 진왕은 사마업(司馬業)이다.
20 동부지역의 하천 관리책임자이다.

도공(望都公) 근릉(靳陵)의 목을 베었다. 분수(汾水)에서 고기잡이를
구경하다가 어두워져 밤이 되어도 돌아오지 않았다.

중군(中軍)대장군 왕창(王彰)이 간하였다.

"근래에 폐하께서 하시는 일을 보니, 신은 실로 마음이 아프고 머리
가 지끈거립니다. 지금 어리석은 백성들이 우리 한에 귀부하고 하고자
하는 뜻을 아직 오로지하지 못하고 진(晉)을 생각하는 마음이 오히려
성하고 있으며, 유곤(劉琨)이 지척 간[21]에 있어서 자객(刺客)이 횡행하
고 있는데 제왕이 가볍게 나가게 되면 한 지아비라도 대적하게 됩니다.
바라건대 폐하께서 지난날의 일을 고치고 앞으로의 일을 닦으신다면
억조나 되는 사람들에게 아주 다행한 일일 것입니다."

유총이 크게 화가 나서 그의 목을 베라고 명령하였지만 왕(王)부인
[22]이 머리를 조아리고 애달프게 빌자 마침내 그를 가두었다. 태후 장
씨는 유총의 형벌이 지나치자 3일간 식사를 하지 않았고, 황태제 유예
(劉義)와 선우(單于) 유찬(劉粲)이 관(棺)을 짊어지고 가서 간절하게 간
하였다. 유총이 화가 나서 말하였다.

"내가 어찌 걸(桀)·주(紂) 같은 임금이라고 너희들이 와서 산 사람에
게 곡(哭)을 하다니!"

태재 유연년(劉延年)·태보 유은(劉殷) 등 공경·열후 100여 명이 모
두 관(冠)을 벗고 눈물을 흘리며 말하였다.

"폐하께서 세우신 공로는 높고 베푸신 덕은 두터우셔서 당세에 비교

---

21 유곤은 진의 병주(산서성)자사인데, 태원에 있었으므로 한의 도읍인 평양까지
   는 220km 정도 떨어져 있다.

22 왕창의 딸이다.

할만한 사람이 적으며 과거에는 당·우(唐·虞) 같은 분이고 오늘날에는 폐하이십니다.

그러나 근래에는 소소한 것이 공급되지 아니하였다하여 급히 왕공 (王公)의 목을 베고, 곧은 말로 뜻을 거슬렀다 하여 급히 대장[23]을 가두시었습니다. 이러한 것들을 신들이 가만히 이해하지 못하고 있으며, 그러므로 서로 더불어 걱정하는 것이고, 잠자는 것과 먹는 것을 잊게 된 것입니다."

유총이 감개무량한 듯 말하였다.

"짐이 어제 크게 술이 취하였으니, 그것은 본심(本心)이 아닌데, 공들이 이를 말하지 않았다면 짐은 내 허물을 듣지 못할 번 하였소."

각 사람에게 비단 100필씩을 내려주고, 시중에게 지절을 가지고 가서 유창을 사면하게 하고 말하였다.

"먼저 돌아가신 황제[24]께서 그대를 좌우의 손같이 의지하여 그대의 공훈은 두 대에 걸쳐 있으니 짐이 어찌 이를 잊겠는가! 이 일단의 과실을 그대는 싹 없애기를 바라오. 그대는 나라를 걱정하는 마음을 깊이 품을 수 있기를 짐은 바라는 바이오. 지금 그대를 올려서 표기(驃騎)장군·정양군공(定襄郡公)으로 삼으니, 뒤에도 미치지 못한 것이 있다면 자주 이를 바르게 고쳐주었으면 다행이겠소."

14　왕미(王彌)가 이미 죽었으므로[25] 한의 안북(安北)장군 조고(趙

---

23 왕공이란 유터와 근릉이며, 대장이란 왕창을 말한다.

24 유연을 말한다.

25 회제 영가 5년(311년)의 일이고, 왕미는 이때 한의 정동대장군이었는데, 이에

固)·평북(平北)장군 왕상(王桑)이 석륵에게 병탄될까 두려워서 군사를
이끌고 평양(平陽, 한의 도읍지)으로 돌아가고자 하는데, 군중(軍中)에
는 양식이 모자라서 사졸들이 서로 잡아먹게 되자 마침내 교요진(破硤
津, 하남성 연진현의 서북쪽에 있는 나루)에서 서쪽으로 황하를 건넜다.

유곤(劉琨)²⁶이 형의 아들 유연(劉演)을 위군(魏郡, 하남성 임진현)태
수로 삼아 업성(鄴城, 하남성 임장현)에서 진수하라고 하니 왕상은 유연
이 그를 요격(邀擊)할까 두려워서 장사(長史) 임심(臨深)을 파견하여
유곤에게 가서 인질이 되게 하였다. 유곤은 조고를 옹주(雍州, 섬서성 북
중부)자사로 삼고, 왕상은 예주(豫州, 하남성 동부)자사가 되었다.

15   가필(賈疋)²⁷ 등은 장안(長安)을 포위하고 몇 달을 지냈는데, 한의
중산왕(中山王) 유요(劉曜)가 계속하여 싸웠으나 모두 패하자 병사와
여자 8만여 명을 겹주어 몰고서 평양으로 달아났다. 진왕(秦王) 사마업
(司馬業)²⁸이 옹성(雍城, 섬서성 봉상현)에서부터 장안으로 들어갔다.

5월에 한의 주군 유총이 유요의 벼슬을 깎아 용양(龍驤)대장군으로
삼아서 대사마(大司馬)의 직책을 대행하게 하였다.²⁹ 유총은 하내왕
(河內王) 유찬(劉粲)에게 삼저(三渚, 하남성 맹진현의 서북쪽)에서 부지
(傅祇)를 공격하고, 우장군 유참(劉參)은 회현(懷縣, 하남성 무척현)에서

관한 일은《자치통감》권87에 실려 있다.

26 진의 병주(산서성)자사였다.

27 진의 안정군수이다.

28 진의 진왕이다.

29 행직(行職)으로 강등시킨 것이다.

곽묵(郭默)[30]을 공격하게 하였는데 부지가 병들어 죽자 성이 함락되었고, 유찬은 부지의 자손과 그의 병사와 백성들 2만여 호를 평양으로 옮겼다.

16 6월에 한의 주군 유총이 귀빈(貴嬪) 유영(劉英)을 황후로 세우려고 하였지만 장태후가 귀인 장휘광(張徽光)을 세우려고 하니 유총이 부득이 이를 허락하였다. 유영은 얼마 있지 않아서 죽었다.

17 한의 대창문헌공(大昌文獻公) 유은(劉殷)[31]이 죽었다. 유은이 재상이 되어서는 황제의 체면을 범하지 않고 그 뜻을 거스르지 않았지만 그러나 일에 따라서 나아가서 간하였으므로 보탬이 되고 도움이 아주 많이 되었다.

한의 주군 유총이 여러 신하들과 정사를 논의할 때마다 유은이 옳고 그른 것을 말하는 바가 없었지만 여러 신하들이 나가고 나면 유은이 혼자 남아서 유총에게 이치를 조목조목 펼쳐서 설명하고 일의 마땅한 바를 대략 드러내니 유총이 그의 말을 좇지 않은 것이 없었다.

유은이 항상 자손들에게 경계하여 말하였다.

"군주를 섬길 때에는 마땅히 기간(幾諫)[32]을 하여야 한다. 보통 사람에게라도 오히려 면전에서 그의 허물을 지적하여 나무랄 수 없는데

---

30 부지(傅祗)는 진의 사도(司徒) 즉, 재상이었고, 곽묵(郭默)은 진의 하내군태수이다. 그의 근거지는 회현이었다.

31 유은은 한의 대창공이었고, 죽은 다음에 시호를 문헌공으로 했다.

32 조금만 살짝 드러나도록 간언하는 것을 말한다. 이에 대하여 자기가 간언하는 말을 다른 사람이 알도록 하는 것을 현간(顯諫)이라고 한다.

하물며 만승의 천자 앞에서이랴! 무릇 기간하는 공로는 황제의 용안을 범접하는 것과 다름이 없기는 하지만 그러나 군주의 허물을 드러내지 않는 것이므로 낫다는 것이다."

관직이 시중·태보·녹상서에 이르게 되어 칼을 차고 신발을 신고 전각에 오르고 조현에 나갈 때도 잰걸음으로 나가지 않고[33] 가마를 타고 전각에 들어가게 되었다. 그러나 유은은 공경들 가운데 있으면서 항상 공손하고 자기를 낮추고 양보하는 기색을 갖고 있었으니 그러므로 교만하고 포학한 나라에 있으면서도 그의 부귀를 보존하였고, 빛나는 이름을 잃지 않았으며 수명도 스스로 잘 끝맺었다.

18   한의 주군 유총이 하간왕 유이(劉易)를 거기(車騎)장군으로 삼고, 팽성왕(彭城王) 유익(劉翼)을 위(衛)장군으로 삼아서 나란히 군사를 관장하고 숙위하게 하였다. 고평왕(高平王) 유괴(劉悝)를 정남(征南)장군으로 삼아 이석(離石, 산서성 이석현)에서 진무(鎭撫)하게 하였다. 제남왕(濟南王) 유기(劉驥)를 정서(征西)장군으로 삼고, 서평성(西平城, 한의 수도인 평성의 서쪽)을 쌓아서 그곳에 살게 하였고, 위왕(魏王) 유조(劉操)를 정동(征東)장군으로 삼아 포자(蒲子, 산서성 습현)에서 진무하게 하였다.

19   조고(趙固)·왕상(王桑)이 회현(懷縣, 하남성 무척현)에서 한에게 영접해 주기를 청하자, 한의 주군 유총이 진원(鎭遠)장군 양복자(梁伏疵)

---

33 궁궐에 들어가서 전각에 오를 때에는 신발을 벗고, 다닐 때에도 잰걸음으로 다니는 것이 예의이다.

를 파견하여 군사를 거느리고 그들을 영접하게 하였다. 이들이 아직 도착하지 않았는데, 장사(長史) 임심(臨深)·장군 모목(牟穆)이 무리 1만 명을 인솔하고 배반하여 유연(劉演)[34]에게 귀부하였다.

조고는 양복자를 좇아서 서쪽으로 가고, 왕상이 그의 무리를 이끌고 동쪽으로 가서 청주(靑州)로 달아나고,[35] 조고는 군사를 파견하여 그를 추격하여 곡양(曲梁, 하북성 영년현)에서 죽이자, 왕상의 장수 장봉(張鳳)이 그 나머지 무리를 이끌고 유연에게 귀부하였다. 유총이 조고를 형주(荊州)자사·영(領)하남(河南, 하남성 낙양시)태수로 삼아 낙양(洛陽)에서 진수하라고 하였다.

20 석륵이 갈피에서 북쪽으로 가는데 지나는 곳에서는 모두 성을 굳게 지키고, 들을 깨끗하게 비워버리니[36] 노략질할 것을 얻지 못하였고, 군사들은 대단히 주렸고, 병사들은 서로 잡아먹었다. 동연(東燕, 하남성 연진현의 동쪽)에 이르러서 급군(汲郡, 하북성 급현) 사람 향빙(向冰)이 무리 수천 명을 모아놓고 방두(枋頭, 하남성 준현의 동남쪽 기문나루)에서 성벽을 쌓고 있다는 소식을 듣고 석륵이 장차 황하를 건너려고 하였는데, 향빙이 그들을 맞아 싸울까 걱정하였다.

장빈이 말하였다.

---

34 진의 업성태수이다.

35 목표는 왕미의 부장이었던 조억(趙嶷)에게 가는 것이었을 것이다.

36 보통 견벽청야(堅壁淸野)작전이라고 한다. 견벽은 성벽을 굳게 지킨다는 말이고, 성밖의 들에 먹을 것을 남겨두면 적병이 이를 이용하기 때문에 들에는 먹을 것이나 땔 것 등 군사물자를 하나도 남겨두지 않아서 적병이 오래 버티지 못하게 하는 작전이다.

"듣건대, 향빙의 배는 모두 정박 중에 있으며 아직 배를 끌어올리지 않았다[37]고 하니 의당 경무장한 병사를 샛길로 파견하여 습격하여 빼앗아서 우리 대군을 건너게 하시고, 대군이 이미 건넌 다음에는 향빙을 반드시 사로잡을 수 있을 것입니다."

가을, 7월에 석륵이 지웅(支雄)·공장(孔萇)에게 문석진(文石津)에서 뗏목을 엮어서 몰래 황하를 건너게 하여서 그 배를 빼앗았다. 석륵이 병사를 이끌고 극진(棘津)[38]에서 황하를 건너 향빙을 쳐서 그들을 대파하고 그들이 쌓아둔 물자를 모두 얻으니, 군사의 형세는 다시 떨치게 되었고, 드디어 멀리까지 달려서 업성(鄴城, 하북성 임장현)에 도착하였다.

유연(劉演)이 삼대(三臺)에 의지하여 스스로 굳게 지키고 있었는데, 임심(臨深)·모목(牟穆) 등이 다시 그들의 무리를 인솔하고 석륵에게 항복하였다.

제장들이 삼대를 공격하고자 하니 장빈이 말하였다.

"유연이 비록 약하지만 그 무리는 오히려 수천 명이나 되고 삼대는 험하고 굳은 성벽이어서 그곳을 공격하여도 쉽게 함락시키지는 못할 것이니 이를 내버려두고 가면 저들은 곧 스스로 붕괴될 것입니다. 바야흐로 지금은 왕팽조(王彭祖)·유월석(劉越石)[39]이 공의 큰 적이니 의당 먼저 그들을 빼앗아야 하며 유연은 생각할만한 거리도 못됩니다.

또 천하는 기근이 들어서 혼란한데, 밝으신 공께서는 비록 대군을

---

37 배를 사용하지 않았을 때에는 뭍으로 끌어 올려놓아 말려 두어야 사용할 때 배가 가벼워져서 속도를 낼 수 있다.

38 하남성 활현의 서남쪽의 황하에 있던 나루로 석제진 또는 남진이라고도 불렸지만 지금은 없어졌다.

39 왕팽조는 진의 유주자사 왕준이고, 유월석은 진의 병주자사 유곤이다.

갖고 계시지만 이리저리 돌아다니는 여행객과 같아서[40] 사람들의 마음도 안정되지 못하고 있으니, 만전을 기하며 사방을 통제할 처지는 아닙니다.

편리한 곳을 선택하여 그곳을 점거하고 널리 식량을 모아 저축해두고, 서쪽으로 평양에 보고하면서 유주(幽州, 하북성 북부)·병주(幷州, 산서성)를 도모하는 것 만한 것이 없으니 이것이 패왕(霸王)의 기업입니다. 한단(邯鄲, 하북성 한단시)·양국(襄國, 하북성 형태시)은 승리할 수 있는 지형을 가진 땅이므로 청컨대 하나를 택하여 도읍하십시오."

석륵이 말하였다.

"우후[장빈]의 계책이 옳다."

드디어 나아가서 양국을 점거하였다.

장빈이 다시 석륵에게 말하였다.

"지금 우리가 여기에 있으면 왕팽조·유월석이 깊이 꺼리게 될 것인데, 성벽과 해자는 아직 견고하지 못하고, 저축된 식량도 많지 못하니 두 도적들[41]이 번갈아 들이닥칠까 걱정입니다. 빨리 들에 있는 곡식을 다 거둬들이고, 또한 사자를 평양에 파견하여 이곳에서 진수하게 된 뜻을 진술하여야 합니다."

석륵이 이를 좇고, 제장들에게 나누어 명령을 내려 기주(冀州)를 공격하니, 군현에 있는 많은 성과 보루가 항복하였고, 그 곡식을 양국으로 운송하였고, 또한 한의 주군 유총에게 표문을 올리니, 유총은 석륵

---

40 석륵은 혜제 영흥 2년(305년)부터 공사번을 좇아서 전국을 돌아다녔고, 많은 사람을 죽였으며, 이때까지 7년간 근거지를 마련하지 못하였다.

41 왕준과 유곤을 말한다.

을 도독기유병영사주제군사(都督冀·幽·幷·營四州諸軍事)[42]·기주목으로 삼았으며, 상당공(上黨公)으로 올려서 책봉하였다.

21 유곤이 격문을 여러 주와 군으로 보내어 10월에 평양에서 모여서 한를 치자고 기약하였다. 유곤은 평소 사치하고 호방하며 음악과 여색을 좋아하였다. 하남(河南, 하남성 낙양시) 사람 서윤(徐潤)이 음률을 잘 알아서 유곤에게 총애를 받았고, 유곤은 그를 진양(晉陽, 산서성 태원시) 현령으로 삼았다.

서윤은 교만하고 방자하며 정치적인 일에도 간여하였는데, 호군(護軍) 영호성(令狐盛)이 자주 이를 이야기하며 또 유곤에게 그를 죽이라고 권고하였으나 유곤이 이를 좇지 않았다. 서윤이 몰래 유곤에게 영호성을 참소하자 유곤이 영호성을 잡아 가두었다가 죽였다.

유곤의 어머니가 말하였다.

"너는 호걸들을 잘 다루어서 원대한 계략을 넓혀갈 수 없고 오로지 자기보다 나은 사람을 제거하는 사람이니 화는 반드시 나에게도 이를 것이다."

영호성의 아들 영호니(令狐泥)가 한으로 도망하여 유곤의 허와 실을 모두 말하였다. 한의 주군 유총이 크게 기뻐하며 하내왕 유찬(劉粲)·중산왕 유요(劉曜)를 파견하여 군사를 거느리고 병주[43]를 침략하고 영호니를 길 안내로 삼았다.

─────────

42 기(冀)주·유(幽)주·병(幷)주·영(營)주 등 네 주의 모든 군사에 관한 업무를 총괄 감독하는 직책이다. 이때 아직 영주는 두지 않았었다. 영주는 탁발씨의 위나라 때에 화룡(和龍)에 설치하였다.

43 치소는 산서성 태원시에 있다.

유곤이 이 소식을 듣고, 동쪽으로 나가서 상산(常山, 하북성 정정현)과 중산(中山, 하북성 정현)에서 병사들을 거두어 들이고, 그의 장수인 학선(郝詵)·장교(張喬)에게 군사를 거느리고 유찬을 막게 하고, 또 대공(代公) 탁발의로(拓跋猗盧)에게 사자를 파견하여 구원해 주기를 요청하였다. 학선·장교는 모두 패전하여 죽었다.

유찬·유요는 빈틈을 타고서 진양을 습격하니, 태원(太原)태수 고교(高喬)·병주 별가(別駕) 학율(郝聿)이 진양을 들어서 한에 항복하였다.[44] 8월 경술일(1일)에 유곤이 돌아와서 진양을 구원하였으나 미치지 못하였고, 주위에 있는 기병 수십 명을 거느리고 상산(常山)으로 달아났다. 신해일(2일)에 유찬·유요가 진양에 들어갔다. 임자일(3일)에는 영호니가 유곤의 부모를 죽였다.

유찬·유요는 포로로 잡힌 상서 노지(盧志)·시중 허하(許遐)·태자인 우위솔(右衛率) 최위(崔瑋)를 평양으로 호송하였다. 유총이 다시 유요를 거기대장군으로 삼고, 전(前)장군 유풍(劉豐)을 병주자사로 삼고 진양에서 진수하게 하였다. 9월에 유총은 노지를 태제태사로 삼고, 최위를 태부로 삼고, 허하를 태보로 삼고 고교·영호니를 무위(武衛)장군으로 삼았다.

22 　기묘일(1일)에 한의 위위(衛尉) 양분(梁芬)이 장안(長安, 섬서성 서안시)으로 달아났다.

23 　신사일(3일)에 가필(賈疋) 등이 진왕(秦王) 사마업(司馬業)을 받

---

44 《십육국춘추》에는 '유곤이 상산에서 군사를 거두었다.'고 되어 있다.

들어 황태자로 삼고, 장안에 행대(行臺)를 세우고, 단에 올라가서 제사를 지내고[45] 종묘와 사직을 세우고 대사면령을 내렸다. 염정(閻鼎)을 태자첨사(太子詹事)로 삼아 모든 사무를 총괄하게 하고 가필에게 정서(征西)대장군의 직책을 더해 주고, 진주(秦州)자사·남양왕인 사마보(司馬保)를 대사마로 삼았다.

사공 순번(荀藩)에게 원근의 정사를 감독하며 관장하라고 명하고, 광록대부 순조(荀組)는 영(領)사예교위·행(行)예주자사[46]로 하여 순번과 함께 개봉을 보위하게 하였다.

24　진주자사 배포(裴苞)[47]가 험한 지역을 점거하고 양주(涼州)의 군사들을 막았으나 장식(張寔)·송배(宋配) 등이 이를 격파하니, 배포는 유흥오(柔凶塢, 천수시의 서남쪽)로 달아났다.

25　겨울, 10월에 한의 주군 유총이 그의 아들 유항(劉恒)을 대왕(代王)으로 삼고, 유령(劉逞)을 오왕으로 삼고, 유랑(劉朗)을 영천왕으로 삼고, 유고(劉皋)를 영릉왕(零陵王)으로 삼고, 유욱(劉旭)을 단양왕으

45　고류(告類)를 말한다. 고류의 제사는 섭위(攝位)를 하거나 즉위(卽位)를 할 때에 제천(祭天)하는 예(禮)를 말한다. 순(舜)임금이 섭위를 할 때에 상제에게 사류(肆類)하였다. 공안국은 류(類)란 섭위할 때에 사류(事類)하는데, 섭위하므로써 하늘과 오제에 알리는 것이며, 탕(湯)이 하(夏)를 좇아내는 명령을 내리고 상천신후(上天神后)에게 소고(昭告)한 것이 모두 그러한 일이라고 하였다.

46　영(領)사예교위는 영직으로 다른 직책을 가지고 있으면서 사예교위의 직책을 관장하게 하는 관리 임용이며, 행(行)예주자사는 행직으로 임시로 예주자사의 업무를 수행하게 하는 관직이다.

47　진의 진주자사이고, 진주의 치소는 감숙성 천수시에 있었다.

로 삼고, 유경(劉京)을 촉왕으로 삼고, 유탄(劉坦)을 구강왕으로 삼고, 유황(劉晃)을 임천왕으로 삼았다. 왕육(王育)을 태보로 삼고, 왕창(王彰)을 태위로 삼고, 임의(任顗)를 사도로 삼고, 마경(馬京)을 사공으로 삼고, 주기(朱紀)를 상서령으로 삼고, 범륭(范隆)을 좌복야로 삼고, 호연안(呼延晏)을 우복야로 삼았다.

26   대공(代公) 탁발의로가 아들 탁발육수(拓跋六脩)와 형의 아들 탁발보근(拓跋普根)·장군 위웅(衛雄)·범반(范班)·기담(箕澹)을 파견하여 무리 수만 명을 인솔하고 선봉에 서서 진양(晉陽)을 공격하게 하고, 탁발의로가 스스로 무리 20만 명을 거느리고 그 뒤를 이었더니, 유곤이 흩어졌던 졸병 수천 명을 모아 그들을 위하여 길을 인도하였다.

탁발육수와 한의 중산왕 유요는 분수(汾水)의 동쪽에서 싸웠는데, 유요의 군사들이 패전하고, 말에서 떨어져서 일곱 군데를 다쳤다. 토로(討虜)장군 부호(傅虎)가 말을 유요에게 주니 유요가 받지 않고 말하였다.

"경은 마땅히 말을 타고 스스로 죽음을 면하여야 하지만 나는 상처가 이미 심하니 스스로 여기서 죽겠소."

부호가 눈물을 흘리며 말하였다.

"저 부호는 대왕께서 알아보시고 발탁하여 여기에 이르게 되었으니, 항상 목숨을 갚을 생각을 하였는데, 지금이 바로 그때입니다. 또한 한(漢) 왕실은 처음 터를 닦은지라 천하에 이 부호는 없어도 괜찮지만 대왕께서 없어서는 안 됩니다."

마침내 유요를 부축하여 말에 오르게 하고, 말을 몰아 분수를 건너게 하였으며, 스스로는 다시 싸우다 죽었다. 유요가 진양에 들어가니 밤이었는데, 대장군 유찬·진북(鎭北)대장군 유풍과 더불어 진양에 있는 백성들을 약탈하여 몽산(蒙山, 태원시의 서북쪽)을 넘어서 돌아갔다.

11월에 탁발의로가 그들을 추격하여 남곡(藍谷, 몽산의 서남쪽)에서 싸웠는데 한의 군사들이 대패하여 유풍이 붙잡히고 형연(邢延) 등 참수된 것이 3천여 급이며 시체가 수백 리에 널려 있었다. 탁발의로는 수양산(壽陽山)에서 대대적인 수렵을 벌여서 가죽을 벗긴 고기를 늘어놓으니 산이 이로 인해서 붉게 되었다. 유곤이 영문에서 걸어서 들어가 절하며 감사하다고 하면서 굳게 진군하기를 청하였다.

탁발의로가 말하였다.

"내가 일찍 오지 못하여 경의 부모가 해를 입었으니 진실로 부끄럽소. 지금 경은 이미 주의 경내를 회복하였고, 나는 멀리서 왔으므로 병사와 말이 모두 피곤하고 지쳐 있으니 또한 다음에 거병할 때를 기다려야 하고 유총을 아직 멸망시킬 수는 없소."

유곤에게 말·소·양을 각기 1천여 필과 수레 100여 대를 남겨두고 돌아가면서 그의 장수인 기담·단번(段繁) 등을 머물게 하여 진양을 지키게 하였다.

유곤이 양곡(陽曲, 진양의 북쪽)으로 옮겨 살면서 도망하여 흩어진 병사들을 불러 모았다. 노심(盧諶)은 유찬의 참군인데 도망하여 유곤에게 귀부하니 한(漢)나라 사람이 그의 아버지 노지(盧志)와 그의 동생 노밀(盧謐)·노선(盧詵)을 죽였고, 부호에게 유주자사를 증직(贈職)하였다.

선비족과 강족의 활동

27   12월에 한의 주군 유총이 황후에 장씨를 세우고 그녀의 아버지 장식(張寔)을 좌광록대부로 삼았다.

28   팽중탕(彭仲蕩)의 아들 팽천호(彭天護)가 여러 호족(胡族)들을 거느리고 가필(賈疋)을 공격하였는데[48] 팽천호는 겉으로 승리하지 못하는 척 하면서 달아나자 가필이 그들을 추격하다가 밤중에 시냇물에 빠졌고, 팽천호가 그를 잡아서 죽였다.

한에서는 팽천호를 양주(凉州, 梁州라고 한 판본도 있다.)자사로 삼았다. 무리들이 시평(始平, 섬서성 빈현)태수 국윤(麴允)을 추대하여 옹주자사의 직책을 관장[49]하게 하였다. 염정(閻鼎)과 경조(京兆, 장안)태수 양종(梁綜)이 권력을 가지고 다투다가 염정이 끝내는 양종을 살해했다.

국윤은 무이(撫夷)호군 색침(索綝)·풍익태수 양숙(梁肅)과 더불어 군사를 합쳐서 염정을 공격하니 염정이 옹성(雍城, 섬서성 봉상현)으로

---

48 회제 영가 5년(311년)에 팽중탕이 가필에게 죽었다.

49 영직이다. 관직명은 영옹주자사이다.

달아났다가 저(氐)족 두수(竇首)에게 살해되었다.

29 광평(廣平, 하북성 오택현) 사람인 유륜(游綸)·장시(張豺)가 무리 수만 명을 가지고 원향(苑鄉, 하북성 임현의 동쪽)을 점거하고 왕준(王浚)에게 가서(假署)[50]를 받았는데 석륵이 기안(虁安)·지웅(支雄) 등 일곱 명의 장수를 파견하여 그를 공격하게 하여 외부의 보루를 파괴하였다.

왕준이 독호 왕창(王昌)을 파견하여 여러 군사와 요서공(遼西公) 단질육권(段疾陸眷)·단질육권의 동생인 단필제(段匹磾)·단문앙(段文鴦)·사촌동생 단말배(段末杯)의 부중(部眾) 5만 명을 파견하여 석륵을 양국(襄國, 하북성 현태현)에서 공격하였다.

단질육권이 저양(渚陽, 하북성 임현의 서남쪽)에 주둔하였는데, 석륵은 제장을 파견하여 나가 싸우게 하였으나, 모두 단질육권에게 패배하였다. 단질육권은 공격하는 무기를 대대적으로 만들고서 장차 성을 공격하려고 하니 석륵의 무리들이 크게 두려워하였다.

석륵이 장수와 보좌하는 사람을 소집하여 이 문제를 논의하며 말하였다.

"지금 성과 참호(塹壕)는 단단하지 못하고, 저축된 양식도 많지 않은데 저들은 수가 많고 우리는 적으며, 밖으로는 구원할 사람도 없으니, 나는 사람들을 다 데리고 그들과 결전을 하려고 하는데, 어떻소?"

제장들이 말하였다.

---

50 가는 임시라는 말이고 서는 관직을 임명하는 것이다. 그러므로 황제의 명을 이어받아서 임시로 관직에 임명하는 것을 말한다.

"굳게 지키면서 적을 피로하게 하였다가 그들이 물러날 때를 기다려서 치는 것만 못합니다."

장빈·공장[51]이 말하였다.

"선비(鮮卑) 종족 가운데 단(段)씨가 가장 용감하고 사나우며 단말배가 더욱 심하여 그들의 정예 병졸들은 모두가 단말배가 있는 곳에 있습니다.

지금 듣건대 단질육권이 날짜를 정해서 북쪽 성을 공격하려고 하니, 그의 많은 무리들은 먼 곳에서 왔고 연일 전투하였으며, 우리가 외롭고 약하여 감히 나와 싸우지 않을 것이라고 생각하고 있어서 속으로 반드시 풀어지고 게을러져 있을 것이니, 의당 나가지 말고 겁먹고 있다는 것을 보여주고, 북쪽 성에 돌격할 문을 20여 개를 파놓고, 그들이 오기를 기다렸다가 정열하여 수비 태세를 갖추기 전에 그들이 생각하지 못한 상태에서 곧바로 단말배의 영채를 공격하면 저들이 반드시 놀랄 것이고 계획할 겨를이 없을 것이니 반드시 그들을 격파할 것입니다. 단말배가 패하면 그 나머지는 공격하지 않아도 붕괴될 것입니다."

석륵이 이를 좇아서 비밀리에 돌격할 문을 만들었다.

이미 그렇게 하였는데, 단질육권이 북쪽 성을 공격하자 석륵이 성 위에 올라가서 그들을 바라보니 그의 장군과 병사들 가운데 어떤 사람은 무기를 풀어놓고 잠을 자고 있어서 마침내 공장에게 정예의 병졸을 지휘하여 돌격문으로 나가서 그들을 공격하게 하였고, 성 위에서는 북을 두드리며 그 기세를 돋웠다. 공장이 단말배의 영채를 공격하였으나 이기지 못하고 후퇴하였다.

---

51 장빈은 우장사(右長史)이고, 공장은 대장이었다.

단말배가 이를 쫓아서 그 보루의 문으로 들어갔다가 석륵의 무리에게 잡혔고, 단질육권 등의 군사들은 모두 물러나서 달아났다. 공장은 이긴 기세를 타고 그들을 추격하였는데, 시체가 누워있는 것이 30여 리였으며 무장을 한 말 5천 필을 획득하였다. 단질육권은 그 나머지 무리를 이끌고 저양으로 돌아가서 주둔하였다.

석륵은 단말배를 인질로 삼아 사신을 파견하여 단질육권에게 화의를 구하니 단질육권도 이를 허락하였다. 단문앙(段文鴦)이 간하였다.

"지금 단말배 한 사람으로 인하여 곧 망할 야만인을 놓아주면 왕팽조(王彭祖)[52]가 원망하는 바가 되어 뒤에 걱정거리를 불러오는 일이 없을 수 있겠습니까?"

단질육권은 이를 좇지 않고 다시 무장한 말과 금은을 석륵에게 뇌물로 주었고, 또한 단말배의 세 동생을 인질로 보내고 단말배를 보내 달라고 하였다.

제장들이 모두 석륵에게 단말배를 죽이라고 권고하니, 석륵이 말하였다.

"요서(遼西, 요령성과 하북성의 중간 지역)지역의 선비족은 튼튼한 나라이고 나와는 평소에 원수진 일이 없지만 왕준(王浚)에게 부림을 받은 것일 뿐이오. 지금 한 사람을 죽여서 한 나라의 원한을 산다는 것은 좋은 계책이 아니오. 그를 돌려보내면 반드시 우리에게 깊이 덕을 입었다고 생각하여 다시는 왕준에게 쓰임을 당하지 않을 것이오."

마침내 후하게 금과 비단을 가지고 그에게 회답하면서 석호를 파견하여 단질육권과 저양에서 맹약을 맺어 형제가 되기로 하였다.

---

52 팽조는 왕준의 자이다.

단질육권이 군사를 이끌고 돌아가자 왕창(王昌)[53]이 혼자 머물러 있을 수가 없게 되어 또한 군사를 이끌고 계(薊, 북경시의 서남쪽)로 돌아갔다. 석륵이 단말배를 불러서 그와 연회를 열고 술을 마시면서 부자(父子)가 되기로 맹세하고 요서로 돌려보냈다. 단말배는 돌아가는 길에서 매일 남쪽을 향하여 세 번씩 절을 하였다. 이로부터 단(段)씨는 마음을 다하여 석륵에게 귀부하였고, 왕준의 세력은 드디어 쇠퇴하게 되었다.

유륜(游綸)·장시(張豺)가 석륵에게 항복을 받아달라고 청하였다. 석륵은 신도(信都, 하북성 기현)를 공격하여 기주자사 왕상(王象)을 죽였다. 왕준은 소거(邵擧)를 행(行)[54]기주자사로 삼고 신도를 보위하게 하였다.

30   이 해에 역질이 크게 돌았다.

31   왕징(王澄)은 젊어서부터 형 왕연(王衍)과 더불어 명성이 해내에서 으뜸이었는데 유곤이 왕징에게 말하였다.

"경은 겉으로는 비록 개방적이고 명랑하지만 속으로는 실제 들떠 있고 협객 같으니[55] 이러한 것으로 세상을 살게 되면 올바른 죽음을 맞이하기가 어려울 것이오."

---

53 진의 유주독호이다.

54 행직이다. 이는 초임자 혹은 임시 또는 대리로 직책을 맡길 때 임명하는 방법의 하나이다.

55 호삼성은 그는 마음이 가볍게 움직이며 또한 호걸 같은 의협적인 것을 스스로 좋아한다는 뜻이라고 하였다.

형주(荊州)에 있게 되자[56] 성도(成都, 호북성 감리현)내사 왕기(王機)를 좋아하여 자기의 다음이라고 여기고 안으로는 마음속에 있는 것을 종합하게 하였고, 밖으로는 조아(爪牙)[57] 노릇을 하게 하였다.

왕징이 여러 번 두도(杜弢)에게 패하여[58] 명망과 실제가 모두 손해를 보게 되었는데도 오히려 오만하며 자기가 다 얻은 듯 행동하고 걱정하거나 두려워하는 생각을 갖지 아니하였지만, 다만 왕기와는 밤낮으로 멋대로 술을 먹거나 바둑을 두니 이로부터 위아래 사람의 마음이 모두 그를 떠났으며 남평(南平, 호북성 공안현)태수 응첨(應詹)이 누차 간언하였으나, 듣지를 않았다.

왕징이 스스로 군사를 출동시켜서 두도를 공격하려고 작당(作塘, 호남성 안향현의 북쪽)에 진을 쳤다. 옛날 산간(山簡)의 참군이던 왕충(王沖)이 무리를 데리고 응첨을 영접하여 자사로 삼으니, 응첨은 왕충이 무뢰배라고 하여 그를 버리고 남평으로 돌아갔고, 왕충은 마침내 자사를 자칭하였다.

왕징이 두려워 그의 장수 두유(杜蕤)에게 강릉(江陵, 호북성 강릉현)을 지키게 하고 치소를 잔릉(孱陵, 호북성 공안현의 서쪽)으로 옮겼지만 조금 뒤에 또다시 답중(沓中, 공안현의 동쪽)으로 달아났다.

별가(別駕)[59]인 곽서(郭舒)가 간하였다.

"사군(使君)께서 이 주에 오셔서 비록 특별한 정치를 시행하지는 않

---

56 왕징은 형주자사였다.

57 손톱과 이빨이라는 말로 강력한 호위군사를 말한다.

58 두도는 파촉지역 유민들의 수령이며, 이 일은 회제 영가 5년(311년)에 있다.

59 주의 행정관에 해당하는 직책이다.

았지만 그러나 한 주의 인심(人心)과 관계를 가지셨기에, 지금 서쪽으로 가서 화용(華容, 호북성 감리현)의 군사를 수용하신다면 이 작은 도적을 사로잡기에 충분할 것인데, 어찌하여 스스로 포기하시고 급히 도망하십니까?"

왕징이 이를 좇지 아니하고 곽서를 거느리고 동쪽으로 내려가려고 하였다.

곽서가 말하였다.

"저 곽서는 만리기강(萬里紀綱)[60]이지만 올바르게 고쳐드릴 수 없이 사군에게 도망하게 하였으니 진실로 차마 강을 건널 수 없습니다."

마침내 돈구(沌口, 호북성 쌍양현)에 머물러서 주둔하였다. 낭야왕 사마예[61]가 이 소식을 듣고 왕징을 불러서 군자좨주[62]로 삼고, 군자좨주 주의(周顗)로 그를 대신하게 하니 왕징이 마침내 그 부름을 받고 갔다.

주의가 처음에 주(州, 형주)에 도착하니 건평(建平, 사천성 무산현)의 유민 부밀(傅密) 등이 반란을 일으켜 두도를 영접하고, 두도의 별장 왕진(王眞)이 면양(沔陽, 호북성 한구)을 습격하니, 주의는 낭패하여 근거지를 잃었다.

정토(征討)도독 왕돈(王敦)이 무창(武昌, 호북성 악성현)태수 도간(陶侃)·심양(尋陽, 강서성 구강시)태수 주방(周訪)·역양(歷陽, 안휘성 화현)내사 감탁(甘卓)을 파견하여 함께 두도를 치게 하며 왕돈은 나아가서

---

60 곽서가 형주의 별가이므로 만리는 형주지역을 말하는 것이고, 별가는 기강을 잡는 직책이므로 이처럼 말하였다.

61 이때 사마예는 남경에 있었다.

62 군사 참모 책임자에 해당하는 직책이다.

예장(豫章, 강서성 남창시)에 주둔하고 여러 군사를 위하여 후원하였다.

왕징이 지나가다가 왕돈에게 갔는데 스스로 명성에서 평소 왕돈보다 높다고 생각하고 오히려 옛날 생각을 가지고 왕돈을 모욕하였다. 왕돈이 화가 나서 그와 두도가 서로 통신하였다고 무고하고 장사(壯士)를 파견하여 그의 목을 졸라 죽였다. 왕기(王機)는 왕징이 죽었다는 소식을 듣고 화를 입을까 두려워서 그의 아버지 왕의(王毅)·형 왕구(王矩)가 모두 일찍이 광주(廣州, 광동성 광주시)자사였기에 바로 왕돈에게 가서 광주자사를 시켜달라고 요구하였으나, 왕돈이 이를 허락하지 않았다.

마침 광주의 장수 온소(溫邵) 등이 자사 곽눌(郭訥)에게 반란을 일으키고 왕기를 영접하여 자사로 하니, 왕기는 드디어 가노와 빈객 그리고 문생 1천여 명을 거느리고 광주로 들어갔다. 곽눌이 군사를 파견하여 이를 막았으나 장군과 병사들은 모두 왕기의 아버지와 형이 있을 때의 부곡이었으므로 싸우지 않고 영접하며 항복하였고, 곽눌은 마침내 자리를 피하여[63] 광주를 그에게 주었다.

32 왕여(王如)[64]의 군사들은 주리고 궁핍하였는데, 관군이 그들을 토벌하자 그 무리들이 대부분 항복하였고 왕여는 계책이 궁지에 몰리자 드디어 왕돈에게 항복하였다.

---

63 피위(避位)라는 것인데, 이는 훌륭한 사람이 오면 그를 위하여 자기의 자리를 내놓아 훌륭한 사람이 그 자리에 가게 하는 것을 말한다.

64 유민들의 수령이었다.

33 진동(鎮東)장군부[65]의 군사(軍司) 고영(顧榮)·전 태자선마(太子洗馬)[66] 위개(衛玠)가 모두 죽었다. 위개는 위권(衛瓘)의 손자인데, 풍채와 정신이 아름다웠고, 청담(淸談)을 잘하였으며 항상 어떤 사람이 미치지 못하는 것이 있어도 인정을 가지고 용서하고, 마음으로 대들지 않았다면 이치를 가지고 견책하니, 그러므로 죽을 때까지 즐거워하는 모습이나 화내는 모습을 볼 수 없었다.

34 강양(江陽, 사천성 호주시)태수 장계(張啓)가 익주(益州)자사 왕이(王異)를 죽이고 그를 대신하였다. 장계는 장익(張翼)의 손자인데, 얼마 안 있다가 병들어 죽었다. 3부(府)의 문관과 무관들이 함께 표문을 올려 부릉(涪陵, 사천성 부릉현)태수 향침(向沈)을 행(行)[67]서이(西夷)교위로 삼아 남쪽으로 가서 부릉을 보위하게 해달라고 하였다.

35 남안(南安) 적정(赤亭, 감숙성 농서의 동북쪽)의 강족(羌族) 요익중(姚弋仲)이 동쪽 유미(楡眉, 섬서성 간양현)로 이사하니, 융족(戎族)·하족(夏族, 한족)들 가운데 어린아이를 강보에 싸서 업고 그를 따르는 무리가 수만 명이 되자, 그는 호강(護羌)교위·옹주(雍州)자사·부풍공(扶風公)이라고 자칭(自稱)하였다.

---

65 이때 진동장군은 사마예이다.

66 '洗馬'는 본래 '선마(先馬)'였으므로 '洗'을 '선'으로 읽는다. 이 선마는 한대에 태자가 나아갈 때 앞에서 길을 열었기 때문에 붙여진 이름이다. 진대(晉代)에는 도적(圖籍)을 관장하는 직책이 되었다.

67 임시대리직을 말한다.

진 회제의 죽음과 한의 유황후

민제 건흥 원년(癸酉, 313년)⁶⁸

1   봄, 정월 초하루 정축일에 한의 주군 유총이 광극전(光極殿)에서 여러 신하들에게 연회를 베풀고 회제(懷帝)에게 푸른 옷⁶⁹을 입고 술을 돌리게 하였다. 유민(庾珉)·왕준(王儁)⁷⁰ 등은 슬프고 분한 마음을 이기지 못하고 큰 소리로 통곡하니 유총이 이를 싫어하였다.

어떤 사람이 유민 등이 평양을 가지고 유곤(劉琨)에게 호응하려고 한다⁷¹고 고발하니, 2월 정미일(1일)에 유총이 유민·왕준 등 옛날 진의 신하이던 10여 명을 죽이고, 회제 역시 해를 입었다.⁷² 대사면령을 내

---

68 성(전촉) 무제 옥형 3년, 한(전조) 소무제 가평 3년이다.

69 포로가 되어 한으로 잡혀온 진의 회제는 한으로부터 회계군공이라는 작위를 받았음에도 평민 또는 노비들이 입는 푸른색 옷을 입게 한 것이다.

70 한에 잡혀온 진의 옛날 신하들이다.

71 유곤은 진의 병주자사인데, 유민 등이 한의 도읍인 평양을 유곤에게 넘겨주려고 하였다는 것이다.

72 진 회제 사마치(司馬熾)는 한에 포로로 잡혀갔다가 죽은 것이며 이때 30세였다.

리고 다시 회계유부인[73]을 귀인으로 삼았다.

❖ 순숭(荀崧)[74]이 말하였습니다.

"회제는 천성과 자태가 맑고 높았고, 젊어서도 영민함을 드러
냈으니 만약에 승평의 시대를 만났더라면 법도를 지키는 훌륭한
군주가 되었을 것이다. 그러나 혜제시대의 시끄럽고 어지러운 뒤
를 이어받았고, 동해왕[75]이 정치를 오로지하였던 연고로 유왕(幽
王)·여왕(厲王) 같은 흠집이 없었지만 흘러 다니다 죽는 화를 당하
였다."

2   을해일(29일)에 한의 태후 장씨가 죽었는데 시호를 광헌(光獻)이
라고 하였다. 장후(張后)가 슬픔을 이기지 못하다가 정축일[76]에 또 죽
으니 시호를 무효(武孝)라고 하였다.

───────

73 지난해에 유총이 자기 귀인인 유은의 딸 유아를 진 회제에게 주었었는데, 다
시 회수한 셈이다.

74 순숭(262~328년)은 진 무제 태시 연간에 아버지의 작위를 이어받아서 복양
왕의 문학이 되었다. 진 회제 4년에 한의 왕미가 낙양에 들어오자 밀로 도망
하였다. 친척인 순번(荀藩)이 승제(承制)하여 남중랑장 겸 후장군으로 양성태
수가 되었다. 진 원제가 등극하자 상서복야가 되었고, 조협(刁協)과 함께 의례
를 정하였다.

75 사마월이다.

76 통감필법에 의하면 정축일은 2월 정축일이어야 한다. 그러나 2월 1일이 정미일
이므로 2월 중에는 정축일이 없고 사건의 연관성에서 보면 태후 장씨가 죽은
것이 2월 29일이고, 장후가 죽은 것은 그 후이므로 정축 앞에 '삼월(三月)'이
누락된 것으로 볼 수 있다. 만약에 삼월이 누락되었다면 이날은 3월 1일이다.

3 기묘일[77]에 한의 정양충목공(定襄忠穆公)인 왕창(王彰)이 죽었다.

4 3월에 한의 주군 유총이 귀빈 유아(劉娥)를 황후로 삼고 그녀를 위하여 황의전(鶖儀殿)[78]을 지었다. 정위 진원달(陳元達)이 절실하게 간하였다.

"하늘이 백성을 내시고 임금을 세우신 것은 이들을 다스리고 길러주라고 한 것이지 수많은 백성의 생명을 가지고 한 사람의 욕망을 끝까지 채우려고 한 것이 아닙니다.

진(晉)이 덕을 잃어서 우리 위대한 한(漢)이 이를 받았으니, 창생(蒼生)들은 목을 길게 늘이고 얼마 간 어깨를 쉬려고 하고 있습니다. 이리하여서 광문(光文)황제[79]께서는 몸에는 포의를 입고 두 겹의 요와 이불을 사용하며 살지 않았으며, 후비(后妃)들도 비단을 입지 않았고, 승여(乘輿)를 끄는 말에게 곡식을 먹이지 않았으니 백성들을 아꼈던 연고였습니다.

폐하께서 천조(踐阼)하신 다음에 이미 전관(殿觀)[80]을 40여 곳에 지

---

77 통감필법으로 2월 기묘일이어야 하나 앞은 주석처럼 2월에는 기묘일이 없고, 사건의 전후 관계로 보면 3월 기묘일로 보아야 하고, 3월 기묘일로 보면 이날은 3월 3일이다.

78 호삼성은 웅(雄)은 봉(鳳)이고, 자(雌)는 황(鶖)이라고 했다. 봉황(鳳凰) 가운데 암놈을 지칭하는 글자이다. 다른 주석서에는 봉의전이라고 하였으나 옳지 않다.

79 한을 세운 유연을 말한다. 그의 시호가 광문이다.

80 천조의 조(阼)는 황제만이 오르내리는 계단을 말하므로 이는 황제에 오른다는 의미의 다른 말이다. 전은 큰 전각이고, 관은 높은 건물로 멀리까지 관망할 수 있는 건물이다.

으셨고, 그 위에 자주 군사를 일으켜서 군량을 운반하는 일을 쉬지 못하니, 기근·질병이 생겨서 죽는 사람이 뒤를 이었는데, 더욱 건물을 지으려고 생각하시니 어찌 백성의 부모가 된 사람의 생각이겠습니까?

지금 진의 남은 무리들이 서쪽으로는 관중을 점거하고, 남쪽으로는 장강의 밖에서 제멋대로 하고 있으며, 이웅(李雄)은 파(巴)·촉(蜀)지역을 차지하고 있으며, 왕준·유곤은 우리의 주액(肘腋)[81]을 엿보고 있고, 석륵·조억(曹嶷)이 진공품(進貢品)을 보내오는 일이 드물어졌는데, 폐하께서는 이 문제에 손을 놓고 걱정하지 않으시며 마침내 다시 중궁(中宮)을 위하여 전각을 지으시니 어찌 눈앞에 닥친 급한 일이겠습니까?

옛날에 태종[82]은 편안하게 잘 다스려지는 시절에 사셔서 곡식과 비단이 넘쳤는데도 오히려 백금 정도의 비용을 아끼시어 노대(露臺)[83]를 만드는 작업을 그만두게 하였습니다. 폐하께서는 황폐하고 혼란한 다음을 이어받아서 모든 영토를 다 합쳐도 태종시대의 두 개의 군에 지나지 않고, 싸우고 대비할 곳도 오직 흉노·남월뿐만 있는 것이 아닙니다.[84] 그러나 궁실을 사치하게 짓는 것이 이에 이르렀으니, 신이 감히 죽음을 무릅쓰고 말하지 않으면 안 되는 이유입니다."

---

81 팔과 겨드랑이를 말하는데, 아주 가까운 곳을 의미한다.

82 한의 문제이다. 유연의 한은 유방과 유수가 세웠던 한의 뒤를 잇는다고 공식적으로 말하였다.

83 한 문제 후 7년(기원전 157년)에 있었던 일로, 《자치통감》 권15에 실려 있다.

84 두 개의 군이란 당시 유총이 소유하였던 영토는 한대의 하동군과 서하군뿐이라는 말이고, 대비할 곳에 대한 말은 한 문제 때에는 대외적으로 경계해야 할 지역은 흉노와 남월뿐이었지만 지금 유총이 경계해야 할 세력은 이웅, 왕준, 유곤이고, 석륵과 조억에 대하여서도 주의 깊게 보아야 할 세력이었다.

유총이 크게 화가 나서 말하였다.

"짐이 천자가 되어 전각 하나를 짓는데, 어찌 너 쥐새끼 같은 놈에게 물어서 끝내 감히 망령된 말을 하여 많은 무리들을 막게 한단 말이냐! 이 쥐새끼 같은 놈을 죽이지 않으면 전각은 완성되지 않겠구나!"

좌우 사람들에게 명령하였다.

"끌어내어 목을 베라! 그의 처자도 함께 동쪽의 저자에서 효수(梟首) 하고, 여러 쥐새끼 같은 놈들을 한 구덩이에 집어넣어라."

그때 유총이 소요원(逍遙園)의 이중당(李中堂)에 있었는데, 진원달이 먼저 허리를 쇠사슬로 묶여 들어와서 바로 당 아래에 있는 나무에 묶이니, 부르짖어 말하였다.

"신이 말한 것은 사직을 위한 계책인데, 폐하께서 신을 죽이려 하는 군요. 주운(朱雲)[85]이 말한 적이 있습니다. '신은 죽어서 용봉(龍逢)·비간(比干)[86]과 거닐 수만 있다면 만족합니다.'"

좌우에서 그를 끌어도 움직일 수가 없었다.

대사도 임의(任顗)·광록대부인 주기(朱紀)·범륭(范隆)·표기대장군인 하간왕(河間王) 유이(劉易) 등이 머리를 조아리다가 피를 흘리며 말하였다.

"진원달은 먼저 돌아가신 황제께서도 알아주셨듯이 천명을 받은 초기에 바로 그를 이끌어 문하(門下)[87]에 두시니 충성과 염려를 다하여

---

85 주운에 관한 사건은 한 성제 원연 원년(12년)에 있었고 《자치통감》 권32에 실려 있다.

86 용봉은 하나라 걸왕 때의 충신이고, 비간은 은나라 주왕 때의 충신이다.

87 궁궐 안에 두었다는 말이다.

알고는 말하지 않는 것이 없었습니다.

신 등은 녹봉과 편안함을 훔치니 매번 그를 볼 때마다 부끄러워하지 않은 일이 없었습니다. 지금 말한 것이 미친 듯 곧은 소리를 하였지만 바라건대 폐하께서 그를 받아주십시오. 간쟁(諫諍)을 한 것 때문에 경(卿)의 자리에 있는 사람의 목을 벤다면 후세에 무엇이라고 하겠습니까?"

유총이 잠자코 있었다.

유후(劉后)가 이 소식을 듣고 비밀리에 좌우 사람들에게 칙령을 내려서 형의 집행을 정지시키고 손수 상소문을 써서 말씀을 올렸다.

"지금 궁실에는 이미 모든 것이 다 갖추어져 있으니 다시 번거롭게 건물을 지을 필요가 없고, 사해는 아직도 통일이 되지 않았으니 의당 백성들의 힘을 아껴야 합니다. 정위가 한 말은 사직의 복이며 폐하께서는 의당 봉작과 상을 덧붙여주셔야 하는데, 그러나 그를 죽이신다면 사해에 사는 사람들이 폐하를 무엇이라고 생각하겠습니까? 무릇 충신으로 나아가서 간언을 하는 사람은 그 자신의 몸을 돌아보지 않으며, 인주가 간언하는 사람을 거절하는 것도 역시 자기 자신을 돌아보지 않는 것입니다.

폐하는 첩(妾)[88]을 위하여 전각을 지으시면서 간언하는 신하를 죽이시니, 충성스럽고 훌륭한 사람의 혀를 붙들어 매게 되는 것이 첩으로 말미암은 것이고, 멀고 가까운 곳에 사는 사람들이 원망하고 화가 나게 하는 것이 첩으로 말미암은 것이며, 공적이건 사적이건 고단하고 지치게 되는 것이 첩으로 말미암은 것이고, 사직이 위태로워지는 것이 첩으

---

88 여자가 자기를 낮추어 부르는 말이다.

로 말미암은 것이니, 천하의 죄가 모두 첩에게 모여지게 되었으므로 첩이 이를 어떻게 감당하여야 합니까?

첩이 보건대 옛날부터 패망한 나라나 집안은 부인으로 말미암아서 시작하지 않은 것이 없어서 마음으로 항상 이를 아프게 생각하였는데, 뜻하지 않게 오늘날 내 자신이 그런 일을 하게 되었으니, 후세 사람들이 첩을 볼 때 첩이 옛날 사람을 보는 것과 같게 됩니다. 첩은 진실로 다시는 폐하의 수건과 빗을 받들 면목이 없으니 바라건대 이 당(堂)에서 죽음을 내려주셔서 폐하의 허물을 막으십시오."

유총이 이 글을 보고 얼굴색이 변하였다.

임의 등이 머리를 조아리며 눈물을 흘리는 것을 그치지 않았다. 유총이 천천히 말하였다.

"짐이 최근에 조금 바람 병이 들어 기뻐하고 화를 내는 것이 지나치게 차이가 많아서 스스로 통제하지 못하였소. 진원달은 충신인데 짐이 아직 잘 살피지 못하였소. 제공(諸公)들이 마침내 머리를 깨뜨리면서 이 사실을 밝혔으니, 진실로 보필하는 의미를 얻었소. 짐은 마음속에 부끄러움을 간직하고 있을 것이며, 어찌 감히 이를 잊겠소?"

임의 등에게 관(冠)을 쓰고 신을 신고 앉으라고 명령하고 진원달을 이끌어 올라오게 하여 유씨의 표문을 그에게 보여주고 말하였다.

"밖에는 공 같은 사람이 보필하고, 안에는 황후 같은 사람이 보필하니 짐이 다시 무슨 걱정을 하겠소?"

임의 등에게 곡식과 비단을 각기 차등 있게 하사하고, 소요원의 이름을 바꾸어 납현원(納賢園)이라고 하고, 이중당을 괴현당(愧賢堂)이라고 하였다. 유총이 진원달에게 말하였다.

"경은 당연히 짐을 두려워하겠지만 도리어 짐으로 하여금 경을 두렵게 하였구려!"

5   서이(西夷)교위 향침(向沈)이 죽으니 무리들이 문산(汶山, 사천성 무문 강족자치현 북쪽)태수 난유(蘭維)를 추천하여 서이교위로 삼았다. 난유는 관리와 백성들을 인솔하고 북쪽으로 나가 파동(巴東, 사천성 봉절현)으로 가려고 하였는데, 성(成)의 장수 이공(李恭)·불흑(費黑)이 그를 요격(邀擊)하여 붙잡았다.[89]

6   여름, 4월 병오일(1일)에 회제가 흉한 일을 당하였다는 소식이 장안에 전해지니 황태자는 애도하는 일을 거행하고 이어서 원복(元服)[90]을 입고, 임신일(27일)에 황제의 자리에 오르고 대사면령을 내리고 기원을 고쳤다. 위(衛)장군 양분(梁芬)을 사도로 삼고, 옹주(雍州, 섬서성 북중부)자사 국윤(麴允)을 상서좌복야·녹상서사로 삼았으며, 경조태수 색침(索綝)을 상서우복야·영(領)이부·경조윤으로 삼았다.

이때 장안성 안에는 호구가 100가구를 채우지 못하였고, 가시덤불이 숲을 이루었으며 공사(公私) 간에 수레가 넉 대 있었고, 백관들도 걸맞은 복장과 인수를 갖지 못하고, 오직 뽕나무 판에 관직의 명호를 써 놓았을 뿐이었다. 얼마 뒤에 색침을 위장군·영태위(領太尉)로 삼아 군국(軍國)의 업무를 모두 그에게 위임하였다.

---

89 진의 익주삼부(益州三府, 익주자사부·정서장군부·서이교위부)는 이로써 소멸되었다.

90 모자를 썼다는 의미이다. 원은 머리이므로 원복은 모자를 의미한다. 보통 20세가 되어야 관을 쓰는데, 이때 황태자 사마업은 14세이지만 황제에 등극하여야 하므로 관례를 치른 것이다.

석륵과 사마예, 그리고 모용외

7   한의 중산왕 유요·사예교위 교지명(喬智明)이 장안을 침구하니, 평서장군 조염(趙染)이 무리를 인솔하고 그곳으로 달려갔는데, 국윤에게 조서를 내려[91] 황백성(黃白城, 성서성 삼원현)에 주둔하면서 그들을 막으라고 하였다.

8   석륵이 석호에게 업성(鄴城, 하북성 임장현)을 공격하게 하여, 업성이 붕괴되자 유연(劉演)이 늠구(廩丘, 산동성 원현 ; 연주의 치소가 있는 곳)로 달아나고 삼대(三臺, 업성)의 유민들이 모두 석륵에게 항복하였다. 석륵이 도표(桃豹)를 위군(魏郡)태수로 삼고 이들을 다독거리게 하였는데 오래 있다가 석호로 도표를 대신하여 업성을 진무하게 하였다.

    처음에, 유곤이 진류(陳留, 하남성 진류현)태수 초구(焦求)를 연주자

---

91 통감필법에 의하면 황제나 조서라고 기록한 것은 모두 기년하고 있는 진(晉)에서 이루어진 것이다. 따라서 현재 진 황실이 미약하지만 통감에서는 진 황제만을 인정하고 있다. 유씨의 한 황제는 자기들끼리 말한 것을 인용하는 경우에는 황제라는 용어를 쓰지만 사가로서 기록할 때에는 '한의 주군'으로 기록하고 있다. 진의 황제가 옹주자사 국윤에게 조서를 내린 것이다.

사로 삼았는데, 순번(荀藩)[92] 또한 이술(李述)을 연주자사로 삼자 이술이 초구를 공격하려고 하였고, 유곤은 초구를 불러 돌아오게 하였다. 업성이 지켜지지 못하게 되자, 유곤이 다시 유연을 연주자사로 삼아서 늠구에서 진수(鎭守)하게 하였다.

전(前) 중서시랑 치감(郗鑒)이 젊어서 깨끗하고 절개가 있는 것으로 이름나 있었는데 고평(高平, 산동성 거야현)에 사는 1천여 가구를 인솔하고 난을 피하여 역산(嶧山, 추산 ; 산동성 추현의 동남쪽)으로 가서 보호하고 있었으며, 낭야왕 사마예가 치감을 연주자사로 삼고 추산(鄒山, 역산)을 진수하게 하였다. 세 사람이 각기 한 군에 주둔하니 연주의 관리와 백성들은 누구를 좇아야 할지 몰랐다.

9 낭야왕 사마예[93]는 전 여강(廬江, 안휘성 여강현)내사 화담(華譚)을 군자좨주로 삼았다. 화담은 일찍이 수춘(壽春, 안휘성 수현)에서 주복(周馥)에게 의지하고 있었다. 사마예가 화담에게 말하였다.

"주조선(周祖宣)은 어떠한 연고로 반란하였는가?"[94]

화담이 말하였다.

"주복이 비록 죽었을 지라도 천하에는 아직도 곧은 말을 하는 인사가 있는 것입니다. 주복은 도적이 많아져서 만연하게 되자 도읍을 옮겨 나라의 어려움을 해결하고자 하였지만 정치권력을 잡고 있는 사람[95]

---

92 유연(劉演)은 진의 위군태수이고, 유곤은 진의 병주자사이며 순번(荀藩)은 진의 사공이었다.

93 이때 사마예는 건업 즉 남경에 주둔하고 있었다.

94 주복의 자가 조선이고, 반란을 일으킨 것은 진 혜제 영강 원년(301년)의 일이고, 《자치통감》 권87에 실려 있다.

이 좋아하지 않아서 군사를 일으켜서 이를 토벌하였던 것이며, 주복이 죽고 1년을 넘기지 못하고 도읍지인 낙양이 함락되었습니다. 만약에 이를 반란이라고 한다면 또한 무고한 것이 아닙니까?”

사마예가 말하였다.

“주복의 지위는 정진(征鎭)[96]이어서 강한 군사를 장악하고 있으며, 불러도 들어오지 않았고, 위태로워졌는데도 부지시키지 못하였으니 또한 천하의 죄인일 것이오.”

화담이 말하였다.

“그렇습니다. 위태로워졌는데도 부지시키지 못한 것은 마땅히 천하 사람들과 함께 그 책임을 받아야 할 것이지 주복에게만 있는 것은 아닙니다.[97]”

사마예의 참모들은 대부분 일을 피하며 스스로 즐기기만 하니 녹사참군(錄事參軍)[98] 진군(陳頵)이 사마예에게 말하였다.

“낙중(洛中, 낙양)이 평화로울 때 조정의 인사들은 조심하고 공손하며 삼가는 것이 보통의 풍습이어서, 제대로 처리하지 않고 오만하고 방자한 것을 우아(優雅)하다고 생각하였으니, 이러한 풍조가 물들어서 나라를 실패에 이르도록 하였습니다.

지금 관료에 속한 사람들이 모두 서대(西臺)[99]시절의 폐단을 이어받

---

95 사마월을 지칭한다.

96 지방 군사사령관에 해당하는 직책이다. 진에는 4진과 4정이 있는데, 진동·진서·진남·진북장군과 정동·정서·정남·정북장군을 말하며 국가방어의 중요한 직책이다.

97 주복뿐만 아니라 사마예에게도 책임이 있다는 말이다.

98 군사에 관한 일을 같이 의논하는 직책이다.

아 스스로 높아지는 것을 바라고 있으니, 이는 앞에 간 수레가 이미 넘어졌는데, 뒤 따르는 수레가 또 장차 그 길을 좇아가려고 하는 것입니다. 청컨대 지금부터 일을 시키면 병이 들었다고 하는 사람은 모두 면직시키십시오."

사마예는 좇지 않았다.

세 왕이 조왕 사마륜을 주살하면서 '기해격(己亥格)'[100]을 제정하여 공로에 대하여 상을 주도록 하였는데, 이때부터 이것이 계속 내려와서 쓰였다. 진군이 말씀을 올렸다.

"옛날에 조왕이 찬역(簒逆)하고 혜제가 황제의 자리를 잃자 세 왕이 군사를 일으켜서 이를 토벌하였으니, 그러므로 두터운 상을 주면서 의를 향하는 마음을 감싸 안았던 것입니다.

지금은 공로가 크건 작건 관계없이 모두 기해격으로 결정하여 마침내 금인과 자색인수가 사졸들의 몸에 채워지고 부책(符策)[101]이 노복과 문객들에게 맡기게 됨에 이르러 명칭과 그릇을 중히 여기고 기강을 바로잡는 방법이 되지 아니하니, 청컨대 일절 이것의 사용을 정지시키십시오."

진군은 한미한 집안 출신인데 자주 올바른 논의를 펼치니, 왕부에서는 대부분 그를 싫어하여 밖으로 내어보내어 초군(譙郡, 안휘성 박현)태수로 삼았다.

---

99 강동지역에서는 낙양을 서대라고 한다. 그러므로 낙양을 말한다.

100 사마륜이 주살된 것은 혜제 영녕 원년(301년)이었는데, 기해는 간지이므로 날짜를 가리키는 것으로 볼 수 있으나, 어느 달 어느 날인지 분명하지가 않다.

101 황제를 대신한다는 의미를 가진 신표로써 부절을 말한다.

10   오흥(吳興, 절강성 호주시)태수 주기(周玘)는 그의 종족이 강성하였으므로 낭야왕 사마예가 자못 그를 의심하고 꺼렸다. 사마예의 좌우에서 일을 전횡하는 사람들은 대부분 중원에서 관직과 채읍을 잃은 인사들이었는데, 오(吳, 강동지역) 사람들을 부리고 통제하여 오지역 사람들이 자못 원망하였다.

주기는 스스로 직책을 잃고, 또 조협(刁協)의 경시를 받게 되자 수치스럽고 분함이 더욱 심하여 마침내 몰래 그의 무리들과 정치를 관장하고 있는 사람들을 죽이고 여러 남쪽 인사들로 일을 대신하게 하도록 모의하였다.

이 일이 누설되어 주기는 걱정스럽고 분해하다가 죽었는데, 그가 곧 죽게 되자 그의 아들 주협(周勰)에게 말하였다.

"나를 죽이는 사람은 여러 창자(傖子)[102]일 것이다. 능히 복수할 수 있어야 바로 내 아들이다."

11   석륵이 이운(李惲)을 상백(上白, 하북성 위현)에서 공격하여 목을 베었다. 왕준(王浚)[103]이 다시 박성(薄盛)을 청주(青州)자사로 삼았다.[104]

12   왕준이 조숭(棗嵩)에게 여러 군사를 감독하여 역수(易水)에 주둔

---

102 창(傖)은 거칠고 비천하다는 의미가 있는데, 오지역 사람들은 중원에서 내려온 사람들을 창이라고 불렀다.

103 이운은 진의 청주자사이고, 왕준은 진의 대사마 겸 유주자사이다.

104 이운과 박성은 모두 산서지역 걸활 즉, 유민집단의 수령이었다.

하게 하고, 단질육권(段疾陸眷)[105]을 불러서 그와 함께 석륵을 공격하고자 하였는데, 단질육권이 오지 않았다. 왕준이 화가 나서 많은 폐백(幣帛)을 탁발의로(拓跋猗盧)에게 뇌물로 주고 아울러 모용외(慕容廆) 등에게도 격문을 보내어 함께 단질육권을 토벌하자고 하였다.

탁발의로는 우현왕 탁발육수(拓跋六脩)를 파견하여 병사를 거느리고 그들과 만나게 하였지만 단질육권에게 패하였다. 모용외는 모용한(慕容翰)을 파견하여 단씨(段氏)를 공격하게 하여 도하(徒河, 요녕성 금주시)·신성(新城, 하북성 서수현)을 빼앗고 양낙(陽樂, 하북성 무녕현)에 도착하였는데 탁발육수가 패하여 돌아갔다는 소식을 듣고 모용한은 도하에 머물러 진을 치고 청산(靑山)에 성벽을 쌓았다.

처음에, 중원지역의 군사와 백성 가운데 난을 피하려는 사람들은 대부분 북쪽으로 가서 왕준에게 의탁하였는데, 왕준이 남아 있도록 어루만져주지 못하고, 또 정치와 법의 집행을 제대로 세우지 못하자 병사와 백성들이 왕왕 다시 그를 떠났다. 단씨 형제는 오로지 무력과 용맹한 일에만 전념하고, 사대부에게 예의를 차리지 못하였다. 오직 모용외만이 정치하는 일을 잘 밝히고 인물을 아끼고 중히 여겼기 때문에 병사와 백성들이 대부분 그에게 귀의하였다.

모용외는 그들 가운데 뛰어난 인재를 천거하여 재주에 따라서 임무를 맡기니, 하동(河東, 산서성 하현) 사람 배억(裴嶷)·북평(北平, 하북성 만성현) 사람 양탐(陽耽)·여강(廬江, 안휘성 여강현) 사람 황홍(黃泓)·대군(代郡, 하북성 울현) 사람 노창(魯昌)을 모사(謀士)로 삼고, 광평(廣平,

---

105 조숭(棗嵩)은 왕준의 사위이고, 단질육권(段疾陸眷)은 선비족으로 진으로부터 요서공(遼西公)의 작위를 받았다.

하북성 계택현) 사람 유수(游邃)·북해(北海, 산동성 창락현) 사람 방선(逢
羨)·북평(北平) 사람 서방건(西方虔)·서하(西河, 산서성 분양현) 사람인
송석(宋奭)과 봉추(封抽)·배개(裴開)를 고굉(股肱)[106]으로 삼으며, 또
평원(平原, 산동성 평원현) 사람 송해(宋該)·안정(安定, 감숙성 진원현) 사
람인 황보급(皇甫岌)과 황보급의 동생 황보진(皇甫眞)·난릉(蘭陵, 산동
성 역현) 사람 무개(繆愷)·창여(昌黎, 요녕성 의현) 사람인 유빈(劉斌)과
봉혁(封奕)과 봉유(封裕)는 기밀사항을 관장하게 하였는데, 봉유는 봉
추의 아들이다.[107]

배억은 청렴하고 방정하며 재간과 지략을 갖고 있어서 창여태수로
삼고, 그의 형 배무(裴武)는 현토(玄菟, 요녕성 심양시)태수가 되었다. 배
무가 죽자 배억과 배무의 아들 배개(裴開)가 그의 영구를 모시고 돌아
가는데, 모용외가 있는 곳을 지나게 되니, 모용외는 그를 존경하면서
예의를 다하였고, 떠나게 되자 후하게 노자도 주었다. 가다가 요서(遼
西, 치소는 요녕성 의현)에 이르렀는데, 갈 길이 막히게 되자 배억은 돌아
가서 모용외에게로 가고자 하였다.

배개가 말하였다.

"고향은 남쪽에 있는데, 어찌 북쪽으로 갑니까? 또 똑같이 유랑하며
더부살이를 한다면 단씨(段氏)는 강하고 모용씨는 약한데 하필이면 이
쪽을 버리고 저쪽으로 갑니까?"

배억이 말하였다.

---

106 모주는 기획을 수립하는 일을 주관하는 직책이고, 고굉은 마치 팔다리처럼
　　주군의 지근한 거리에서 업무를 수행하는 사람을 말한다.

107 봉씨 집안 형제에 관한 일은 회제 영가 6년(311년)에 있었고,《자치통감》권
　　87에 그 내용이 실려 있다.

"중원지역은 죽는 혼란에 빠졌으니 지금 가서 그곳에 이른다고 하여도 이는 서로서로 이끌어서 호랑이의 입으로 들어가는 것이다. 또 길은 먼데 어떻게 도달할 수 있겠느냐?[108] 만약에 그 길이 깨끗해지고 소통이 될 때를 기다린다면 또한 어느 세월에 가능하게 될지 모르겠다. 지금 우리의 발을 의탁할만한 땅을 구하려고 한다면 어찌 신중하게 그러한 사람을 선택하지 않겠느냐?

네가 여러 단씨를 보건대 어찌 원대한 지략을 가졌으며 또 나라의 선비를 기다릴 수 있다고 보느냐? 모용공은 어짊과 의로움을 닦고 실천하여 패왕이 될 뜻을 갖고 있으며, 그 위에 나라는 부유하고 백성들은 안정되었으니, 지금 가서 그를 좇으면 높이 된다면 공로와 명성을 세울 수 있을 것이지만 아래로 내려간다 하여도 우리 종족을 비호할 수는 있을 것인데 네가 어찌 의심하느냐?"

배개가 마침내 그를 좇았다. 이미 도착하고 나자 모용외가 크게 기뻐하였다.

양탐(陽眈)이 청렴하고 정직하며 침착하고 민첩하여 요서(遼西)태수가 되었는데, 모용한(慕容翰)이 단씨를 양락(陽樂, 하북성 무녕현)에서 깨뜨려서 그를 붙잡자, 모용외는 예우하면서 그를 채용하였다. 유수·방선·송석은 모두 일찍이 창여(昌黎, 요녕성 의현)태수를 지냈는데, 황홍(黃泓)과 계(薊, 북경시 서남부)로 피난하였다가 뒤에 가서 모용외에게 귀의하였다.

왕준이 누차 손수 편지를 보내어 유수의 형 유창(游暢)을 부르자 유창이 그에게 가고자 하니 유수가 말하였다.

---

108 배억은 하동(산서성 하현) 사람으로 창여에서부터 직선거리가 1천400㎞이다.

"팽조(彭祖)[109]는 형벌과 정치를 제대로 수행하지 아니하고 있는데, 화족·융족들이 배반하여 떠나고 있으니 저 유수가 헤아려 보건대, 반드시 오래 갈 것 같지 않으며 형님은 또한 반환(磐桓)의 태도[110]로서 기다리고 계십시오."

유창이 말하였다.

"팽조는 잔인하고 의심이 많은 사람이어서 최근에는 유민들이 북쪽으로 오면 소재지에 명령을 내려서 그들을 추격하여 죽이라고 하였다. 지금 손수 편지를 보내어 간절하고 은근한데, 내가 이곳에 머물러 있으면서 가지 않으려고 생각한다면 장차 누가 경에게 미칠 것이오. 또 난세에 종족은 의당 나뉘게 되어서라도 종족을 남길 것을 기대하여야 하오."

유수가 이 말을 좇았는데, 끝내 왕준과 함께 죽었다.

송해는 평원 사람 두군(杜羣)·유상(劉翔)과 더불어 먼저 왕준에게 의탁했었고, 또 단씨에게 의탁하였으나, 모두 의탁하기에는 부족하다고 생각하고, 여러 유민을 인솔하고 모용외에게 귀부하였다. 동이(東夷)교위 최비(崔毖)는 황보급(皇甫岌)을 초청하여 장사(長史)를 삼으려고 겸손한 말로 알아듣게 설명하였지만 끝내 오게 할 수가 없었는데, 모용외가 그를 초청하자 황보급과 그의 동생 황보진이 즉시 모두 도착하였다.

요동 사람 장통(張統)은 낙랑(樂浪)·대방(帶方) 두 군을 점거하고 고

---

109 팽조는 왕준의 자이다.

110 반환은 빙빙 돈다는 뜻인데, 반환은 주역의 둔괘(屯卦)의 초구(初九)에 있는 효사(爻辭)이고, 왕필은 이것을 나아가지 않는 것이라고 해석하였다.

구려왕 을불리(乙弗利)[111]와 서로 공격하길 몇 년을 계속하면서 해결하지 못했다. 낙랑 사람 왕준(王遵)이 장통에게 유세하여 그 백성 1천여 가구를 인솔하고 모용외에게 귀부하니 모용외는 그를 위하여 낙랑군을 설치하고 장통을 태수로 삼고 왕준을 참군사로 삼았다.

---

111 고구려 14대 미천왕이다.

강동지역에 머무르는 사마예

13   왕여(王如)[112]의 잔당인 부릉(涪陵, 사천성 부릉현) 사람 이운(李運)·파서(巴西, 사천성 낭중현) 사람 왕건(王建) 등이 양양(襄陽)에서부터 3천여 가구를 인솔하고 한중(漢中, 섬서성 한중시)으로 들어가니, 양주(梁州, 치소가 한중에 있음)자사 장광(張光)이 참군 진막(晋邈)을 파견하여 군사를 거느리고 그들을 막게 하였다. 진막은 이운·왕건의 뇌물을 받고 장광에게 그들의 항복을 받으라고 권고하자 장광이 이를 좇아서 그들에게 성고(成固, 섬서성 성고현)에 살게 하였다.

이미 그리하고서 진막은 이운·왕건과 그 무리들이 진귀한 보배를 많이 갖고 있는 것을 보자 이를 다시 전부 빼앗고자 하여 다시 장광에게 유세하였다.

"이운·왕건의 무리들은 농사를 짓지도 않고 오로지 병장기만 만들고 있는데, 그들의 속마음을 헤아리기 어려우니 습격하여 모두 죽이는 것만 못하며 그렇지 않으면 반드시 난을 일으킬 것입니다."

장광이 또 이 말을 좇았다.

---

112 진의 반란집단의 수령이다.

5월에 진막이 병사를 거느리고 이운·왕건을 공격하여 죽였다. 왕건의 사위 양호(楊虎)는 나머지 무리를 모아서 장광을 공격하고 액수(厄水, 섬서성 한중시 동쪽)에 주둔하니, 장광이 그의 아들 장맹장(張孟萇)을 보내 이를 토벌하게 하였으나 이길 수가 없었다.

14 　임진일(18일)에 낭야왕 사마예를 좌승상·대도독으로 삼고, 섬현 동부의 군사에 관한 일을 감독하도록 하였고, 남양왕 사마보(司馬保)를 우승상·대도독으로 삼고 섬현 서부의 군사에 관한 일을 감독하게 하였다.[113]

조서를 내렸다.

"지금은 마땅히 경예(鯨鯢)[114]를 깨끗이 쓸어버리고 재궁(梓宮)[115]을 받들어 모셔 와야 하오. 지금 유주·병주 두 주에서는 병졸 30만 명을 챙겨서 곧바로 평양으로 가고, 우승상은 마땅히 진주(秦州)·양주(涼州)·양주(梁州)·옹주(雍州)의 군사 30만 명을 인솔하고 지름길로 장안으로 가고, 좌승상은 거느리고 있는 정예의 군사 20만 명을 인솔하고 지름길로 낙양으로 가는데, 약정 기한까지 동시에 도착하여 으뜸가는 공훈을 세울 수 있을 것이요."

---

113 사마예의 관직명은 독섬동제군사(督陝東諸軍事)이고, 사마보의 관직명은 독섬서제군사(督陝西諸軍事)이다.

114 경예는 고래를 말하는 것으로 흉악한 적을 지칭한다.

115 황제와 황후가 죽었을 때 관을 재(梓)나무로 만드는데, 황제가 있는 곳을 궁이라고 하므로 재궁은 결국 황제나 황후의 관을 말한다. 여기서는 회제가 한에서 죽었으므로 회제를 가리키며, 회제의 영구는 한의 도읍인 평양에 있고 아직 진에 반환되지 않았다.

15 한의 중산왕 유요가 포판(蒲坂, 산서성 영제현)에 주둔하였다.

16 석륵이 공장(孔萇)에게 정릉(定陵, 하북성 위현 서북쪽)을 공격하게 하여 전휘(田徽)를 죽이고, 박성(薄盛)[116]이 소속 부대를 인솔하고 석륵에게 항복하니 효산의 동쪽에 있는 군현들이 계속하여 석륵에게 빼앗겼다. 한의 주군 유총이 석륵을 시중·정동(征東)대장군으로 삼았다. 오환족(烏桓族) 역시 왕준을 배반하고 몰래 석륵에게 귀부하였다.

17 6월에 유곤[117]이 대공 탁발의로와 형령(陘嶺, 구주산, 산서성 대현 서북쪽)의 북쪽에서 만나서 한을 공격할 것을 모의하였다. 가을, 7월에 유곤이 앞으로 나아가서 남곡(藍谷, 산서성 태원시 서남쪽)을 점거하고, 탁발의로는 탁발보근(拓跋普根)을 파견하여 북굴(北屈, 산서성 길현)에 주둔하게 하였다.

　유곤이 감군(監軍) 한거(韓據)를 파견하여 서하(西河, 산서성 이석현)에서 남쪽으로 내려가서 장차 서평(西平, 한의 도읍인 평양의 서쪽)을 공격하려 하였다. 한의 주군 유총이 대장군 유찬(劉粲) 등을 파견하여 유곤을 막게 하고, 표기(驃騎)장군 유이(劉易) 등이 탁발보근을 막게 하며, 탕진(蕩晉)장군 난양(蘭陽) 등이 서평을 지키는 일을 돕게 하였다. 유곤 등이 이 소식을 듣고 군사를 이끌고 돌아갔다. 유총이 여러 군대에게 여전히 현재의 위치에 주둔하면서 진격하여 빼앗을 계책을 만들

---

116 전휘(田徽)는 왕준이 임명하였던 연주자사이고, 박성(薄盛)은 왕준이 임명한 청주자사이다.

117 진의 병주자사이다.

게 하였다.

18　황제는 전중(殿中)도위 유촉(劉蜀)을 파견하여 좌승상 사마예에
게 조서를 내려서 때에 맞추어 진군하여 승여(乘輿)[118]와 중원에서 만
나게 하였다. 8월 계해일(20일)에 유촉이 건강(建康)[119]에 도착하였는
데, 사마예가 바야흐로 강동(江東)[120]지역을 평정하는 일 때문에 북벌
할 겨를이 없다고 말하였다.

진동(鎭東)장군부의 장사(長史) 조협(刁協)을 승상부의 좌장사(左長
史)로 삼고, 종사(從事)중랑인 팽성(彭城, 강소성 서주시) 사람 유외(劉
隗)를 사직(司直)으로 삼고, 소릉(邵陵)[121]내사인 광릉(廣陵, 강소성 청
강시) 사람 대막(戴邈)을 군자좨주로 삼으며, 참군인 단양(丹陽, 남경)
사람 장개(張闓)를 종사중랑으로 삼고, 상서랑인 영천(潁川, 하남성 우
현) 사람 종아(鍾雅)를 기실(記室)참군[122]으로 삼고, 초국(譙國, 안휘성
박현) 사람 환선(桓宣)을 사인(舍人)으로 삼고, 예장(豫章, 강서성 남창
시) 사람 웅원(熊遠)을 주부(主簿)로 삼고, 회계(會稽, 절강성 소흥시) 사
람 공유(孔愉)를 연리(掾吏)로 삼았다. 유외는 문학과 역사를 잘 익히
고 사마예의 속마음을 잘 살폈던 고로 사마예가 특별히 그를 가까이하

---

118 황제가 탄 수레를 말하므로 황제를 지칭한다.

119 건업(강소성 남경)을 말한다. 진 회제의 이름이 업(業)이므로 이 글자를 피하
기 위하여 고친 것이다.

120 안휘성 무호의 동쪽으로 장강의 남쪽지구이다.

121 소릉(昭陵)이다. 진는 사마소(司馬昭)를 피휘(避諱)하기 위하여 소(昭)를 소
(邵)로 고친 것이다. 지금의 호남성 소양시이다.

122 기실은 군사 기밀 사항을 다루는 곳이다.

고 아껴주었다.

웅원이 편지를 올렸다.

"군사가 일어난 이후로 일을 처리함에 있어서, 율령을 사용하지 않고 있으며 다투어 가면서 새로운 의견을 내고, 일이 닥치면 바로 제도를 만들고, 아침에 만들었다가 저녁에 고치게 되어 주관하는 사람의 경우에도 감히 법에 맡겨서 일을 처리할 수 없어서 번번이 자문을 구하게 되니 정치하는 체제가 아닙니다.

어리석은 제가 생각하기로는 무릇 반박하고 논의하는 사람은 모두 마땅히 율령·경전을 인용하여야 하고, 곧바로 인정을 내세워 말해서는 안 되니, 준칙에 의거하는 바가 없으면 옛날의 법전을 훼손하는 것입니다. 만약에 마땅한 바를 좇아서 열어놓거나 막아 버리며 임시방편으로 일을 처리하는데, 이는 임금이 할 수 있는 일이지 신하 된 사람이 전용해야 할 것은 아닙니다."

사마예는 당시에 바야흐로 많은 일이 있었기 때문에 좇을 수가 없었다.

애초에, 범양(范陽, 하북성 탁현) 사람 조적(祖逖)이 젊어서는 큰 뜻을 갖고 있었는데, 유곤과 함께 사주(司州, 경기지역)주부였는데, 같이 잠을 자다가 밤중에 닭이 우는 소리를 듣고 발로 유곤을 차면서 잠을 깨우고 말하였다.

"이는 나쁜 소리가 아니다."

일어나서 춤을 추었다.

장강을 건너게 되자 좌승상 사마예가 군자좨주로 삼았다. 조적이 경구(京口, 강소성 진강시)에 있으면서 날쌔고 힘 있는 사람들을 규합해서 사마예에게 말하였다.

"진 황실이 어지러운 것은 윗사람이 무도(無道)하고 아랫사람이 원망하며 반란을 일으켰기 때문이 아니라 종실 사람들이 권력을 가지고 다투면서 서로 잡아먹듯 하여 드디어 융적(戎狄)에게 틈새를 타게 하여 그 해독이 중원지역에 흘러든 것입니다. 지금 유민들은 이미 상해를 당하여서 사람들이 스스로 분투하기를 생각하고 있으니 대왕께서 진실로 능히 장수들에게 군사를 출동시키라고 명령하실 수만 있으니, 예컨대 저 조적 같은 사람에게 이들을 통솔하고서 중원을 회복하게 한다면 군과 봉국에 있는 호걸들이 반드시 그 풍문만을 듣고 호응하는 사람이 있을 것입니다."

사마예는 평소 북벌할 뜻을 갖고 있지 않았으므로 조적을 분위(奮威)장군·예주(豫州, 하남성 동부)자사로 삼고 1천 명 분의 양식과 포 3천 필을 주고, 갑옷과 무기는 주지 않으면서 스스로 모집하게 하였다. 조적이 그의 부곡(部曲)에 있는 100여 가구를 거느리고 장강을 건너는데, 강 중간쯤에서 돛대를 치면서 말하였다.

"나 조적이 중원을 깨끗하게 정리할 수 없어서 다시 건너게 된다는 것은 마치 이 큰 장강과 같이 될 것이다.[123]"

드디어 회음(淮陰, 강소성 청강시)에 주둔하고 병기를 만들기 시작하고 병사를 모집하여 2천여 명을 얻은 다음에 전진하였다.

19   호항(胡亢)의 성품은 시기가 많아서 그의 날랜 장수 몇 명을 죽였다. 두증(杜曾)이 두려워서 몰래 왕충(王沖)[124]의 군사를 유인하여 호

---

123 죽는다는 의미이다.

124 호항은 농민반란군의 수령으로 자칭 초공이라 하였는데, 이 일은 회제 영가

항을 공격하게 하였다. 호항이 정예의 군사 모두를 내보내어 이를 막게 하니 성이 텅 비었고, 두증이 이를 이용하여 호항을 죽이고 그 무리들을 합병시켰다.

20   주의(周顗)는 심수성(潯水城, 호북성 황매현 서남쪽)에 주둔하였는데, 두도(杜弢)에게 어려움을 당하자 도간(陶侃)[125]이 명위(明威)장군 주사(朱伺)에게 이를 구원하게 하니 두도가 물러나서 녕구(泠口, 호남성 녕원현 서북쪽)에서 지켰다.

도간이 말하였다.

"두도는 반드시 걸어서 무창(武昌)으로 갈 것이다."

마침내 스스로 지름길로 자기 군으로 돌아가서 그들을 기다렸더니 과연 두도가 와서 공격하였다.

도간이 주사에게 맞받아치게 하여 그들을 대파하니, 두도가 숨어서 장사(長沙)로 돌아갔다. 주의는 심수성에서 나와서 예장에서 왕돈(王敦)[126]에게 들어가 의탁하였는데 왕돈이 그를 머물게 하였다. 도간이 참군 왕공(王貢)에게 승리한 것을 왕돈에게 보고하게 하니 왕돈이 말하였다.

"만약에 도후(陶侯, 도간)가 없었더라면 바로 형주(荊州)를 잃을 번하였구나!"

6년(312년)에 있었고, 두증은 호항에 의하여 경릉태수로 임명되었으며, 왕충은 형주지역 농민 반란군의 수령이다.

125 주의(周顗)는 진의 도독형주제군사이고, 두도(杜弢)는 익주지역 농민반란군의 수령이며 도간(陶侃)은 무창태수이다.

126 정토도독(征討都督)이었다.

마침내 표문을 올려 도간을 형주자사로 삼아서 면강(沔江, 호북성 면양현)에 주둔시켰다. 좌승상 사마예는 주의를 불러 다시 군자좨주로 삼았다.

왕준과 석륵의 계책

21   애초에, 저왕(氐王) 양무수(楊茂搜)[127]의 아들 양난적(楊難敵)이 양자(養子)를 양주(梁州)로 보내 장사를 하게 하였는데, 그가 사사로이 양인(良人)의 아들 한 사람을 팔았다가 장광(張光)[128]에게 채찍을 맞아 죽었다. 양난적이 이를 원망하며 말하였다.

"사군(使君)이 처음 와서는 크게 황폐된 다음이어서 병사와 백성들의 목숨이 우리 저족(氐族)을 바라보고 살아갔는데, 저족이 조그만 죄진 것을 용서할 수 없었구나!"

장광과 양호(楊虎)가 서로 공격하게 되자, 각기 양무수에게 구원해주기를 청하였고, 양무수는 양난적을 파견하여 장광을 구원하였다. 양난적이 장광에게 재물을 요구하였는데, 장광은 주지 않았다. 양호는 양난적에게 후하게 뇌물을 주고 또 말하였다.

"유민들의 진기한 물건은 모두 장광이 있었던 곳에 있는데,[129] 지금

---

127 양무수가 구지(仇池, 감숙성 서현의 서쪽)에서 일으킨 사건은 혜제 원강 6년 (296년)의 일이고《자치통감》 권82에 실려 있다.

128 양주자사이다.

나를 치는 것은 장광을 치는 것만 못하오."

양난적이 크게 기뻐하였다.

장광은 양호와 싸우는데, 장맹장(張孟萇)에게 앞에 서게 하고 양난적이 뒤를 이어주게 하였다. 양난적이 양호와 더불어 장맹장을 협격(挾擊)하여 그를 대파하여 장맹장과 그의 동생 장원(張援)이 모두 죽었다. 장광은 농성하며 스스로 지켰다.

9월에 장광은 분하고 화가 나서 병이 되고, 소속 관료들이 장광에게 물러나서 위흥(魏興, 섬서성 안강현)을 점거하라고 권고하였다. 장광이 칼을 만지면서 말하였다.

"내가 나라의 중책을 맡아서 도적을 토벌할 수 없으니, 지금 죽을 수 있다면 마치 신선이 되는 것과 같을 것인데, 어찌 물러나라는 말을 하는가?"

이 말 소리가 끊어지자 죽었다.

그 주(州, 양주)의 사람들은 그의 어린 아들 장매(張邁)를 추천하여 주의 업무를 관장하게 하였는데, 또 저족[130]들과 싸우다 죽었고, 무리들이 시평(始平, 섬서성 빈현)태수 호자서(胡子序)를 추천하여 양주의 업무를 관장[131]하게 하였다.

22   순번(荀藩)[132]이 개봉(開封, 하남성 개봉시)에서 죽었다.

---

129 진막이 사람을 죽이고 탈취한 것을 가리킨다.

130 저족 가운데 구지를 점거한 양씨들을 말한다.

131 영직으로 영양주자사이다.

132 진의 사공이다. 순번은 2년 전에 양성에서 진의 임시정부를 만들었다.

23 한의 중산왕인 유요와 조염(趙染)이 국윤(麴允)[133]을 황백성(黃白城, 섬서성 산원현)에서 공격하니, 국윤이 여러 번 싸웠으나 모두 패전하자, 조서를 내려서 색침(索綝)[134]을 정동(征東)대장군으로 삼아 군사를 거느리고 국윤을 돕게 하였다.

24 왕공(王貢)은 왕돈이 있는 곳에서 돌아와 경릉(竟陵, 호북성 종상현)에 도착하여 도간(陶侃)의 명령을 고쳐 두증(杜曾)을 전봉(前鋒)대도독으로 삼아 왕충(王沖)[135]을 쳐서 목을 베고 그 무리들을 모두 항복시켰다. 도간이 두증을 소환하였으나, 두증이 가지 않았다. 왕공은 명령을 고쳤으므로 죄를 얻을 것이 두려워서 드디어 두증과 더불어 도리어 도간을 공격하였다.

 겨울, 10월에 도간의 군사가 대패하였는데, 겨우 몸만 죽음을 면하였다. 왕돈이 표문을 올려서 도간에게 백의를 입고 직무를 관장하게 하였다. 도간이 주방(周訪)[136] 등을 다시 인솔하고 나아가서 두도를 쳐서 그들을 대파하자, 왕돈이 마침내 상주문을 올려서 도간의 관직을 회복시켜 달라고 하였다.

25 한의 조염이 중산왕 유요에게 말하였다.

---

133 조염(趙染)은 한의 평서장군이고, 국윤(麴允)은 진의 옹주자사이다.

134 경조윤이었다.

135 왕공(王貢)은 형주자사 도간의 참군이고, 왕돈은 정토장군이며, 왕충(王沖)은 형주지역 농민 반란세력의 우두머리이다.

136 백의는 평민이 입는 옷을 말하므로 평민 신분으로 일하라는 의미이고, 주방(周訪)은 심양(강서성 구강시)태수이다.

"국윤이 많은 무리를 인솔하고 밖에 있으니 장안은 텅 비어서 습격할 수 있습니다."

유요는 조염에게 정예의 기병 5천 명을 인솔하여 장안을 습격하게 하여 경인일 밤에 외성(外城)에 들어갔다. 황제는 사안루(射鴈樓)로 달아났다.

조염이 용미(龍尾)[137]와 여러 군영을 태워버리고 1천여 명을 죽이거나 잡아갔고, 신묘(11월 20일)일 아침에 물러나서 소요원(逍遙園)에 주둔하였다. 임진(11월 21일)일에 장군 국감(麴鑒)이 아성(阿城)[138]에서부터 무리 5천 명을 인솔하고 장안을 구원하러 왔다. 계사일(11월 22일)[139]에 조염이 군사를 이끌고 돌아가니 국감이 이를 추격하다가 영무(零武, 섬서성 백수현)에서 유요를 만나자 국감의 군사가 대패하였다.

26　양호(楊虎)·양난적이 급하게 양주를 공격하여 호자서[140]가 성을 버리고 달아나자 양난적이 자사를 자칭하였다.

27　한의 중산왕 유요가 승리한 것을 믿고 방비를 설치하지 아니하였

---

137 성을 따라서 쌓아놓은 나무로 만든 길이다.

138 진 시황 때 만든 아방궁의 옛터이다.

139 여기의 경인일과 다음의 신묘일, 임진일, 계사일은 통감필법에 의하면 10월로 보아야 한다. 그러나 10월 중에는 이러한 간지를 가진 날이 없고, 만약에 경인일 앞에 '11월'이 누락되었다면, 이 날짜는 모두 11월이고, 각기 11월 19일(경인), 11월 20일(신묘), 11월 21일(임진), 11월 22일(계사)이다.

140 양호(楊虎)는 유민들의 수령이고, 호자서는 양주자사의 직책을 관장하고 있었다.

는데, 11월에 국윤이 병사를 이끌고 이들을 습격하여 한의 병사들을 대패시키고 그들의 관군장군인 교지명(喬智明)을 죽이니, 유요가 군사를 이끌고 평양으로 돌아갔다.

28　왕준이 그의 아버지의 자가 처도(處道)이므로 스스로 '당도고(當塗高)'[141]라는 참서(讖書)에 나오는 말에 대응한 것이라고 말하고 존호(尊號)를 칭하기로 모의하였다. 전 발해태수 유량(劉亮)·북해태수 왕단(王摶)·사공부의 연리 고유(高柔)가 간절하게 간하였지만 왕준이 이들을 모두 죽였다.

연국(燕國, 북평시)의 곽원(霍原)은 뜻과 절개가 깨끗하고 높아서 계속하여 징소와 벽소를 사양하였다. 왕준이 존호를 붙이는 일을 가지고 그에게 묻자 곽원은 대답하지 않았다. 왕준은 곽원이 여러 도적들과 내통하였다고 무고하여 죽여서 그의 머리를 효수하였다.

이에 병사와 백성들이 놀라고 원망하였지만 왕준은 자긍심과 호방함이 날로 심하여져서 친히 정사를 살피지 않고 일을 맡기는 사람은 모두 가혹하고 각박한 성격의 소인들이었으니, 조숭(棗嵩)·주석(朱碩)이 탐욕스럽고 전횡함이 아주 심하였다.

북방에 있는 주에서는 요언이 나돌았다.

"관부에서는 빛나는 사람은 주구백(朱丘伯)이고, 10자루 5자루는 조

---

141 예언서인 참서(讖書)가 해를 끼친 것은 후한 광무제 건무 6년(30년)에 공손술(公孫述)의 사건이 있었고, 후한 헌제 건안 원년(196년)에는 원술(袁術)의 사건이 있었다. 모두 위(魏)가 한(漢)을 대신한다는 내용이었다. 도(塗)는 도(道)와 같은 뜻이므로 당도(當塗)는 처도(處道)와 같은 뜻이 되어 왕준의 아버지의 자가 예언서에 딱 들어맞는 것이라고 판단한 것이다.

랑(裹郎)¹⁴²에게 들어가네."

조세를 거두어들이고 요역을 발동하는 일이 많고 번잡하니 아랫사람들은 그 명령을 감당할 수 없게 되자 대부분 배반하고 선비족에게로 들어갔다. 종사 한함(韓咸)과 감호(監護) 유성(柳城)은 모용외가 병사와 백성들을 받아들일 수 있다고 큰 소리로 이야기하여 왕준에게 풍자하려고 하였으나, 왕준이 화를 내고 그들을 죽였다.

왕준이 시작한 것은 오직 선비족·오환족이 강하다는 것을 믿었던 것인데, 이미 그리하자 이들이 모두 그를 배반하였다. 그 위에 해마다 황충의 피해와 가뭄이 들어 군사 세력은 더욱 약해졌다. 석륵이 그를 습격하려고 하였으나, 그들의 허실을 알지 못하여 장차 사자를 파견하여 살피게 하려고 하였는데, 참좌가 양호(羊祜)·육항(陸抗)의 고사¹⁴³를 이용하여 왕준에게 편지를 보내라고 청하였다.

석륵이 장빈에게 물었더니 장빈이 말하였다.

"왕준은 명목상으로는 진의 신하이지만 실제로는 진을 없애고 스스로 나라를 세우고자 하는데 다만 사해에 사는 영웅들이 그를 좇지 않을까만을 걱정할 뿐이어서 그가 장군을 얻으려는 것은 마치 항우가 한신을 얻고 싶어 하였던 것¹⁴⁴과 같습니다.

장군이 천하에 위엄을 떨치시고 계신데 지금 겸손한 말과 후한 예물

---

142 주구백(朱丘伯)은 주석의 자이고, 조랑(裹郎)은 조숭이 왕준의 서랑(壻郎) 즉 사위라는 말이다.

143 진 무제 태시 8년(272년)의 일이다. 삼국시대에 진의 장수 양호와 오의 장수 육항이 서로 호각을 이루는 상대가 되어 있었는데 이 내용은 《자치통감》 권 79에 실려 있다.

144 항우와 유방이 천하를 놓고 다투던 시절의 상황이다.

을 보내며 몸을 굽혀 그를 섬기겠다고 하여도 오히려 믿어주지 않을까 두려운데 하물며 양호·육항의 관계처럼 대등한 경우이겠습니까? 무릇 다른 사람을 도모하려고 하면서 다른 사람에게 그 속마음을 알아차리게 한다면 뜻을 얻기가 어렵습니다."

석륵이 말하였다.

"훌륭하오."

12월에 석륵이 사인(舍人)[145] 왕자춘(王子春)·동조(董肇)를 파견하여 진귀한 보배를 많이 싸 가지고 가서 왕준에게 표문을 받들었다.

"저 석륵은 본래 작디작은 흉노족[146]이었는데, 세상에 기근이 들고 어지러운 시절을 만나서 이리저리 흘러 다니며 어려움 속에 지나다가 기주(冀州)로 가서 목숨을 숨겼다가 가만히 서로 모여 보호하면서 목숨을 구하였습니다. 지금 진의 운명은 쇠퇴하였고, 중원지역에는 주인이 없는데, 전하[147]께서는 우리 고향[148]에서 귀하고 명망을 받고 계셔서 사해에 사는 사람들이 으뜸으로 받들고 있으니 제왕이 될 사람은 공이 아니면 다시 누구이겠습니까?

저 석륵이 몸을 바쳐서 군사를 일으켜서 포악하고 어지럽히는 사람들을 토벌하여 죽인 것은 바로 전하를 위하여 청소를 한 것뿐입니다. 엎드려 바라건대 폐하[149]께서 하늘의 뜻에 순응하고 사람들의 마음에

---

145 개인 수행원이다.

146 석륵은 흉노의 한 지파인 갈족(羯族) 출신이었다.

147 왕준을 높여 부른 것이다.

148 왕준은 병주(산서성) 태원 사람이고, 석륵은 병주 무향인이므로 같은 병주 출신이어서 고향사람으로 생각하고 말한 것이다.

따라서 일찍 황조(皇祚)에 오르십시오. 저 석륵이 전하를 천하의 부모처럼 모시고자 하니 전하께서 저 석륵의 작은 마음을 살펴주시고, 마치 아들처럼 대하여 주십시오."

또 조숭(棗嵩)에게도 편지를 보내 그에게 두텁게 뇌물을 바쳤다.

왕준은 단질육권이 방금 전에 배반하고 병사와 백성들이 대부분 자기를 버리고 떠나갔는데, 석륵이 자기에게 귀부하려 한다는 소식을 듣고 아주 기뻐하여 왕자춘에게 말하였다.

"석공(石公)은 한 시대의 호걸이고, 조(趙)·위(魏)를 점거하고 마침내 고(孤)에게 번속(藩屬)이라고 칭하고자 하니 그것을 믿을 만하오?"

왕자춘이 말하였다.

"석(石) 장군은 재주와 힘이 강성한데 진실로 성지(聖旨)[150]와 같습니다. 다만 전하께서 중주(中州, 중원)의 귀한 분이고 명망이 있는 분이시며, 이족과 하족(夏族, 화하족)에게 위엄을 시행하시니, 옛날부터 흉노족은 황제를 보좌한 유명한 신하는 있었지만 아직도 제왕이 된 사람은 없었습니다.

석 장군이 제왕이 되기를 싫어하는 것이 아니지만 하지 않고 이를 전하에게 양보하고자 하는 것입니다. 생각해 보건대 제왕이 되는 것은 스스로 운수가 있는 것이고, 지혜나 힘으로 얻을 수 있는 것이 아니니, 비록 억지로 이것을 빼앗았다고 하여도 반드시 하늘과 사람들이 주는 바가 되지 아니하기 때문입니다. 항우가 비록 강하여도 끝내는 한(漢)

---

149 석륵이 왕준을 계속하여 전하라는 말을 사용하고 있었으므로 황제에게 붙이는 칭호인 폐하는 아마도 전하의 잘못으로 보인다.

150 원래 성지란 황제의 지의(旨意)를 말하는 것인데, 여기에서는 왕준의 뜻을 성지라고 표현하였다.

이 소유하였던 것입니다.

석 장군을 전하와 비교한다면 달과 해와 비슷한데, 이로써 앞에 있었던 일을 멀리서 거울삼아 보면 몸을 전하에게 귀부하려는 것이니, 이것이 바로 석 장군이 갖고 있는 밝은 안목이며 보통 사람보다 아주 다른 부분인데 전하께서 어찌하여 이상하게 생각하십니까?"

왕준이 크게 기뻐하면서 왕자춘·동조를 모두 열후로 책봉하고 사자를 파견하여서 회답하고 많은 폐물로 갚게 하였다.

유륜(游綸)의 형 유통(游統)은 왕준의 사마인데, 범양(范陽, 하북성 탁현)에서 진수하고 있다가 사자를 보내 사사로이 석륵에게 귀부하니, 석륵이 그 사자의 목을 베어 왕준에게 보냈다. 왕준이 비록 유통에게는 죄를 주지 않았지만 석륵이 충성스럽다고 더욱 믿었고 다시는 의심하지 않았다.

29 이 해에 좌승상 사마예는 세자 사마소(司馬紹)를 파견하여 광릉(廣陵, 강소성 청간시)에서 진수(鎭守)하게 하고, 승상부 연리 채모(蔡謨)를 참군으로 삼았다. 채모는 채극(蔡克)의 아들이다.

30 한의 중산왕 유요는 하남윤 위준(魏浚)을 석량(石梁, 하남성 낙양시의 동쪽)에서 포위하고, 연주자사 유연(劉演)·하내(河內)태수 곽묵(郭默)이 병사를 파견하여 이를 구원하였으며, 유요가 군사를 나누어 하북에서 이를 맞아 싸워서 패배시켰다. 위준은 밤중에 도망하였으나 붙잡아서 죽였다.

31 대공 탁발의로는 성락(盛樂, 내몽고 화림격이현 서북쪽)에 성을 쌓

아 북도(北都)로 삼고, 옛날 치소 평성(平城, 산서성 대동시)을 남도(南都)로 삼았다. 또 새로이 평성(산서성 삭현 경계 지역)을 유수(灅水)의 북쪽에 쌓고[151] 우현왕 탁발육수에게 이곳에 진수하면서 남부지역을 전체적으로 관할하게 하였다.*

---

[151] 원문은 유수(灅水)의 양(陽)으로 되어 있다. 산의 양(陽)은 남쪽이지만 물의 양은 북쪽이다.

권089

진기11

서진의 멸망

석록과 왕준, 그리고 이웅의 됨됨이

민제 건흥 2년(甲戌, 314년)[1]

1 봄, 정월 신미일(1일)에 해와 같은 것이 땅에 떨어졌으며 또한 세 개의 해가 서로 이어져서 서쪽에서 나오더니 동쪽으로 운행하였다.[2]

2 정축일(7일)에 대사면령을 내렸다.

3 유성(流星)이 견우(牽牛) 자리에서 나와서 자미궁(紫微宮) 자리로 들어가니 빛이 땅을 비추다가 평양(平陽, 산서성 임분시, 한의 도읍지)의 북쪽에 떨어져서 고깃덩어리로 변하였는데, 길이가 30보(步)이고 넓이

---

1 성(成, 前蜀) 무제(武帝) 옥형 4년, 한(漢, 前趙) 소무제(昭武帝) 가평(嘉平) 4년 이다.

2 천문을 보고 점을 치는 것을 보면 세 개, 네 개, 다섯 개, 여섯 개의 해가 함께 나와서 다투면 천하에 병란이 일어난다고 하였다. 세 개의 해가 함께 나타나면 30일 안에 제후가 다투어 황제가 된다고 되어 있다. 그러나 이러한 천문 현상이 천문학적으로 정말 있었으며, 혹은 그것이 가능한지는 모르겠다.

가 27보였다.

한의 주군 유총이 이를 싫어하여 공경들에게 물어보았다. 진원달(陳
元達)이 말하였다.

"여자에 대한 총애가 대단히 왕성하면 나라가 망할 징조입니다."

유총이 말하였다.

"이것은 음양의 이치인데, 인간사와 무슨 관계가 있소?"

유총의 후(后) 유씨는 현명하여 유총이 하는 일이 도에 맞지 않으면
매번 올바르게 바로잡아 주었다. 기축일(19일)에 유씨가 죽었는데, 시
호를 무선(武宣)이라고 하였다. 이로부터 총애를 받는 비빈들이 다투
어 나아가니 후궁에는 질서가 없어졌다.

4 　유총은 승상 등 일곱 명의 공(公)³을 두었다. 또 보한(輔漢) 등
16명의 대장군⁴을 두고 각기 군사를 2천 명씩 배치하고, 여러 아들이
이를 맡게 하고, 또 좌·우사예(左·右司隸)를 두고 각기 20여만 호를 거
느리게 하였다. 1만 호마다 내사(內史) 한 명씩을 두고, 선우좌·우보(單
于左·右輔)가 각기 여섯 이족(夷族) 10만 락(落)⁵을 주관하게 하였는

3　승상, 태사, 태부, 태보, 대사도, 대사공, 대사마를 말한다.

4　호삼성 음주를 보면 보한(輔漢)·도호(都護)·중군(中軍)·상군(上軍)·무군(撫
軍)·진군(鎭軍)·위군(衛軍)·경군(京軍)·전(前)·후(後)·좌(左)·우(右)·상·
하군(上·下軍)·보국(輔國)·관군(冠軍)·용상(龍驤)·호아(虎牙)대장군이라고
하였는데, 이 숫자는 모두 18개이다.

5　여섯 이족이란 호(胡)·갈(羯)·선비(鮮卑)·저(氐)·강(羌)·파만(巴蠻)이라고
하는데, 혹은 파만 대신에 오환(烏丸)이라고 하기도 하며, 락(落)이란 봉장(篷
帳)을 말한다. 농경 사회로 말하면 호(戶)에 해당할 것이다.

데, 1만 락에 한 명의 도위를 두고, 좌·우선조상서(左·右選曹尙書)가 함
께 선거를 관장하게 하였다.

사예 이하의 여섯 개의 관직은 모두 지위가 상서복야의 다음이었다.
그의 아들 유찬(劉粲)을 승상·영대장군(領大將軍)·녹상성사로 삼고 진
왕(晉王)으로 올려 책봉하였다. 강도왕 유연년(劉延年)을 녹상서육조
사(錄尙書六條事)[6]로 삼고, 여음왕 유경(劉景)을 태사로 삼고, 왕육(王
育)을 태부로 삼고, 임의(任顗)를 태보로 삼고, 마경(馬景)을 대사도로
삼고, 주기(朱紀)를 대사공으로 삼고, 중산왕 유요(劉曜)를 대사마로
삼았다.

5   임진일(22일)에 왕자춘 등과 왕준(王浚)[7]의 사자가 양국(襄國, 하
북성 형태시)에 도착하였는데, 석륵이 그의 힘센 병졸과 정예의 갑병을
숨겨두고, 노약한 병사와 텅 빈 창고를 그들에게 보여주면서 북면[8]하
여 사자에게 절하고 편지를 받았다.

왕준이 석륵에게 주미(麈尾)[9]를 보냈는데, 석륵이 겉으로 감히 잡지

---

6 관직명인데 직위는 상서령과 복야보다 위이고, 상서가 상주하는 일을 총괄하
   는 직책이다. 6조는 구체적으로 무엇인지 알 수 없다. 다만 상서가 하는 일의
   종류를 말하는 것 같다.

7 진나라의 대사마로, 도독유기제군사이다.

8 신하는 북쪽을 향하여 있고, 황제는 남쪽을 향하여 있는 것이므로 석륵이 신
   하의 위치를 자처한 것이다.

9 주란 사슴의 일종인데, 주의 꼬리는 부채 모양을 하고 있다. 그래서 거기에 옥
   으로 자루를 만들어 붙이면 부채가 된다. 부채질을 할 필요가 없을 때에는 위
   의(威儀)의 상징이기도 한데, 이 시기에는 가지고 있는 주미의 가격으로 그 사
   람의 신분을 드러냈다.

못하는 척하며 이를 벽에다 걸어놓고서 아침저녁으로 이것에 절을 하면서 말하였다.

"나는 감히 왕공을 볼 수 없지만 그가 내려준 물건을 보니 마치 공을 보는 것 같다."

다시 동조(董肇)를 파견하여 왕준에게 표문을 올리게 하였는데, 3월 중순을 기하여 친히 유주(幽州, 치소는 계현)를 찾아가 존호(尊號)[10]를 받들어 올리겠다고 하고서 또 조숭(棗嵩)에게 편지를 보내 병주목·광평공(廣平公)을 시켜달라고 하였다.

석륵이 왕준의 정치하는 일에 관해 왕자춘에게 물으니 왕자춘이 말하였다.

"유주에는 지난해에 홍수가 있어서 사람들이 곡식을 먹지 못하고 있는데, 왕준이 곡식을 100만 곡(斛)이나 쌓아놓고서도 진휼(賑恤)하지 않고, 형벌과 정치가 가혹하고 부역이 많고 번거로워서 충성스럽고 똑똑한 사람은 안에서 이반하고, 이적들은 밖에서 배반하고 있습니다.

사람들은 모두 그가 곧 망할 것을 알지만 왕준의 의기는 태연자약하여 일찍이 두려워하는 마음을 갖고 있지 않으며, 바야흐로 다시 누대(樓臺)와 관각(觀閣)을 세우고 백관을 늘어놓고 스스로 한 고조·위 무제도 비교할 거리가 못된다고 생각합니다."

석륵이 책상을 어루만지면서 웃으며 말하였다.

"왕팽조(王彭祖, 왕준)는 정말로 사로잡을 수 있겠다."

왕준의 사자가 계(薊, 북경시 서남쪽)로 돌아가서 모두 보고하였다.

"석륵의 형세는 적고 약하며 진실되어 두 마음을 갖지 않았습니다."

---

10 황제의 칭호를 말한다.

왕준이 크게 기뻐하고 더욱 교만하고 게을러져서 다시는 방어 설비를 하지 않았다.

6   양호(楊虎)가 한중(漢中, 섬서성 남부)의 관리와 백성들을 약취(掠取)하여 성(成, 성도의 전촉)으로 달아나니 양주(梁州) 사람 장함(張咸) 등이 군사를 일으켜서 양난적[11]을 쫓아냈다. 양난적이 떠나자 장함이 그 땅을 가지고 성에 귀부하니, 이에 한가(漢嘉, 사천성 아안현)·부릉(涪陵, 사천성 부릉현)·한중이 모두 성의 소유가 되었다. 성의 주군 이웅(李雄)이 이봉(李鳳)을 양주자사로 삼고, 임회(任回)를 영주(寧州, 치소는 사천성 서창시)자사로 삼고, 이공(李恭)을 형주자사로 삼았다.

이웅은 자기를 비우고 똑똑한 사람을 좋아하여 재주에 따라서 임무를 맡기고, 태부 이양(李驤)에게 명령하여 안에서 백성들을 잘 기르게 하고, 이봉 등은 밖에서 훌륭한 사람을 불러서 회유하도록 하며 형벌과 정치를 너그럽고 간결하게 처리하여 감옥에는 적체된 죄수가 없었다. 또한 학교를 세우고 사관(史官)을 두었다.

그 부세는 백성들 가운데 남정(男丁)은 1년에 3곡(斛)으로 하고, 여정(女丁)은 그 반으로 하였으며, 질병이 든 사람은 또 그 반으로 해 주고, 호조(戶調)[12]인 견(絹)은 불과 몇 장(丈)으로 하고, 면(綿)은 몇 량(兩)을 내게 할 뿐이었다.

---

11 양호(楊虎)는 농민 반란세력의 수령인데, 이에 관한 사건은 민제 건흥 원년(313년)에 있었고, 내용은 《자치통감》 권88에 실려 있으며, 양난적은 양호의 패거리로 자칭 양주자사로 한중을 공격하였다.

12 남정이나 여정이란 성년이 된 남자 또는 여자를 말하며, 호조란 호별로 특산물을 내는 세금이다.

일을 벌이는 것이 적고, 요역도 드물어서 백성들은 대부분 부유하고 알찼으며 새로이 귀부한 사람에게는 모두 세금을 면제해 주었다. 이때는 천하가 크게 혼란한 시기였지만 촉(蜀)지역만은 아무런 일이 없고, 해마다 곡식이 계속하여 잘 여물어서 마침내 마을 입구에 있는 문을 닫지 않았고, 길에 떨어진 것도 줍지 않았다.

한가(漢嘉, 사천성 아한현)의 이왕(夷王)[13]인 충귀(沖歸)·주제(朱提, 운남성 소통현)의 심소(審炤)·건녕(建寧, 운남성 곡정현)의 찬강(爨疊)이 모두 그에게 귀부하였다. 파군(巴郡, 사천성 중경시)에서 일찍이 급한 보고를 하여 진의 군사가 출현하였다고 하였다.

이웅이 말하였다.

"나는 항상 낭야(琅邪)[14]가 미약해서 끝내 석륵에게 소멸된다면 걱정거리가 될 것이라고 걱정하였는데, 의도하지도 않았으나 군사를 동원할 수 있게 하였다니 사람을 기쁘게 하는구나!"

그러나 이웅의 조정은 위의(威儀)가 없었고, 작위를 주는 일도 넘쳐흐를 지경이었으며, 관리들에게 줄 봉록과 직급이 없어서 백성들에게서 빼앗아서 공급하고, 군대는 조직이 없었고, 호령이 엄숙하지 못하였으니 이것이 그들의 단점이었다.

---

13 이족(夷族)의 수령이란 의미인데, 스스로 이왕이라고 불렀다.

14 진나라의 낭야왕 사마예를 말한다.

7 2월 임인일(2일)에 장궤(張軌)를 태위·양주목(涼州牧)으로 삼고,
서평군공(西平郡公)으로 책봉하였다. 왕준을 대사마·도독유기제군사
로 삼고, 순조(荀祖)를 사공·영(領)상서복야 겸 사예교위로 하고, 행유
대사(行留臺事)로 하였으며, 유곤(劉琨)을 대장군·도독병주제군사[15]
로 삼았다. 조정에서는 장궤가 늙어 병이 들었으므로 그의 아들 장식
(張寔)을 부자사(副刺史)[16]로 삼았다.[17]

8 석륵은 엄하게 준비하여 장차 왕준을 습격하려고 하였지만 미루
면서 아직은 발동하지 아니 하였다. 장빈이 말하였다.

---

15 왕준은 회제 영가 5년(311년)에 이미 대사마가 되었었는데 유주와 기주의 모
든 군사적인 일을 감독하는 직책을 겸하게 한 것이며, 행유대사(行留臺事)는
유대의 업무를 대리하는 직책으로 이때의 유대는 하남성 개봉시에 있었고,
유곤(劉琨)의 도독병주제군사란 병주의 모든 군사적인 일을 감독하는 직책
을 말한다.

16 부자사라는 직책은 선례가 없었다. 이 경우에 장궤를 존중하여 그의 아들을
부자사로 임명하여 그의 집안에 대한 보증을 한 것이다.

17 이 명령은 진의 명령이며, 이때 진의 황실은 장안에 있었다.

"무릇 다른 사람을 습격한다는 것은 마땅히 그들이 생각하지 못한 상태에서 나가는 것입니다. 지금 군사를 엄하게 준비시키면서 날짜가 지나도 행동하지 않으니 어찌 유곤과 선비족·오환족이 우리의 후환이 될까 두려워하는 것이 아니겠습니까?"

석륵이 말하였다.

"그렇다. 이를 어찌해야 하겠는가?"

장빈이 말하였다.

"저들 세 방면에 있는 사람들은 지혜와 용기에서 장군에 미칠 자가 없으니, 장군이 비록 멀리 나아간다고 하여도 저들은 반드시 움직이지 못할 것이고, 또 저들은 아직 장군이 능히 현군(懸軍)[18]으로 천 리를 가서 유주를 빼앗을 수 있을 것이라고 생각하지 아니할 것입니다.

경무장한 군대로 갔다가 돌아오는데 20일이 넘지 않으니, 설사 저들이 비록 마음을 가졌다고 하여도 그들이 모의하고 군사를 출동시킬 때쯤에 우리는 이미 돌아왔을 것입니다. 또 유곤·왕준은 비록 똑같이 진의 신하라는 이름을 갖고 있지만 실제로는 원수 같은 사이입니다.

만약에 유곤에게 편지를 하나 쓰고 인질을 보내 화의를 청한다면 유곤은 반드시 우리의 복종함을 기뻐할 것이고, 왕준의 망함을 통쾌하게 생각할 것이니, 끝내 왕준을 구원하려고 우리를 습격하지 않을 것입니다. 군사를 움직일 때는 귀신처럼 빨리 움직이는 것을 귀하게 여기고 있으니, 때를 뒤로 잡지 마십시오."

석륵이 말하였다.

---

18 본대를 떠나 적진 깊숙이 들어가 보급로가 길고 가늘어서 마치 거미줄 같은 상황에 있는 군대, 즉 외로운 군대를 말한다.

"내가 아직 결정하지 못한 것을 우후(右侯)[19]가 이미 결정하였으니 내가 다시 무엇을 의심하겠소?"

드디어 불을 밝히고 밤중에 출발하여 백인(栢人, 하북성 융요현의 서쪽)에 도착하여 주부 유륜(游綸)을 죽였는데, 그의 형 유통(游統)이 범양(范陽, 하북성 탁현)에 있어서 군사 계획이 누설될까 걱정하였기 때문이었다. 사신을 파견하여 유곤에게 편지와 인질을 보내고 스스로 지은 죄악을 다 이야기하며 왕준을 토벌하여 스스로 보답하겠다고 하였다.

유곤이 크게 기뻐하면서 여러 주와 군에 격문을 보내서 말하였다.

"나와 탁발의로가 바야흐로 석륵을 토벌할 것을 의논하자, 석륵이 달아나 숨을 곳이 없게 되었고, 유도(幽都)[20]를 함락시켜서 속죄하기를 청구하였다.

지금 마땅히 탁발육수를 파견하여 남쪽으로 가서 평양(平陽)을 습격하여 황제를 참칭(僭稱)한 거짓되고 반역한 무리[21]들을 제거하고, 죽을 것을 알고 도망친 갈족(羯族)[22]을 항복시키고, 하늘의 뜻을 좇고 백성들의 뜻에 부응하여 황실을 도와 받들어야 하니, 이것은 왕년에 여러 해 동안 정성을 쌓았고, 신령들의 도움으로 이룩한 것이다."

3월에 석륵의 군대가 역수(易水)에 도착하니 왕준의 독호 손위(孫緯)가 말을 달려 왕준에게 가서 말하게 하고, 장차 군사들을 챙겨서 이를 막으려 하자, 유통이 이를 금지시켰다.[23] 왕준의 장수와 보좌하는

---

19 장빈을 말한다. 석륵은 장빈을 우후로 임명하였다.

20 계(薊)를 말한다. 왕준은 유주자사이고, 유주의 치소는 계(薊)이다.

21 유총의 한을 말한다. 그 도읍지가 평양이다.

22 석륵을 말한다. 석륵이 갈족 출신이기 때문에 이렇게 부른 것이다.

이들이 모두 말하였다.

"흉노족은 탐욕스럽고 신의가 없는데, 반드시 속이는 계책을 가지고 있을 것이니 청컨대 그들을 공격합시다."

왕준이 화가 나서 말하였다.

"석공(石公)이 오는 것은 바로 나를 받들어 추대하고자 하는 것뿐인데, 감히 그를 공격하자는 자는 목을 벨 것이다."

무리들은 감히 다시 말하지 않았다. 왕준이 음식을 만들어놓고 그를 기다렸다.

임신일(3일)에, 석륵이 새벽에 계(薊, 북경시 서남)에 도착하였고, 문을 지키는 사람들에게 호통을 쳐서 문을 열게 하였는데, 오히려 복병이 있을까 의심하여 먼저 소와 양 수천 두를 몰고 가면서 큰 소리로 예물(禮物)로 올리겠다고 하였지만 실제로는 여러 거리와 골목을 막으려는 것이었다. 왕준이 비로소 두려워하여 앉았다 일어났다 하였다.

석륵이 이미 성에 들어오고 나서 군사를 풀어 크게 약탈을 자행하게 하니 왕준의 주위 사람들이 그를 막자고 청하였지만 왕준은 그래도 허락하지 않았다. 석륵이 그의 청사(聽事)[24]에 올라가니, 왕준이 마침내 당황(堂皇)[25]을 빠져나가는데 석륵의 무리들이 그를 잡았다.

석륵은 왕준의 처를 불러서 그와 나란히 앉게 하고, 잡혀온 왕준을 그의 앞에다 세웠다. 왕준이 욕을 하며 말하였다.

---

23 유통은 아직도 그의 형 유륜이 석륵에게 죽은 것을 모르고 있었다.

24 업무에 관한 보고를 듣는 곳이라는 의미이므로 중정(中庭)을 말한다. 후에 청사는 청(廳)으로 바뀌었다.

25 전각에 있는 마루 즉 전당(殿堂)인데, 이 전당의 사방에 벽이 없으면 황(皇)이라고 한다. 그러므로 사방에 벽이 없는 전당을 말한다.

"흉노 녀석이 내공(乃公)²⁶을 희롱하였구나! 어찌 흉악하게 거역하는 것이 이와 같은가!"

석륵이 말하였다.

"공의 지위는 백관 가운데 으뜸이고, 손에는 강한 군사를 장악하고 있으면서, 앉아서 본래의 조정이 기울어져 넘어가는 것을 보고도 일찍이 구원하려 아니하고 마침내 스스로를 높여 천자가 되고자 하였으니, 흉칙한 반역자가 아닌가? 또 간사하고 탐욕스러운 사람에게 일을 맡겨 백성들을 해치고 학대하며 충성스럽고 훌륭한 사람을 살해하여 해독을 연(燕)지역에 두루 퍼지게 하였으니, 이는 누구의 죄란 말인가!"

그의 장수 왕낙생(王洛生)에게 500기병으로 왕준을 양국(襄國, 하북성 형태시)으로 호송하게 하였다. 왕준이 스스로 물에 빠져 자살하려고 하였으나, 몸이 묶인 채 끌려 나와 양국에서 목이 베여 저자에 걸렸다.

석륵은 왕준의 휘하에 있는 정예의 군사 1만 명을 다 죽였다. 왕준을 보좌하던 장수들이 다투어 군문(軍門)에 이르러 사죄하였고 뇌물을 바치는 발길이 끊이지 않았는데, 전에 상서였던 배헌(裴憲)과 종사중랑 순작(荀綽)만이 오지 않아서 석륵이 그들을 불러서 나무라며 말하였다.

"왕준이 포학하여 고(孤)가 그를 토벌하여 죽였더니 여러 사람들이 모두 와서 경하하며 사죄하는데 그대 두 사람만은 그와 더불어 같은 악을 저질렀으니, 장차 어찌 그 죽음에서 도망할 수 있겠는가?"

대답하였다.

"저 배헌 등은 세상에 나서 진(晉)의 조정에서 벼슬하면서 그 영광스러움과 봉록을 받았는데, 왕준이 비록 흉악하고 거칠지만 오히려 진의

---

26 왕준이 자기 자신을 높여 부른 말이다.

울타리가 되는 신하였으니, 그러므로 저 배헌 등이 그를 좇으면서[27] 감히 두 마음을 품을 수 없었습니다.

밝으신 공께서 진실로 덕과 의를 닦지 않으시고 오직 위엄과 형벌만을 사용하신다면 저 배헌 등의 죽음은 스스로 우리들의 몫이니 또한 어찌 도망하겠습니까? 청컨대 바로 죽여주십시오."

절을 하지 않고 나갔다. 석륵이 그들을 불러서 사과하고 빈객의 예로 대우하였다. 순작은 순욱(荀勖)의 손자이다.

석륵은 주석(朱碩)·조숭(棗嵩) 등이 뇌물을 받으면서 정치를 어지럽혔던 것이 유주의 걱정거리였음을 헤아리고,[28] 또 유통이 섬기던 사람에게 충성스럽지 못한 것[29]을 책망하여 모두 목을 베었다. 왕준을 보좌하던 장수들과 친척들의 집안에 있는 재산을 적몰(籍沒)하니 모두 거만에 이르렀는데, 오직 배헌·순작은 책 100여 질(帙)[30]과 소금과 쌀 각기 10여 곡이 있을 뿐이었다.

석륵이 말하였다.

"나는 유주를 얻은 것이 즐겁지 않지만 이 두 사람을 얻은 것은 기쁘다."

배헌을 종사중랑으로 삼고, 순작을 참군으로 삼았다. 유민들을 나누어 각기 그들의 향리로 돌려보냈다.

---

27 배헌 등이 유주로 도망하였던 사건은 회제 영가 5년(311년)에 있었고, 《자치통감》 권87에 실려 있다.

28 주석과 조숭이 유주에서 정치를 어지럽힌 일은 민제 건흥 원년(313년)의 일로, 《자치통감》 권88에 실려 있다.

29 유통이 범양을 가지고 사사롭게 그에게 귀부하였다.

30 책을 넣는 포대를 말한다.

석륵이 계에 이틀 동안 머무르다가 왕준의 궁전을 불사르고 옛날에 상서를 지낸 연국(燕國, 북경) 사람 유한(劉翰)을 행(行)유주자사로 삼아 계를 지키게 하였고, 수재(守宰)를 두고 돌아왔다. 손위(孫緯)[31]가 이를 막고 쳐서 석륵은 겨우 죽음을 면하였다.

석륵이 양국에 와서 사자를 파견하여 왕준의 수급을 한에 보내면서 승리한 것을 바쳤더니, 한은 석륵을 대도독·독섬동(陝東)제군사[32]·표기대장군·동선우(東單于)로 삼고 채읍을 12개 군으로 늘려 책봉하였지만 석륵이 굳게 사양하고 두 군만을 받았다.

유곤이 탁발의로에게 군사를 청하여 한을 치는데, 마침 탁발의로가 거느리는 부대 가운데 잡호(雜胡)[33] 1만여 호가 석륵에게 호응하려고 모의하자, 탁발의로가 이들을 모두 죽이니, 유곤과의 약속대로 도착하지 못하였다.

유곤은 석륵이 항복할 뜻을 갖고 있지 않다는 것을 알고 마침내 크게 두려워하여 표문[34]을 올렸다.

"동북지역의 여덟 주 가운데 석륵이 일곱 주를 멸망시켰으니[35] 먼

31 왕준의 독호이다.

32 섬동은 중국의 동부를 말하며 섬현 동부지역의 모든 군사적인 일을 감독하는 직책이다.

33 흉노족으로 이루어진 부대를 말한다.

34 이때 진나라의 조정은 장안에 있었다.

35 석륵은 모두 아홉 명의 자사 등을 죽였다. ①업성에 들어가서 도독 사마등을 죽였다. ②신도에 들어가서 기주자사 왕빈을 죽였다. ③연성을 습격하여 연주자사 원부를 죽였다. ④신채를 공격하여 예주자사 사마확을 죽였다. ⑤몽성을 습격하여 청주도독 구회를 잡았다. ⑥상백을 점령하고 청주자사 이운을 죽였다. ⑦신도를 공격하여 기주자사 왕상을 죽였다. ⑧정릉을 공격하여 연

저 있었던 조정에서 임명을 받은 사람으로 살아 있는 사람은 오직 신뿐입니다. 석륵이 양국을 점거하고 신과는 산을 사이에 두고 있으니, 아침에 출발하면 저녁에 이를 수 있어서 성과 보루에서는 놀라고 두려워하고 있으니 비록 충성심과 분함을 가슴에 품고 있으나, 힘이 원하는 바를 좇지 못합니다."

유한(劉翰)이 석륵을 좇으려고 하지 않고서 마침내 단필제(段匹磾)에게 귀부하니, 단필제가 드디어 계성을 점거하였다. 왕준의 종사중랑 양유(陽裕)는 양탐(陽耽)의 조카였는데, 영지(令支, 하북성 천안현)로 도망하여 단질육권에게 의지하였다. 회계(會稽, 절강성 소흥시) 사람 주좌거(朱左車)·노국(魯國, 산동성 곡부현) 사람 공찬(孔纂)·태산(泰山, 산동성 태안현) 사람 호모익(胡母翼)이 계성에서 창여(昌黎, 요동성 의현)로 도망하여 모용외에게 의지하였다.

이때 중국의 유민들이 모용외에게 귀부한 사람이 수만 집이었고, 모용외는 기주(冀州, 하북성 중남부) 출신 사람들이 사는 곳을 기양군(冀陽郡, 하북성 평천현)으로 만들었고, 예주(豫州, 하북성 동부) 출신 사람들이 사는 곳을 성주군(成周郡)으로 만들었고, 청주(靑州, 산동반도) 출신 사람들이 사는 곳을 영구군(營丘郡, 산동성 치박시, 임치의 북쪽)으로 만들었고, 병주(幷州) 출신 사람들이 사는 곳을 당국군(唐國郡, 산서성 익성현 서쪽)으로 만들었다.

9   처음에, 왕준이 소속(邵續)을 낙릉(樂陵, 산동성 혜민현)태수로 삼

주자사 전휘를 죽였다. ⑨유주를 습격하여 왕준을 잡았다. 그 가운데 이운과 전휘는 왕준이 승제(承制)하여 임명하였으므로 이 두 사람을 빼면 일곱 명이 된다.

아서 염차(厭次, 산동성 혜민현)에 주둔하게 하였다. 왕준이 실패하자 소속이 석륵에게 귀부하였고, 석륵은 소속의 아들 소예(邵乂)를 독호로 삼았다.

왕준이 서명하여 임명한 발해(渤海, 하북성 남피현)태수인 동래(東萊, 산동성 황현) 사람 유윤(劉胤)이 군을 버리고 소속에게 가서 의탁하면서 소속에게 말하였다.

"무릇 큰 공로를 세우려면 반드시 대의(大義)에 의지해야 합니다. 그대는 진나라의 충신인데, 어찌하여 도적을 좇아서 스스로를 더럽히십니까?"

마침 단필제가 편지를 보내서 소속에게 함께 좌승상 사마예에게 귀부하자고 하니 소속도 이를 좇았다.

그의 부하들이 모두 말하였다.

"지금 석륵을 버리고 단필제에게 귀부한다면 아들 소예는 어찌합니까?"

소속이 눈물을 흘리며 말하였다.

"내 어찌 아들을 생각하여 반란하는 신하가 되겠는가?"

그리고 다른 주장을 하는 사람 수 명을 죽였다.

석륵이 이 소식을 듣고, 소예를 죽였다. 소속이 유윤을 파견하여 강동(江東)[36]에 사자로 가게 하니, 사마예가 유윤을 참군으로 삼고, 소속을 평원(平原, 산동성 평원현)태수로 삼았다. 석륵이 군사를 파견하여 소속을 포위하니 단필제가 그의 동생 단문앙(段文鴦)에게 이를 구원하게 하자 석륵이 군사를 이끌고 떠났다.

---

36 안휘성 무호의 동쪽 장강의 남쪽지구를 말한다.

10   양국(襄國)에 대기근이 들어서 곡식 2승(升)의 값이 은 1근이었고, 고기 1근의 값은 은 1냥(兩)이었다.

11 두도(杜弢)[37]의 장수 왕진(王眞)이 도간(陶侃)[38]을 임장(林障, 호북성 면양현)에서 습격하니 도간이 섭중(灄中, 호북성 황피현)으로 달아났다. 주방(周訪)[39]이 도간을 구원하여 두도의 군사를 쳐서 격파하였다.

12 여름, 5월에 서평무목공(西平武穆公) 장궤(張軌)[40]가 병이 들어 누웠는데, 유언으로 명령하였다.

"문무의 장군이나 보좌하는 자는 백성들을 편안하게 하는데 힘쓰고, 위로는 나라에 보답할 것을 생각하고, 아래로는 자기 집안을 안녕하게 하라."

기축일(20일)에 장궤가 죽었는데, 장사(長史) 장새(張璽) 등이 표문을

---

37 유민의 수령이다.

38 진나라의 형주자사이다.

39 심양(尋陽, 강서성 구강시)태수이다.

40 장궤는 진나라의 양주(涼州)자사이고, 작위는 서평공이었는데, 죽은 다음에 시호를 무목공으로 하였다.

올려 세자 장식(張寔)이 아버지의 자리를 관장하게 해달라고 하였다.

13   한의 중산왕 유요·조염(趙染)이 장안을 노략질하였다. 6월에 유요는 위예(渭汭)에 주둔하고, 조염은 신풍(新豐, 섬서성 임도현)에 주둔하였는데, 삭침(索綝)[41]이 군사를 거느리고 나가서 이들을 막았다.

조염은 삭침을 가볍게 보는 기색을 갖고 있었는데, 장사 노휘(魯徽)가 말하였다.

"진의 군신들은 약한 것이 강한 것을 대적할 수 없다는 것을 스스로 알고 있어서 장차 우리에게 죽음에 이르기까지 덤벼들 것이니 가볍게 보아서는 안 됩니다."

조염이 말하였다.

"사마모(司馬模)의 강한 군사도 나는 썩은 나무를 끌듯 하여 빼앗았는데,[42] 삭침, 이 어린 녀석이 어찌 나의 말발굽과 칼을 더럽힐 수 있겠는가?"

다음날 새벽에 경무장한 기병 수백 명을 인솔하고 그들을 맞이하면서 말하였다.

"마땅히 삭침을 붙잡은 다음에 밥을 먹을 것이다."

삭침과 성의 서쪽에서 싸웠는데, 조염의 병사들이 패하고 돌아왔다. 후회하며 말하였다.

"내가 노휘의 말을 채택하지 아니하여서 여기에 이르렀으니, 무슨 면목으로 그를 보겠는가?"

---

41 위예는 위수가 황하로 들어가는 곳이고, 삭침은 진나라의 태위이다.

42 회제 영가 5년(311년)의 일로,《자치통감》권87에 실려 있다.

먼저 노휘의 목을 베라고 명령하니, 노휘가 말하였다.

"장군께서는 어리석고 괴팍하여 패배하고서도 마침내 다시 앞선 생각을 하는 사람을 시기하고 승리한 사람을 해치며 충성스럽고 훌륭한 사람을 죽여서 자기의 분노를 갚으려 하니, 오히려 하늘과 땅이 있다고 하여도 장군께서 자리에서 베개를 베고 죽을 수 있겠습니까?"

조서를 내려서 삭침에게 표기대장군·상서좌복야·녹상서를 덧붙여 주고 승제(承制)[43]하여 일을 처리하게 하였다.

유요와 조염이 다시 장군 은개(殷凱)와 무리 수만 명을 거느리고 장안을 향하였는데, 국윤(麴允)이 풍익(馮翊, 섬서성 대협현)에서 그들을 맞아 싸웠으나 국윤이 패전하여 군사를 거둬들였고, 밤중에 은개의 진영을 습격하였는데, 은개는 패배하여 죽었다.

유요는 마침내 군사를 돌려서 하내(河內)태수 곽묵(郭默)을 회(懷, 하남성 무척현)에서 공격하고 세 개의 주둔지를 늘어놓아 이를 포위하였다. 곽묵은 먹을 것이 다하자 처자를 보내 인질로 삼게 하고 유요에게 식량을 구입하도록 해달라고 청하였고, 양식을 다 구입하고 나자 다시 농성하며 굳게 지켰다. 유요는 화가 나서 곽묵의 처자를 황하에 빠뜨리고 이를 공격하였다.

곽묵이 신정(新鄭, 하남성 신정현)에서 이구(李矩)에게 몸을 맡기려고 하니, 이구가 그의 생질 곽송(郭誦)에게 그를 영접하게 하였으나 병사가 적어서 감히 나가지 못하였다. 마침 유곤(劉琨)[44]이 참군 장조(張

---

43 제(制)는 황제의 명령을 말하는 것이므로, 신하가 황제에게서 권리를 위임받은 것을 말한다.

44 이구(李矩)는 진의 형양(滎陽, 하남성 형양현)태수였고, 유곤(劉琨)은 진의 병주자사이다.

肇)를 파견하여 선비족 기병 500여 명을 인솔하고 장안으로 가다가 길이 막혀 갈 수 없게 되니 돌아가는데, 가는 도중에 이구의 병영을 지나게 되자 이구가 장조에게 유세하여 한의 군사를 치게 하였다.

한의 군사들은 멀리서 선비족을 보고 싸우지도 않고 도망하였고, 곽묵이 드디어 무리를 이끌고 이구에게 귀부하였다. 한의 주군 유총이 유요를 불러들여 돌아와 포판(蒲坂, 산서성 영제현)에 주둔하게 하였다.

14 가을에 조염이 북지(北地, 섬서성 요현)를 공격하니, 국윤이 이를 막았는데, 조염이 화살에 맞아서 죽었다.

15 석륵이 처음으로 주와 군에 명령을 내려서 실제 호구수를 조사하게 하고, 호당 비단 2필과 곡식 2곡(斛)을 내도록 하였다.

16 겨울, 10월에 장식(張寔)을 도독양주제군사[45]·양주자사·서평공(西平公)으로 삼았다.

17 11월에 한의 주군 유총이 진왕(晉王) 유찬(劉粲)을 상국·대선우로 삼아서 백관을 총괄하게 하였다. 유찬은 젊고 뛰어난 재주를 갖고 있었으나 재상이 되면서부터 교만하고 사치하며 전횡하고 방자하며, 똑똑한 사람을 멀리하고 간사한 사람과 친하게 지내며 엄격하고 각박하며 간하는 것에 어긋나게 하니 그 나라 사람들이 비로소 그를 싫어하였다.

---

45 양주(涼州, 감숙성 중서부)지역의 모든 군사에 관한 일을 감독하는 직책이다.

18   주협(周勰)은 그 아버지의 유언[46]을 가지고, 오지역 사람들의 원망[47]을 이용하여 난을 일으키려고 모의하고, 오홍(吳興, 절강성 호주시)의 공조(功曹)[48] 서복(徐馥)에게 숙부인 승상부의 종사중랑 서찰(徐札)의 명령이라고 고쳐 말하면서 무리들을 모아 왕도(王導)·조협(刁協)을 토벌하자 하니 호걸들이 몰려들 듯이 그에게 귀부하였고, 손호(孫晧)의 친척 손필(孫弼)[49]도 역시 광덕(廣德, 안휘성 광덕현)에서 군사를 일으켜서 이에 호응하였다.

민제 건흥 3년(己亥, 315년)[50]

1   봄, 정월에 서복이 오홍태수 원수(袁琇)를 죽이고, 무리 수천 명을 이끌고 주찰(周札)을 받들어 주군으로 모시려고 하였다. 주찰이 이 소식을 듣고 크게 놀라서 의흥(義興, 강소성 의흥현)태수 공간(孔侃)에게 보고하였다. 주협은 주찰의 뜻이 같지 않은 것을 알고, 감히 발동하지 못하였다. 서복의 무리들은 두려워서[51] 서복을 공격하여 죽였고 손필

---

46 주협의 아버지는 진나라 오홍군태수인 주기(周玘)였는데, 민제 건흥 원년(313년)에 죽었다. 유언의 내용은《자치통감》권88에 실려 있다.

47 오지역의 원거주민들은 북방에서 내려온 이민들에게 분노와 원한을 갖고 있었다.

48 인사를 담당하는 부서이다.

49 왕도는 승상부의 사마였고, 조협은 승상부의 좌장사였으며, 손씨는 손권 이래 오지역에 뿌리를 깊이 내리고 있다.

50 성한(전촉) 무제 옥형 5년, 한조(전조) 소무제 가평 5년(건원 원년)이다.

역시 죽었다. 주찰의 아들 주속(周續)도 역시 무리를 모아서 서복에게 호응하니 좌승상 사마예가 군사를 발동하여 이를 토벌하였다.

왕도(王導)가 말하였다.

"지금 군사를 적게 발동하면 구적(寇賊)을 평정하기에는 모자랄 것이고, 군사를 많이 발동한다면 근본이 되는 본부가 텅 비게 됩니다. 주속의 친척 동생인 황문시랑 주연(周莚)이 충성스럽고 과단성이 있으며 지모(智謀)도 있으니, 청컨대 다만 주연에게 가라고 한다면 주속의 목을 충분히 벨 수 있습니다."

사마예는 이 말을 좇았다.

주연이 밤낮을 쉬지 않고 가서 그 군(郡)에 도착하여 들어가려고 하는데 문에서 주속을 만나게 되니 주속에게 말하였다.

"마땅히 그대와 더불어 공부군(孔府君)[52]에게 가서 논의할 것이 있소."

주속이 들어가려고 하지 않자, 주연이 끌어 잡아당겨서 몰아세우 듯함께 하였다.

자리를 잡고 앉아서 주연이 공간(孔侃)에게 말하였다.

"부군(府君)께서 어찌하여 도적을 자리에 앉히십니까?"

주속은 옷 속에 항상 칼을 갖고 있었으므로 즉각 칼을 휘둘러 주연을 압박하니, 주연이 군의 전교(傳敎)[53] 오증(吳曾)을 나무라고 격투하

---

51 계획대로 진행되지 않아 반란세력으로 되기 때문에 죄를 짓는다고 생각하고 두려워한 것이다.

52 의흥태수 공간을 높여 부른 말이다.

53 군에서 교령을 선전하는 직책을 말한다.

여 그를 죽였다. 주연이 이 기회를 이용하여 주협의 목을 베려고 하였으나 주찰이 말을 안 듣고, 그 죄를 사촌형 주소(周邵)에게 떠넘겨 그를 죽였다.

주연이 집에 돌아가서 어머니를 뵙지도 아니하고 드디어 멀리 말을 달려 떠나가니 그의 어머니는 낭패하여 그를 쫓았다. 사마예는 주찰을 오흥태수로 삼고, 주연을 태자우위솔로 삼았다. 주(周)씨 집안은 오지역의 명망 있는 호족이어서 끝까지 추궁하지 못하고 주협을 옛날처럼 어루만져주었다.

2   평동(平東)장군 송철(宋哲)에게 조서를 내려 화음(華陰, 섬서성 화음현)에 주둔하게 하였다.

3 성의 주군 이웅(李雄)이 황후로 임(任)씨를 세웠다.

4 2월 병자일(12일)에 낭야왕 사마예를 승상·대도독·독중외제군사
로 삼고, 남양왕 사마보(司馬保)를 상국으로 삼으며, 순조(荀組)를 태
위·영예주목(領豫州牧)으로 삼고, 유곤을 사공·도독병기유삼주제군사
(都督幷·冀·幽三州諸軍事)[54]로 삼았다. 유곤은 사공을 사양하고 받지
않았다.

5 남양왕 사마모(司馬模)가 실패하면서[55] 도위 진안(陳安)이 진주
(秦州, 감숙성 천수시)에 있는 세자 사마보에게 가서 귀부하였는데, 사마
보가 진안에게 명령하여 1천여 명을 거느리고 배반한 강족(羌族)을 토

---

54 독중외제군사는 안팎의 모든 군사에 관한 일을 감독하는 직책이고, 영예주
목(領豫州牧)은 영직으로 예주목에 관한 업무를 현장에 가지 않고 관장하는
직책이며, 도독병기유삼주제군사(都督幷·冀·幽三州諸軍事)는 병주·기주(冀
州)·유주(幽州) 3개 주의 모든 군사적인 일을 감독하는 직책이다.

55 회제 영가 5년(311년)에 있었던 일이고,《자치통감》권87에 실려 있다.

벌하라 하며 총애하여 아주 두텁게 대우하였다.

사마보의 장수 장춘(張春)이 이를 가슴아파하여 장안을 참소하기를, '다른 뜻을 가지고 있다'고 하며 그를 제거하라고 청하였으나 사마보가 허락하지 않으니, 장춘이 자객을 숨겨두었다가 장안을 찔렀다. 장안이 상처를 입고 말을 달려 농성(隴城, 감숙성 청수현의 북쪽)으로 돌아가서 사자를 파견하여 사마보에게 보냈고 공물을 보내는 것도 끊이지 않았다.

6   조서를 내려 탁발의로의 작위를 올려 대왕(代王)[56]으로 삼아 관속을 두고, 대(代, 하북성 울현)와 상산(常山, 하북성 정정현)[57] 두 군(郡)을 식읍으로 하였다. 탁발의로는 병주 종사(從事)인 안문(鴈門, 산서성 대현) 사람 막함(莫含)을 유곤에게 달라고 청하니, 유곤이 그를 보냈다.

막함이 가려고 하지 않자 유곤이 말하였다.

"우리 병주(幷州, 산서성)는 외톨이에다 약하고, 나는 재능이 없어서 호족(胡族)과 갈족(羯族) 사이에서 스스로 살아남아 있는 것은 대왕의 힘이다. 내가 몸과 재물을 다 기울이고, 장자를 인질로 보내어 그를 받드는 것[58]은 조정을 위하여 커다란 치욕을 거의 씻어주었기 때문이다.

경이 충성스러운 신하가 되고자 한다면 어찌 함께 일하는 작은 정성을 애석하게 생각하여 나라를 위하여 목숨을 바치는 큰 절개를 잊으려

---

56 상산군은 이미 석륵의 소유였지만 앞으로 탁발씨가 대(代)라는 나라를 세우게 되는 것은 이것에서 비롯되었다.

57 이때 상산군은 석륵이 소유하고 있었다.

58 대왕이란 탁발의로를 말한다. 그동안은 대공이었다가 작위를 왕으로 올려 부른 것이며, 유곤의 장자 유준을 탁발의로에게 인질로 보낸 것은 혜제 영원 원년(301년)이고 이 내용은 《자치통감》 권84에 실려 있다.

한단 말인가? 과거에 대왕을 섬기면서 그를 위하여 심복이 되어 마침내 한 주(州)[59]가 의지한 바였다."

막함이 드디어 갔다. 탁발의로는 그를 대단히 중히 생각하고 항상 큰 계책을 세울 때 참여하게 하였다.

탁발의로가 법률을 시행할 때 엄격하여서 그 나라 사람 가운데 법을 어긴 자는 혹 부락 사람들 전부라도 목을 베었는데, 늙은이와 어린아이가 서로 붙들고 죽으러 가니 어떤 사람이 물었다.

"어디로 가는가?"

말하였다.

"가서 죽을 것이다."

한 사람도 감히 도망하여 숨는 사람이 없었다.

7   왕돈(王敦)이 도간(陶侃)·감탁(甘卓) 등을 파견하여 두도(杜弢)[60]를 토벌하려고 전후 수십 번 싸우니, 두도의 장수와 병사들이 대부분 죽어서 마침내 승상 사마예에게 항복을 받아달라고 청하였지만 사마예는 허락하지 않았다.

두도가 남평(南平, 호북성 공안현)태수 응첨(應詹)에게 편지를 보내 스스로 옛날에 응첨과의 관계를 진술하였다.

"함께 낙향(樂鄕)을 토벌하면서 본래 즐거움과 걱정을 함께 하였소. 후에 상주(湘州, 호남성)에 있으면서는 죽음이 무섭고 살고자 하여 드디

---

59 작은 정성이란 막함이 유곤과 함께 일하려는 것을 말하며 한 주란 유곤이 자사로 있는 병주를 말한다.

60 왕돈(王敦)은 진나라의 정토도독이고, 도간(陶侃)은 형주자사이며, 두도(杜弢)는 유민 반란세력의 우두머리이다.

어 서로 집결하게 되었소.[61]

만약 옛날에 교분을 나누었던 정을 가지고, 곡직(曲直)을 밝혀 주셔서 맹부(盟府)[62]에 정성을 보낼 수 있고, 정의의 대열에 끼어서 혹은 북쪽으로 가서 중원지역을 깨끗하게 청소하거나 혹은 서쪽으로 가서 이웅의 세력을 빼앗아서 전에 잘못한 허물을 속죄하게 한다면, 비록 죽는 날이라고 하더라도 마치 사는 해[年]처럼 생각하겠습니다."

응첨이 그 편지를 올려 보내면서 또 말하였다.

"두도는 익주(益州, 사천성 남부와 귀주성)지역의 수재이며[63] 평소에 깨끗한 것으로 명망이 있어서 고향 사람들에게 압박을 받는 바가 되었습니다. 지금 악한 짓을 회개하고 선한 짓을 하기로 돌아오니, 의당 사자에게 명령을 내리시어 어루만지고 받아주셔서 강주(江州, 강서성과 북건성)와 상주의 백성들을 쉬게 하십시오."

사마예는 마침내 전에 남해(南海, 광동성 광주시)태수였던 왕운(王運)에게 두도의 항복을 받게 하고 그의 반역한 죄를 사면하고 두도를 파동감군(巴東監軍)으로 삼았다. 두도가 이미 명령을 받았는데, 제장들은 오히려 그를 공격하기를 그치지 않았다. 두도는 분노를 이기지 못하고 드디어 왕운을 죽이고 다시 반란하고 그의 장수 두홍(杜弘)과 장언(張彥)을 파견하여 임천(臨川, 강서성 임천시)내사 사리(謝擒)를 죽이고 끝내는 예장을 함락시켰다.

---

61 회제 영가 5년(311년)의 일로, 《자치통감》 권87에 실려 있다.

62 맹주의 관부라는 말이다. 실제는 승상부의 책임자인 사마예를 지칭하는 것으로 사마예를 동남방의 맹주라고 높여 부른 것이다.

63 혜제 영녕 원년(301년)의 일을 참고하시라. 나상이 익주자사였을 때 두도를 수재로 천거하였는데, 이 일은 《자치통감》 권84에 실려 있다.

3월에 주방(周訪)⁶⁴이 장언을 공격하여 그의 목을 자르자 두홍이 임하(臨賀, 광서성 하현)로 달아났다.

8   한에서는 대사면령을 내리고 기원을 고쳐서 건원(建元)이라고 하였다.

9   한의 동궁 연명전(延明殿)에 피 같은 비가 내리니, 태제 유예(劉義)가 이를 싫어하여 태부 최위(崔瑋)와 태보 허하(許遐)에게 물었다. 최위와 허하가 유예에게 말하였다.

"주상께서 과거에 전하를 태제로 삼은 것은 많은 사람들의 마음을 안심시키고자 하였을 뿐이고, 그 속뜻은 진왕(晉王)에게 있은 지 오래되어서 왕공(王公) 이하 모든 사람들이 그 뜻에 부합하기를 바라지 않는 사람이 없습니다.

지금 다시 진왕을 상국으로 삼아 의장하는 깃발의 위엄과 중함이 동궁을 넘어서고 있으며, 만 가지나 되는 기밀 사항은 그로 말미암지 않는 것이 없고, 여러 왕들은 모두 병영을 설치하여 그의 우익(羽翼)⁶⁵이 되고, 일의 형세는 이미 가버렸으니 전하께서는 비단 황제가 되지 못할 뿐만 아니라 조석으로 예측할 수 없는 위험이 도사리고 있어서 일찍 이를 위하여 계책을 세움만 못합니다.

지금 네 위(衛)⁶⁶의 정예 병사는 5천 명에서 빠지지 않지만 상국은

---

64 심양(尋陽)태수였다.

65 진왕(晉王)은 유총의 아들 유찬이고, 우익(羽翼)이란 보좌하는 세력을 말한다.

66 동궁 군사를 통솔하는 것으로 좌위솔·우위솔·전위솔·후위솔을 말한다.

경박하니 바로 한 명의 자객을 번거롭게 할뿐입니다. 대장군[67]은 하루라도 나가지 않는 날이 없으니 그의 병영은 습격하여 빼앗을 수 있으며 나머지 왕은 모두 어려서 진실로 쉽게 빼앗을 수 있습니다.

정말로 전하께서 뜻을 갖고 계신다면 2만 명의 정예의 군사는 손가락으로 가리키기만 하고 돌아보기만 하여도 얻을 수 있으니, 북을 울리고 운용문(雲龍門)으로 들어가면 숙위하는 군사 가운데 누군들 창을 거꾸로 잡고 전하를 영접하지 않겠습니까? 대사마[68]는 그가 다른 생각을 갖고 있을 것이라고 생각하지 아니할 것입니다.”

유예는 좇지 않았다.

동궁의 사인(舍人)[69] 순유(荀裕)가 최위와 허하가 유예에게 모반할 것을 권고하였다고 고해바치니, 한의 주군 유총이 최위와 허하를 조옥(詔獄)에 가두었다가 다른 일을 빌려서 그들을 죽였다. 관위(冠威)장군 복추(卜抽)에게 병사를 거느리고 동궁을 지키며 감시하게 하고 유예를 금지시켜서 조회에 나오지 못하게 하였다.

유예는 걱정스럽고 두려워서 어찌할 줄을 몰랐고, 표문을 올려 서인(庶人)이 되며 자기의 여러 아들들에게 책봉된 작위(爵位)도 없애라고 빌고, 진왕을 칭찬하면서 그를 후계자로 삼아달라고 청하였지만 복추가 이를 막아서 이 표문이 전달되지 않게 하였다.

10   한의 청주(靑州)자사 조억(曹嶷)이 제(齊)와 노(魯) 사이에 있는 군

---

67 유총의 아들이며 진왕 유찬의 동생인 발해왕 유부이다.

68 유요를 말한다.

69 수행원에 해당하는 직책이다.

과 현을 다 점령하고서 스스로 임치(臨錙, 산동성 치박시 임치)를 진수하며 무리 10만여 명을 가지고 황하까지 와서 수자리를 설치하였다.

석륵이 표문을 올렸다.

"조억은 오로지 동방을 점거할 뜻만을 가지고 있으니, 청컨대 그를 토벌하게 해 주십시오."[70]

한의 주군 유총은 석륵이 조억을 멸망시키면 다시는 통제할 수 없게 될까 두려워서 허락하지 않았다.

유총은 중호군 근준(靳準)의 두 딸 근월광(靳月光)과 근월화(靳月華)를 받아들여서 근월광을 상(上)황후로 삼고, 유(劉)귀비를 좌(左)황후로 삼고, 근월화를 우(右)황후로 삼았다. 좌사예(左司隷)[71] 진원달(陳元達)이 극력 간하였다.

"세 명의 황후를 함께 두는 것은 예(禮)에 맞지 않습니다."

유총이 기뻐하지 않고 진원달을 우(右)광록대부로 삼아 외형적으로는 대우하고 높이면서 실제로는 그의 권한을 빼앗았다.

이에 태위 범륭(范隆) 등이 모두 그의 지위를 진원달에게 양보하겠다고 청하자 유총이 마침내 다시 진원달을 어사대부·의동삼사(儀同三司)[72]로 하였다. 근월광이 더러운 행실을 하자 진원달이 이를 상주하니 유총이 부득이하여 그녀를 폐위시키자 근월광이 부끄럽고 한스러워서 자살하였고, 유총이 진원달에게 한을 갖게 되었다.

---

70 조억은 왕미의 부장인데 석륵이 왕미를 회제 영가 5년(311년)에 죽였으므로 석륵과 조억은 공존하기 어려운 처지였다.

71 경기 동부지역 위수사령관에 해당하는 직책이다.

72 조회에 참여할 때 삼공의 바로 다음 자리에 앉게 하는 대우를 받는 직책이다.

11   여름, 4월에 크게 사면하였다.

12   6월에 도둑이 한의 패릉(霸陵)과 두릉(杜陵) 두 능과 박(薄)태후의 능[73]을 파헤쳐서 금과 비단을 아주 많이 얻었다. 조서를 내려 그 나머지를 거두어서 내부(內府)에 채워두게 하였다.

13   신사일(19일)에 크게 사면하였다.

14   한의 대사마 유요가 상당(上黨, 산서성 장치시)을 공격하였는데, 8월 계해일(2일)에 유곤[74]의 무리를 양원(襄垣, 산서성 양원현)에서 패배시켰다. 유요가 양곡(陽曲, 산서성 양곡현, 유곤의 근거지)으로 진격하려고 하니 한의 주군 유총이 사자를 파견하여 그에게 말하였다.

"장안이 아직 평정되지 않았으니 의당 그곳을 우선으로 하여야 하오."

유요는 마침내 돌아와서 포판(蒲坂, 산서성 영제현)에 주둔하였다.

---

73 패릉은 한 문제의 능이고, 두릉은 선제의 능이며, 박태후는 고조의 희첩으로 문제의 모친인데, 그의 능은 패릉의 남쪽에 있다.
74 진나라의 병주자사이다.

형주자사 도간

15　도간(陶侃)**75**과 두도(杜弢)가 서로 공격하였는데, 두도가 왕공(王
貢)**76**에게 나아가서 도전하게 하니 도간이 멀리서 그에게 말하였다.

"두도는 익주의 하급 관리인데, 창고의 돈을 훔쳐서 썼고, 아버지가
죽었는데도 분상(奔喪)**77**하지 않았다. 경은 본래 훌륭한 사람이었는
데, 어찌하여 그를 좇는가! 천하에 어찌 머리가 희어질 때까지 도적질
하는 놈이 있겠는가?"**78**

왕공이 처음에는 말 위에 다리를 올려놓았다가 도간이 하는 말을 듣
고는 낯빛을 거둬들이고 발을 내려놓았다.

도간은 움직일 수 있다는 것을 알고 다시 사자를 파견하여 그에게
깨닫도록 말하며 머리카락을 잘라 가지고 가서 믿음을 표시하니, 왕공
이 드디어 도간에게 항복하였다. 두도의 무리는 무너지고 숨어서 달아

75　진나라의 형주도독이다.

76　왕공은 민제 건흥 원년(313년)에 배반하여 두도에게 갔다.

77　부모가 죽었을 때 모든 일을 그만두고 상례를 치르러 가는 것을 말한다.

78　도적놈은 늙을 때까지 할 수 없다는 뜻이다.

나다가 길에서 죽었다. 도간과 남평(南平, 호북성 공안현)태수 응첨이 진격하여 장사(長沙, 호남성 장사시)에서 이기니 상주(湘州, 호남성)가 모두 평정되었다.

승상 사마예는 승제(承制)하여 그가 거느렸던 무리를 사면하고 왕돈(王敦)을 진동(鎭東)대장군으로 올려주고 도독강양형상교광육주제군사[79]·강주자사를 덧붙여주었다. 왕돈이 처음으로 스스로 자사 이하의 관리를 선발하여 두게 되었고, 점점 더욱 교만하고 횡포해졌다.

처음에, 왕여(王如)가 항복하면서[80] 왕돈의 사촌동생 왕릉(王稜)은 왕여가 날래고 용감한 것을 아껴서 왕돈에게 자기 휘하에 배속시켜 달라고 청하였다. 왕돈이 말하였다.

"이 사람은 험하고 사나우며 길들이기 어렵고, 너는 성격이 조급하여 그를 용납하여 길러줄 수 없을 것이니 도리어 화의 단초가 될 것이다."

왕릉이 굳게 청하자 마침내 그에게 주었다.

왕릉이 주위에 두고, 아주 총애하며 대우하였다. 왕여가 자주 왕돈의 제장과 활쏘기를 하다가 싸우자 왕릉이 그에게 곤장을 때리니 왕여는 깊이 수치로 생각하였다. 왕돈이 다른 뜻을 몰래 기르게 되자 왕릉이 매번 그에게 간하였다. 왕돈은 그가 자기와 다른 생각을 가진 것에 화를 내니, 비밀리에 사람을 시켜서 왕여를 충동하여 왕릉을 죽이게 하였다.

왕여가 연회를 이용하여 검무를 추어 즐겁게 하도록 해달라고 청하

---

79 강주·양주·형주·상주·교주·광주 여섯 주의 모든 군사에 관한 일을 감독하는 직책이다.

80 유민의 두목이었다.

자 왕릉이 이를 허락하였다. 왕여는 칼춤을 추면서 점점 앞으로 나오니 왕릉이 이를 싫어하여 소리를 질렀지만 왕여는 곧바로 앞으로 나아가 왕릉을 살해하였다. 왕돈이 이 소식을 듣고 겉으로 놀라워하였고, 또 왕여를 체포하여 목을 베었다.

16   애초에, 조정에서는 장광(張光)[81]이 죽었다는 소식을 듣고 시중 제오의(第五猗)를 안남(安南)장군으로 삼고, 감형양익영사주제군사(監荊·梁·益·寧四州諸軍事)[82]·형주자사로 삼아서 무관(武關, 섬서성 상현의 경계 지역)에서 나가게 하였다. 두증(杜曾)[83]은 양양(襄陽, 호북성 양번시)에서 제오의를 맞이하고, 조카에게 제오의의 딸을 맞이하게 하였으며, 드디어 병사 1만 명을 모아 제오의와 한수(漢水)와 면수(沔水)를 나누어 점거하였다.

도간이 이미 도두를 격파하고 나서 이긴 기세를 타고 나아가 두증을 공격하는데, 두증을 가볍게 보는 마음을 갖고 있었다. 사마 노념(魯悇)이 간하였다.

"무릇 전투에서는 마땅히 먼저 그 장수를 살펴야 합니다. 지금 사군의 제장 가운데는 두증을 따라갈 사람이 없으니, 쉽게 압박할 수 없을 것입니다."

---

81 진의 양주(梁州)도독이었는데, 민제 건흥 원년(313년)의 일이고, 이 내용은 《자치통감》 권89에 실려 있다.

82 형주·양주(梁州)·익주(益州)·영주(寧州) 네 주의 여러 군사적인 일을 감독하는 직책이다.

83 두증은 형주지역 유민들의 두목으로 두증이 호항을 죽인 것은 민제 건흥 원년(313년)의 일이며, 그 내용은 《자치통감》 권88에 실려 있다.

도간은 좇지 않고 나아가서 석성(石城, 호북성 종상현)에서 두증을 포
위하였다.

두증의 군사에는 기병이 많았는데, 비밀리에 문을 열고 도간의 진지
로 돌격하고 그들의 배후로 나가서 도리어 이들을 공격하니 도간의 병
사들로 죽은 사람이 수백 명이었다. 두증은 순양(順陽, 하남성 석천현 동
쪽)으로 가려고 하면서 말에서 내려 도간에게 절하고 인사를 하고 떠났
다.

그때 순숭(荀崧)은 도독형주강북(江北)제군사[84]로 완현(宛縣, 하남성
남양시)에 주둔하고 있었는데, 두증이 병사를 이끌고 와서 이를 포위하
였다. 순숭은 군사 수가 적고 먹을 것도 다하여 옛 관리였던 양성(襄城,
하남성 양성현)태수 석람(石覽)에게 구원해 주기를 요구하려고 하였다.

순숭의 어린 딸 순관(荀灌)은 나이가 13세였는데, 용사 수십 명을 인
솔하고 성을 넘어 포위를 뚫고 밤중에 나가 싸우면서 전진하여 드디어
석람이 있는 곳에 도착하였고, 또 순숭을 위하여 편지를 써서 남(南)중
랑장 주방(周訪)에게 구원해 주기를 청하였다. 주방이 아들 주무(周撫)
를 파견하여 군사 3천 명을 인솔하고 석람과 더불어 순숭을 구원하니
마침내 두증은 숨어서 돌아가 버렸다.

두증이 다시 순숭에게 편지를 보내 단수(丹水, 하남성 석천현 단수진)
에 있는 도적을 토벌하여 스스로 속죄하게 해달라고 청하니 순숭이 이

---

84 형주와 강북(江北)의 모든 군사적인 일을 감독하는 직책이다. 여기서 강북이
란 장강이북을 말하는데, 그 지역의 범위가 지나치게 넓어서 사실에 맞지 않
다. 호삼성은 강(江)은 면(沔)으로 써야 하므로 장강 이북이 아니라 면수 이북
으로 보아야 한다고 했다. 이 의견에 의하면 이때 순송의 직책은 도독형주면
북제군사이다.

를 허락하였다. 도간이 순숭에게 편지를 보내서 말하였다.

"두증은 흉악하고 교활하니 이른바 '올빼미는 제 어미의 몸을 먹는 것'[85] 같아서 이 사람이 죽지 않고는 주(州)의 영역이 편안하지 못하니 족하께서는 마땅히 내 말을 기억해 주시오."

순숭은 완현에는 병사가 적고 두증을 밖에서 원조하는 세력으로 삼으려 했기 때문에 좇지 않았다.

두증이 다시 유망(流亡)하는 사람 2천여 명을 인솔하고 양양(襄陽)을 포위하였으나 며칠이 지나서도 이기지 못하자 돌아갔다.

17   왕돈이 아끼는 오흥(吳興, 절강성 호주시) 사람 전봉(錢鳳)이 도간의 공로를 보고 질투하여 여러 차례 그를 헐뜯었다. 도간이 장차 강릉(江陵, 호북성 강릉현)으로 돌아가려고 하여 왕돈에게 가서 스스로 모든 일을 이야기하려고 하였다.

주사(朱伺)[86]와 안정(安定, 감숙성 진원현) 사람 황보방회(皇甫方回)가 간하였다.

"공이 들어간다면 반드시 나오지 못할 것입니다."

그러나 도간이 이를 좇지 않았다. 이미 도착하자 왕돈이 도간을 머물러 있게 하고 보내지 않다가 광주(廣州, 광동성)자사로 좌천시켰고, 그의 사촌동생인 승상부의 군자좨주 왕이(王廙)를 형주자사로 삼았다.

형주의 장군과 관리들이 정반(鄭攀)·마준(馬儁) 등이 왕돈에게 가서 편지를 올려서 도간을 유임시켜 달라고 하니 왕돈이 화를 내고 허락하

---

85 《시경》〈이아〉에 나오는 말이다.

86 왕돈은 진동대장군이고, 주사는 경릉(竟陵, 호북성 종상현)태수이다.

지 않았다. 정반 등은 도간이 처음 큰 도적을 없앴지만,[87] 다시 쫓겨나게 되니 무리들의 마음은 분하고 울적하였고, 또 왕이는 시기하고 사나워서 함께 일하기가 어려워지자 드디어 그 무리 3천 명을 인솔하고 운구(漢口, 호북성 무한시 한양의 서북쪽)에 주둔하고서 서쪽에서 두증을 영접하였다.

왕이가 정반 등의 습격을 받아서 강안(江安, 호북성 공안현 동북쪽)으로 달아났다. 두증과 정반 등이 북쪽으로 제오의를 영접하여 왕이를 막았다. 왕이가 여러 군대를 독려하여 두증을 토벌하였으나 다시 두증에게 패배하였다.

왕돈이 속으로 정반은 도간이 넌지시 밝힌 뜻을 이어받은 것이라고 생각하고 갑옷을 입고, 창을 잡고 장차 도간을 죽이려고 나갔다가 다시 들어오기를 서너 번이나 하였다. 도간이 정색하고 말하였다.

"사군[88]께서는 영웅으로 과단성이 있으시고, 마땅히 천하를 재단하여야 할 터인데 어찌 이리 결단을 내리지 않습니까?"

이를 이용하여 일어나서 변소로 가버렸다.

자의참군 매도(梅陶)와 장사 진반(陳頒)이 왕돈에게 말하였다.

"주방(周訪)과 도간은 가까운 인척[89]이어서 마치 오른손과 왼손과 같은데, 어찌 왼손이 잘리면 오른손이 반응을 하지 않는 일이 있겠습니까?"

왕돈이 그 뜻을 이해하고 마침내 성대한 잔치를 벌여놓고 그를 전별

---

87 두도의 토벌을 말한다.

88 사군은 자사를 높여 부르는 말로 여기서는 왕돈을 부른 것이다.

89 주방의 딸이 도간의 아들인 도첨에게 시집갔다.

(餞別)하였지만 도간이 바로 밤에 출발하니, 왕돈은 그의 아들 도첨(陶瞻)을 참군으로 삼았다.

처음에, 교주(交州, 월남 하노이시)자사 고비(顧秘)가 죽자, 그 주의 사람들이 고비의 아들 고수(顧壽)로 교주의 업무를 관장하게 하였다. 장하독(帳下督)[90] 양석(梁碩)이 군사를 일으켜서 고수를 공격하여 죽이고 양석이 드디어 교주를 오로지하였다.

왕기(王機)는 스스로 훔쳐서 광주에 근거를 두고 있으므로[91] 왕돈이 토벌할까 두려워서 다시 교주자사를 시켜달라고 요구하였다. 마침 두홍(杜弘)[92]이 왕기에게 가서 항복하자, 왕돈이 왕기를 이용하여 양석을 토벌하게 하려고 마침내 두홍을 항복시킨 것은 왕기의 공로라고 하고서 교주자사로 전보시켰다.

왕기가 울림(鬱林, 광서성 귀현)에 이르렀는데, 양석이 전 자사 수칙(脩則)의 아들인 수담(脩湛)을 맞이하여 주의 업무를 대행하게 하면서 그를 막았다. 왕기는 나아갈 수가 없게 되자 마침내 다시 두홍과 광주의 장수 온소(溫邵)·교주의 수재 유침(劉沈)과 모의하여 다시 광주로 돌아가서 점거하였다.

도간이 시흥(始興, 광동성 소관시 남쪽)에 이르자 그 주의 사람들이 모두 마땅히 형세를 살펴야지 가볍게 나아갈 수 없다고 하였지만, 도간이 이 말을 듣지 않고 곧바로 광주로 가니, 여러 군과 현에서는 모두 이

---

90 작전관에 해당하는 직책이다.

91 회제 영가 6년(312년)에 광주자사직을 강탈하였는데, 이 내용은《자치통감》권88에 실려 있다.

92 두도의 부장이었다.

미 왕기를 영접하였다. 두홍이 사자를 파견하여 거짓으로 항복한다고 하였지만 도간이 그의 꾀를 알고 나아가서 두홍을 쳐서 이를 깨뜨리고 드디어 소계(小桂, 광동성 연현)에서 유침을 잡았다. 독호 허고(許高)를 파견하여 왕기를 토벌하게 하니 그는 도망하였다. 왕기가 길에서 병들어 죽었는데, 허고가 그의 시체를 파내어 목을 베었다.

제장들이 모두 이긴 기세를 타고 온소를 공격하자고 청하자 도간이 웃으면서 말하였다.

"나의 위엄과 명성은 이미 드러났으니, 어찌 군사를 파견할 일이 있겠소? 다만 한 장의 편지만으로도 스스로 안정될 것이오."

마침내 편지를 내려서 그가 깨닫게 하였다. 온소가 두려워서 달아났는데 뒤쫓아 가서 시흥에서 붙들었고, 두홍이 왕돈에게 가서 항복하니 광주가 드디어 평안해졌다.

도간은 광주에 있으면서 특별한 일이 없자 번번이 아침이면 100장의 벽돌을 재실(齋室) 밖으로 운반하였다가 저녁에는 다시 재실 안으로 운반하였다. 어떤 이가 그 연고를 물었더니 대답하였다.

"나는 바야흐로 중원에다 힘을 쏟아야 할 터인데, 지나치게 이처럼 아주 안일하면 그 일을 감당하지 못할까 두려우니 그런 연고로 스스로 수고를 할 뿐이오."

왕돈은 두홍을 장수로 삼아 그를 총애하고 일을 맡겼다.

환관에 휘둘리는 유총

18 9월에 한의 주군 유총이 대홍려(大鴻臚)를 시켜서 석륵에게 활과 화살을 하사하고, 책명(策命)을 내려 석륵을 섭동백(陝東伯)[93]으로 삼고서 정벌을 하고 자사·장군·수재(守宰)[94]를 임명하며 열후에게 봉작하는 일을 마음대로 하였다가 연말에 모아서 보고하게 하였다.

19 한의 대사마 유요가 북지(北地, 섬서성 요현)를 침략하니 조서를 내려서 국윤(麴允)을 대도독·표기장군으로 삼아 이를 막게 하였다. 겨울, 10월에 삭침(索綝)을 상서복야·도독궁성(宮城)제군사[95]로 삼았다. 유요가 나아가서 풍익(馮翊, 섬서성 대협현)을 뽑아버리니 태수 양숙(梁肅)은 만년(萬年, 섬서성 임동현 북쪽)으로 달아났다. 유요가 돌아서 상군(上郡, 섬서성 수덕현)을 노략질하였다. 국윤이 황백성(黃白城, 섬서성 삼

---

93 중국 동부지역의 총책임자에 해당하는 직책이다.

94 지방관을 말한다. 수는 군의 태수, 재는 봉국의 재상이며 그 직위는 대략 태수와 같다.

95 궁성(宮城)의 모든 군사적인 일을 감독하는 직책이다.

원현)을 떠나 영무(靈武, 섬서성 함양시 동쪽)에 진을 쳤지만 군사가 약하여 감히 나아가지 아니하였다.

황제가 누차 승상 사마보(司馬保)[96]에게 군사를 징발하라고 하였지만 사마보의 주위에서 모두 말하였다.

"독사가 손가락을 물면 장사도 팔을 잘라야 합니다. 지금 호족(胡族)의 노략질이 바야흐로 왕성하니, 또 의당 농산(隴山)으로 가는 길을 잘라놓고 그 변화 과정을 살펴보아야 합니다."

종사중랑 배선(裴詵)이 말하였다.

"지금 뱀이 이미 머리를 물었다면 머리도 잘라버려야 합니까?"

사마보는 마침내 진군(鎭軍)장군 호숭(胡崧)을 행(行)전봉(前鋒)도독으로 삼고 여러 군사들이 모일 때를 기다렸다가 출발하게 하였다. 국윤이 황제를 받들고서 사마보에게 가려고 하니 삭침이 말하였다.

"사마보가 천자를 장악하게 되면 반드시 그의 사사로운 뜻을 만족시키려 할 것이오."

마침내 중지하였다. 이에 장안의 서쪽에서는 다시 조정을 받들지 않게 되었고, 백관들은 주리고 궁핍하여 들의 돌벼[97]를 캐서 스스로 살아갔다.

20 양주(涼州, 감숙성 서중부)의 군사 장빙(張氷)이 도장을 얻었는데, 그 새겨진 글이 '황제행새(皇帝行璽)'라고 되어 있어서 이를 장식(張寔)

---

96 진주(秦州, 치소는 감숙성 천수시)에 머물러 있었다.

97 여(稆)를 말하는데, 경작한 벼가 아니라 자생적으로 난 벼를 말한다. 이때에는 논이 있어도 벼를 심을 수 있는 환경이 아니어서 전에 심었던 벼의 싹이 난 것을 채취한 것 같다.

에게 바치니, 소속 관료들이 모두 경하하였다. 장식이 말하였다.

"이는 신하된 사람이 가지고 있을 수 있는 것이 아니다."

사자를 파견하여 장안으로 보냈다.[98]

민제 건흥 4년(丙子, 316년)[99]

1   봄, 정월에 사도 양분(梁芬)이 오왕(吳王) 사마안(司馬晏)을 추존
(追尊)하는 문제를 논의하니, 우복야 삭침 등이 위(魏)나라 때 명제(明
帝)의 조서[100]를 인용하여서 안 된다고 생각하였다. 마침내 태보를 증
직하고 시호를 효(孝)라고 하였다.[101]

2   한의 중상시 왕침(王沈)과 선회(宣懷)·중궁복야(中宮僕射) 곽의
(郭猗) 등이 모두 총애를 받아서 정사를 휘둘렀다. 한의 주군 유총이 후
궁에서 놀고 연회를 베풀면서 어떤 때에는 3일 동안 술이 안 깼으며,
어떤 때에는 100일 동안 밖으로 나오지를 않았다. 지난해 겨울부터 조
회에 나오지 않았고, 정치적인 일은 모두 상국 유찬(劉粲)에게 위임하
고, 오직 사람을 죽이는 것과 관직을 주는 것만 왕침 등에게 들어와서

---

98 호삼성은 진(晉)의 4진·4정 장군 가운데 군신의 분수를 안 사람은 장식 부자
    밖에 없었다고 평론하였다.

99 성한(전촉) 무제 옥형 6년이고, 한조(전조) 소무제 건원 2년이다.

100 위명제 태화 3년(229년)의 일로,《자치통감》권71에 실려 있다.

101 오왕 사마안이 오효왕으로 불리게 된 것이다. 오경왕으로 되어 있는 자료도
    있다.

보고하게 하였다.

왕침 등은 대부분 보고하지 않았고, 스스로 그의 개인적인 마음으로 결정하니 그러므로 공훈을 세웠던 구관에게는 혹 서임하지 않고, 간사한 소인들 가운데는 며칠 사이에 이천석의 자리에 이른 사람이 있었다.

군사 출동은 해마다 일어나는데, 장군과 병사들에게 돈이나 비단으로 상을 주는 일이 없었고, 후궁의 집안사람들인 경우에는 하사하는 것이 심부름꾼들에게까지도 이르러서 움직였다하면 수천만 전(錢)이었다. 왕침 등의 수레와 의복과 집은 여러 친왕들의 수준을 뛰어넘었고, 자제 가운데는 표문을 올려서 수령이 된 사람이 30여 명이었는데, 모두 탐욕스럽고 잔인하여 백성들의 해로움이 되었다. 근준(靳準)[102]의 온 집안사람들은 그에게 아첨하며 섬겼다.

곽의와 근준은 모두 태제 유예(劉乂)에게 원한을 갖고 있었는데, 곽의가 상국 유찬에게 말하였다.

"전하께서는 광문제(光文帝)[103]의 세손(世孫)이시고, 주상의 적자(嫡子)이셔서 사해 안에 사는 사람들 가운데 마음으로 의탁하지 않는 사람이 없는데, 어찌 천하를 태제[104]에게 주시려고 하십니까? 또 신이 듣건대 태제와 대장군이 3월 상사일(上巳日)[105] 대연회 때를 이용하여 난을 일으킨다고 하는데, 이 일이 성사되면 아마도 주상은 태상황이

---

102 중호군이었다.

103 한의 첫 황제인 유연을 말한다.

104 유예(劉乂)를 말한다.

105 음력으로 매월 상순에 있는 사(巳)일을 말한다. 3월의 사일은 고대의 기념일인데, 한대 이전에는 반드시 사일을 기념일로 하였으나, 후대에는 일반적으로 3월 3일을 사용하였고 반드시 사일을 기념일로 하지 않았다.

되고, 대장군은 황태자가 될 것이며, 또 아마도 위(衛)대장군[106]은 대선우가 될 것입니다.

세 왕은 의심을 받지 않을 지위에 있으며 나란히 중무장한 군사를 장악하고 있으니 이를 가지고 거사하면 성사되지 않을 것이 없습니다. 그러나 두 왕은 일시적인 이익을 탐하여 부형을 돌아보지 않으니, 일이 성사된 다음에는 주상이 어떻게 온전할 리가 있겠습니까? 전하의 형제는 정말로 말할 것이 없겠거니와 동궁·상국·선우라는 자리는 당연히 무릉(武陵)의 형제들의 손에 들어갈 것인데, 그들이 어찌 다른 사람[107]에게 주려고 하겠습니까?

지금 화란이 아주 급박하게 다가왔으니, 의당 일찍 이를 도모해야 할 것입니다. 신이 누차 주상에게 말씀을 드렸는데, 주상은 우애가 두터우셔서 신을 궁형을 받은 환관으로 생각하시고, 끝내 믿지 않으니 바라건대 전하께서 누설치 마시옵고 그 상황을 비밀리에 표문으로 올리십시오.

전하께서 만약에 신을 믿지 못하신다면 대장군부의 종사중랑 왕피(王皮)와 위(衛)대장군부의 사마 유돈(劉惇)을 불러보셔서 은혜를 베푸시는 속마음을 주시며 그들이 고개 숙이는 것을 허락하시고 이 문제를 묻는다면 반드시 알 수 있을 것입니다."

유찬이 이를 허락하였다.

---

106 유총은 아들 유기(劉驥)를 대장군으로 삼고, 아들 유매(劉勱)를 위대장군으로 삼았는데 모두 유찬의 동생이다. 먼저 아들 유부(劉敷)를 대장군으로 삼았으나 그가 죽은 다음에 유기를 대장군으로 삼는다는 것이다.

107 두 왕은 유부와 유매를 말하며 무릉(武陵)의 형제들이란 유예의 여러 아들을 말하고, 다른 사람이란 유찬을 말한다.

곽의가 비밀리에 왕피와 유돈에게 말하였다.

"두 왕이 반역하고 있는 상황은 주상과 상국[108]이 모두 알고 있는데, 경(卿)들도 이에 함께 하였소?"

두 사람이 놀라서 말하였다.

"그런 일이 없습니다."

곽의가 말하였다.

"이 일은 이미 결판이 났는데, 내가 옛 친구인 경들을 가련하게 생각하지만 또 전 가족이 죽는 것만을 볼 뿐이구려!"

이어서 탄식하고 눈물을 흘렸다. 두 사람이 크게 놀라서 머리를 조아리며 불쌍하게 보아달라고 하였다.

곽의가 말하였다.

"내가 경들을 위하여 계책을 세운다면 경들이 사용할 수 있겠소? 상국이 경들에게 물으면 경들은 다만 '있습니다.'라고만 하면 되며, 만약에 경들에게 먼저 보고하지 않은 것을 책임지우거든 경들은 즉시 말하시오. '신은 진실로 죽을죄를 졌습니다. 그러나 오직 주상께서는 관대하고 어지시며, 전하께서는 두텁게 화목하시므로 만약에 말하였다가 믿어주시지 않는다면 짐작 못할 일을 무고하고 참소한 잘못에 빠져서 죽게 될 것이니 그러므로 감히 말씀드리지 못하였습니다.'"

왕피와 유돈은 그렇게 하기로 하였다.

유찬이 그들을 불러서 물으니 두 사람이 같은 시간에 도착하지 않았는데도 그 말이 하나 같으니 유찬이 그러할 것이라고 믿었다.

근준(靳準)이 다시 유찬에게 유세하였다.

---

108 유찬이다.

"전하께서는 의당 스스로 동궁에 사시면서 상국의 직책을 관장[109] 하셔서 천하 사람들에게 일찍 계승될 것을 알게 해야 합니다. 지금 길에서 말하기를 모두 대장군·위(衛)장군이 태제를 받들고 변란을 일으키려 하며 늦은 봄철을 기약하고 있다고 하는데, 만약에 태제가 천하를 얻게 되면 전하께서는 발을 디딜 땅도 없게 될 것입니다."

유찬이 말하였다.

"이를 어떻게 해야 할까?"

근준이 말하였다.

"어떤 사람이 태제가 변란을 일으킬 것이라고 보고를 드려도 주상은 반드시 믿지 않을 것입니다. 의당 동궁에 대한 금령을 느슨하게 하셔서 빈객들로 하여금 왕래할 수 있게 하시고, 태제가 선비들을 잘 대우해 주니까 반드시 이것을 거리끼지 않을 것이고, 그 가운데 경박한 소인들은 태제의 속마음에 영합하여 그를 위하여 꾀를 내는 자가 없을 수 없을 것입니다.

그런 다음에 하관(下官)[110]이 전하를 위하여 그 죄를 드러내서 표문을 올리면 전하께서는 그 빈객들 가운데 태제와 왕래하였던 사람들을 잡아서 고문하시고 옥사(獄辭)[111]가 다 갖추어지면 주상도 믿지 않을 리가 없을 것입니다."

유찬이 마침내 복추(卜抽)에게 군사를 이끌고 동궁을 떠나라고 명령

---

109 직책은 영상국이다.

110 관리가 자기 자신을 낮추어 부르는 말이다. 여기서는 근준이 자기 자신을 가리키는 말이다.

111 감옥에 갇혀서 사건에 대하여 공술(供述)하는 것을 말한다. 신문조서에 해당한다.

하였다.[112]

소부(少府) 진휴(陳休)와 좌위(左衛)장군 복숭(卜崇)은 사람됨이 청렴하고 곧아서 평소에 왕침 등을 미워하였는데, 비록 공적인 자리에 있을 때에도 일찍이 말을 걸지 않아서 왕침 등은 그들을 깊이 싫어하였다.

시중 복간(卜幹)이 진휴와 복숭에게 말하였다.

"왕침 등의 세력이 천지를 뒤바꿀 만하니 경들이 스스로 생각해 보건대, 황제와 친하고 똑똑한 것으로 두무(竇武)와 진번(陳蕃)[113]과 비교하면 어떠하오?"

진휴와 복숭이 말하였다.

"우리들은 나이가 쉰 살이 넘었고, 직위도 이미 높은데 오직 빠진 것이라고는 한 번 죽는 것뿐이오. 충성스럽고 의롭게 죽는 것이 바로 적당한 자리인데, 어찌 머리를 굽혀서 환관 녀석들을 섬길 수 있겠소? 가시오. 복공, 다시는 그런 말을 하지 마시오."

2월에 한의 주군 유총이 밖으로 나가서 상추합(上秋閣)에 이르러 진휴(陳休)와 복숭과 특진 기무달(綦毋達)·태중대부 공사욱(公師彧)·상서 왕염(王琰)·대사농 주해(朱誕)를 잡아들여서 나란히 목을 베라고 명령하였는데, 모두 환관들이 싫어하는 사람들이었다.

복간이 울면서 간하였다.

"폐하께서 바야흐로 한쪽 귀퉁이[114]로 비켜 앉으셔서 똑똑한 사람

---

112 복추는 관위(冠威)장군으로 지난해에 유총이 군사를 거느리고 동궁을 지키며 감시하게 하였었다.

113 후한 환제 건녕 원년(168년)에 똑똑하기로 이름난 진번과 황제와 친하였던 두무가 환관들에게 곤욕을 당하여 죽었다.

114 중국 전체를 놓고 본다면 한의 영역은 한 귀퉁이 정도에 해당한다.

을 찾으셔야 하는데 어느 날 아침 경대부 일곱 명을 살육하셨고, 모두 나라의 충성스럽고 훌륭한 사람들이니, 할 수 없는 것이 없을 것입니까? 설사 진휴 등이 죄를 지었다고 하여도 폐하께서는 유사(有司)에게 사건을 내려보내시어 그 상황을 드러내 밝히시지 않는다면 천하 사람들이 어떻게 그 내용을 알겠습니까? 조서가 아직도 신이 있는 곳에 있어서 아직 감히 드러내놓지 않았으니, 바라건대 폐하께서 깊이 이를 생각하십시오."

머리를 조아려서 피가 흘러내렸다.

왕침이 복간을 나무라며 말하였다.

"복 시중은 조서를 거절하려고 하는 것이오!"

유총은 옷을 털고 들어가고 복간은 면직시켜 서인으로 삼았다.

태재(太宰)인 하간왕 유이(劉易)·대장군인 발해왕 유부(劉敷)·어사대부 진원달·금자(金紫)광록대부인 서하(西河, 산서성 이석현) 사람 왕연(王延) 등이 모두 대궐에 나와 표문을 올려서 간하였다.

"왕침 등이 조서의 뜻을 고쳐 해와 달을 속이고 무고하여 안으로는 폐하에게 아첨하고, 밖으로는 상국에게 아부하여 그 권위의 무거움이 임금과 같은 정도이며, 간사스러운 무리를 많이 심어놓아 그 해독이 전국에 퍼졌습니다.

진휴 등은 충신이고, 나라를 위하여 절개를 다하는 것을 알고서 그 자신들의 간사한 상황을 드러낼까 두려워하였으니, 그런 연고로 교묘하게 무고하고 모함한 것입니다. 폐하께서 살펴보시지도 않고 급하게 극형을 가하시면 하늘과 땅을 통틀어 아프게 하는 것이니 똑똑한 사람이건 어리석은 사람이건 모두 마음이 상하고 두려워합니다.

지금 남아 있는 진(晉)은 아직도 없어지지 않았고, 파(巴)·촉(蜀)에서도 복종하지 않으며, 석륵은 조(趙)·위(魏)에 근거를 두고 조억(曹嶷)은 전 제(齊)지역에서 왕 노릇 하려고 하는데 폐하의 심복과 사지 가운데 어느 곳인들 걱정거리가 없겠습니까?

마침내 다시 왕침 등이 혼란을 도와서 무함(巫咸)을 죽이고, 편작(扁鵲)[115]을 살육하니 신은 드디어 고맹(膏盲)의 질병을 얻을까 두려우며, 뒤에 가서 비록 이를 구원하려 하여도 좋아갈 수 없습니다. 청컨대 왕침 등의 관직을 면직시키시고 유사에게 붙여서 죄를 다스리게 하십시오."

유총이 이 표문을 왕침 등에게 보이고 웃으며 말하였다.

"여러 아이들이 진원달에게 이끌리어 드디어 바보가 되었구나."

왕침 등이 머리를 조아리고 울면서 말하였다.

"신 등은 소인으로 폐하께서 지나치게 알아주시고 뽑아주셔서 규합(閨閤)[116]에서 청소나 하였는데, 왕공과 조정의 선비들이 신 등을 질시하는 것이 원수처럼하고 있으니, 또 폐하를 깊이 한스럽게 생각합니다. 바라건대 신 등을 솥에 넣고 삶으신다면 조정은 자연히 화목하게 될 것입니다."

유총이 말하였다.

"이러한 미친 말들은 항상 그러한 것이니, 경이 어찌 한스럽다고 할 만한 것이겠소?"

유총이 상국 유찬에게 왕침 등에 관하여 물으니, 유찬은 왕침 등이 충성스럽고 깨끗하다며 많이 칭찬하였다. 유총이 기뻐하며 왕침 등을

---

115 무함은 은나라 때의 보필하는 신하로 점성술을 잘하였고 복서를 발명하였으며, 편작은 고대의 훌륭한 의원이었다.

116 궁궐의 문을 말한다.

열후에 책봉하였다.

태재 유이가 또 대궐에 나가 상소문을 올려서 극력 간하니 유총이 크게 화를 내며 손으로 그 상소문을 찢어버렸다. 3월에 유이가 분하고 울화가 나서 죽었다. 유이는 평소 충성스럽고 곧으며, 진원달이 이에 의지하여서 간쟁하는 일을 다 하였다. 그가 죽자 진원달이 통곡을 하며 말하였다.

"사람다운 사람의 말이 없어지면 나라는 망한다.'[117]고 하였는데, 내가 이미 다시는 말을 할 수 없게 되었으니, 어찌 아무 말도 못하며 구차하게 살아갈 것인가?"

돌아가서 자살하였다.

---

117 《시경(詩經)》〈대아(大雅)〉의 첨앙(瞻卬)에 나오는 말이다.

적전에서 분열하는 진(晉) 사람들

3   애초에, 대왕 탁발의로는 그의 어린 아들 탁발비연(拓跋比延)을 아꼈기에 후계자로 삼고 싶어서 장자 탁발육수(拓跋六脩)에게 신평성(新平城, 산서성 대동시)으로 나가 살게 하고 그의 어머니를 쫓아냈다.[118]

탁발육수가 준마를 갖고 있었는데, 하루에 500리를 달리는 것이므로 탁발의로는 그것을 빼앗아서 탁발비연에게 주었다. 탁발육수가 조회에 나오니 탁발의로가 탁발비연에게 절하게 하였으나 탁발육수가 그 말을 좇지 않았다. 탁발의로는 마침내 그의 보연(步輦)에 탁발비연을 앉히고 사람들에게 끌게 하여 나가서 놀게 하였다.

탁발육수가 멀리서 바라보고 그것이 탁발의로라고 생각하고 길 왼쪽에 엎드려서 배알하였는데 도착해 보니 탁발비연이므로 탁발육수는 부끄럽고 화가 나서 가버렸다. 탁발의로가 그를 불러도 오지 않으니 크게 화를 내고 무리를 이끌고 그를 토벌하였으나, 탁발육수에게 패배하

---

118 민제 건흥 원년(313년)에 탁발의로가 신평성을 쌓았으며, 이 내용은 《자치통감》 권88에 실려 있다.

였다.

탁발의로는 미복(微服)[119]을 입고 백성들 사이로 도망하였으나, 빈천한 부인이 그를 알아보게 되어서 드디어 탁발육수에게 시해되었다.[120] 탁발보근(拓跋普根)은 먼저 밖의 변경 지역을 지키다가 난리가 났다는 소식을 듣고 달려와서 탁발육수를 공격하여 멸망시켰다.

탁발보근이 대신 왕이 되자 나라 안에서는 큰 혼란이 일어나서 신구(新舊) 사람[121]들이 시기하고 의심하여 바꾸어가며 서로 죽였다. 좌(左)장군 위웅(衛雄)·신의(信義)장군 기담(箕澹)이 오랫동안 탁발의로를 보좌하였고 많은 사람들이 붙었는데, 유곤(劉琨)에게로 귀부하자고 모의하고서 마침내 무리들에게 말하였다.

"듣건대 구인(舊人)들은 신인(新人)들이 사납게 싸우는 것을 꺼린다고 하여 그들을 모두 죽이려고 하는데 장차 어찌해야 할 것인가?"

진나라 사람들과 오환족들은 모두 놀라고 두려워하며 말하였다.

"죽건 살건 두 분 장군의 뜻에 따르겠습니다."

마침내 유곤이 인질로 보냈던 아들 유준(劉遵)과 진(晉)의 사람과 오환족 3만 호, 말·소·양 10만 두를 인솔하고 유곤에게로 돌아갔다. 유곤이 대단히 기뻐하면서 친히 평성(平城, 산서성 대동시)까지 나가 그들을 어루만지며 받아들였고, 유곤의 군사가 이로 말미암아 다시 떨치게 되었다.

---

119 일반 백성들이 입는 옷을 말한다.

120 큰아들에게 죽은 것이다.

121 탁발보근의 무리는 원래 순수한 색두(索頭)부락 사람들이어서 구인(舊人)이라고 불리고, 탁발의로의 무리들은 진인(晉人)과 오환 족속을 포함하고 있으므로 신인(新人)이라고 하였다.

여름, 4월에 탁발보근이 죽었다. 그의 아들이 갓 태어났지만 그의 어머니 유씨(惟氏)[122]가 그를 세웠다.

4 　장식(張寔)이 명령을 내렸다.

"소속 관리와 백성들 가운데 그 허물을 들추어낼 수 있는 사람에게는 상으로 포(布)와 비단과 양과 쌀을 주겠다."

적조좌(賊曹佐)[123]인 고창(高昌, 신강성 토로번현) 사람 외근(隗瑾)이 말하였다.

"이제 밝으신 공께서 정치를 하시는데, 일이 크고 작고 간에 모두 스스로 이를 결정하시므로 혹 군사를 일으키고 명령을 내리시는 경우에도 부조(府朝)[124]에서 모르니, 만에 하나라도 어긋나고 실패하면 비방받는 것을 분담할 곳이 없습니다. 많은 아랫사람들은 권위를 두려워하여 이미 이룩된 것만을 받을 뿐입니다.

이와 같이 되면 비록 상으로 천금을 준다고 하여도 끝내는 감히 말을 하지 않을 것입니다. 의당 총명함을 조금은 덜어내시어 무릇 백 가지의 정사는 모두 많은 아랫사람을 찾아서 묻고 각기 자기가 품고 있는 것을 다 말하게 하시고, 그러한 다음에 이를 채택하여 시행하시면 훌륭한 말이 스스로 이를 것인데 왜 반드시 상을 주어야 합니까?"

장식이 기뻐하며 이 말을 좇았고 외근에게 세 등급의 직위를 올려주

---

122 탁발의이(拓跋猗㐌)의 처이다.

123 경무(警務)를 담당하는 부서의 보좌 역할에 해당하는 관직이다.

124 장식이 양주(涼州)도독이므로, 양주도독부의 관료들이 함께 모이는 곳을 말한다.

었다.

　장식은 장군 왕해(王該)를 파견하여 보병과 기병 5천 명을 인솔하고 들어가서 장안을 원조하게 하고, 또 여러 군의 공물(貢物)과 장부를 호송하게 하였다. 조서를 내려 장식을 도독섬서제군사[125]로 삼고, 장식의 동생 장무(張茂)를 진주(秦州)자사로 삼았다.

5　석륵이 석호에게 늠구(廩丘, 산동성 범현)에서 유연(劉演)[126]을 공격하게 하고, 유주(幽州)자사 단필제(段匹磾)가 그의 동생 단문앙(段文鴦)으로 하여금 그를 구원하게 하였다. 석호가 늠구를 뽑아버리자 유연이 단문앙의 부대로 달아났고, 석호가 유연의 동생 유계(劉啓)를 잡아서 돌아갔다.

6　영주(寧州)자사 왕손(王遜)은 엄격하고 사납고 사람 죽이기를 좋아하였다. 5월에 평이(平夷, 운남성 평이현)태수 뇌소(雷炤)와 평락(平樂, 광서성 평락현)태수 동패(董霸)가 3천여 호를 거느리고 반란하여 성(成, 전촉)[127]에 항복하였다.

7　6월 초하루 정사일에 일식이 있었다.

8　가을, 7월에 한의 대사마 유요가 북지(北地, 섬서성 요현)태수 국창

125 섬서지역의 모든 군사에 관한 일을 감독하는 직책이다.
126 연주(兗州)자사였다.
127 사천성 성도에 도읍하고 있었다.

(麴昌)을 포위하니, 대도독 국윤(麴允)이 보병과 기병 3만 명을 거느리고 이를 구원하였다. 유요가 성을 둘러싸고 멋대로 불을 지르니 연기가 일어나서 하늘을 덮었고, 반간(反間)에게 국윤을 속여서 말하게 하였다.

"군의 성이 이미 함락되어서 가보아야 이르지도 못할 것입니다."

무리들이 두려워하다가 궤멸되었다.

유요가 국윤을 뒤쫓아 가서 반석곡(礴石谷, 섬서성 동관현 동북쪽)에서 패배시키니, 국윤이 달아나서 영무(靈武, 섬서성 함양시 동쪽)로 돌아갔고, 유요는 드디어 북지를 빼앗았다.

국윤의 성품은 인자하고 후덕하지만 위엄과 과단성이 없고, 작위로 다른 사람을 즐겁게 하기를 좋아하였다. 신평(新平, 섬서성 빈현)태수 축회(竺恢), 시평(始平, 섬서성 함양시)태수 양상(楊像), 부풍(扶風, 섬서성 홍평현)태수 축상(竺爽), 안정(安定, 감숙성 진원현)태수 초숭(焦嵩)이 모두 정(征)과 진(鎭)의 장군을 겸하여 관장[128]하고 있고, 부절을 갖고 있으며, 시중·상시(常侍)의 직책을 덧붙여 갖고 있었으며, 촌락에 있는 보루의 수령들 가운데 세력이 적은 사람에게도 오히려 은청[129]장군의 칭호를 주었지만 그러나 베푼 은혜가 아랫사람에게까지 미치지 못하니, 그러므로 제장들은 교만하고 방자하게 되었고 병사와 졸병들은 마음이 떠나고 원망하였다.

---

128 정(征)과 진(鎭)은 동서남북 넷이 있는데, 각기 정동·정서·정남·정북장군과 진동·진서·진남·진북장군 등으로 국가의 변경 지역의 군사권을 책임지고 있는 장군을 말한다.

129 장군의 칭호를 주고, 그 위에 은으로 만든 인장과 청색 인끈을 내려준 장군을 말한다.

관중(關中, 섬서성 중부)이 위험하고 혼란스러워지자 국윤이 초숭에게 급하다고 알렸지만 초숭은 평소 국윤을 모욕했으므로 말하였다.

"국윤이 곤란하게 되기를 기다렸다가 그를 구원해 주어야겠지."

유요가 전진하여 경양(涇陽)[130]에 도착하니 위수(渭水)의 북쪽에 있는 성들은 모두 붕괴되었다. 유요가 건위(建威)장군 노충(魯充), 산기상시 양위(梁緯), 소부(少府) 황보양(皇甫陽)을 붙잡았다. 유요는 평소 노충이 똑똑하다는 소문을 듣고 산 채로 그를 잡아서 데려올 사람을 모집하였는데, 그를 보자 그에게 술을 내리며 말하였다.

"내가 그대를 얻게 되었으니 천하를 평정한다는 말을 할 것도 없겠소!"

노충이 말하였다.

"내 자신은 진(晉)의 장수이고, 나라는 패망하였는데, 감히 살 생각을 하지 않습니다. 만약에 공(公)의 은혜를 입어서 빨리 죽는다면 행복하겠습니다."

유요가 말하였다.

"의로운 인사로군."

검을 내려주면서 자살하게 하였다.

양위의 처 신씨(辛氏)가 미인이었으므로 유요가 불러서 보고 장차 그를 처로 삼으려 하였다. 신씨가 크게 곡하면서 말하였다.

"첩의 지아비는 이미 죽었으니 의로 보아서 혼자 살지 아니할 것이며 또한 한 지어미가 두 명의 지아비를 섬긴다면 밝으신 공께서 또 어

---

130 경수(涇水)의 북쪽을 말한다. 양(陽)은 산의 경우에는 남쪽, 강의 경우에는 북쪽을 가리킨다.

떻게 그를 쓰겠습니까?"

유요가 말하였다.

"곧은 여인이다."

또한 자살하겠다는 말을 들어주었으며, 모두 예를 갖추어 장사지냈
다.

9   한의 주군 유총이 옛날 장후(張后)의 시비(侍婢)였던 번씨(樊氏)
를 상(上)황후로 삼으니 세 명의 황후[131] 외에 황후의 인새와 인수를
차고 있는 사람이 다시 일곱 명이 되었다. 가까운 사람을 총애하고 일
을 멋대로 하게 하였으며, 형벌과 상을 주는 것이 문란하였다.

대장군 유부(劉敷)가 자주 눈물을 흘리면서 간절하게 간하였더니,
유총이 화를 내며 말하였다.

"너는 내공(乃公)[132]이 빨리 죽기를 바라는가? 어찌하여 아침저녁
으로 산 사람을 보고 곡을 하는가?"

유부는 걱정스럽고 분하여 병이 나서 죽었다.

하동(河東, 산서성 하현)과 평양(平陽, 산서성 분현, 한의 도읍지)에 큰 황
충의 재난이 있어서 백성들 가운데는 흘러 다니다가 굶어 죽은 사람이
열에 대여섯 명이었다. 석륵이 그의 장수 석월(石越)을 파견하여 기병
2만 명을 인솔하고 병주(幷州)에 주둔하게 하면서 유민들을 불러 받아
들이게 하니, 귀부한 백성이 20만 호였다. 유총이 사자를 보내어 석륵

---

131 원래 상황후 번씨·좌황후 유씨·우황후 근씨 등 세 사람이 있었다. 그런데
   근(靳)황후가 죽었으므로 새로 황후 한 사람을 보탠 것이다.

132 임금이 신하에게 자기 자신을 높여 부르는 말이거나 아버지가 아들에 대하
   여 자기를 지칭하는 말이다.

을 나무랐지만 석륵은 명령을 받지 않고 몰래 조억(曹嶷)[133]과 유대관
계를 맺었다.

10   8월에 한의 대사마인 유요가 장안을 압박하였다.

11   9월에 한의 주군이 광극전(光極殿)에서 여러 신하들에게 연회를
베풀며 태제 유예(劉乂)를 불러서 보았다. 유예의 모습은 초췌하였고,
머리와 수염이 반백이었다. 눈물을 흘리며 고맙다는 말을 하니 유총도
또한 그 때문에 통곡하였고, 마침내 멋대로 술을 마시며 아주 즐겁게
지냈는데, 그를 대하는 것이 처음과 같았다.

---

33 이때 조억은 청주(靑州)에 있었다.

서진 민제의 항복

12　초숭(焦嵩)·축회(竺恢)·송철(宋哲)[134]은 모두 군사를 이끌고 장
안을 구원하였는데, 산기(散騎)상시 화집(華輯)이 경조(京兆)·풍익(馮
翊)·홍농(弘農, 하남성 영보현)·상락(上洛, 섬서성 상현)의 네 군의 군사를
감독[135]하여 패상(霸上, 섬서성 남전현)에 주둔하였는데, 모두 한의 군사
가 강한 것을 두려워하여 감히 나아가지 못하였다.

상국 사마보(司馬保)가 호숭(胡崧)을 파견하여 군사를 거느리고 들
어와서 원조하여 한의 대사마 유요를 영대(靈臺, 장안성에 있음)에서 공
격하여 격파하였다. 호숭은 나라의 위엄이 다시 떨친다면 국윤과 삭침
의 세력이 강성해질 것을 두려워하여 마침내 성 서쪽에 있는 여러 군
의 군사를 인솔하고 위수의 북쪽에 주둔하고서 진격하지 않다가 마침
내 괴리(槐里, 섬서성 홍평현)로 돌아갔다.

유요가 장안의 외성을 공격하여 함락시키자, 국윤과 삭침은 물러나
서 작은 성을 보존하면서 스스로 굳게 지켰다. 안팎으로 연락이 끊겨서

---

134 초숭은 안정태수, 축회는 신평태수, 송철은 홍농태수이다.
135 관직명은 감경조풍익홍농상락사군병(監京兆·馮翊·弘農·上洛四郡兵)이다.

성 안에서는 기근이 심하여 쌀 한 말 값이 금 2냥이었고, 사람들이 서로 잡아먹으니 죽은 사람이 반을 넘었고, 도망치는 것을 통제할 수 없으며, 오직 양주(涼州)에서 온 의병(義兵)의 무리 1천 명[136]만이 죽음을 무릅쓰고 떠나지 않았다.

태창에는 누룩 수십 덩어리가 있었는데, 국윤이 이것을 가루로 만들어 죽을 끓여서 황제에게 제공하였지만 이것도 이미 다 떨어졌다. 겨울, 11월에 황제가 눈물을 흘리면서 국윤에게 말하였다.

"지금 궁색하고 어려움이 이와 같고 밖으로는 구원해줄 사람이 없으니 마땅히 수치를 참으면서라도 나가서 항복하여 병사들과 백성들을 살려야 할 것이오."

이어서 한탄하며 말하였다.

"나의 일을 그르친 사람은 국윤과 삭침 두 공(公)이다."

시중 종창(宗敞)으로 하여금 항복하는 편지를 유요에게 보내게 하였다.

삭침이 몰래 종창을 머물러 있게 하고 그의 아들로 하여금 유요에게 유세하게 하였다.

"지금 성 안에 있는 식량은 오히려 1년은 족히 지탱할 수 있을 것이니 쉽게 이기지는 못할 것입니다. 만약에 삭침에게 의동삼사·만호군공이라는 직책을 주겠다면 청컨대 성을 들어 가지고서 항복하겠습니다."

유요가 그의 목을 베어 돌려보내며 말하였다.

"제왕의 군대는 의를 가지고 행동해야 한다. 고(孤)가 군사를 거느린지 15년이 되었지만 아직 속이는 계책으로 다른 사람을 패배시키지 않

---

136 장궤(張軌) 부자가 보낸 군사들이다.

았으니, 반드시 궁색한 병사들이 최후의 형세가 되게 하고 그러한 뒤에 그것을 빼앗겠다.

지금 삭침이 말하는 것이 이와 같으니, 천하의 죄악이란 한 가지여서 바로 그를 죽인 것이다. 만약에 군사와 식량이 아직 다 하지 않았다면 억지로라도 굳게 지키고, 만약에 그 양식이 고갈되고 병사들도 미약하게 되었다면 역시 마땅히 일찍 천명을 깨닫기 바란다."

갑오일(10일)에 종창이 유요의 진영에 도착하고, 을미일(11일)에 황제가 양이 끄는 수레를 타고 어깨를 드러내고 구슬을 입에 물고 관(棺)을 수레에 싣고 동쪽 문을 나와서 항복하였다. 여러 신하들이 소리 내 울고 수레에 올라 황제의 손을 잡으니, 황제 역시 슬픔을 스스로 이기지 못하였다.

어사중승인 풍익(馮翊) 사람 길랑(吉朗)이 탄식하며 말하였다.

"나의 지혜는 꾀를 낼 수 없고, 용기는 죽을 수도 없지만 어찌 차마 임금과 신하가 함께 북쪽을 향하여 도적놈들을 섬긴단 말인가?"

마침내 자살하였다. 유요가 관을 불태우고 구슬을 받고 종창에게 황제를 받들고 궁으로 돌아가게 하였다.

정유일(13일)에 황제와 공경 이하의 관리들을 그의 군영으로 옮기고, 신축일(17일)에 이들을 평양으로 호송하였다. 임인일(18일)에 한의 주군 유총이 광극전에 나가니 황제[137]가 앞에서 머리를 조아렸다. 국윤이 땅에 엎어져서 통곡하는데 부축하여도 일어나지 못하니, 유총이 화가 나서 그를 가두자 국윤이 자살하였다. 유총이 황제를 광록대부로

---

137 진 황제 민제가 이미 항복하였지만 진(晉)을 기년으로 하기 때문에 《자치통감》에서는 '황제'라는 용어를 그대로 쓰고 있다.

삼고 회안후(懷安侯)에 책봉하였다.

대사마 유요를 가황월(假黃鉞)·대도독·독섬서제군사[138]·태재(太宰)로 삼고 진왕(秦王)으로 책봉하였다. 크게 사면하고 기원을 인가(麟嘉)라고 고쳤다. 국윤은 충성스럽고 매섭다고 하여 거기장군을 증직하고, 시호를 절민후(節愍侯)라고 하였다. 삭침은 충성스럽지 못하다고 하여 큰 저자거리에서 목을 베었다. 상서 양윤(梁允)과 시중 양준(梁濬) 등과 여러 군수들이 모두 유요에게 살해되었고, 화집(華輯)이 남산으로 달아났다.

❖ 간보(干寶)[139]가 평론하였습니다.

"옛날에 고조선황제(高祖宣皇帝)[140]는 영웅의 재질과 넓은 도량을 가지고 시대에 맞추어 일어났으며, 성품은 깊고 침착하여 마치 성을 쌓은 것 같았고, 관대하여 다른 사람을 받아들였고, 술수를 시행하여 사물을 통제하고 다른 사람의 훌륭한 것을 알고 발탁하고 채용하였다. 이에 백성들이 그의 능력과 더불어 하니 위대한 법[141]은 비로소 구성되었다.

세종(世宗)은 기업(基業)을 이어받고, 태조(太祖)[142]는 대업을

---

138 섬서지역의 모든 군사에 관한 일을 감독하는 직책이다.

139 동진시대의 학자로 동진 초기에 진기(晉紀) 20권을 완성하였으며,《수선기(搜神記)》등 여러 책을 저술하였으나 대부분 산일되어 남아있지 않다.

140 진나라의 실질적 기초를 마련한 사마의를 말한다.

141 천하 사람들이 사마의의 능력을 추천하였고 더불어 싸울 자가 없었으며 진나라의 법도를 만들게 되었던 것을 말한다.

이어서 다르게 도모하려는 사람들을 모두 쫓아내고[143] 앞에서 세운 빛나는 업적을 녹아들게 하였다. 세조 때에 이르러서 드디어 황극(皇極)[144]을 향유하게 되었으며, 어짊으로 아랫사람들을 후하게 해 주었으며, 검소한 생활로 쓸 것을 충족시켰고, 화목하였지만 해이되지 않았으며, 관대하였지만 단안을 내릴 수 있어서 당우(唐虞)시절의 옛터를 다 차지하고, 정삭(正朔)을 팔황(八荒)[145]의 지역까지 반포하여서 이때에는 '천하에는 가난한 사람이 없다.'는 속담이 있었으니, 비록 태평성대라고 하기에는 미흡하지만 또한 백성들은 그 삶을 즐겼다고 밝히기에는 충분하였다.

무황제(武皇帝)[146]가 이미 붕어하고, 능묘를 만든 흙이 마르기도 전에 변란이 계속하여 일어났다. 종실의 아들들은 도성을 보위하는데 아무런 도움을 주지 않았고, 사윤(師尹)[147] 가운데는 우러러 볼만큼 귀한 덕을 갖춘 사람이 없어서 아침에는 이윤·주공 같지만 저녁이 되면 걸(桀)·도척(盜跖)처럼 되었으니 국정은 점차 난

---

142 세종은 사마의의 첫째 아들인 사마사이고, 태조는 사마의의 둘째 아들이며 사마사의 동생으로 위를 무너뜨리는 기초를 완전히 세운 사마소이다.

143 안으로는 이풍과 하후현 등을 죽이고, 밖으로는 관구검과 문흠, 제갈탄을 평정한 것을 말한다.

144 세조는 사마염으로 진나라를 세웠고, 황극은 천자의 자리를 말한다.

145 당우란 요순시절을 말하며, 정삭은 날짜를 계산하는 기준이 되는 연호를 말한다. 사면팔방에 있는 미개한 야만족들도 진나라의 연호를 사용하여 날짜를 계산하게 되었다는 말이다.

146 사마염을 말한다.

147 《시경(詩經)》에 나오는 말로 고급관원을 말한다.

을 일으키는 사람들에게로 옮겨갔고 금병(禁兵)은 밖으로 나가 사
방으로 흩어졌으며 방악(方岳)[148] 가운데에는 균석(鈞石) 정도가
되는 진(鎭)이 없었고,[149] 관문에는 풀을 묶어놓는 정도의 견고함
도 없었다.[150]

융족(戎族)·갈족(羯族)도 제(制)라는 말을 쓰고, 두 명의 황제
는 존귀한 지위를 잃었으니[151] 왜 그러한가? 황제로 세워진 사람
이 권한을 잃고, 재주를 갖지 못한 사람에게 부탁하였으니 사유(四
維)[152]는 넓혀지지 못하고 구차스러운 정치만 많다.

무릇 기초가 넓으면 기울어지기가 어렵고, 뿌리가 깊으면 뽑히
기가 어려우며, 조리(條理)와 절제가 있으면 어지러워지지 않고,
아교처럼 굳게 결합하면 다른 곳으로 옮겨지지 않는다.[153] 옛날에
천하를 소유한 사람이 오래 갈 수 있었던 것은 이러한 도리를 사

---

148 걸(桀)·도척(盜拓)이란 양준, 위관, 장화 같은 사람을 가리키는 것이고, 금병
   (禁兵)은 조정을 호위하는 군대를 말하며, 방악(方岳)은 지방 수령을 말한다.

149 30근을 균이라고 하고 4균을 석이라고 한다. 여기서는 지방 수령 가운데 균
   석 정도로 진중한 사람이 없었다는 뜻이다.

150 사람이 다니는 길에 풀을 묶어놓아서 가다가 걸리게 만드는 경우가 있는데,
   사람이 다니지 못하게 하는 방법으로는 대단히 미약한 것이다. 그런데 진나
   라는 이러한 정도의 방어 설비도 없었다는 뜻이다.

151 제란 황제의 명(命)을 말하는데, 여기서는 이적인 북방족도 황제를 칭했다는
   말이고, 두 황제란 흉노에게 잡혀간 회제 사마치(司馬熾)와 민제 사마업(司馬
   業)을 말한다.

152 국가의 기강을 유지하게 하는 예의염치(禮·義·廉·恥)를 말한다. 가의는 대
   책에서 예의염치인 4유가 없어지면 나라는 멸망한다고 하였다.

153 이주한(李周翰)이 한 말로, 호삼성은 '굳게 결합한다.'는 이 말은 '사람의 마음
   이란 굳게 결합되면 다른 곳으로 옮겨 가지 않는다는 뜻'이라고 풀이하였다.

용했기 때문이다.

　주(周)나라는 후직(后稷)이 백성들을 아끼면서부터 16대(代)가 지나고, 무왕(武王)[154]이 처음으로 임금이 되었으니 그 기초를 쌓고 근본을 세운 것이 이처럼 단단하였던 것이다. 지금 진(晉)나라가 일어나면서 그 기초를 만들고 근본을 세운 것에서 진실로 먼저 있었던 시대와는 달랐다. 그 위에 조정에는 순수한 덕을 가진 사람이 적었고, 시골에는 불이(不貳)[155]한 노인이 부족하였으니, 풍속은 음란하고 간사하여 수치스러운 일과 숭상할 일이 그 알맞은 곳을 잃었다.[156]

　학자는 장자(莊子)와 노자(老子)를 으뜸으로 삼았고, 육경(六經)을 내쫓았으며, 담론하는 사람들은 텅 비고 방탕한 것으로 변론하였고, 명분과 규범을 천하게 생각하였고, 몸을 움직이는 사람은 방탕한 곳에 내맡기는 것으로 통달이라고 하고, 절의(節義)와 믿음을 가진 사람을 좁은 사람이라고 여겼고, 벼슬에 나아가는 사람은 억지로라도 얻기만 하면 귀하다고 여기고, 올바로 사는 것을 비루(鄙陋)하다고 하였고, 관직을 맡은 사람은 헛된 것을 바라보는 것[157]을 높다고 생각하고 부지런하며 진실하게 사는 것을 비웃었다.

---

154 후직부터 무왕까지의 세계는 다음과 같다. ①후직(后稷), ②불줄(不窋), ③국(鞠), ④공유(公劉), ⑤경절(慶節), ⑥황복(皇僕), ⑦차불(差弗), ⑧훼유(毀隃), ⑨공비(公非), ⑩고어(高圉), ⑪아어(亞圉), ⑫공숙조류(公叔祖類), ⑬고공단부(古公亶父), ⑭계력(季歷), ⑮문왕(文王), ⑯무왕(武王).

155 두 번 허물을 짓지 않는 사람을 말한다.

156 이는 수치스러워야 할 것을 수치스러운 것으로 생각하지 않고, 숭상해야 할 것을 숭상하지 않는 것으로 말하는 것이라고 호삼성은 해설하였다.

이리하여서 유송(劉頌)은 누누이 올바로 다스리는 도리를 말하였고, 부함(傅咸)[158]은 매번 사악한 것을 지적하여 올바로 잡고자 하였지만 모두들 속된 관리라고 하였고, 그들은 헛되고 텅 빈 것에 기대고 아부하며 주견(主見)도 없는 사람은 모두가 전국적으로 이름이 날렸다. 만약에 무릇 문왕(文王) 같은 사람처럼 해가 기울어도 밥 먹을 틈이 없었고, 중산보(仲山甫)[159]처럼 주야로 게으름을 피우지 않은 사람들은 대개 모두가 비웃음을 받아 쫓겨나서 재나 먼지로 취급되었다.

이로 말미암아서 비방을 받든 칭찬을 받든 선악(善惡)의 실제에서는 어지러웠으며, 인정의 사특(邪慝)함은 재물을 바라는 길로 분주하게 달려갔으며, 선발하는 사람은 자기 사람을 위하여 관직을 선택하고, 관직을 가진 사람은 자기 몸을 위하여 이익을 선택하니, 대대로 내려오는 집안과 귀한 사람의 친척 자제들은 관직 등급의 순서를 뛰어넘어 승진하고, 그 자질이나 순서에 구애받지 않았다.

유유하게 흐르는 바람과 먼지는 모두 달려가고 다투는 인사들로 일어난 것이고, 늘어놓은 관직이 천 개 혹은 백 개라도 똑똑한 사람에게 양보하는 일은 없다. 자진(子眞)이 '숭양(崇讓)'을 저술하였지만[160] 이를 살펴보는 사람이 없었고, 자아(子雅)는 구반(九

157 여연제(呂延濟)는 망공(望空, 헛된 것을 바라보는 것)은 옳고 그른 것을 모르는 것을 말하는데, 다만 헛된 것을 바라보고 서명(署名)할 뿐인 것을 말한다고 하였다.

158 유송과 부함에 관한 일은 무제와 혜제시대의 기록에 보인다.

159 기원전 9세기 주나라의 신하이다.

班)의 제도[161]를 만들었지만 채용될 수 없었다.

그래서 부녀자들은 여자가 하여야 할 일을 알지 못하였고, 마음가는 것에 맡겨 움직였으니 시어머니를 거스르는 사람이 있고, 잉첩(媵妾)을 살육하는 일[162]이 있어도 부형은 그런 사람이 죄를 지었다고 하지 않고, 천하 사람들도 잘못이라고 하지 않았다. 예의와 법도, 형벌과 정치는 여기에서 크게 무너졌으니 '나라가 장차 망하려면 근본 되는 것이 반드시 먼저 거꾸로 된다.'[163]는 말은 이러한 경우를 두고 하는 것이다.

그러므로 완적(阮籍)의 행동[164]을 보면 예교(禮敎)가 붕괴되고 해이하게 된 이유를 깨달을 수 있다. 또 유순(庾純)과 가충(賈充)의 다툼을 살펴보면 사윤(師尹)들 대부분이 사악함을 알 수 있고, 오지역을 평정한 공로를 상고해 보면 장수들이 양보하지 않고 있음을 알 수 있으며, 곽흠(郭欽)이 냈던 꾀[165]를 생각해 보면 융적

---

160 자진은 유식(劉寔)의 자이다. 숭양론이란 양보하는 것을 숭상하는 논리를 말한 것이라고 할 수 있는데, 이는 무제 태강 10년(289년)에 쓴 것으로《자치통감》권82에 보인다.

161 자아는 유송(劉頌)의 자이다. 구반의 제도란 관직을 아홉 등급으로 나누어 차례로 승급하게 하는 제도이다.

162 여자들의 할 일이란 길쌈하는 것을 말하며, 고부의 갈등과 잉첩을 죽이는 일은 가후(賈后)를 가리키는 말이다.

163《춘추좌전》에 나오는 말이다. 이어서 '그 다음에 가지와 잎이 이를 좇는다.'라고 되어 있다.

164 원적에 관한 사건은 위 원제 경원 3년(262년)에 있었고,《자치통감》권78에 그 내용이 실려 있다.

165 유순과 가충의 다툼은 진 무제 태시 7·8년(271·272년)에 있었고, 그 내용은

(戎狄)들이 틈이 생긴 것을 깨달을 수 있으며, 부현(傅玄)과 유의
(劉毅)의 말을 보면 백관들의 사악함을 찾을 수 있고, 부함(傅咸)
의 상주문과 전신론(錢神論)의 핵심을 보면[166] 총애하고 뇌물을
주는 일이 창궐하였음을 알 수 있다.

백성들의 기풍은 국가의 형세인데, 이것이 이미 이렇게 되었으
니, 비록 중용(中庸)의 재주와 법을 지키는 군주가 이를 다스린다
고 하여도 오히려 혼란에 이를까 두려울 것인데, 하물며 우리의
혜제가 방탕한 덕을 가지고서 여기에 임(臨)한데서야!

회제는 혼란함을 이어서 즉위하였고, 강력한 신하[167]에게 얽매
였으며, 민제는 도망 다니던 끝에 헛되이 빈이름만을 지키고 있었
다. 천하의 형세는 이미 가버렸고, 세상을 명령할만한 영웅의 재
주를 가진 사람이 아니면 이를 다시금 빼앗을 수 없을 것이다."

13   석륵이 낙평(樂平, 산서성 석양현)태수 한거(韓據)를 점성(坫城, 석
양현에 있음)에서 포위하니, 한거가 유곤[168]에게 구원해 주기를 청하였
다. 유곤이 새로이 탁발의로의 무리를 얻어서 그 날카로운 기세를 이용
하여 석륵을 토벌하고자 하였다.

기담(箕澹)과 위웅(衛雄)이 간하였다.

《자치통감》 권79에 실려 있고, 평오의 과정에서 공로를 다툼한 것과 곽흠의 상
소문은 모두 진 무제 태강 원년(280년)의 일로, 《자치통감》 권81에 실려 있다.

166 부함의 상주문은 진혜제 원강 4년(294년)의 일로 《자치통감》 권82에 실려 있
고, 전신론은 원강 9년(299년)의 일로 《자치통감》 권83에 실려 있다.

167 8왕의 난 가운데 최후로 전권을 휘두른 사마월을 말한다.

168 병주자사이다.

"이들이 비록 진의 백성이라고 하여도 오랫동안 이역(異域)에 있었기 때문에 밝으신 공의 은혜와 신의를 익히지 못하였으므로 아마도 그들이 사용하기가 어려울까 걱정입니다.

안으로 선비족들이 남긴 곡식을 거둬들이고, 밖으로 호족(胡族)들이 가진 소와 양을 긁어모으며, 관문을 닫아걸고 험한 지역에서 지키면서 농사에 힘쓰고 병사들을 쉬게 하여 그들이 감화되고 의로움을 알아 복종할 때까지 기다렸다가 그러한 다음에 이들을 쓰면 공로는 이루지 못할 것이 없을 것입니다."

유곤이 이를 좇지 않고 그 무리들을 전부 발동하여 기담에게 보병과 기병 2만 명을 거느리고 선봉에 서라고 명령하니, 유곤은 광목(廣牧, 산서성 수양현)에 주둔하고서 이들을 뒤에서 성원하였다.

석륵이 기담의 군사가 도착한다는 소식을 듣고, 장차 이들을 맞아 공격하려고 하였다. 어떤 사람이 말하였다.

"기담의 병사와 말은 정선된 것이어서 강하므로 그 예봉은 감당할 수 없으니, 군사를 이끌어서 그들을 피하여 보루를 높이고 해자(垓字)[169]를 깊이 파서 그들의 예봉을 좌절시켜서 반드시 만전을 얻는 것만 못합니다."

석륵이 말하였다.

"기담의 병사들은 비록 많지만 멀리서 와서 피곤하여 지쳐 있고 호령도 가지런하지 못하니 어찌 정예의 병사가 갖는 강함을 갖겠는가? 지금 노략질하는 도적의 무리가 바로 도착할 것인데, 어찌 버리고 갈 수 있겠

---

169 성의 밖의 주위에 물이 흐르도록 땅을 파서 적병이 공격하지 못하게 만들어 놓은 것이다.

는가? 많은 군사가 한 번 움직였다가 어찌 쉽게 중간에서 돌아가랴!

만약에 기담이 우리가 퇴각하는 틈을 타서 압박하면 도망하다 무너지기에도 틈이 없을 것이니 어떻게 해자를 깊이 파고 보루를 높이 쌓겠는가? 이것은 망하는 길이다."

즉각 말한 사람의 목을 베었다.

공장(孔萇)을 선봉도독으로 삼고 삼군에 명령을 내렸다.

"뒤에 나가는 사람은 목을 베리라!"

석륵이 험한 요새를 점거하고 산 위에다 의병(疑兵)[170]을 만들어놓고, 앞에는 두 군데에 매복을 시켜놓고, 경무장한 기병을 내보내 기담과 싸우게 하여 겉으로 이기지 못하고 달아나게 했다.

기담이 군사를 풀어서 그 뒤를 쫓다가 매복한 지역으로 들어갔다. 석륵이 앞뒤에서 기담의 군대를 공격하여 그들을 대파하고 무장한 말 1만 마리를 획득하였다. 기담과 위웅이 기병 1천여 명을 인솔하고 대군(代郡)으로 달아났고, 한거가 성을 버리고 달아나니, 병주(幷州) 전역이 놀랐다.

14 12월 초하루 을묘일에 일식이 있었다.

15 사공부[171]의 장사(長史) 이홍(李弘)이 병주를 가지고서 석륵에게 항복하였다. 유곤이 나가거나 물러나거나 근거지를 잃어서 어찌 할 바

---

170 적이 군사가 있을 것으로 의심하도록 만들어놓는 것을 말한다.

171 이때의 사공은 유곤이다. 민제 건흥 3년(315년)에 사공에 임명되었으나 사양하였지만 그 후에 이 직책을 받아들인 것 같다.

를 모르니 단필제(段匹磾)가 편지를 보내 그를 불렀는데, 기미일(5일)에 유곤이 무리를 인솔하고 비호(飛狐, 하북성 울현의 동남쪽)에서 계(薊, 북경시 서남쪽)로 달아났다.

단필제는 유곤을 보자 가까이 하고 중하게 대하면서 그와 더불어 혼인관계를 맺고 형제가 되기로 약조하였다. 석륵은 양곡(陽曲, 산서성 양곡현)과 낙평의 백성들을 나누어 양국으로 옮기고 수재(守宰)를 두고 돌아왔다.

공장(孔萇)이 기담을 대군(代郡, 하북성 울현)에서 공격하여 죽였다.

공장 등이 적의 장수 마엄(馬嚴)과 풍저(馮䐗)[172]를 공격하였지만 오래 되어도 이기지 못하였다. 사주(司州)·기주(冀州)·병주(幷州)·연주(兗州)의 유민 수만 가구가 요서(遼西, 요녕성 의현)에 있었는데, 바꾸어가면서 서로 초청하고 이끌어주어서 백성들은 편안히 생업을 할 수가 없었다.

석륵이 복양후(濮陽侯) 장빈(張賓)에게 계책을 물으니 장빈이 말하였다.

"마엄과 풍저는 본래 공(公)과 깊은 원수관계가 아니고, 유민들은 모두 본래의 고향을 그리워하는 생각을 갖고 있으니, 지금 군사를 정리하여 떠나면서 훌륭한 주목이나 태수를 선발하여 이들을 불러 품어주게 한다면 유주·기주에 있는 도적[173]들은 며칠 가지 않아서 깨끗하게 될 것이며, 요서지역에 있는 유민들은 장차 서로 인솔해 가면서 도착할 것

---

172 마엄(馬嚴)·풍저(馮䐗)는 모두 유주와 기주 일대에 있는 도적떼의 우두머리이다.

173 마엄 등을 가리킨다.

입니다."

석륵이 마침내 공장 등을 불러서 돌아오도록 하고, 무수(武遂, 하북성 무강현)현령 이회(李回)를 역북(易北)[174]독호로 삼고 고양(高陽, 하북성 여현)태수를 겸하게 하였다. 마엄의 사졸들은 평소 이회의 위엄과 덕에 감복하였으므로 대부분이 마엄을 배반하고 그에게 귀부하자 마엄이 두려워서 달아나다가 물에 빠져 죽었다. 풍저가 그 무리를 인솔하고 항복하였다.

이회가 역경(易京, 하북성 웅현 ; 공손찬이 건축해 놓은 곳)으로 옮겨오니, 유민들 가운데 귀부하는 사람들이 도로에 이어져 있었다. 석륵이 기뻐서 이회를 익양자(弋陽子)로 책봉하고, 장빈에게는 식읍 1천 호를 더 늘려주었으며 지위를 올려서 전(前)장군으로 하였는데, 장빈이 굳게 사양하고 받지 않았다.

16   승상 사마예는 장안을 지켜내지 못하였다는 소식을 듣고, 군사를 출동하여 들에서 자면서 몸소 갑옷을 입고, 사방에 격문을 보내 날짜를 정하고 북방정벌을 하자고 하였다.

조운(漕運)이 기한을 넘기자 독운령사(督運令史)[175] 순우백(淳于伯)의 목을 베었다. 형을 집행한 사람이 칼을 기둥에 닦으니 피가 위로 거꾸로 흘러가서 기둥의 끝에서 2장(丈)을 더 올라가다가 내려왔는데, 보는 사람들은 억울한 것이라고 생각하였다.

승상부(丞相府)의 사직(司直)[176] 유외(劉隗)가 말씀을 올렸다.

---

174 역수(易水) 이북의 대군영의 지휘관에 해당하는 직책이다.
175 후방지원부대의 책임자에 해당하는 직책이다.

"순우백의 죄는 사형에 이를 정도는 아니니 청컨대 종사중랑 주연 (周莚) 등의 관리를 면직시키십시오."

이에 우장군 왕도(王導) 등이 상소문을 올려서 허물을 끌어대며 해직시켜주기를 청하였다.

사마예가 말하였다.

"정치와 형벌을 실시하는 일에 알맞은 정도를 잃었다면 모두 내가 아둔하고 막힌 것에서 온 것이다."

한 가지로 죄를 묻지 않았다.

유외는 성품이 강하고 다른 사람의 숨겨진 것을 들추어내서 당시의 명사들은 대부분 탄핵을 받았지만 사마예는 대부분 모두 관용하고 용서하니 이로 말미암아서 많은 사람들의 원한은 모두 그에게로 귀착되었다.

남(南)중랑장 왕함(王含)은 왕돈(王敦)의 형인데, 그 족속이 강하였고 지위도 드러나서 교만하고 방자하여, 한 번에 참좌(參佐)와 수장(守長)을 20명 정도를 천거하였지만 대부분이 그에 걸맞은 재주가 없는 사람이어서 유외가 왕함을 탄핵하는 상주문을 올렸는데, 그 문장이 대단히 심하게 쓰여서 이 일은 비록 묵혀졌지만 왕씨들은 이를 깊이 시기하고 아파하였다.

17 승상 사마예가 소속(邵續)을 기주(冀州)자사로 삼았다. 소속의 사위인 광평(廣平, 하북성 계택현) 사람 유하(劉遐)가 황하·제수(濟水) 사이에서 무리를 모으니, 사마예가 유하를 평원(平原, 산동성 평원군)내사

---

176 부승상 정도의 직위에 해당한다.

로 삼았다.

18   탁발보근(托跋普根)[177]의 아들이 또 죽었다. 그 나라 사람들은 그
의 당숙 탁발울률(托跋鬱律)을 세웠다.＊

---

177 탁발(托跋)은 탁발(拓跋)과 통용되지만 원전《위서(魏書)》에 나온 대로 썼다.

권090

진기12

사마예의 동진 건설

원제 건무 원년(丁丑, 317년)[1]

1 봄, 정월 한의 군사가 동쪽으로 가서 홍농(弘農, 하남성 영보현)을
경략하니 태수 송철(宋哲)이 강동(江東, 안휘성 무호의 동쪽 장강의 남쪽지
역)으로 달아났다.

2 황문랑(黃門郞) 사숙(史淑)과 시어사(侍御史) 왕충(王沖)이 장안
에서부터 양주(涼州, 치소는 감숙성 무위시)로 도망하여서 민제가 나가
항복하기 하루 전날 사숙 등에게 조서를 싸들고 와서 장식(張寔)에게
주고 대도독·양주목·시중·사공으로 벼슬을 주되 승제(承制)[2]하여 일

─────────────────

1 보통 이 해부터 동진이라고 한다. 사마씨의 진(晉)은 회제가 한의 포로가 되
   어 폐위된 것이 311년 6월이고, 1년 10개월 공백 상태에 있다가 민제가 313년
   4월에 즉위하였지만 316년 11월에 죽었다. 그리고 317년 3월에 원제가 장안
   을 버리고 강남으로 피난 와서 등극하여서 이를 동진이라고 하고, 그 이전을
   서진이라고 한다. 이 해는 성(成, 前蜀) 무제(武帝) 옥형 7년, 한(漢, 前趙) 소무
   제(昭武帝) 인가(麟嘉) 2년이다.
2 제(制)는 황제의 명령이므로 황제의 명령을 위임받은 것을 말한다.

을 처리하라고 하고, 또한 말하였다.

"짐이 이미 낭야왕에게 때에 맞추어 대위(大位)에서 섭정(攝政)하라고 조서를 내렸으니, 그대는 낭야왕을 도와서 함께 많은 어려움을 풀어가라."

사숙 등이 고장(姑臧, 감숙성 무위시)에 도착하니 장식이 3일 동안 크게 곡(哭)하고서 관직을 사양하고 받지 않았다.

애초에, 장식의 숙부 장숙(張肅)은 서해(西海, 내몽고 어치나치의 동남쪽)태수였는데, 장안이 위험하고 압박을 받는다는 소식을 듣고, 선봉이 되어 들어가서 돕게 해달라고 청하였지만 장식은 그가 늙었다고 하여 허락하지 않았다. 장안이 지켜지지 않았다는 소식을 듣고 장숙은 슬프고 분해하다가 죽었다.

장식은 태부(太府)[3]의 사마 한박(韓璞)과 무융(撫戎)장군 장랑(張閬) 등을 파견하여 보병과 기병 1만 명을 인솔하고 동쪽으로 가서 한를 치게 하였고, 토로(討虜)장군 진안(陳安)·안고(安故, 감숙성 회천현)태수 가건(賈騫)·농서(隴西, 감숙성 임조현)태수 오소(吳紹)에게 명령하여 각기 군(郡)의 병사를 통솔하여 선봉이 되게 하였다.

또 상국(相國) 사마보(司馬保)에게 편지를 보내서 말하였다.

"왕실에 일이 있으면 몸을 던질 것을 잊지 않았습니다. 전에 가건을 파견하여 공(公)의 거동을 뵙게 하였는데, 중간에 부명(符命)을 받았기에[4] 가건에게 칙령을 내려서 군사를 되돌리게 하였습니다. 얼마 있다가 적구(賊寇)들이 장안을 압박하자 호숭(胡崧)은 나아가지 못하고, 국

---

3 이때 장식은 하서에 근거를 두고 있었으며, 여기 태부란 도독부를 말한다.

4 사마보가 장식에게 준 부절과 명령을 말한다.

윤(麵允)이 금 500근을 가지고 호숭에게 구원해 주겠다고 청하였는데,
드디어 가건을 파견하고 진군하여 재[5]를 넘기로 결정하였습니다.

마침 조정이 기울어져서 무너졌다는 소식을 듣게 되니 충성을 다하
지 못함에 분하고 원통함이 깊어서 죽어도 그 책임이 아직 남을 지경
입니다. 지금 다시 한박 등을 파견하니 오직 공께서 명령하시면 따르게
하겠습니다."

한박 등이 끝내 나아가지 못하고 돌아왔다.

남안(南安, 감숙성 임조현 동쪽)에 도착하였는데, 여러 강족(羌族)들이
길을 끊어놓아서 서로 대치하기를 100여 일이 되자 양식과 화살이 다
떨어졌다. 한박이 수레 끄는 소를 잡아서 병사들에게 잘 먹이고 눈물을
흘리면서 말하였다.

"너희들은 부모를 생각하는가?"

"생각합니다."

"처자(妻子)를 생각하는가?"

"생각합니다."

"살아서 돌아가고자 하는가?"

"바랍니다."

"나의 명령을 좇겠는가?"

"예."

마침내 전고를 울리고 시끄럽게 하며 나아가 싸우는데, 마침 장랑이
금성(金城, 감숙성 난주시)의 군사를 인솔하고 이어서 도착하자 협격(挾

---

5 양주에서 황하를 건너 옥우령(沃于嶺)을 넘어야 적도(狄道)에 이르게 된다.
   이 길을 말한다.

擊)하여 그들을 대파하니 참수한 것이 수천 급이었다.

이보다 먼저 장안에는 요언(謠言)이 나돌았다.

"진천(秦川)[6] 가운데 피가 흘러 팔뚝을 덮는데, 오직 양주(涼州)에 있는 기둥에 기대어서만 볼 수 있다."

한의 군사가 관중(關中, 섬서성 중부)을 덮치고 저족(氐族)과 강족(羌族)이 농우(隴右, 농산의 서쪽)를 약탈하게 되자, 옹주(雍州, 섬서성 중북부)와 진주(秦州, 감숙성 동부)의 백성들 가운데 죽은 사람이 열에 여덟 아홉 명이나 되었지만 홀로 양주만은 안전하였다.

3   2월에 한의 주군 유총이 사촌동생 유창(劉暢)에게 보병과 기병 3만 명을 거느리고 형양(滎陽)을 공격하게 하니, 태수 이구(李矩)가 한왕(韓王)의 옛 보루에 주둔하였는데, 서로 떨어져 있는 거리가 7리(里)여서[7] 사자를 보내 이구를 불렀다.

그때 유창의 군사들이 갑자기 도착하자 이구는 아직 대비를 제대로 하지 못하고 있었으므로 마침내 사자를 파견하여 거짓으로 유창에게 항복하였다. 유창이 다시 방비를 설치하지 않고, 크게 향연을 베푸니, 인솔하는 지휘관들이 모두 술에 취하였다.

이구는 밤에 이를 습격하고자 하였으나, 사졸들이 모두 겁을 먹고 두려워하니, 이구는 마침내 그의 장수 곽송(郭誦)을 자산사(子産祠)[8]에

---

6   옛 진나라의 영토에 해당하는 지역이다.

7   한왕의 옛 보루란 전국시대의 한(韓)이 정(鄭)을 멸망시키고 이사한 곳으로 신정(하남성 정현의 경계 지역)을 말하며, 이때 이구는 신정에 주둔하였었다.

8   자산을 모시는 사당이다. 자산은 공손교(公孫僑)를 말하는데, 그는 기원전 6세기 춘추시대에 정(鄭)나라의 대부로, 전술전략이 뛰어난 사람이었다.

가서 기도를 드리게 하고, 무격(巫覡)에게 겉으로 말하게 하였다.

"자산의 가르침이 있었는데, '마땅히 신병(神兵)을 보내 도와주겠다.'고 하였다."

무리들은 뛰듯이 다투어 전진하였다.

이구는 용감한 사람 1천 명을 선발하여 곽송으로 하여금 이들을 거느리고 유창의 군영을 습격하게 하니 목을 벤 것이 수천 급이었고, 유창은 겨우 몸만 죽음을 면하였다.

4   신사일(28일)에 송철(宋哲)이 건강(建康, 남경)에 도착하여 민제의 조서를 받았다고 하면서 승상인 낭야왕 사마예에게 만기(萬機)[9]를 전체적으로 관리하게 하였다. 3월에 낭야왕이 상복을 입고 출차(出次)하여[10] 3일간 애도를 표하였다. 이에 서양왕(西陽王) 사마양(司馬羕, 사마량의 아들)과 관속들이 모두 함께 존호를 올리니,[11] 왕은 허락하지 않았다.

사마양 등이 굳게 청하기를 그치지 않자 낭야왕은 감개하면서 눈물을 흘리며 말하였다.

"고(孤)는 죄인이오. 여러 훌륭한 분들이 독촉하기를 그치지 않으면 마땅히 낭야(琅邪, 산동성 제성현)로 돌아갈 뿐이오."

개인 노복을 불러서 탈것을 준비하라고 명하고 장차 낭야국으로 가려고 하였다. 사마양 등이 마침내 위(魏)·진(晉)의 고사에 의거하여 진

---

9 송철은 진나라의 홍농태수이고, 만기란 만 가지의 기틀이라는 말로 이는 제왕이 처리하는 일을 가리킨다.

10 정침(正寢)에 있지 않고 상례를 치르러 밖으로 나갔다는 것이다.

11 존호는 높은 칭호라는 뜻인데, 낭야왕은 이미 왕호를 가지고 있었으므로 그보다 높은 칭호란 황제의 칭호이다.

왕(晉王)을 칭하라고 청하니 이를 허락하였다.[12] 신묘일(9일)에 진왕의 자리에 오르고 크게 사면하며 기원을 고치고 처음으로 백관을 갖추고 종묘를 세우며 사직을 건립하였다.

유사가 태자를 세우기를 청하니 왕[13]은 둘째아들인 선성공(宣城公) 사마부(司馬裒)를 아꼈으므로 그를 세우고 싶어서 왕도(王導)에게 말하였다.

"태자를 세울 때에는 마땅히 덕(德)으로 해야 할 것이오.[14]"

왕도가 말하였다.

"세자와 선성공은 모두 뛰어난 인재이지만 세자의 나이가 많습니다."

왕이 이 말을 좇았다.

병진일[15]에 세자 사마소(司馬紹)를 왕태자로 삼았고, 사마부를 낭야왕으로 삼고, 공왕(恭王)을 받들어 후사가 되게 하였으며,[16] 이어서 사

---

12 민제가 포로로 잡혀갔지만 죽은 것이 아니므로 황제의 자리에 오르지 않은 것이라고 본다. 이 이후 황제를 칭할 때까지 왕이라고 하는 것은 모두 진왕 사마예를 말한다.

13 실제 황제 역할을 하는 진왕 사마예이다. 이후도 같다.

14 덕이 많고 적음을 보고 덕이 많은 사람을 세워야 한다는 말로 이는 결국 서열로 태자를 세우지 않겠다는 것이며, 이는 곧 둘째를 태자로 세우겠다는 뜻이다.

15 3월 1일이 계미일이므로 3월에는 병진일이 없다. 다만 건강실록 4월조에 기록되어 있고, 또 3월 1일 계미에서 계산하면 병진일은 3월을 넘어 4월에 있다. 그러므로 4월이란 말이 병진 앞에서 누락된 것으로 보이며, 따라서 이날은 4월 4일이다.

16 사마예가 낭야왕에서 진왕이 되었으므로 사마부를 낭야왕이었던 할아버지 공왕 사마조(司馬覲)의 적손이 되게 하여 제사를 받들게 한 것이다.

마부를 도독청서연삼주제군사[17]로 삼아서 광릉(廣陵, 강소성 청강시 동진시대에는 양주로 이동)을 진수하게 하였다.

서양왕 사마양을 태보로 삼고, 초강왕(譙剛王)[18]인 사마손(司馬遜)의 아들 사마승(司馬承)을 초왕에 책봉하였다. 사마손은 선제(宣帝)[19]의 조카이다. 또 정남(征南)대장군 왕돈(王敦)을 대장군·강주목(江州牧)으로 삼고, 양주(揚州)자사 왕도(王導)를 표기장군·도독중외(中外)제군사[20]·영중서감(領中書監)·녹상서사(錄尙書事)로 삼았으며 승상부의 좌장사 조협(刁協)을 상서좌복야로 삼고, 우장사 주의(周顗)를 이부상서로 삼고, 군자좨주 하순(賀循)을 중서령으로 삼고, 우사마인 대연(戴淵)·왕수(王邃)를 상서로 삼고, 사직 유외(劉隗)를 어사중승으로 삼고, 행(行)참군 유초(劉超)를 중서사인으로 삼고, 참군사 공유(孔愉)를 장겸중서랑(長兼中書郞)[21]으로 삼았다. 그 나머지 참군은 모두 봉거도위로 삼고, 연속(掾屬)들은 부마도위로 삼고, 행참군사인(行參軍舍人)을 기(騎)도위로 삼았다.

왕돈은 주목(州牧)의 직위를 사양하였는데, 왕도는 왕돈이 6주를 통솔하게 되어 있으므로 중외도독을 사양하였으며, 하순이 늙고 병들었다고 하여 중서령을 사양하니, 왕은 모두 이를 허락하였고, 하순을 태

---

17 청주·서주·연주 3주의 모든 군사적인 일을 감독하는 직책이다.

18 사마손은 초왕이었는데 죽은 후에 시호를 강왕이라 한 것이다.

19 사마의를 말한다.

20 안팎의 모든 군사에 관한 일을 총감독하는 직책이다.

21 장겸이란 장기간 겸직하는 상태를 말하는데, 이 장겸의 제도는 이때부터 시작되었다.

상으로 삼았다.

이때 사람들이 죽고 혼란한 시대의 뒤를 이었고, 강동(江東)에서 처음 창건하였는데, 조협은 중원시대의 조정에서 오래 관직을 하였으므로 옛날 일에 대하여 모두 알고 있었으며, 하순은 당시의 유가 가운데 으뜸이어서 예학을 밝히 익히고 있었으니, 무릇 의심나는 문제가 있으면 모두 가져다 결정하였다.

5　유곤(劉琨)과 단필제(段匹磾)는 서로 삽혈(歃血)[22]을 하고 동맹을 맺고서 진(晉)의 황실을 보좌하기로 하였다. 신축일(19일)에 유곤이 화족(華族)과 이족(夷族)들에게 격문을 보내 좌장사(左長史)·우사마를 겸한 온교(溫嶠)를 파견하고, 단필제는 좌장사 영소(榮卲)를 파견하여 표문과 맹약한 글을 받들고 건강(建康)[23]에 이르러 황제의 자리에 나아가도록 권고하였다.[24] 온교는 온선(溫羨)[25]의 조카이고, 온교의 이모는 유곤의 처였다.

유곤이 온교에게 말하였다.

22　소, 말, 돼지, 혹은 닭을 잡아 그 피를 접시에 따르고 맹약에 참여하는 사람이 이 피를 입에 대는 형식이다. 이는 춘추·전국시대 이래로 맹약하는 형식이다.

23　건강은 남경이지만 진왕이 된 사마예가 있는 곳이기 때문에 사마예를 가리킨다.

24　후한의 헌제가 위(魏)에 선양할 때 위 문제(조비)는 세 번 사양하였고, 위의 여러 신하들이 누차 표문을 올려서 하늘과 사람들이 바라는 것을 따르라고 청하였으니 이것이 권진(勸進)의 단초였다. 진(晉)이 위의 선양을 받을 때에도 하증이 역시 그리하였다. 이때 민제는 한에게 잡혀가서 주군이 없었으므로 유곤 등이 권진하여 그 정통을 얻은 것이다.

25　온선에 관한 일은《자치통감》권86에 혜제 영흥 2년(305년)조에 실려 있다.

"진(晉) 왕조가 비록 쇠약해졌다고 하여도 천명이 아직은 고쳐지지 않았으니, 나는 마땅히 하삭(河朔, 북중국)에서 공로를 세울 것이며, 경에게 강남에서 명예를 드날리게 하고자 한다. 가서 열심히 하여라."

왕은 선비(鮮卑)대도독 모용외(慕容廆)를 도독요좌(遼左, 요동)잡이(雜夷)유민제군사[26]·용상(龍驤)장군[27]·대선우·창여공(昌黎公)으로 삼았는데 모용외는 받지 않았다. 정로(征虜)장군 노창(魯昌)이 모용외에게 유세하였다.

"지금 양경(兩京)[28]이 함락되었고, 천자는 몽진(蒙塵)하였는데, 낭야왕이 강동에서 승제(承制)하여 사해가 그의 소속이 되었습니다. 밝으신 공께서 비록 한 지방에서 웅거하고 있으나, 여러 부(部)에서는 오히려 군사로 저항하면서 아직 항복하지 않고 있는 것은 관위(官位)가 왕명에 의한 것이 아니기 때문입니다. 의당 낭야왕에게 사자를 보내 대통을 잇도록 권고하고, 그런 다음에 조령을 받들어 죄 지은 사람을 토벌하면 누가 감히 좇지 않겠습니까?"

처사(處士)인 요동 사람 고후(高詡)가 말하였다.

"패왕(霸王)의 밑천은 의가 아니면 넘어가지 않습니다. 지금 진 황실이 비록 쇠미하였으나, 사람들의 마음은 아직은 그들에게 붙고 있으니, 의당 사자를 강동에 파견하여 존경하고 있다는 것을 보여주시고, 그런 다음에 대의를 내세우면서 여러 부(部)를 정벌한다면 할 말이 없을 것

---

26 요좌(遼左, 요동)의 잡이(雜夷)와 유민들의 모든 군사에 관한 일을 감독하는 직책이다.

27 驤의 음독은 보통 '양'이나 호삼성은 이 경우에 사(思)장(將)의 번(翻)이라고 하였으므로 '상'으로 읽는다.

28 낙양과 장안을 말한다.

을 걱정하지 않아도 됩니다."

　모용외가 이를 좇아서 장사 왕제(王濟)를 파견하여 배를 타고 건강
에 가게 하여 황제의 자리로 나아갈 것을 권고하였다.

6   한의 상국 유찬(劉粲)이 그의 무리인 왕평(王平)으로 하여금 태제 유예(劉乂)에게 말하게 하였다.

"바로 궁중의 조서를 받들었는데, 말하기를 경사(京師)[29]에 장차 변란이 있을 것이라고 말하였습니다. 의당 충갑(衷甲)[30]을 하고 비상상황에 대비해야 할 것입니다."

유예는 이 말을 믿고, 동궁에 있는 신하들에게 명령을 내려서 충갑을 하고 있으라고 하였다. 유찬이 말을 달려서 사람을 파견하여 근준(靳準)과 왕침(王沈)[31]에게 알렸다.

근준이 한의 주군 유총에게 말하였다.

"태제가 장차 난을 일으키려고 하여 이미 충갑을 하고 있습니다."

유총이 크게 놀라서 말하였다.

"어찌 이런 일이 있다는 말이오?"

---

29 한의 도읍이 평양이었으므로 평양을 말한다.

30 옷 속에 갑옷을 챙겨 입는 것을 말한다.

31 근준은 중호군이었고, 왕침은 중상시였다.

왕침 등이 모두 말하였다.

"신들은 이 말을 들은 지 오래 되었는데, 여러 차례 말씀드렸으나 폐하께서 믿지 않으셨습니다."

유총은 유찬에게 군사를 가지고 동궁을 포위하게 하였다.

유찬은 근준과 왕침에게 저족(氐族)과 강족(羌族)의 추장[32] 10여 명을 잡아서 이들을 끝까지 추궁하게 하였는데, 이들을 모두 높은 나무에 매달아놓고 달군 쇠붙이로 눈을 지졌더니 추장들이 스스로 유예와 더불어 모반하기로 하였다고 무고(誣告)하였다.

유총이 왕침 등에게 말하였다.

"내가 오늘 이후에 경들의 충성심을 알겠다. 마땅히 말하지 못할 것이 없음을 알도록 하고, 과거에 했던 말들을 채택하지 않았던 것을 한스러워하지 마라."

이에 동궁에 있던 관속들과 유예가 평소 친하고 두텁게 지내던 사람들과 근준·왕침 등이 평소 미워하고 원망하던 대신 수십 명을 주살하였으며, 사졸 1만 5천여 명[33]을 땅에 산 채로 묻어버렸다.

여름, 4월에 유예를 폐위하여 북부왕(北部王)[34]으로 삼았는데, 유찬은 얼마 후에 근준으로 하여금 그를 적살(賊殺)[35]하게 하였다. 유예는 모습과 정신이 수려하고 깨끗하였으며, 도량이 넓고 어질어서 풍도를

---

32 유예는 태제로서 대선우를 겸직하고 있어서 저족과 강족의 추장들은 모두 유예의 휘하였고, 이들은 유예에게 충성하고 있었다.

33 동궁 소속의 4익위의 군대를 말한다.

34 북부는 흉노후부로 신흥(新興)에 있었다.

35 살해한다는 뜻이다. 그러나 적(賊)이란 불법적으로 상해를 입히는 것을 말하는 것이므로 암살했다는 뜻으로 보아야 할 것이다.

갖고 있었으니, 그러므로 선비들은 마음속으로 대부분 그에게 귀부하였다.

유총은 그가 죽었다는 소식을 듣고 통곡하며 말하였다.

"나의 형제는 남은 사람이 두 사람에 그치는데, 서로 용납하지 못하였으니 어찌 천하 사람들에게 나의 마음을 알게 할 것인가?"

저족과 강족 가운데 배반하는 사람이 아주 많아서 근준이 행(行)거기대장군으로서 그들을 토벌하여 평정하였다.

7　5월 임오일(1일)에 일식에 있었다.

8　6월 병인일(15일)에 온교(溫嶠) 등이 건강에 이르렀는데, 왕도(王導)·주의(周顗)·유량(庾亮) 등은 모두 온교의 재주를 아껴서 다투어 그와 교제하였다. 이때 태위인 예주목 순조(荀組)·기주자사 소속(邵續)·청주자사 조억(曹嶷)·영주(寧州)자사 왕손(王遜)·동이(東夷)교위 최비(崔毖) 등이 모두 표문을 올려서 황제의 자리에 오르기를 권고하였지만 왕은 이를 허락하지 않았다.

9　처음에, 유민인 장평(張平)과 번아(樊雅)가 각기 무리 수천 명을 모아서 초(譙, 안휘성 박현)에서 오주(塢主)[36]가 되었다. 왕이 승상이었을 때 행(行)참군인 초국(譙國) 사람 환선(桓宣)을 파견하여 장평과 번아에게 가서 설득하게 하자 장평과 번아가 모두 항복을 받아달라고 청하였다. 예주(豫州)자사 조적(祖逖)이 나아가서 노주(蘆州, 안휘성 박현

36 작은 성보(城堡)의 지휘자를 말한다.

의 동쪽 渦水의 북쪽 강안)에 주둔하게 되자 참군 은예(殷乂)를 파견하여 장평과 번아에게 가게 하였다.

은예는 속으로 장평을 가볍게 생각하고, 그가 사는 집을 보고 말하였다.

"마구간으로 쓸 수 있겠군."

큰솥을 보자 말하였다.

"쇠그릇을 만들면 좋겠군."

장평이 말하였다.

"이것은 제왕의 솥37이어서 천하가 평정되면 바야흐로 이것을 사용할 것인데 어찌 이것을 훼손한단 말인가?"

은예가 말하였다.

"경은 아직은 머리도 보존할 수 없을 터인데 솥을 아긴단 말이오?"

장평이 크게 화를 내고 앉은자리에서 은예의 목을 베고 군사를 챙겨서 굳게 지켰다.

조적이 그를 공격하였으나 1년여가 지나도 함락시키지 못하여 마침내 그의 부장(部將) 사부(謝浮)를 유혹하여 그를 죽이게 하였다. 조적이 나아가서 태구(太丘, 하남성 영성현)를 점거하였다. 번아는 오히려 초성(譙城)을 점거하고 조적과 서로 대치하였다. 조적이 그를 공격하여도 이기지 못하자 남(南)중랑장 왕함(王含)에게 군사를 요청하였다.

환선(桓宣)은 당시 왕함의 참군이었는데, 왕함이 환선을 파견하여 병사 500명을 거느리고 조적을 돕게 하였다. 조적이 환선에게 말하였다.

---

37 이는 확(鑊)이라고 하는 것인데, 발이 없는 솥을 말하며, 발이 셋 혹은 넷이 달린 솥은 정(鼎)이라고 한다.

"경의 신의(信義)는 이미 저들에게도 드러나 있는데, 지금 다시 나를 위하여 번아에게 유세하여주시오."

환선이 마침내 단기(單騎)로 수행원 두 사람을 따르게 하고 번아에게 가서 말하였다.

"조 예주(祖 豫州)[38]는 바야흐로 유총과 석륵을 평정하여 없애려고 하는데, 경이 원조해 주기를 기대하고 있으며, 전에 은예가 경박하게 행동하였지만 예주자사의 뜻이 아니었소."

번아가 즉시 조적에게 가서 항복하였다.

조적이 이미 초성에 들어가고 나자 석륵은 석호를 파견하여 초성을 포위하고, 왕함은 다시 환선을 파견하여 이를 구원하니 석호가 포위를 풀고 갔다. 조적이 표문을 올려서 환선를 초국내사로 삼아달라고 하였다.

기사일(18일)에 진왕이 격문을 천하에 전하여 말하였다.

"석호가 감히 개나 양 같은 놈들을 인솔하고 황하를 건너서 제멋대로 해독을 끼치고 있어서 이제 낭야왕 사마부(司馬裒) 등 아홉 개의 군대를 파견하니, 정예의 병졸 3만 명은 육지와 바다의 네 개의 길로 가되, 지름길로 도적들이 있는 곳으로 가는데 조적의 통제를 받도록 하라."

얼마 후에 곧 다시 사마부를 건강으로 불러 돌아오게 하였다.

10 가을, 7월에 큰 가뭄이 들었는데, 사(司)·기(冀)·병(幷)·청(靑)·옹주(雍州)에 황충이 크게 번졌고, 하(河, 황하)와 분(汾, 분수)의 물이 넘쳐서 1천여 호(戶)가 떠내려갔다.[39]

---

38 조적이 예주자사였으므로 조 예주라고 부른 것이다.

11 한의 주군 유총이 진왕(晉王) 유찬(劉粲)을 황태자로 삼고, 영상국(領相國)·대선우로 삼았는데, 조정의 정사를 총괄하는 것은 옛날과 같게 하였다. 크게 사면하였다.

12 단필제(單匹磾)가 유곤을 추천하여 대도독으로 삼았는데, 그의 형인 요서공(遼西公) 단질육권(單疾陸眷)과 숙부 단섭복진(段涉復辰), 동생 단말배(段末柸) 등에게 격문을 보내서 고안(固安, 하북성 역현)에서 만나 함께 석륵을 토벌하게 하였다.

단말배가 단질육권과 단섭복진에게 유세하였다.

"아버지나 형이 아들이나 동생의 명령을 좇는다는 것은 수치이며, 또 다행히 공로를 세운다고 하여도 단필제가 혼자서 가진다면 우리들은 무엇을 갖는단 말입니까?"[40]

각기 군사를 이끌고 돌아갔다. 유곤과 단필제는 단독으로 머물러 있을 수 없어서 역시 계(薊, 북경시 서남쪽)로 돌아갔다.

13 순조(荀組)를 사도로 삼았다.

14 8월에 한의 조고(趙固)[41]가 위(衛)장군 화회(華薈)를 임영(臨潁, 하남성 임영현)에서 습격하여 죽였다.

---

39 이 지역은 모두 한(漢)과의 경계 지역이다.

40 단필제는 유주자사였으므로 그의 숙부와 형이 조카와 동생이 되는 단필제의 명령을 받게 되었으므로 이러한 말을 하였다.

41 한의 하남태수이다.

애초에, 조고는 장사(長史) 주진(周振)과 틈이 생겼는데, 주진이 비밀리에 한의 주군 유총에게 조고를 참소하였다. 이구(李矩)가 유창(劉暢)을 격파하면서[42] 장중(帳中)에서 유총의 조서를 찾아냈는데, 유창에게 '이구를 이기고 나서 돌아가다가 낙양에 들러 조고를 잡아서 그의 목을 베고, 주진으로 조고를 대신하게 하라'고 되어 있었다.

이구가 조고에게 보내서 보여주니 조고는 주진의 부자(父子)의 목을 베고 기병 1천 명을 인솔하고 와서 항복하니, 이구는 다시 조고에게 낙양을 지키게 하였다.[43]

15 정반(鄭攀) 등이 서로 왕이(王廙)에게 항거하니 무리들의 마음이 한 가지가 되지 못하고 흩어져서 횡상구(橫桑口, 호북성 한천현의 서쪽)로 돌아가서 두증(杜曾)에게 들어가고자 하였다. 왕돈(王敦)[44]이 무창(武昌, 호북성 악성현)태수 조유(趙誘)·양양(襄陽, 호북성 양번시)태수 주궤(朱軌)를 파견하여 이를 치게 하니, 정반 등이 두려워하여 항복을 받아달라고 청하였다. 두증도 역시 양양에서 제오의(第五猗)를 쳐서 스스로의 죄를 용서받게 해달라고 청하였다.

왕이가 장차 형주에 부임하려고 하면서 장사 유준(劉浚)을 남겨두어

---

42 회제 영가 6년(312년)의 사건이다. 유총이 사촌동생 유창(劉暢)에게 보병과 기병 3만 명을 거느리고 이구(李矩)가 태수로 있는 형양(滎陽)을 공격하였던 일이 있다.

43 이구는 진(晉)의 형양태수인데, 한(漢)의 내부적인 갈등을 이용하여 한의 하남태수인 조고에게 진에 귀부하게 만든 사건이다.

44 정반(鄭攀)은 진나라 형주지역에 있던 장수이고 왕이(王廙)는 신임 형주자사였는데, 민제 건흥 3년(315년)에 있었던 일이고, 두증(杜曾)은 반란세력의 수령이며 왕돈은 대장군이다.

양구(揚口, 호북성 잠강현)에 있는 보루를 진수하게 하였다. 경릉(竟陵, 호북성 종상현)내사 주사(朱伺)가 왕이에게 말하였다.

"두증은 교활한 도적이어서 밖으로는 굴복하는 것처럼 보이고, 관군을 유인하여 서쪽으로 가게하고 그런 다음에 밤낮으로 길을 달려 양구를 습격하려고 할 뿐입니다. 의당 대부분의 군사는 아직 서쪽으로 갈 수는 없습니다."

왕이의 성격은 스스로 자랑하며 고집을 부리면서 주사가 늙어서 겁먹은 것이라고 하며 드디어 서쪽으로 갔다.

두증이 과연 군사를 돌려서 양구로 달려가니 왕이는 주사를 파견하여 돌아가게 하였고 곧바로 보루로 갔지만 바로 두증에게 포위되었다. 유준이 스스로 북문을 지키면서 주사에게 남문을 지키게 하였다. 마준(馬雋)[45]이 두증을 좇아서 보루를 공격하였는데, 마준의 처자가 먼저 보루 안에 있었으므로 어떤 사람이 그들의 얼굴 껍질을 벗겨서 보여주고자 하였다.

주사가 말하였다.

"그의 처자를 죽인다면 포위를 풀 수 없을 것이고, 다만 그의 화만 더 나게 할 뿐이오."

마침내 중지하였다. 두증이 북문을 공격하여 함락시키자, 주사는 상처를 입고 물러나 배로 들어가서 배의 밑바닥을 뚫고 나와 물속으로 50보를 가서야 마침내 죽음을 면할 수가 있었다.

두증이 사람을 파견하여 주사에게 유세하였다.

"마준은 경에게 은덕을 입어서 그의 처자를 온전하게 하였다고 생각

---

45 마준이 정반과 함께 진나라를 배반하였다.

하고, 지금 경의 집 안팎의 사람 100명을 마준에게 보냈고, 마준이 이미 마음을 다하여 거두어 보살피고 있으니 경은 올 수 있을 것이오."

주사가 회보하였다.

"내 나이 60여 살인데 다시는 경과 더불어 도적놈이 될 수가 없으니, 나는 죽더라도 역시 남쪽으로 돌아갈 것이고, 처자는 너에게 맡기니 그들을 처리하시오."

마침내 증산(甑山, 호북성 한천현의 동남쪽)에 있는 왕이에게 갔다가 상처가 병이 되어 죽었다.

무인일[46]에 조유(趙誘), 주궤(朱軌) 그리고 능강(陵江)장군 황준(黃峻)이 여관호(女觀湖, 호북성 강릉현 동북쪽, 지금은 물에 잠김)에서 두증과 싸웠는데, 조유 등이 모두 패배하여 죽었다. 두증이 이긴 기세를 타고서 지름길로 면구(沔口, 호북성 무한시 한구)로 가니, 그 위엄이 장강과 면수(沔水) 일대를 떨게 하였다.

왕[47]이 예장(豫章, 강서성 남창시)태수 주방(周訪)에게 그를 공격하게 하였다. 주방이 무리 8천 명을 거느리고 나아가서 돈양(沌陽, 호북성 강릉현 동북쪽)에 이르렀다. 두증의 날카로운 기세는 대단히 왕성하여 주방이 장군 이항(李恒)에게 좌견(左甄)을 감독하게 하고, 허조(許朝)에

---

46 통감필법으로 볼 때 무인일은 8월 무인일로 보아야 한다. 그러나 8월 1일이 경진일이므로 8월에는 무인일이 없다. 그런데, 다음 기사는 10월 기사이고 9월 기사는 없으므로 혹 무인 앞에 '9월'이라는 두 글자가 누락된 것으로 본다면 이날은 9월 28일이다.

47 이 시기에 왕이라고 할 때는 진왕 사마예를 말한다. 사마예는 아직 황제의 자리에 오르지 않았지만 진기(晉紀)이기 때문에 진의 왕 즉 사마예를 말하는 것이다.

게 우견(右甄)[48]을 감독하게 하였으며, 주방 자신은 중군(中軍)을 거느렸다.

두증이 먼저 좌견과 우견을 공격하니, 주방이 진지 뒤에서 들꿩을 쏘아서 무리들의 마음을 안심시켰다. 그리고 그 무리들에게 명령하였다.

"한 견(甄)이 패하면 북을 세 번 울리고, 두 견이 패하면 북을 여섯 번 울려라."

조유의 아들 조윤(趙胤)이 아버지의 남은 병력을 거느리고 좌견에 소속되어 있었는데, 힘껏 싸우다 패하였으나 다시 집합시켜 놓고, 말을 달려서 상황을 주방에게 알렸다.

주방은 화가 나서 질책하며 다시 나아가도록 명령하였고 조윤이 큰 소리로 울면서 돌아가서 싸웠다. 아침부터 시작하여 신시(申時, 오후 4시)에 이르니, 양쪽 견이 모두 패배하였다. 주방은 정예의 병사 800명을 선발하여 스스로 그들에게 술을 따라주어 마시게 하고, 멋대로 행동할 수 없다고 칙령을 내려서 북소리를 듣고 나서야 앞으로 나아가게 하였다. 두증의 군사가 있는 곳에서 30걸음 안 된 지점에 이르자 주방은 친히 북을 두드렸고, 장사(將士)들이 모두 뛰어서 달려가니 두증이 드디어 크게 붕괴되었고, 1천여 명을 죽였다.

주방이 밤에 그들을 쫓으니, 제장들이 다음날까지 기다리자고 청하였지만 주방이 말하였다.

"두증은 날쌔고 용감하며 싸움을 잘 하지만, 방금 저들은 피로해 있

---

48 견(甄)은 진(陣)과 같은 뜻이다. 전진(戰陣)에는 좌거(左拒)와 우거(右拒)가 있는데 거(拒)란 방진(方陣)을 말하는 것이고, 견(甄)에는 좌·우익(左·右翼)이 있다. 그 외에도 몇 가지의 다른 설(說)이 있다.

고 우리는 편안하게 있었으므로 그들을 이긴 것이니, 의당 그들이 쇠약
해진 틈을 탄다면 멸망시킬 수 있다."

마침내 북을 울리고 나아가서 드디어 한수(漢水)와 면수(沔水)를 평
정하였다. 두증은 달아나서 무당(武當, 호북성 균현의 북쪽)을 지키고 있
었다. 왕이는 비로소 형주에 도착할 수 있었다. 주방은 세운 공로로 양
주(梁州)자사로 승진되어 양양(襄陽, 호북성 양번시)에 주둔하였다.

16 겨울, 10월 정미일(29일)에 낭야왕 사마부(司馬裒)가 죽었다.

17 11월 초하루, 기유일에 일식이 있었다.

18 정묘일(19일)에 유곤을 시중·태위로 삼았다.

19 정남(征南)장군부의 군사(軍司) 대막(戴邈)이 상소문을 올렸다.
"상란(喪亂)하게 된 이후로 상서(庠序)⁴⁹가 허물어지거나 없어졌습니다. 논의하는 자들 가운데 어떤 사람은 평화의 시대에는 문(文)을 숭상하고, 혼란을 만났을 때는 무(武)를 숭상하는 것이라고 말하는데, 이말은 그럴듯하나 실제로는 그렇지 않습니다.
무릇 유가의 도리는 심오하여 창졸간에 완성할 수는 없으며, 천하가태평하게 되고 그 다음에 이를 닦으려 하면 없어지고 훼손되고 나서이미 오래 되고 맙니다. 또 귀한 집안의 아들들이라 하여 반드시 적장

---

49 상란이란 사람이 죽고 혼란하게 된 것을 말하며, 상서는 학교를 말한다.

의 목을 베고, 깃발을 빼앗는 재주를 가지고 있어서 종군하여 정벌하고 지키는 일을 해야 하는 것은 아니고, 나이가 꽉 차게 되어서 그들에게 도의를 강론하고 익히게 되지 못한다면 정말로 애석한 일입니다.

세상의 도리는 오래 되어 상실하고, 예의 있는 풍속이 날로 피폐하는 것은 마치 불이 기름을 소비시키는 것과 같아서 깨닫지를 못합니다. 지금 왕실의 대업이 처음으로 세워져서 모든 것이 시작되고 있으니 의당 도리를 돈독하게 하고, 유가를 숭상하여 풍속을 교화하는데 힘써야 한다고 생각합니다."

왕은 이를 좇아서 처음으로 태학을 세웠다.

20 한의 주군 유총(劉聰)이 나아가서 사냥을 하였는데, 민제(愍帝)가 행(行)거기장군[50]이 되어 군복을 입고 창을 잡고 앞에 서서 길을 인도하였다. 이것을 본 사람들이 그를 손가락질 하면서 말하였다.

"이 사람이 옛날 장안에 있던 천자다."

모여서 그를 보니 옛날부터 있던 노인들 가운데는 눈물을 흘리는 이가 있었다.

태자 유찬이 유총에게 말하였다.

"옛날에 주 무왕이라 하여 어찌 즐겁게 주(紂)[51]를 죽였겠습니까? 바로 똑같이 악한 무리들이 서로 찾아보고 걱정거리를 만들게 될 것을 두려워한 까닭입니다. 지금 군사를 일으키고, 무리를 모으는 사람들은 모

---

50 행직은 임시 혹은 대리직을 말한다. 유총은 민제를 사냥터로 끌고 가려고 임시로 거기장군의 옷을 입혀서 데리고 나간 것이다.

51 은나라의 맨 마지막 임금이다.

두 자업(子業)[52]을 명목으로 내세우니, 일찍 그를 제거함만 못합니다."

유총이 말하였다.

"내가 전에 유민(庾珉)의 무리들을 죽였지만,[53] 백성들의 마음이 이와 같은데, 나는 차마 다시금 죽이지를 못하겠으니, 조금 더 그를 두고 보자."

12월에 유총이 광극전(光極殿)에서 신하들에게 향연을 베풀었는데, 민제에게 술을 돌리고 잔을 씻게 하였고, 이를 마치자 갱의(更衣)하였는데, 또 그에게 그 뚜껑을 잡고 있게 하였다.[54] 진의 신하였던 사람들은 대부분 눈물을 흘렸고, 소리를 내지 못하는 사람이 있었다. 상서랑인 농서(隴西, 감숙성 임조현) 사람 신빈(辛賓)이 일어나서 민제를 붙들고 큰 소리로 곡을 하니 유총이 그를 끌어내서 목을 베라고 명령하였다.

조고(趙固)[55]와 하내태수 곽묵(郭默)이 한의 하동(河東, 산서성 하현)을 침략하여 강현(絳縣, 산서성 곡옥현)에 이르렀는데, 우사예(右司隸)[56]에 소속된 백성들 가운데 그에게로 도망한 사람이 3만여 명이었다. 기병(騎兵)장군 유훈(劉勳)이 그들을 쫓아가서 1만여 명을 죽였더

---

52 한으로 잡혀온 진나라 황제였던 사마업의 자이다.

53 유민을 죽인 사건은 건흥 원년(313년)이고《자치통감》권88에 실려 있다.

54 갱의는 옷을 갈아입는 것이지만, 옛날 사람들은 화장실에 갈 때 옷을 갈아입었으므로 갱의는 화장실에 가는 것을 말한다. 여기서는 황제인 유총이 포로로 잡혀온 진나라의 옛 황제인 사마업에게 화장실 변기 뚜껑을 들고 있게 한 것을 말한다.

55 진나라의 하남태수이다.

56 한의 경기지역 우측 책임자이다.

니 조고와 곽묵이 군사를 이끌고 돌아갔다.

태자 유찬이 장군 유아생(劉雅生) 등의 보병과 기병 10만여 명을 인솔하고 소평진(小平津, 하남성 낙양시 북쪽)에 주둔하였더니, 조고가 겉으로 말하였다.

"마땅히 유찬을 산 채로 포박하여서 천자를 대속(代贖)해야겠다."

유찬이 유총에게 표문을 올렸다.

"자업[57]이 만약에 죽는다면 백성들이 바랄 것이 없어질 것이니 이구(李矩)와 조고(趙固)에게 이용되지 않을 것이고, 그렇게 되면 공격하지 않아도 스스로 멸망할 것입니다."

무술일(20일)에 민제가 평양(平陽, 한의 도읍지, 산서성 임분현)에서 해침을 당했다.[58] 유찬이 유아생을 파견하여 낙양을 공격하니, 조고가 양성산(陽城山, 하남성 등봉현 동쪽에 있는 차령)으로 달아났다.

21 이 해에 왕이 농업에 대하여 힘쓰도록 독려하라고 명령하여 2천석 녹봉을 받는 관리와 장리(長吏)들은 들여오는 곡식의 많고 적음을 가지고 전최(殿最)[59]의 기준을 삼았다. 여러 군사들이 각기 스스로 농사를 지어서 바로 보급하게 하였다.

22 저왕(氐王) 양무수(楊茂搜)가 죽자 장자 양난적(楊難敵)이 섰지만 어린 아들[60] 양견두(楊堅頭)와 부곡을 나누어서 관장하였는데, 양난적

---

57 진의 황제 민제를 가리키는 말로 한에 잡혀간 사마업의 자이다.

58 이때 민제의 나이는 18세였다.

59 관리의 치적을 평가하는데, 상을 최라고 하고, 하를 전이라고 하였다.

은 좌현왕이라고 불렸으며 하변(下辨, 감숙성 성현의 서쪽)에 주둔하였
고, 양견두는 우현왕이라고 호칭하였는데, 하지(河池, 감숙성 휘현)에 주
둔하였다.

23   하남왕[61] 모용토욕혼(慕容吐谷渾)[62]이 죽었다. 모용토욕혼이라
는 사람은 모용외(慕容廆)의 서형(庶兄)인데 아버지 모용섭귀(慕容涉
歸)가 1천700호를 나누어 그에게 예속시켰었다. 모용외가 뒤를 잇게
되자, 두 부락의 말들이 싸움을 벌였고, 모용외가 사자를 파견하여 모
용토욕혼을 꾸짖으며 말하였다.

"먼저 돌아가신 분[63]께서 목초지(牧草地)를 나누어 구별해 세워주
셨는데, 어찌하여 서로 멀리 다른 곳으로 가지 않다가 말들로 하여금
싸우다 다치게 하였는가?"

모용토욕혼이 화가 나서 말하였다.

"말은 6축[64]이어서 싸우는 것은 늘 있는 일인데, 어찌하여 화가 사
람에게까지 미친단 말이오. 멀리 떨어져 가게 하려고 한다면 아주 쉬운
일이지만 뒤에 가서 만나 보는 것이 어려울 뿐이오. 지금 마땅히 너를
떠나서 만 리 밖으로 가겠다."

---

60 양무수의 둘째 아들이라는 의미이다. 양무수가 다스리던 지역을 그의 두 아
   들이 좌우로 나누어 통치하게 한 것이다.
61 청해호 부근에 살던 선비족의 추장을 하남왕이라고 불렀다.
62 谷을 역사가들은 욕으로 읽어 왔다. 그러므로 관습대로 욕으로 한다. 후손들
   은 그의 이름을 따서 왕조를 세웠다.
63 모용외와 모용토욕혼의 아버지인 모용섭귀를 말한다.
64 말·소·양·개·돼지·닭을 말한다.

드디어 그의 무리를 인솔하고 서쪽으로 이사하였다.

모용외가 이를 후회하고, 그의 장사 을나루풍(乙郍婁馮)[65]을 파견하여 쫓아가서 그에게 사과하였다. 모용토욕혼이 말하였다.

"먼저 돌아가신 분께서 일찍이 복서(卜筮)의 말을 가지고 말씀하시기를 '내 두 아들은 모두 강성하여져서 복이 후세에까지 흘러갈 것이다.'고 하셨다. 나는 서자이니, 이치로 보아서 나란히 커질 수는 없다. 지금 말로 인하여 이별하게 된 것이 거의 하늘의 뜻일 것이다."

드디어 다시 돌아오지 않고 서쪽으로 가서 음산(陰山)에 붙어서 살았다.

영가(永嘉)의 난[66]을 만나자 농산(隴山)을 지나서 서쪽으로 가서 조수(洮水)의 서쪽에 근거를 두었고, 백난(白蘭, 청해성 서남쪽)까지 갔는데 땅이 사방으로 수천 리였다. 선비족들은 형을 '아간(阿干)'이라고 하였는데, 모용외가 그를 추념하여 그를 위하여 '아간의 노래'를 지었다. 모용토욕혼은 아들 60명을 두었으며, 장자 모용토연(慕容吐延)이 뒤를 이었다. 모용토연은 자라서 용기와 힘을 갖고 있어서 강족(羌族)과 호족(胡族)들이 모두 그를 두려워하였다.

원제 태흥 원년(戊寅, 318년)[67]

---

65 을나루가 성이고 풍이 이름이다.

66 진 회제의 연호이다.

67 동진 건무 2년(태흥 원년), 성(전촉) 무제 옥형 8년, 한(전조) 소무제 인가 3년, 유찬 한창 원년, 유요 광초 원년이다.

1   봄, 정월에 요서공(遼西公) 단질육권(段疾陸眷)이 죽었는데, 그의 아들이 어려서 숙부 단섭복진(段涉復辰)이 자립(自立)하였다. 단필제(段匹磾)가 계(薊, 북경시 서남쪽)에서 달려가 분상(奔喪)[68]하였으나, 단말배(段末杯)[69]가 선언하였다.

"단필제가 오는 것은 찬위(篡位)하려는 것이다."

단필제가 우(右)북평에 이르렀는데 단섭복진이 군사를 발동하여 그를 막았다.

단말배가 빈틈을 타고 단섭복진을 습격하여 죽이고 그의 자제들과 무리도 아울러 죽이고 스스로 선우(單于)라고 하였다. 단필제를 맞아 싸워 패배시키니, 단필제가 달아나서 계(薊)로 돌아왔다.

2   3월 계축일(7일)에 민제가 흉사를 당했다는 소식이 건강(建康, 남경, 진왕 사마예가 있는 곳)에 이르니 왕이 참최(斬縗)[70]를 입고 여막에 살았다.

백관들이 존호[71]를 쓰는 자리에 오르라고 청하였지만, 왕이 허락하지 않았다. 기첨(紀瞻)[72]이 말하였다.

---

68 부모가 죽으면 다른 일을 제쳐놓고 장례를 치르러 달려가는 것을 말한다.

69 단말배는 다른 기록에 단말파(段末波)로 되어 있다. 단질육권과 단필제의 사촌동생이므로, 단섭복진의 당질이기도 하다. 단필제는 그의 형 단질육권이 죽자 분상한 것이고, 그의 숙부인 단섭복진은 단질육권이 죽자 다질육권의 아들이 어린 것을 기화로 다닐육권의 숙부로서 자립한 것이다.

70 상복 가운데 가장 심하게 애도하는 가까운 사람이 입는 것이다.

71 높은 칭호라는 말로 이 경우에는 사마예가 현재 진왕의 자리에 있으므로 그보다 높은 자리인 황제를 말한다.

"진(晉) 황실의 대통이 끊어진 지가 오늘까지 2년이 됩니다. 폐하께서 당연히 대업을 이으셔야 하며, 종실에 속한 사람들을 돌아보아도 누구에게 다시 양보하겠습니까? 만약에 대위(大位)를 빛나게 밟으신다면 신과 백성들이 의지할 곳을 갖게 되는 것이고, 만약에 하늘이 내려준 때를 어기고, 사람들이 하려는 일을 어겨서 대세가 한 번 지나가 버리면 다시 돌아올 수 없습니다.

지금 두 개의 도읍지[73]는 불타서 없어지고 종묘에는 신주를 모시지 못하고 있는데,[74] 유총이 서북쪽에서 황제의 칭호를 훔쳐서 가지고 있으니, 폐하께서는 바야흐로 동남지역에서 고고하게 양보하며 계시는데, 이것이 이른바 읍양(揖讓)하며 불난 것을 잡는다고 하는 것입니다."

왕은 그래도 오히려 허락하지 않고 전중(殿中)장군 한적(韓績)에게 어좌(御座)를 철거하게 하였다.

기첨이 한적을 나무라며 말하였다.

"황제의 자리는 위로 하늘의 별자리에 대응하여 만든 것이니, 감히 이를 움직이는 사람은 목을 베겠다."

왕이 이 때문에 낯빛을 고쳤다.

봉조청(奉朝請)의 주숭(周嵩)[75]이 상소문을 올렸다.

"옛날에 제왕 된 사람은 의로움을 온전히 한 다음에 자리를 차지하

---

72 승상부의 군사좨주이다.

73 장안과 낙양을 말한다.

74 진나라 황실의 제사를 지내지 못하고 있다는 뜻이다.

75 봉조청이란 조회에 참석할 수 있는 지위를 부여하는 것인데, 주숭은 진왕이 승상이었을 때 참군이었다가 왕이 되자 봉조청으로 삼았다.

였고, 양보하는 절차를 다 밟은 다음에 제왕의 자리를 얻었으니, 이리하여서 오랜 세월 동안 황실을 향유하였고, 거듭 빛나는 일이 만년까지 갔습니다. 지금 재궁(梓宮)⁷⁶은 아직 돌아오지 못하였고, 옛날 도읍지는 깨끗하게 정리되지 못하였으며, 의로운 지아비는 피눈물을 뿌리며 남자나 여자나 당황하고 있습니다.

의당 훌륭한 꾀를 널리 구하고 군사를 훈련하고 무기를 벼려 먼저 사직의 큰 수치를 깨끗이 씻어서 사해에 사는 사람들의 마음에 부응한다면 신기(神器)⁷⁷야 장차 어디로 가겠습니까?"

이로 말미암아서 왕의 뜻을 어겼으므로 내보내 신안(新安, 절강성 순안현)태수로 삼았다. 또 다시 원망(怨望)⁷⁸했다는 죄에 걸렸는데, 주숭은 주의(周顗)의 동생이다.

병진일(10일)에 왕이 황제의 자리에 나아갔고 백관들이 모두 배석하여 늘어섰다. 황제가 왕도(王導)⁷⁹에게 명령하여 어상(御床)으로 올라와서 함께 앉자고 하니 왕도가 굳게 사양하여 말하였다.

"만약에 태양이 내려와서 만물과 같이 하게 된다면 창생(蒼生)들은 어디를 바라보고 햇볕을 쬐겠습니까?"

황제⁸⁰가 마침내 그만두었다.

---

76 재궁이란 제왕의 영구를 말한다. 재는 재(梓)나무를 말하는데, 재나무로 관을 짰으며, 궁은 제왕이 머무는 곳을 말하므로 결국 재나무로 짠 관에 제왕이 있다는 의미가 되는 것이다. 여기서는 한의 유총에게 잡혀가서 죽은 회제와 민제의 시신을 말한다.

77 황제의 보좌를 말한다.

78 현실에 대하여 원망하고, 새로운 변화가 있기를 바랐다는 뜻이다.

79 중서감이었다.

크게 사면하고, 기원을 고치고 문무관원들의 지위를 두 등급씩 올렸다. 황제는 여러 관리들 가운데 자(刺)[81]를 보내며 자리에 나아가라고 권고한 사람은 지위를 한 등급을 올려주고, 백성들 가운데 자(刺)를 보낸 사람은 모두 관리로 임용하였는데, 그 수가 무릇 20여만 명이었다.

산기상시 웅원(熊遠)이 말하였다.

"폐하께서는 하늘의 뜻에 호응하시어 대통을 이으셨으며, 이 땅의 모든 사람들이 추대하였는데, 어찌하여 가까운 곳에 있는 사람들에 대한 정리는 두텁고, 먼 곳에 있는 사람들에 대한 정리는 가볍단 말입니까? 한(漢)나라 때의 법[82]에 의거하여 천하 사람들에게 작위를 내려주셔서 은덕을 모든 이에게 두루 주시는 것만 못합니다. 또한 검사하고 조사하는 번거로움[83]을 그만두게 하여 재주를 피우고 거짓말하는 실마리를 막았으면 좋겠습니다."

황제는 좇지 않았다.

경오일(24일)에 왕태자 사마소(司馬紹)를 황태자로 삼았다. 태자는 어질고 효성스러우며 문학을 좋아하고 무예를 잘하였으며, 똑똑한 사람을 좋아하고 선비에게 예의 있게 대했고, 제재하고 간언하는 말을 용납해 받아들이고, 유량(庾亮)·온교(溫嶠) 등 벼슬 없는 사람들과 사귀

---

80 사마예는 진왕에서 진 황제에 올랐으므로 여기에서부터 바로 황제라는 칭호를 썼다.

81 이름을 쓴 종이쪽지를 말하며, 오늘날의 명함과 비슷하다.

82 한의 혜제는 즉위하자 민작(民爵)을 1등급씩 올려주고, 관직이 있는 사람은 근무 연한에 따라 차이를 두었다. 그 후에 여러 황제들은 즉위하면 일률적으로 민작을 1등급씩 올려주었다.

83 상을 줄 대상을 조사하는 것을 말한다.

었다.

유량은 풍격이 엄정하고 가지런하였으며 《노자》·《장자》를 잘 말하여 황제가 그를 중요한 그릇으로 생각하니, 유량의 여동생을 맞아서 태자비로 삼았다. 황제는 하순(賀循)을 행(行)태자태부로 삼고, 주의(周顗)를 소부로 삼고, 유량은 중서랑으로 동궁에서 황태자를 모시고 강론하게 하였다.

황제는 형명가(刑名家)를 좋아하여 《한비자》 책을 태자에게 하사하였다. 유량이 간하였다.

"신불해와 한비자는 각박하여 교화하는 일을 해쳤으니 성스러운 마음으로 유념하기에는 모자라는 책입니다."

태자가 이를 받아들였다.

3   황제는 다시 사자를 파견하여 모용외에게 용상(龍驤)장군·대선
우·창여공(昌黎公, 창여는 요녕성 의현)을 주었는데, 모용외는 공작(公
爵)을 받지 않았다.[84] 모용외가 유수(游邃)를 용상장군부의 장사로 삼
고, 유상(劉翔)을 주부(主簿)로 삼았는데, 유수에게 명령하여 장군부의
의례와 법도를 만들어 확정하게 하였다.

배억(裵嶷)[85]이 모용외에게 말하였다.

"진의 황실이 쇠퇴하고 미약해져서 단지 강표(江表, 장강 일대)에 머
물러 있고, 위엄과 덕망이 먼 곳까지 미치지 못하고 있으며, 중원의 혼
란은 밝으신 공이 아니면 구원하지 못합니다. 지금 여러 부족들은 비록
각기 군사를 가지고 있지만 그러나 모두 탐욕스럽고 어리석은 사람들
이 모인 것이니 의당 점차 합병하여 빼앗아 서방을 토벌[86]하는 자본으

---

84 호삼성은 모용외가 창여공이라는 공작을 받지 않은 것은 겉으로는 겸양하는
   것이었지만 속으로는 창여 정도로 적은 것을 준 것에 불만을 가진 것이라고
   하였다.

85 배억이 모용외에게 온 것은 민제 건흥 원년(313년)의 일이다.

86 요동에서 군사를 진격시켜서 서쪽인 중원지역으로 들어가는 것을 말한다.

로 삼아야 합니다."

모용외가 말하였다.

"그대가 말하는 것은 크지만 고(孤)가 그렇게 하기에는 힘이 미치지 못하오. 그러나 그대는 중원지방에 있던 조정에서 이름과 덕을 가지고 있으니, 고가 편벽되고 수준 낮다고 하지 말고 가르쳐주는데, 이는 하늘이 그대를 고에게 내려주어 우리나라를 돕게 한 것이오."

마침내 배억을 장사로 삼고, 군사와 국가에 관하여 모의하는 것을 그에게 위임하니 여러 부족들 가운데 약하고 작은 것들은 점차 쳐서 **빼앗았다.**

4 　이구(李矩)는 곽묵(郭默)과 곽송(郭誦)으로 하여금 조고(趙固)[87]를 구원하게 하자 낙예(洛汭, 하남성 공현의 동북쪽)에 주둔하였다. 곽송이 몰래 그의 장수 경치(耿稚) 등을 파견하여 밤중에 황하를 건너 한의 진영을 습격하게 하니, 한의 구구왕(丘具王)인 유익광(劉益光)이 이를 정탐하여 알고서 태자 유찬에게 알려서 이를 대비하도록 청하였다.

유찬이 말하였다.

"저들이 조고가 실패하였다는 소식을 들었으니 스스로 보위하는데도 겨를이 없을 것인데, 어찌 감히 이곳까지 올 수 있단 말이오! 장군이나 사병들을 놀라게 하여 움직이지 말게 하시오."

잠시 뒤에 경치 등이 엄습하며 도착하였는데, 10군데의 길로 진격하여 공격하였다. 유찬의 무리들이 놀라서 붕괴되었는데, 죽거나 다친 사

---

87 이구는 형양태수이고, 곽묵은 하내태수, 그리고 곽송은 양무장군이며, 조고는 하남태수이다. 지난해에 조고는 양성산으로 물러나 있었다.

람이 반을 넘었고, 유찬은 달아나서 양향(陽鄕, 하남성 제원현)을 보위(保衛)하였다.

경치 등이 그들의 군영을 점거하고 무기와 군사물자를 획득한 것이 그 수를 헤아릴 수가 없었다. 아침이 되자 유찬이 경치 등의 군사가 적은 것을 보고, 다시 유아생(劉雅生)과 더불어 나머지 무리를 거두어서 이를 공격하였는데, 한의 주군 유총이 태위 범융(范隆)에게 기병을 인솔하고 가서 그를 돕게 하였지만, 경치 등과 서로 대치하며 힘들여 싸우기를 20여 일이나 되어도 떨어뜨릴 수 없었다.

이구가 군사를 내보내 그를 구원하니 한의 군사들이 황하에 이르러서 막으며 지키고 있어서 이구의 군사들이 황하를 건널 수가 없었다. 경치 등이 그가 노획한 소와 말을 죽이고, 그들의 군사물자를 불태우고 포위망을 돌격해 뚫고 나와서 호뢰관(虎牢關, 하남성 氾水縣 서쪽)으로 달아났다. 조서를 내려서 이구를 도독하남삼군제군사(都督河南三郡諸軍事)[88]로 삼았다.

5   한의 종사칙백당(螽斯則百堂)[89]에 화재가 일어나서 한의 주군 유총의 아들인 회계왕(會稽王) 유강(劉康) 등 21명이 불에 타 죽었다.

6   유총은 그의 아들인 제남왕(濟南王) 유기(劉驥)를 대장군·도독중외제군사(都督中外諸軍事)[90]·녹상서로 삼고, 제왕(齊王) 유매(劉勱)를

---

88 이는 하남(河南)지역 세 군(郡)의 군사에 관한 일을 감독하는 직책이며, 여기서 세군이란 하남군·형양군·홍농군이다.

89 종사란 메뚜기의 일종인데 자손이 많은 것이 특징이다. 유총이 여기에서 이름을 따서 자기 자손들이 거처하는 집을 만든 것 같다.

대사도로 삼았다.

7   초숭(焦嵩)과 진안(陳安)[91]이 군사를 들어서 상규(上邽, 감숙성 천수시)를 압박하자 상국 사마보(司馬保)가 사자를 보내어 장식(張寔)[92]에게 급한 상황을 알리니, 장식이 금성(金城, 감숙성 난주시)태수 두도(竇濤)를 파견하여 보병과 기병 2만 명을 감독하여 그곳으로 달려가게 하였다. 군사가 신양(新陽, 감숙성 진안현의 동남쪽)에 이르러서 민제가 붕어(崩御)하였다는 소식을 듣고, 사마보가 존호(尊號)[93]를 칭하려고 모의하였다.

파강(破羌)도위 장선(張詵)이 장식에게 말하였다.

"남양왕(南陽王)[94]은 나라의 먼 친척인데, 그 큰 치욕[95]을 잊어버리고 급하게 스스로 높이고자 하니 반드시 성공할 수 없습니다. 진왕은 가까운 친척이고,[96] 또한 명망과 덕행도 갖고 있으니, 마땅히 천하 사람들을 인솔하고 그를 받들어야 할 것입니다."

장식이 그를 좇아서 아문(牙門)[97] 채충(蔡忠)을 파견하여 표문을 받

---

90 안팎의 모든 군사에 관한 일을 감독하는 직책이다.

91 초숭은 안정태수이고, 진안은 토로장군이다.

92 양주(涼州)자사이다.

93 말 자체는 높은 칭호라는 뜻이지만 구체적으로는 황제라는 칭호를 말한다.

94 남양왕은 사마보를 말하는데, 진 황실의 혈통으로 보면 선제인 사마의의 동생의 증손자이다.

95 사마보의 아버지 사마모와 진나라 황제가 유총의 한에게 죽었으므로 이는 그에게 큰 치욕이다.

96 진왕은 사마예이고 진나라 선제 사마의의 증손자이다.

들고 건강(建康, 남경, 사마예가 있는 곳)에 가게 하였더니, 그가 도착할
즈음에 황제가 이미 즉위하였다. 장식은 강동(江東)의 연호[98]를 사용
하지 않고 오히려 건흥(建興)[99]이라는 연호를 썼다.

8   여름, 4월 초하루 정축일에 일식이 있었다.

9   왕돈(王敦)에게 강주목(江州牧)을 덧붙여주고, 왕도(王導)에게는
표기(驃騎)대장군·개부의동삼사(開府儀同三司)[100]를 덧붙여주었다.
  왕도는 여덟 부(部)의 종사(從事)들을 파견하여 양주(揚州)의 군과
봉국을 시찰하게 하였는데,[101] 돌아오자 동시에 함께 만나보았다. 여
러 종사들은 각기 2천 석의 녹질을 받는 관장(官長)들이 잘하고 잘못한
것을 말하였으나, 오직 고화(顧和)만 말이 없었다.
  왕도가 그에게 물으니 고화가 말하였다.

---

97 영문(營門)을 지키는 관직이다.

98 사마예가 강동지역을 근거로 하고 있으므로 사마예를 말하는데, 사마예는 황
  제에 즉위하여 연호를 고쳐 태흥이라고 하였다.

99 한에 잡혀가 죽은 민제의 연호이다. 하서지역에 근거를 두었던 장씨들은 서진
  의 마지막 황제인 민제의 연호 건흥을 그 후로도 9세 49년간 계속 사용하다
  가 동진 효종 승평(升平) 5년(361년)에 이르러 장천석(張天錫) 때에 와서 동진
  의 승평이라는 연호를 사용하였다. 연호를 사용하지 않는다는 것은 결국 동
  진의 정통을 인정하지 못한다는 뜻이며, 반란의 의미를 갖고 있다.

100 개부란 독자적인 관부를 열 수 있는 직책으로 그에 대한 의례는 삼공에 준하
  도록 하였다. 그러므로 삼공의 바로 아래의 직위이다.

101 당시 양주는 단양·회계·오·오흥·선성·동양·임해·신안 등 8개 군을 통어하
  였으므로 여덟 명의 종사를 파견한 것이다.

"밝으신 공께서 보필의 직책을 맡으셨는데, 오히려 그물질하며 배를 집어삼키는 물고기[102]를 놓치면서 어떠한 연고로 풍문을 수집하여 듣고 세세히 살피면서 정치를 하십니까?"

왕도가 감탄하면서 훌륭하다고 칭찬하였다. 고화는 고영(顧榮)의 친척 조카이다.

10 성(成)의 승상 범장생(范長生)이 죽었다. 성의 주군 이웅(李雄)이 범장생의 아들인 시중 범분(范賁)을 승상으로 삼았다. 범장생은 박학하고, 예능도 많았으며 나이는 근 100살을 살아서 촉(蜀) 사람들은 그를 신처럼 받들었다.

11 한의 중상시(中常侍)[103] 왕침(王沈)의 양녀(養女)가 아름다웠는데, 한의 주군 유총이 그를 좌(左)황후로 세웠다. 상서령 왕감(王鑒)과 중서감 최의지(崔懿之), 중서령 조순(曹恂)이 간하였다.

"신이 듣건대, 제왕 된 사람이 후비(后妃)를 세우면서는 덕행이 건곤(乾坤)에 비할 정도여서 살아서는 종묘를 잇고, 죽은 다음에는 후토(后土)에 배향(配享)되게 되니, 반드시 대대로 덕이 있고 명망 있는 집안에서 자란 요조숙녀(窈窕淑女)를 선택하여 마침내 사해에 사는 사람들의 바람에 부응하고 신기(神祇)의 마음에 합당해야 합니다.

---

102 힘이 많아서 그물로 잡을 수 없는 고기로, 정치적으로 중앙에서 관장할 수 없는 세력의 사람들을 말한다. 《한서》〈형법지〉에 보면 '한(漢)이 일어난 초기에 비록 약법삼장이 있었지만 그물은 배를 집어 삼킬 물고기를 놓쳤다.'고 되어 있다. 배를 집어 삼킬 물고기란 큰 고기를 형용하여 한 말이다.
103 황제의 침전에서 시봉하는 환관이다.

효성제(孝成帝)[104]는 조비연(趙飛燕)을 황후로 삼아 그 후계자가 끊겨 없어지게 하였고, 사직이 빈터로 남게 하였으니, 이것은 앞에 있었던 역사의 거울입니다. 인가(麟嘉)[105] 이래로 중궁(中宮)의 지위는 덕을 가지고 세우지 않았습니다.

설사 왕침의 조카딸이라고 하여도 형여(刑餘)[106]의 보잘것없는 사람이어서 오히려 초방(椒房)[107]을 더럽힐 수 없을 터인데 하물며 그 집안의 비녀(婢女)인데서야 말해 무엇 하겠습니까? 6궁(宮)의 비빈들은 모두 공작(公爵)을 가진 사람의 자손인데 어찌 하루아침에 그 비녀를 주인으로 삼는단 말입니까? 신은 아마도 국가의 복이 되지 않을까 걱정스럽습니다."

유총이 크게 화를 내고 중상시 선회(宣懷)로 하여금 태자 유찬에게 말하게 하였다.

"왕감 등 보잘것없는 녀석들이 미친 말로 거만하게 모욕하여 다시금 군신과 상하 사이에 있어야 할 예의를 없앴으니, 속히 그 사실을 조사하라."

이에 왕감 등을 잡아 가두었다가 저잣거리로 보내어 모두 목을 베었

---

104 전한시대 11대 황제인 유오(劉驁)를 말한다. 이 사건은 한 애제 건평 원년 (6년)에 있었으며,《자치통감》권32에 실려 있다.

105 진나라 민제 건흥 4년(316년)이며, 한 소무제 유총의 연호이다.

106 형여란 형벌은 받은 나머지라는 말로 환관을 부르는 말이다. 환관은 거세한 사람이고 거세는 그 자체로 형벌이라고 할 수 있기 때문에 환관을 형여라고 한 것이다.

107 황후의 침실을 말한다. 황후의 침실에는 초(椒)라는 것을 발라서 불을 때면 향기가 나도록 되어있다.

다. 금자(金紫)광록대부 왕연(王延)이 말을 달려와서 장차 들어가 간언을 하려고 하였는데, 문을 지키는 사람이 통과하게 하지 아니하였다.

왕감 등이 처형을 받게 되니 왕침이 지팡이로 그들을 치면서 말하였다.

"어리석은 녀석들아. 다시 악한 짓을 할 수 있겠느냐? 내공(乃公)[108]의 일이 너희들 일과 무슨 상관이란 말인가?"

왕감이 눈을 부릅뜨고 그를 질책하며 말하였다.

"이 녀석! 위대한 한을 멸망시킬 사람은 바로 너와 같이 앉아 있는 쥐새끼 같은 무리들과 근준(靳準)뿐일 것이다. 마땅히 너를 먼저 돌아가신 황제에게 고소하여 지하에서 데려다가 다스릴 것이다."

근준이 왕감에게 말하였다.

"나는 조서를 받아서 그대를 잡아들였는데, 무슨 잘못된 일이 있다고 그대는 한의 멸망이 나로 말미암는다고 말하는 것이오?"

왕감이 말하였다.

"너는 황태제[109]를 죽이고, 주상(主上)에게 우애 없다는 이름을 얻게 하였다. 국가[110]가 너희들과 같은 무리를 기르니 어찌 망하지 않을 수 있겠는가?"

최의지가 근준에게 말하였다.

"너의 마음은 효조(梟鳥)와 파경(破鏡)[111]과 같으니, 반드시 나라의

---

108 내공은 임금이 신하들에 대하여 자기를 높여 부르는 말이다. 여기서는 중상시 왕침이 황제 유총을 가리켜서 하는 말이다.

109 유예(劉乂)를 말한다. 유예는 황제 유총의 동생으로 황태제였었으나 반란을 일으키려 했다는 죄목으로 쫓겨나서 죽었다.

110 황제 즉 유총을 말한다.

근심거리가 될 것이고, 너는 이미 다른 사람을 잡아먹었으니, 다른 사람도 또한 마땅히 너를 잡아먹을 것이다.”

유총은 또 선회(宣懷)의 양녀를 세워서 중(中)황후로 삼았다.

---

111 효조는 전설 가운데 나오는 흉칙한 새로 제 어미를 잡아먹는다고 한다. 또 파경은 破獍이라고도 쓰는데, 호랑이나 표범보다 약간 작지만 그 애비를 잡아먹는다고 한다. 황제는 이러한 나쁜 동물을 없애기 위하여 모든 제사에 이 것들을 잡아서 제물로 삼도록 하였다.

한의 대변고와 황제에 오른 유요

12   사도 순조(荀組)가 허창(許昌, 하남성 허창시)에 있었는데, 석륵에게 압박을 받아서 그에게 소속된 사람 수백 명을 인솔하고 장강을 건너니, 조서를 내려 순조와 태보인 서양왕(西陽王) 사마양(司馬羕)을 나란히 녹상서사로 삼았다.

13   단필제(段匹磾)가 단질육권(段疾陸眷)의 상례(喪禮)에 가는데[112] 유곤(劉琨)이 그의 세자[113] 유군(劉群)에게 그를 호송하게 하였다. 단필제[114]가 실패하니 유군은 단말배(段末杯)에게 붙잡혔다. 단말배는 그에게 후하게 예의를 갖추고 유곤을 유주자사로 삼는 것을 허락하고, 그와 더불어 단필제를 습격하고자 하고 비밀리에 사자를 파견하여 유군의 편지를 가지고 가서 유곤에게 안에서 호응해 주기를 청하였지만 그 사자가 단필제의 순시하는 기병에게 잡혔다.

---

112 지난 1월의 일이다.
113 합법적인 아버지의 작위를 계승할 사람이다.
114 진나라의 유주자사이다.

그때 유곤은 따로 정북(征北)장군이 다스리는 작은 성[115]에 주둔하고 있어서 이 사정을 모르고 와서 단필제를 만났다. 단필제는 유군의 편지를 유곤에게 보이며 말하였다.

"마음속으로는 또 공을 의심하지 않지만 이것을 공에게 알리는 것뿐이오."

유곤이 말하였다.

"공과 더불어 동맹(同盟)하여 국가의 수치를 깨끗이 씻기를 바랐는데, 만약에 우리 아이의 편지가 비밀리에 왔다고 하여도 역시 끝내는 한 아들 녀석 때문에 공을 저버리고 옳은 일을 배반하지는 않았을 것이오."

단필제는 평소 유곤을 중히 여겼으므로 처음에는 유곤을 해칠 생각을 갖고 있지 않아서 장차 돌아가 주둔하겠다는 것을 들어주었다.

그의 동생 단숙군(段叔軍)이 단필제에게 말하였다.

"우리는 호인(胡人)일 뿐인데, 진(晉)나라 사람들을 복종시킬 수 있었던 까닭은 우리의 무리가 많다는 것을 두려워한 것입니다. 지금 우리들은 골육 간에 어긋나고 흩어져 있으니, 이는 그들이 꾀하기가 좋은 때여서 만약에 어떤 사람이 유곤을 받들고 일어나면 우리 종족은 다 없어질 것입니다."

단필제가 이에 유곤을 그곳에 머물러 있게 하였다.

유곤의 서장자(庶長子) 유준(劉遵)이 죽을까 두려워 유곤의 좌(左)장사 양교(楊橋) 등과 더불어 문을 닫고 스스로 수비하였지만 단필제가 이를 공격하여 뽑아버렸다. 대군(代郡, 하북성 울현)태수 벽려숭(辟閭

---

115 아마도 계성(薊城) 안에 어디엔가 있었을 것이다.

嵩)[116]과 후(後)장군 한거(韓據)가 다시 몰래 단필제를 습격할 모의를 하다가 사실이 누설되니, 단필제가 벽려숭과 한거와 그 도당들을 붙잡아 이들의 목을 모두 베었다.

5월 계축일(8일)에 단필제는 조서가 내려졌다고 말하며 유곤을 잡아서 목매어 죽이고,[117] 그의 아들과 조카 네 명도 나란히 죽였다. 유곤의 종사중랑 노심(盧諶)과 최열(崔悅) 등이 유곤의 남은 무리를 인솔하고 요서(遼西, 요녕성 의현)지역으로 달아나 단말배에게 의지하고 유군을 받들어서 주군으로 삼으니 장군과 보좌하는 사람들이 대부분 석륵에게로 달아났다. 최열은 최림(崔林)[118]의 증손이다.

조정에서는 단필제가 오히려 강성하므로 그가 하삭(河朔, 하북성과 산서성)지방을 평정할 수 있기를 바라서 마침내 유곤이 죽은 것을 발표하지 아니하였다. 온교(溫嶠)가 표문을 올렸다.

"유곤은 황실에게 모든 충성을 다하다가 집안은 깨져버리고 자신은 죽었으니, 의당 상을 주며 아껴주어야 할 것입니다."

노심과 최열은 단말배의 사자를 통하여 역시 표문을 올리고 유곤을 위하여 억울함을 호소하였다. 그 몇 년 뒤에 마침내 유곤에게 태위·시중을 증직(贈職)하고 시호를 민공(愍公)이라고 하였다. 이에 이적과 진(晉)나라 사람들은 유곤이 죽음으로써 모두 단필제에게 귀부하지 않았다.

단말배는 그의 동생을 파견하여 단필제를 공격하니 단필제는 그의

---

116 벽려가 성이다.

117 유곤의 나이 48세였다.

118 조씨의 위나라 사공의 직을 역임하였다.

무리 수천 명을 인솔하고 소속(邵續)[119]에게로 달아나려고 하는데, 석
륵의 장수 석월(石越)이 그를 염산(鹽山, 하북성 염산현)에서 맞이하여
서 그를 대패시키자 단필제가 다시 계(薊, 북경의 서남쪽)로 돌아가서 지
켰다. 단말배는 자칭 유주자사라고 하였다.

애초에 온교는 유곤을 위하여 표문을 받들고 건강(建康, 남경)에 가
게 되었는데, 그의 어머니 최씨(崔氏)가 굳게 그를 중지하게 하였지만
온교는 소매를 뿌리치고 갔다. 이미 도착해서는 누차 회답하는 명령을
내려 달라고 청구하였으나, 조정에서 허락하지 않았다.

마침 유곤이 죽게 되니 그를 산기(散騎)시랑에 임명하였다. 온교는
어머니가 죽었다는 소식을 들었지만 전란으로 도로가 막혀 분상(奔喪)
하고 장례를 치르러 갈 수 없게 되어 굳게 사양하고 관직을 받지 않았
고 고생스럽게 북쪽으로 돌아가게 해달라고 청구하였다.

조서를 내렸다.

"무릇 예를 실천한다는 것은 마땅히 이치가 항상 통할 수 있어야 하
는 것이다. 지금 걸(桀)과 같은 역적들이 아직 처단되지 않았고, 여러
군대는 재궁(梓宮)을 받들어 영접하려고 하여도 오히려 나아갈 수가
없는데[120] 온교는 자기 한 몸으로 어떻게 그 개인적인 어려움을 해결
하고자 하여 왕의 명령을 좇지 않겠단 것인가?"

온교는 부득이하여 관직을 받았다.

---

119 기주자사로 이때 산동성 혜민현에 있었다.

120 재궁은 황제의 관을 말하는데, 진나라의 회제와 민제 즉, 사마치와 사마업이
한에 포로로 잡혀가서 죽었으므로 그 시신을 찾아오지 못하였음을 말한 것
이다.

14 애초에, 조억(曹嶷)은 이미 청주(靑州, 산동반도)를 점거하고 있었다가 마침내 한을 배반하고 와서 항복하였다.[121] 또 건강이 멀리 떨어져 있었기에 형세로는 원조가 닿지 않아서 다시 석륵과 더불어 서로 연결을 맺었는데, 석륵이 조억에게 동주(東州)대장군·청주목을 주고 낭야공에 책봉하였다.

15 6월 갑신일(9일)에 조협(刁協)을 상서령으로 삼고, 순숭(荀崧)을 좌복야로 삼았다. 조협은 성격이 강하고 사나워서 많은 사람들과는 거슬렸지만, 시중 유외(劉隗)와 더불어 황제의 총애를 받으니, 당시의 폐단을 고치고자 하여 매번 윗사람을 숭상하고 아랫사람[122]을 억눌렀으며 호강(豪强)들을 배척하고 막았으므로 왕씨(王氏)의 집안[123] 사람들이 싫어하게 되었고, 모든 각박하고 자질구레한 정사는 모두 유외와 조협이 만든 것이라고 말하였다. 조협은 또 술을 먹으면 멋대로 술주정을 하며 공경들을 능욕하니, 보는 사람들은 모두 곁눈질을 하며 그를 꺼렸다.

16 무술일(23일)에 황제의 아들 사마희(司馬晞)를 무릉왕(武陵王)으로 삼았다.

---

121 조억은 한의 청주자사였는데 사자를 파견하여 건업에 보내어 표문을 받들고 원제에게 황제에 나아가기를 권고하였다.

122 윗사람은 황제를 말하고 아랫사람은 신하들을 말한다.

123 왕도를 우두머리로 한 그 가족들을 말한다.

17   유호(劉虎)[124]는 삭방(朔方, 하투지역)에서부터 탁발울률(拓跋鬱律)[125]의 서부를 침략하였는데, 가을, 7월에 탁발울률이 유호를 공격하여 그를 대파하였다. 유호는 요새를 나가 달아났고, 그의 사촌동생 유로고(劉路孤)가 그 부락 사람들을 인솔하고 탁발울률에게 항복하였다.

이에 탁발울률은 서쪽으로 가서 오손(烏孫)의 옛 땅[126]을 빼앗고, 동쪽으로 가서 물길(勿吉, 길림성) 서쪽을 겸병하였는데, 군사와 말은 빼어나고 날카롭고 강하여서 북방에서는 뛰어났다.

18   한의 주군 유총이 병들어 눕자 대사마 유요를 징소하여 승상으로 삼고, 석륵을 대장군으로 삼아서 모두 녹상서사[127]로 하고, 유언으로 남기는 조서를 받아 정치를 보필하게 하였다. 유요와 석륵이 굳게 사양하였다. 마침내 유요를 승상·영(領)옹주목으로 하고, 석륵을 대장군·영유기이주목(領幽·冀二州牧)[128]으로 하였으나, 석륵이 사양하고 받지 않았다.

상락(上洛, 섬서성 상현) 사람 왕경(王景)을 태재(太宰)로 삼고, 제남

---

124 한 누번공(樓煩公)이며 이에 대한 사건은 진 회제 영가 4년(310년)을 참고하시라.

125 진나라로부터 대왕(代王)의 작위를 받은 탁발씨이다. 진 민제 건흥 4년(316년)에 탁발울률이 대왕의 왕위를 계승하였다.

126 중앙아시아 일대이다.

127 상서(尚書)의 업무를 관장하는 직책이다.

128 영(領)옹주목이나 영유기이주목(領幽·冀二州牧)이란 직함은 영직으로 본직을 갖고 있으면서 다른 직책의 업무를 관장하는 관직 임명 방식이다. 임시직, 또는 대리직이라고 할 수 있다.

왕 유기(劉驥)를 대사마로 삼고, 창국공(昌國公) 유의(劉顗)를 태사로 삼고, 주기(朱紀)를 태부로 삼고, 호연안(呼延晏)을 태보로 삼았는데, 이들은 나란히 녹상서사를 맡게 하였으며, 범륭(范隆)을 수(守)¹²⁹상서령·의동삼사로 하고, 근준(靳準)을 대사공·영(領)사예교위로 삼았는데, 모두 돌아가면서 상서에서 상주하는 사건을 결재하게 하였다.

계해일(19일)에 유총이 죽었다. 갑자일(20일)에 태자 유찬이 즉위하였다. 황후 근씨(靳氏)를 높여 황태후로 하고, 번씨(樊氏)를 홍도(弘道) 황후로 불렀으며, 무씨(武氏)를 홍덕(弘德)황후로 부르고, 왕씨(王氏)를 홍효(弘孝)황후로 호칭하고, 그의 처 근씨(靳氏)를 황후로 삼고, 아들 원공(元公)을 태자로 삼았다. 크게 사면하고, 기원을 한창(漢昌)이라고 고쳤다.

유총을 선광릉(宣光陵)에 장사지내고, 시호를 소무황제(昭武皇帝)라고 하였으며, 묘호(廟號)를 열종(烈宗)이라고 하였다. 근태후 등은 모두 나이가 20세가 안 되어 유찬은 무례한 짓을 많이 행하였고, 다시는 슬픈 기색을 갖지 않았다.

근준(靳準)은 속으로 다른 뜻을 갖고 있어서 개인적으로 유찬에게 말하였다.

"소문을 들을 것 같으면, 여러 공작들이 이윤(伊尹)이나 곽광(霍光)¹³⁰이 한 일처럼 하고자 하여 먼저 태보와 신¹³¹을 죽이고, 대사마

---

129 수직(守職) 즉 대리직을 말한다. 여기서는 대리상서령이 되었다는 말이다.

130 이윤은 춘추시대 제나라의 재상이고, 곽광은 전한시대의 재상으로 정치적 전권을 갖고 있었으며, 특히 곽광은 황제를 세우고 폐하는 일도 하였다.

131 호연안과 근준 자신을 말한다.

로 만기(萬機)[132]를 통솔하게 하려고 한다니, 폐하께서는 의당 일찍 이에 대하여 도모하십시오."

유찬은 이를 좇지 않았다.

근준이 두려워서 다시 두 명의 근씨(靳氏)[133]에게 이를 말하게 하니 유찬이 마침내 이를 좇았다. 그의 태재 왕경(王景)·대사마 유기(劉驥)·유기의 친동생이며 거기대장군인 오왕(吳王) 유령(劉逞)·태사 유의(劉顗)·대사도인 제왕(齊王) 유매(劉勱)[134]를 잡아 들여서 이들을 모두 죽였다. 주기와 범융은 장안으로 달아났다.[135]

8월에 유찬은 상림원(上林苑)[136]에서 군사를 다스려서 석륵을 토벌할 모의를 하였다. 승상 유요를 상국·도독중외제군사[137]로 삼아서 장안을 진압하게 하였다. 근준은 대장군·녹상서사가 되었다. 유찬은 항상 후궁에서 놀면서 연회를 베풀었고, 군사와 국가에 관한 일은 하나같이 근준에게서 결정되었다. 근준이 조서를 고쳐서 사촌동생 근명(靳明)을 거기(車騎)장군으로 삼고, 근강(靳康)을 위(衛)장군으로 삼았다.

근준이 장차 난을 일으키려고 하면서 왕연(王延)에게 가서 모의하였다. 왕연이 좇지 않고 말을 달려 이를 알리려고 하였는데 근강(靳康)을

---

132 황제가 취급하는 업무를 말한다.

133 근씨 집안에서 황후로 들어가 있는 사람이 두 명이다. 하나는 유총의 황후였던 근월화(靳月華)인데 현재는 황태후이며, 다른 하나는 현재 황후이다.

134 유기와 유매는 황제 유찬의 동생이다.

135 장안 근처에 있던 승상 유요에게로 간 것이다.

136 상림원은 원래 장안에 있지만, 이때 한의 도읍지인 평양에도 상림원을 만들기 시작한 것으로 보인다.

137 안팎의 모든 군사에 관한 업무를 총감독하는 직책이다.

만나게 되어 왕연이 잡혀서 돌아왔다. 근준이 드디어 군사들을 챙겨서 광극전(光極殿)에 올라가 갑사들에게 유찬을 잡아서 그의 죄상을 헤아리고 죽이고, 시호를 은제(隱帝)라고 하였다. 유씨(劉氏) 성을 가진 남자나 여자는 어리거나 어른이거나 구별 없이 모두 동쪽 저자에서 목을 베었다. 영광릉(永光陵)·선광릉(宣光陵)[138] 두 능묘(陵墓)를 파내서 유총의 시체의 목을 베고 그 종묘를 불태웠다.

근준은 스스로 대장군·한천왕(漢天王)이라고 하고 칭제(稱制)[139]하여 백관을 두었다. 안정(安定, 감숙성 경천현) 사람 호숭(胡嵩)에게 말하였다.

"옛날부터 호인(胡人)으로 천자가 된 사람은 없었는데, 지금 전국새(傳國璽)[140]를 너에게 주니 돌아가서 진(晉) 황실로 가거라."

호숭이 감히 받지 못하자 근준이 화가 나서 그를 죽였다.

사자를 파견하여 사주(司州)자사 이구(李矩)에게 말하게 하였다.

"유연(劉淵)은 도각(屠各)[141]부락의 보잘것없는 녀석인데 진(晉)이 혼란해진 틈을 이용하여 천명을 고쳐서 부르며 두 황제[142]로 하여금 죽게 하였다. 바로 무리를 인솔하여 재궁[143]을 받들려고 하니 청컨대 보고를 올려주시오."

---

138 영광릉은 유연의 능묘이고 선광릉은 유총의 능묘이다.

139 제(制)는 황제의 명(命)을 말한다. 명을 제라고 고친 것은 진 시황 때부터이다.

140 나라를 다른 사람에게 전해줄 때 사용하는 옥새를 말한다.

141 유연의 출신 부족 이름이다.

142 한에 잡혀온 진나라의 회제와 민제를 말한다.

143 황제의 영구(靈柩)이다.

이구가 말을 달려서 황제에게 표문을 올리니 황제는 태상 한윤(韓胤) 등을 파견하여 재궁을 받들어 영접하게 하였다.

한의 상서 북궁순(北宮純) 등이 진(晉) 사람들을 불러 모아서[144] 동궁에 보루를 만들었는데, 근강이 이를 공격하여 없앴다. 근준은 왕연을 좌(左)광록대부로 삼고자 하였으나, 왕연이 욕하며 말하였다.

"도각(屠各)의 역적 놈아! 어찌 나를 속히 죽여서 내 왼쪽 눈을 서양문(西陽門)에 두었다가 상국(相國)이 들어오는 것을 보게 하고, 오른쪽 눈을 건춘문(建春門)에 두어 대장군[145]이 들어오는 것을 보게 하지 않느냐!"

근준이 그를 죽였다.

상국 유요(劉曜)가 반란 소식을 듣고, 장안에서 그곳으로 달려왔다. 석륵도 정예의 군사 5만 명을 인솔하고 근준을 토벌하려고 양릉(襄陵, 하북성 형태시)의 북쪽 들판을 점거하였다. 근준이 자주 도전하였으나 석륵이 굳게 성벽을 지키면서 그를 좌절시켰다.

겨울, 10월에 유요가 적벽(赤壁, 산서성 영제현의 경계 지역)에 도착하였다. 태보 호연안(呼延晏) 등이 평양에서 와서 그에게 귀부하고 태부 주기 등과 더불어 존호를 올렸다. 유요가 황제의 자리에 올라 크게 사면하였지만 오직 근준 일족만은 사면의 대상에 넣지 않았다. 기원을 고쳐서 광초(光初)[146]라고 하였다. 주기를 영(領)사도로 삼고, 호연안

---

144 북궁순은 한에 귀부한 사람이다. 이 사건은 회제 영가 5년(311년)에 있었고, 내용은 《자치통감》 권87에 실려 있다.

145 상국은 유요를 말하고, 대장군은 석륵을 말한다. 유요는 장차 서쪽에서 들어올 것이고, 석륵은 동쪽에서 들어올 것이기 때문에 이처럼 말한 것이다.

146 유찬이 연호를 한창이라고 하였는데, 유찬이 죽은 다음부터 광초라고 하였다.

을 영(領)사공으로 삼았으며, 태위 범륭 이하의 모든 관원들에게는 그 본래의 직위를 회복시켜주었다. 석륵을 대사마·대장군으로 삼고, 9석(錫)을 덧붙여주고 열 개의 군을 식읍으로 더 늘려 책봉하였으며, 작위를 올려 조공(趙公)이라고 하였다.

석륵은 나아가 근준을 평양에서 공격하면서, 파(巴)와 강(羌)·갈족(羯族)으로 항복한 10여만 두락(斗落)[147]은 근준이 이를 모두 소속하였던 군과 현으로 옮겼다.

한의 주군 유요는 정북(征北)장군 유아(劉雅)·진북(鎭北)장군 유책(劉策)에게 분음(汾陰, 산서성 영하현)에 주둔하면서 석륵과 함께 근준을 토벌하게 하였다.

---

147 원문에는 다만 락(落)이라고만 표시되었다. 농경족들에게는 한 마을을 부락이라 하지만 유목민들은 천막을 같이 칠 수 있는 숫자가 모여 있게 마련인데, 이것을 두락이라고 번역하였다.

동진의 사마예 그리고 한(漢)과 성(成) 왕조

19   11월 을묘일(13일)에 해가 밤중에 나타났는데, 그 높이가 3장(丈)
이나 되었다.

20   조서를 내려서 왕돈(王敦)을 형주목으로 삼고, 도간(陶侃)[148]에
게 도독교주(交州, 베트남 북부와 광서성)제군사[149]을 덧붙여주었는데,
왕돈은 굳게 주목[형주목]을 사양하여 마침내 이를 들어주어 자사로 삼
았다.

21   경신일(18일)에 여러 공경들과 사대부들에게 조서를 내려 각기
정치적인 일의 좋은 점과 나쁜 점을 진술하게 하였다. 어사중승 웅원
(熊遠)이 상소문을 올렸다.

"호(胡, 흉노) 도적들이 하(夏)[150]를 어지럽혔고, 재궁은 아직 돌아오

---

148 광주자사였다.
149 관명은 도독교주제군사이다.
150 하(夏)란 화하(華夏), 즉 문화적으로 완숙하다는 의미이지만 이것은 중원지역

지 아니하였는데도 군사를 파견하여 나아가 토벌하지 못하였으니, 첫 번째 실수입니다. 여러 관원들은 원수 같은 도적들에게 아직 복수하지 아니한 것을 수치로 생각하지 아니하고 놀이하고 술과 밥이나 먹는데 힘쓰고 있으니 두 번째 실수입니다.

관리를 선발하고 사람을 채용하는데 실제의 덕행으로 생각하지 아니하고 오직 텅 빈 명망만을 생각하며, 재간 있는 사람을 찾지 않고 일을 청탁할 것만 생각하고, 관직을 담당한 사람은 일을 잘 처리하면 속된 관리라고 생각하고, 법을 받들어 처리하면 가혹하고 각박한 것이며, 예의를 다하는 것을 아첨하는 것이라고 하고, 한가하게 지내는 사람을 높고 오묘한 사람이라고 하고, 방탕한 사람을 통달한 선비라고 하며, 교만한 사람을 간결하고 우아한 사람이라고 하였으니 세 번째 실수입니다.

세상 사람들이 싫어하는 것은 물 없는 진흙 구덩이 속에 빠지는 것이고, 이 시대의 사람들이 좋다고 생각하는 것은 구름 속으로 나는 것이니, 이리하여 만기(萬機)가 아직 정돈되지 못하여 풍속은 거짓되고 얄팍하게 되었습니다. 조정의 여러 관서에서는 순종하는 것을 좋다고 하고, 자기의 뜻에 맞지 않는 사람은 깎아내리게 되니 어찌 조정에서 변론하며 다투는 신하를 찾을 수 있으며, 선비 가운데는 녹을 받으려고 벼슬하고자 하는 뜻을 갖는 일이 없겠습니까?

옛날에 선비를 뽑을 때에는 각기 의견을 개진하게 하였는데,[151] 지금은 그냥 녹봉을 결정하면서 시험을 하지 않으니 옛날 뜻을 대단히

에 사는 사람들이 자기들 또는 자기들이 사는 지역을 의미하는 말로 쓰인다.

151 정치의 원리를 진술하게 하였다.

어긴 것입니다.[152] 또한 똑똑한 사람을 뽑는다고 하지만 호족세가의 범위를 벗어나지 못하고, 법을 시행하지만 권력 있는 귀한 사람에게는 미치지 아니하니, 이리하여서 가지고 있는 재주로는 업무를 제대로 처리하지 못하게 되며 간사한 사람은 징계될 바가 없습니다. 만약에 이와 같은 길을 고치지 아니하고 어지러움을 구하기를 요구한다면 이루기가 어려울 것입니다."

이보다 먼저 황제는 흩어지고 혼란한 시대이기 때문에 사람들의 마음을 위로하고 기쁘게 하려고 주와 군에서 온 수재와 효렴 가운데 도착한 사람은 시험을 거치지 않고 보통 모두 관리로 임명하였다. 상서 진군(陳頵)이 역시 말씀을 올렸다.

"의당 점차 옛날 제도를 좇아서 경전과 대책[153]을 가지고 시험하셔야 할 것입니다."

황제가 이를 좇아서 조서를 내렸다.

"표준에 합격하지 못한 사람이 있다면 자사나 태수는 면직시키도록 하라."[154]

이에 수재와 효렴은 모두 감히 가려는 사람이 없었고, 그 가운데 도착한 사람도 역시 모두 병이 있다고 핑계를 대어 거의 3년 동안 시험에 응시한 사람이 없었다.

---

152 한대의 경우를 보면 이러한 경우는 수재의 경우이고, 효렴의 경우에는 시험을 치지 아니하고 관리로 임용하였다.

153 경책(經策)이라고 되어 있는데, 경은 경의(經義)를 말하고, 책은 정책을 말한다.

154 표준의 원문은 과(科)라고 하였는데 이는 과거는 아니고, 일정한 정도의 수준을 의미한다. 보통 자사나 태수가 인재를 추천하는데 추천된 사람이 일정한 과(科)에 들지 못하면 그를 추천한 사람을 면직시키라는 뜻이다.

황제는 특별히 효렴으로 이미 도착한 사람에게 관직을 제수하려고 하니 상서 공탄(孔坦)이 상주문을 올려서 논의하여 말하였다.

"가까운 곳에 있는 군에서는 군부(君父)[155]에게 누를 끼칠까봐 두려워서 모두가 감히 오지를 못하고 있으며, 먼 곳에 있는 군에서는 시험을 보지 않게 될 것을 기대하고서 모험적으로 눈 딱 감고 오고 있습니다.

지금 만약 한편으로 치우쳐서 관직을 주게 되면 이는 자기 몸을 삼가면서 법을 받들어 일하는 사람이 본래 해야 할 직분을 잃게 만드는 것이고, 요행을 생각하고 몸을 던져본 사람이 관직을 얻게 될 것이니, 풍속과 교화를 무너뜨리고 상하게 하는 것이 아마도 이것에서 시작될까 걱정입니다. 만약에 이들을 모두 파직시켜 돌려보내시지 않을 것 같으면 이들에게 기한을 늘려주고, 공부하게 한다면 법은 고르고 신용이 있게 될 것입니다."

황제가 이 말을 좇아서 효렴은 7년까지 늘려주고서 끝에 가서는 시험 치르게 하였다. 공탄은 공유(孔愉)의 조카였다.

22   근준은 시중 복태(卜泰)에게 승여(乘輿)·어의(御衣)를 보내서 석륵에게 화의를 청하였더니, 석륵이 복태를 가두어서 한의 주군 유요에게 보냈다. 유요가 복태에게 말하였다.

"먼저 돌아가신 황제[156]의 말년에는 실제로 큰 윤리를 어지럽혔소.

---

155 여기서 군부란 자사나 태수를 의미한다. 수재나 효렴의 입장에서 자사나 태수는 군부와 같다고 할 수 있기 때문에 이렇게 말하였다

156 근준에게 잡혀 죽은 유찬을 말한다.

사공[157]이 이윤과 곽광과 같은 권한을 행하였기에 짐을 여기에 이르게 한 것이니 그 공로는 크오.

만약에 일찍 대가(大駕)[158]를 영접했다면 마땅히 모두 정사를 위임했을 것인데 하물며 죽음을 면하는 정도이겠소? 경은 짐을 위하여 성에 들어가 이러한 뜻을 모두 갖추어 전하도록 하시오."

복태가 평양으로 돌아가니 근준이 스스로 유요의 어머니와 형[159]을 죽이고, 미적미적하면서 이 말을 좇지 않았다.

12월에 좌·우거기장군 교태(喬泰)와 왕등(王騰)·위(衛)장군 근강(靳康) 등이 서로 더불어 근준을 죽이고 상서령 근명(靳明)을 추천하여 주군으로 삼고, 복태를 파견하여 전국육새(傳國六璽)[160]를 받들고서 한에 항복하였다. 석륵이 크게 화가 나서 군사를 진격시켜 근명을 공격하니, 근명이 나와 싸우다가 대패하고 마침내 농성(籠城)하며 굳게 지켰다.

23 정축일(5일)에 황제의 아들 사마환(司馬煥)을 낭야왕으로 삼았다. 사마환은 정(鄭)부인의 아들로 출생한 지 2년이 되었고 황제가 그를 아꼈는데, 그의 병이 위독하였던 고로 그를 왕으로 삼은 것이다. 기묘일(7일)에 죽었다. 황제는 성인의 예로 그를 장사지내고 길례(吉禮)나 흉례(凶禮)에 쓰는 의복을 갖추어 두고 능묘를 만들었는데, 그 공사의 비

---

157 유찬 당시에 근준이 가졌던 직위이므로 근준을 말한다.

158 대가는 황제의 어가로 여기서는 유요가 자기 자신을 가리키는 것이다.

159 유요의 어머니는 호씨(胡氏)이고 형의 이름은 전하지 않는다.

160 하나의 왕조를 다른 사람에게 넘겨줄 때 전 왕조에서 사용하는 인새(印璽, 보통은 옥새)를 새 왕조에 넘겨주는데 이를 전국새라고 하며, 전국새에는 여섯 개가 있어서 전국육새라고 한 것이다.

용이 아주 많았다.

낭야국의 우(右)상시인 회계(會稽, 절강성 소흥시) 사람 손소(孫霄)가 상소문을 올려서 간하였다.

"옛날에 흉년이 들었을 때에는 예의의 급수를 내렸는데, 하물며 지금 해내에는 사람이 죽는 혼란이 있으니 헌장(憲章)에 나와 있는 옛날 제도라도 오히려 의당 절감하여 줄여야 할 터인데, 예의를 다룬 전범(典範)에 없는 것을 도리어 높이고 수식하는 것이 이와 같아야 하겠습니까?[161]

이미 피로해진 백성들을 고갈시키며 아무 이로움이 없는 공사를 경영하시고, 이미 곤궁하여진 재물을 없애서 쓸데없는 소비를 수행하시니 이는 신이 불안하게 생각하는 바입니다."

황제는 좇지 않았다.

24 팽성(彭城, 절강성 서주시)내사 주무(周撫)가 패국(沛國, 안휘성 수계현)내사 주묵(周默)을 죽이고 그 무리를 인솔하고 석륵에게 항복하였다. 하비(下邳, 간소성 수녕현)내사 유하(劉遐)에게 조서를 내려 팽성내사의 직책을 관장하게[162] 하고, 서주(徐州)자사 채표(蔡豹)와 태산(泰山, 산동성 태안현)태수 서감(徐龕)과 더불어 그를 토벌하라고 하였다. 채표는 채질(蔡質)[163]의 현손이다.

---

161 관복(冠服)을 입지 않은 사람이 죽은 것을 성인의 예로 장사지내는 것은 옛날 예법에는 없다.

162 관직명은 영팽성내사이다.

163 한나라시대 사람으로 채옹(蔡邕)의 숙부이다.

25 석호(石虎)[164]는 유주·기주의 군사를 인솔하고 석륵과 만나서 평양(平陽)을 공격하였는데, 근명이 누차 패배하자 사자를 파견하여 한에 구원해줄 것을 요구하였다. 한의 주군 유요가 유아(劉雅)와 유책(劉策)[165]을 파견하여 그를 영접하자, 근명은 평양에 있는 군사와 여자 1만5천 명을 인솔하고 한으로 달아났다.

유요는 서쪽으로 가서 속읍(粟邑, 섬서성 백수현)에 주둔하고 근씨(靳氏) 성을 가진 남자와 여자를 잡아 들여서 어린 사람이나 어른이나 모두 목을 베었다. 유요는 그의 어머니 시신을 평양에서 영접하고 속읍에 장사지내고, 양릉(陽陵)이라고 호칭하고 시호를 선명(宣明)황태후라고 하였다.

석륵은 평양에 있는 궁실에 불을 지르고 배헌(裴憲)과 석회(石會)에게 영광릉과 선광릉[166] 두 릉을 수축하고 한의 주군이었던 유찬 이하 100여 명의 시체를 거두어 장사지내게 하고 수위(戍衛)를 두고 돌아갔다.

26 성(成)의 양주(梁州)자사 이봉(李鳳)이 자주 공로를 세우니, 성의 주군인 이웅의 형의 아들 이치(李稚)가 진수(晉壽, 사천성 광원현)에 있다가 이를 질시하였다.

이봉이 파서(巴西, 사천성 랑중현)에서 반란을 일으켰다. 이웅은 스스로 부성(涪城, 사천성 삼태현)까지 가서 태부 이양(李驤)에게 이봉을 토

---

164 석륵의 동생으로 한의 위군태수였다.
165 유아는 정북(征北)장군이고, 유책은 진북(鎮北)장군이다.
166 근명이 파헤친 한 유연과 유총의 능묘이다.

벌하게 하여 그의 목을 베고 이수(李壽)를 전(前)장군[167]으로 삼고, 파서(巴西)의 군사에 관한 일을 감독[168]하게 하였다.＊

---

167 선봉장의 의미를 갖는다.

168 관직명은 독파서군사이다.

❖ 황제계보도

진(晉)

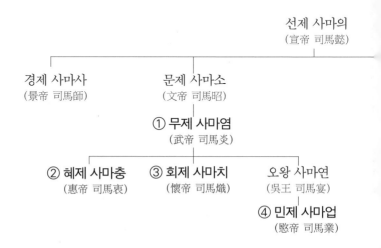

선제 사마의
(宣帝 司馬懿)

경제 사마사　　　문제 사마소
(景帝 司馬師)　　(文帝 司馬昭)

① 무제 사마염
(武帝 司馬炎)

② 혜제 사마충　　③ 회제 사마치　　오왕 사마연
(惠帝 司馬衷)　　(懷帝 司馬熾)　　(吳王 司馬宴)

④ 민제 사마업
(愍帝 司馬業)

낭야왕 사마주
(琅邪王 司馬伷)

사마근
(司馬覲)

東晉
⑤ 원제 사마예
(元帝 司馬睿)

⑥ 명제 사마소
(明帝 司馬紹)

⑫ 간문제 사마욱
(簡文帝 司馬昱)

⑦ 성제 사마연
(成帝 司馬衍)

⑧ 강제 사마악
(康帝 司馬岳)

⑬ 효무제 사마요
(孝武帝 司馬曜)

⑪ 폐제 사마혁
(廢帝 司馬奕)

⑩ 애제 사마비
(哀帝 司馬丕)

⑨ 목제 사마담
(穆帝 司馬聃)

⑭ 안제 덕종
(安帝 德宗)

⑮ 공제 덕문
(恭帝 德文)

5호16국표

★는 16국에 들어가지 않음

종족	나라이름	기 간	창 업 자	도 읍 지
匈奴	前趙(漢)	304~329년	劉淵	平陽(한)
			劉曜	長安(전조)
	北涼	397~439년	段業	張掖
			沮渠夢遜	
	夏	407~431년	赫連勃勃	統萬
羯	後趙	319~350년	石勒	襄國 → 鄴城
鮮卑	前燕	384~409년	慕容廆	龍城 → 薊 → 鄴城
	後燕	337~370년	慕容垂	中山
	西燕 ★	384~394년	慕容冲	長安 → 長子
	南燕	398~410년	慕容德	廣固
	西秦	385~431년	乞伏國仁	勇士堡 → 金城
	南涼	397~414년	禿髮烏孤	兼川堡 → 樂都
	遼西 ★	303~338년	段務勿塵	令支
	代(魏) ★	315~376년	拓跋猗廬	盛樂(北都) 平城(南都)
氐	成漢	302~347년	李特	成都
	前秦	351~394년	苻洪	長安
	後涼	386~403년	呂光	姑臧
	仇池 ★	296~371년	楊茂搜	仇池
羌	後秦	384~417년	姚弋仲	長安
漢人	前涼	301~376년	張軌	姑臧
	魏 ★	350~352년	冉閔	鄴城
	西涼	400~420년	李暠	酒泉
	北燕	409~436년	馮跋	和龍
	後蜀 ★	405~413년	譙縱	成都

원문

資治通鑑 卷085

【晉紀七】

起昭陽大淵獻(癸亥) 盡閼逢困敦(甲子) 凡二年.

❖ 孝惠皇帝中之下 太安 2年(癸亥, 303年)

1　　春 正月 李特潛渡江擊羅尙 水上軍皆散走. 蜀郡太守徐儉
以少城降 特入據之 惟取馬以供軍 餘無侵掠 赦其境內 改元
建初. 羅尙保太城 遣使求和於特. 蜀民相聚爲塢者 皆送款於
特 特遣使就撫之 以軍中糧少 乃分六郡流民於諸塢就食. 李流
言於特曰 "諸塢新附 人心未固 宜質其大姓子弟 聚兵自守 以
備不虞." 又與特司馬上官惇書曰 "納降如待敵 不可易也." 前
將軍雄亦以爲言. 特怒曰 "大事已定 但當安民 何爲更逆加疑
忌 使之離叛乎!"

　　朝廷遣荊州刺史宗岱‧建平太守孫阜帥水軍三萬以救羅尙.
岱以阜爲前鋒 進逼德陽. 特遣李蕩及蜀郡太守李璜就德陽太
守任臧共拒之. 岱‧阜軍勢甚盛 諸塢皆有貳志. 益州兵曹從事
蜀郡任叡言於尙曰 "李特散衆就食 驕怠無備 此天亡之時也.

宜密約諸塢 刻期同發 內外擊之 破之必矣！”尚使叡夜縋出
城 宣旨於諸塢 期以二月十日同擊特. 叡因詣特詐降. 特問城
中虛實 叡曰“糧儲將盡 但餘貨帛耳.”叡求出省家 特許之 遂
還報尚. 二月 尚遣兵掩襲特營 諸塢皆應之 特兵大敗 斬特及
李輔‧李遠 皆焚尸 傳首洛陽. 流民大懼 李蕩‧李雄收餘眾還
保赤祖. 流自稱大將軍‧大都督‧益州牧 保東宮 蕩‧雄保北
營. 孫阜破德陽 獲騫碩 任臧退屯涪陵.

三月 羅尚遣督護何沖‧常深等攻李流 涪陵民藥紳等亦起兵
攻流. 流與李驤拒紳. 何沖乘虛攻北營 氐苻成‧隗伯在營中
叛應之. 蕩母羅氏擐甲拒戰 伯手刃傷其目 羅氏氣益壯 營垂破
會流等破深‧紳 引兵還 與沖等戰 大破之. 成‧伯帥其黨突出
詣尚. 流等乘勝進抵成都 尚復閉城自守. 蕩馳馬逐北 中矛而
死.

朝廷遣侍中國劉沈假節統羅尚‧許雄等軍 討李流. 行至長
安 河間王顒留沈為軍師 遣席薳代之.

李流以李特‧李蕩繼死 宗岱‧孫阜將至 甚懼. 李含勸流降
流從之 李驤‧李雄迭諫 不納. 夏 五月 流遣其子世及含子胡
為質於阜軍 胡兄離為梓潼太守 聞之 自郡馳還 欲諫不及. 退
與雄謀襲阜軍 雄曰“為今計 當如是 而二翁不從 奈何？”離
曰“當劫之耳！”雄大喜 乃共說流民曰“吾屬前已殘暴蜀民
今一旦束手 便為魚肉. 惟有同心襲阜 以取富貴耳！”眾皆從
之. 雄遂與離襲擊阜軍 大破之. 會宗岱卒於墊江 荊州軍遂退.
流甚慙 由是奇雄才 軍事悉以任之.

2　　新野莊王歆 爲政嚴急 失蠻夷心. 義陽蠻張昌聚黨數千人 欲爲亂. 荊州以王午詔書發武勇赴益州討李流 號"王午兵." 民憚遠征 皆不欲行. 詔書督遣嚴急 所經之界停留五日者 二千 石免官. 由是郡縣官長皆親出驅逐 展轉不遠 輒復屯聚爲羣盜. 時江夏大稔 民就食者數千口. 張昌因之誑惑百姓 更姓名曰李 辰 募衆於安陸石巖山 諸流民及避戍役者多往從之. 太守弓欽 遣兵討之 不勝. 昌遂攻郡 欽兵敗 與部將朱伺奔武昌 歆遣騎 督靳滿討之 滿復敗走.

昌遂據江夏 造妖言云"當有聖人出爲民主." 得山都縣吏丘 沈 更其姓名曰劉尼 詐云漢後 奉以爲天子 曰"此聖人也." 昌 自爲相國 詐作鳳皇·玉璽之瑞 建元神鳳 郊祀·服色 悉依漢 故事. 有不應募者 族誅之 士民莫敢不從. 又流言"江·淮已 南皆反 官軍大起 當悉誅之." 互相扇動 人情惶懼. 江·沔間 所在起兵以應昌 旬月間衆至三萬 皆著絳帽 以馬尾作髯. 詔遣 監軍華宏討之 敗于障山.

歆上言"妖賊犬羊萬計 絳頭毛面 挑刀走戟 其鋒不可當. 請 臺敕諸軍三道救助." 朝廷以屯騎校尉劉喬爲豫州刺史 寧塑將 軍沛國劉弘爲荊州刺史. 又詔河間王顒遣雍州刺史劉沈將州兵 萬人 幷征西府五千人出藍田頭以討昌. 顒不奉詔 沈自領州兵 至藍田 顒又逼奪其衆. 於是劉喬屯汝南 劉弘及前將軍趙驤· 平南將軍羊伊屯宛. 昌遣其將黃林帥二萬人向豫州 劉喬擊卻 之.

初 歆與齊王冏善 冏敗 歆懼 自結於大將軍穎. 及張昌作亂

歆表請討之. 時長沙王乂已與潁有隙 疑歆與潁連謀 不聽歆出
兵 昌衆日盛. 從事中郎孫洵謂歆曰"公爲岳牧 受閫外之託 拜
表輒行 有何不可！而使姦凶滋蔓 禍釁不測 豈藩翰王室・鎮
靜方夏之義乎！"歆將出兵 王綏曰"昌等小賊 偏裨自足制之
何必違詔命 親矢石也！"昌至樊城 歆乃出拒之 衆潰 爲昌所
殺. 詔以劉弘代歆爲鎭南將軍 都督荊州諸軍事. 六月 弘以南
蠻長史盧江陶侃爲大都護 參軍蒯恒爲義軍督護 牙門將皮初爲
都戰帥 進據襄陽. 張昌幷軍圍宛 敗趙驤軍 殺羊伊. 劉弘退屯
梁. 昌進攻襄陽 不克.

3　　李雄攻殺汶山太守陳圖 遂取郫城.

　秋 七月 李流徙屯郫. 蜀民皆保險結塢 或南入寧州 或東下
荊州. 城邑皆空 野無煙火 流虜掠無所得 士衆飢乏. 唯涪陵千
餘家 依靑城山處士范長生 平西參軍涪陵徐轝說羅尙 求爲汶
山太守 邀結長生 與共討流. 尙不許 轝怒 出降於流 流以轝爲
安西將軍. 轝說長生 使資給流軍糧 長生從之. 流軍由是復振.

4　　初 李含以長沙王乂微弱 必爲齊王冏所殺 因欲以爲冏罪
而討之 遂廢帝 立大將軍潁 以河間王顒爲宰相 己得用事. 旣
而冏爲乂所殺 潁・顒猶守藩 不如所謀. 潁恃功驕奢 百度弛廢
甚於冏時 猶嫌乂在內 不得逞其欲 欲去之. 時皇甫商復爲乂參
軍 商兄重爲秦州刺史. 含說顒曰"商爲乂所任 重終不爲人用
宜早除之. 可表遷重爲內職 因其過長安執之."重知之 露檄上

尙書 發隴上兵以討含. 义以兵方少息 遣使詔重罷兵 徵含爲
河南尹. 含就徵而重不奉詔 顒遣金城太守游楷・隴西太守韓
穉等合四郡兵攻之. 顒密使含與侍中馮蓀・中書令卞粹謀殺义
皇甫商以告义 收含・蓀・粹 殺之. 驃騎從事琅邪諸葛玫・前
司徒長史武邑牽秀皆出奔鄴.

5　　張昌黨石冰寇揚州 敗刺史陳徽 諸郡盡沒 又攻破江州 別
將陳貞等攻武陵・零陵・豫章・武昌・長沙 皆陷之 臨淮人封
雲起兵寇徐州以應冰. 於是荊・江・徐・揚・豫五州之境 多
爲昌所據. 昌更置牧守 皆桀盜小人 專以劫掠爲務.

　劉弘遣陶侃等攻昌於竟陵 劉喬遣其將李楊等向江夏. 侃等
屢與昌戰 大破之 前後斬首數萬級 昌逃于下雋山 其衆悉降.

　初 陶侃少孤貧 爲郡督郵. 長沙太守萬嗣過廬江 見而異之
命其子結友而去. 後察孝廉 至洛陽 豫章國郎中令楊晫薦之于
顧榮 侃由是知名. 既克張昌 劉弘謂侃曰"吾昔爲羊公參軍 謂
吾後當居身處 今觀卿 必繼老夫矣."

　弘之退屯於梁也 征南將軍范陽王虓遣前長水校尉張奕領荊
州. 弘至 奕不受代 舉兵拒弘. 弘討奕 斬之. 時荊部守宰多缺
弘請補選 詔許之 弘敍功銓德 隨才授任 人皆服其公當. 弘表
皮初補襄陽太守 朝廷以初雖有功而望淺 更以弘壻前東平太守
夏侯陟爲襄陽太守. 弘下敎曰"夫治一國者 宜以一國爲心 必
若姻親然後可用 則荊州十郡 安得十女壻然後爲政哉！"乃表
"陟姻親 舊制不得相監 皮初之勳 宜見酬報."詔聽之. 弘於是

勸課農桑 寬刑省賦 公私給足 百姓愛悅.

6　　河間王顒聞李含等死 卽起兵討長沙王乂. 大將軍穎上表請
討張昌 許之 聞昌已平 因欲與顒共攻乂. 盧志諫曰 "公前有大
功而委權辭寵 時望美矣. 今若頓軍關外 文服入朝 此霸主之事
也." 參軍魏郡邵續曰 "人之有兄弟 如左右手. 明公欲當天下
之敵而先去其一手 可乎!" 穎皆不從. 八月 顒 · 穎共表 "乂
論功不平 與右僕射羊玄之 · 左將軍皇甫商專擅朝政 殺害忠良
請誅玄之 · 商 遣乂還國." 詔曰 "顒敢舉大兵 內向京輦 吾當
親帥六軍以誅姦逆. 其以乂爲太尉 都督中外諸軍事以禦之."

顒以張方爲都督 將精兵七萬 自函谷東趨洛陽. 穎引兵屯朝
歌 以平原內史陸機爲前將軍 · 前鋒都督 督北中郎將王粹 ·
冠軍將軍牽秀 · 中護軍石超等軍二十餘萬 南向洛陽. 機以羈
旅事穎 一旦頓居諸將之右 王粹等心皆不服. 白沙督孫惠與機
親厚 勸機讓都督於粹. 機曰 "彼將謂吾首鼠兩端 適所以速禍
也." 遂行. 穎列軍自朝歌至河橋 鼓聲聞數百里.

乙丑 帝如十三里橋. 太尉乂使皇甫商將萬餘人拒張方於宜
陽. 己巳 帝還軍宣武場 庚午 舍于石樓. 九月 丁丑 屯于河橋.
壬子 張方襲皇甫商 敗之. 甲申 帝軍于芒山. 丁亥 帝幸偃師
辛卯 舍于豆田. 大將軍穎進屯河南 阻清水爲壘. 癸巳 羊玄之
憂懼而卒 帝旋軍城東 丙申 幸緱氏 擊牽秀 走之. 大赦. 張方
入京城 大掠 死者萬計.

7　李流疾篤 謂諸將曰"驍騎仁明 固足以濟大事 然前軍英武 殆天所相 可共受事於前軍." 流卒 衆推李雄爲大都督·大將軍·益州牧·治郫城. 雄使武都樸泰紿羅尚 使襲郫城 云已爲内應. 尚使隗伯將兵攻郫 泰約舉火爲應 李驤伏兵於道 泰出長梯於外. 隗伯兵見火起 爭緣梯上 驤縱兵擊 大破之. 追奔夜至城下 詐稱萬歲 曰"已得郫城矣！" 入少城 尚乃覺之 退保太城. 隗伯創甚 雄生獲之 赦不殺. 李驤攻犍爲 斷尚運道. 獲太守龔恢 殺之.

8　石超進逼緱氏. 冬 十月 壬寅 帝還宮. 丁未 敗牽秀於東陽門外. 大將軍穎遣將軍馬咸助陸機. 戊申 太尉乂奉帝與機戰于建春門. 乂司馬王瑚使數千騎繫戟於馬 以突咸陳 咸軍亂 執而斬之. 機軍大敗 赴七里澗 死者如積 水爲之不流. 斬其大將賈崇等十六人 石超遁去.

初 宦人孟玖有寵於大將軍穎 玖欲用其父爲邯鄲令 左長史盧志等皆不敢違 右司馬陸雲固執不許 曰"此縣 公府掾資 豈有黃門父居之邪！" 玖深怨之. 玖弟超 領萬人爲小督 未戰 縱兵大掠 陸機錄其主者 超將鐵騎百餘人直入機麾下 奪之 顧謂機曰"貉奴 能作督不！" 機司馬吳郡孫拯勸機殺之 機不能用. 超宣言於衆曰"陸機將反." 又還書與玖 言機持兩端 故軍不速決. 及戰 超不受機節度 輕兵獨進 敗沒. 玖疑機殺之 譖之於穎曰"機有二心於長沙." 牽秀素諂事玖 將軍王闡·郝昌·帳下督陽平公師藩皆玖所引用 相與共證之. 穎大怒 使秀將兵收機.

參軍事王彰諫曰"今日之舉 強弱異勢. 庸人猶知必克 況機之明達乎！但機吳人 殿下用之太過 北土舊將皆疾之耳."穎不從. 機聞秀至 釋戎服 著白帢 與秀相見 爲牋辭穎 既而歎曰"華亭鶴唳 可復聞呼！"秀遂殺之. 穎又收機弟淸河內史雲‧平東祭酒耽及孫拯 皆下獄.

　記室江統‧陳留蔡克‧穎川棗嵩等上疏 以爲"陸機淺謀致敗 殺之可也. 至於反逆 則衆共知其不然. 宜先檢校機反狀 若有徵驗 誅雲等未晚也."統等懇請不已 穎遲迴者三日. 蔡克入至穎前 叩頭流血 曰"雲爲孟玖所犯 遠近莫不聞. 今果見殺 竊爲明公惜之！"僚屬隨克入者數十人 流涕固請 穎惻然 有宥雲色. 孟玖扶穎入 催令殺雲‧耽 夷機三族. 獄吏考掠孫拯數百 兩踝骨見 終言機冤. 吏知拯義烈 謂拯曰"二陸之枉 誰不知之 君可不愛身乎！"拯仰天歎曰"陸君兄弟 世之奇士 吾蒙知愛 今旣不能救其死 忍復從而誣之乎！"玖等知拯不可屈 乃令獄吏詐爲拯辭. 穎旣殺機 意常悔之 及見拯辭 大喜 謂玖等曰"非卿之忠 不能窮此姦."遂夷拯三族. 拯門人費慈‧宰意二人詣獄明拯冤 拯譬遣之曰"吾義不負二陸 死自吾分 卿何爲爾邪！"曰"君旣不負二陸 僕又安可負君！"固言拯冤 玖又殺之.

　太尉乂奉帝攻張方 方兵望見乘輿 皆退走 方遂大敗 死者五千餘人. 方退屯十三里橋 衆懼 欲夜遁 方曰"勝負兵家之常 善用兵者能因敗爲成. 今我更前作壘 出其不意 此奇策也."乃夜潛逼洛城七里 築壘數重 外引廩穀以足軍食. 乂旣戰勝 以爲

方不足憂. 聞方壘成 十一月 引兵攻之 不利. 朝議以乂 · 穎兄弟 可辭說而釋 乃使中書令王衍等往說穎 令與乂分陝而居 穎不從. 乂因致書於穎 爲陳利害 欲與之和解 穎復書"請斬皇甫商等首 則引兵還鄴." 乂不可.

穎進兵逼京師 張方決千金堨 水碓皆涸. 乃發王公奴婢手春給兵 一品已下不從征者 男子十三以上皆從役 又發奴助兵 公私窮蹙 米石萬錢. 詔命所行 一城而已. 驃騎主簿范陽祖逖言於乂曰"劉沈忠義果毅 雍州兵力足制河間 宜啓上爲詔與沈 使發兵襲顒. 顒窘急 必召張方以自救 此良策也." 乂從之. 沈奉詔馳檄四境 諸郡多起兵應之. 沈合七郡之衆凡萬餘人 趣長安.

乂又使皇甫商間行 齎帝手詔 命游楷等罷兵 敕皇甫重進軍討顒. 商間行至新平 遇其從甥 從甥素憎商 以告顒 顒捕商 殺之.

9　十二月 議郎周玘 · 前南平內史長沙王矩起兵江東以討石冰 推前吳興太守吳郡顧祕都督揚州九郡諸軍事 傳檄州郡 殺冰所署將吏. 於是前侍御史賀循起兵於會稽 廬江內史廣陵華譚及丹揚葛洪 · 甘卓皆起兵以應祕. 玘 處之子 循 邵之子 卓寧之曾孫也.

冰遣其將羌毒帥兵數萬拒玘 玘擊斬之. 冰自臨淮退趨壽春. 征東將軍劉準聞冰至 惶懼不知所爲. 廣陵度支廬江陳敏統衆在壽春 謂準曰"此等本不樂遠戍 逼迫成賊 烏合之衆 其勢易離 敏請督帥運兵爲公破之." 準乃益敏兵 使擊之.

10　閏月 李雄急攻羅尙. 尙軍無食 留牙門張羅守城. 夜 由牛鞞水東走 羅開門降. 雄入成都 軍士飢甚 乃帥衆就穀於郪 掘野芋而食之. 許雄坐討賊不進 徵卽罪.

11　安北將軍·都督幽州諸軍事王浚 以天下方亂 欲結援夷狄 乃以一女妻鮮卑段務勿塵 一女妻素怒延 又表以遼西郡封務勿塵爲遼西公. 浚 沈之子也.

12　毛詵之死也 李叡奔五苓夷帥于陵丞 于陵丞詣李毅爲叡請命 毅許之. 叡至 毅殺之. 于陵丞怒 帥諸夷反攻毅.

13　尙書令樂廣女爲成都王妃 或譖諸太尉乂 乂以問廣 廣神色不動 徐曰 "廣豈以五男易一女哉！" 乂猶疑之.

❖ 孝惠皇帝中之下 永興 元年(甲子, 304年)

1　春 正月 丙午 樂廣以憂卒.

2　長沙厲王乂屢與大將軍穎戰 破之 前後斬獲六·七萬人. 而乂未嘗虧奉上之禮 城中糧食日窘 而士卒無離心. 張方以爲洛陽未可克 欲還長安. 而東海王越慮事不濟 癸亥 潛與殿中諸將夜收乂送別省. 甲子 越啓帝 下詔免乂官 置金墉城. 大赦 改

元. 城旣開 殿中將士見外兵不盛 悔之 更謀劫出乂以拒穎. 越
懼 欲殺乂以絶衆心. 黃門侍郎潘滔曰"不可 將自有靜之者."
乃遣密告張方. 丙寅 方取乂於金墉城 至營 炙而殺之 方軍士
亦爲之流涕.

公卿皆詣鄴謝罪 大將軍穎入京師 復還鎭于鄴. 詔以穎爲
丞相 加東海王越守尙書令. 穎遣奮武將軍石超等帥兵五萬屯
十二城門 殿中宿所忌者 穎皆殺之 悉代去宿衛兵. 表盧志爲中
書監 留鄴 參署丞相府事.

河間王顒頓軍於鄭 爲東軍聲援 聞劉沈兵起 還鎭渭城 遣督
護虞夔逆戰於好畤. 夔兵敗 顒懼 退入長安 急召張方. 方掠
洛中官私奴婢萬餘人而西. 軍中乏食 殺人雜牛馬肉食之.

劉沈渡渭而軍 與顒戰 顒屢敗. 沈使安定太守衙博・功曹皇
甫澹以精甲五千襲長安 入其門 力戰至顒帳下. 沈兵來遲 馮翊
太守張輔見其無繼 引兵橫擊之 殺博及澹 兵遂敗 收餘卒而退.
張方遣其將敦偉夜擊之 沈軍驚潰 沈與麾下南走 追獲之. 沈
謂顒曰"知己之惠輕 君臣之義重 沈不可以違天子之詔 量強
弱以苟全. 投袂之日 期之必死 葅醢之戮 其甘如薺." 顒怒 鞭
之而後腰斬. 新平太守江夏張光數爲沈畫計 顒執而詰之 光曰
"劉雍州不用鄙計 故令王得有今日!" 顒壯之. 引與歡宴 表爲
右衛司馬.

3　　羅尙逃至江陽 遣使表狀 詔尙權統巴東・巴郡・涪陵以供
軍賦. 尙遣別駕李興詣鎭南將軍劉弘求糧 弘綱紀以運道阻遠

且荊州自空乏 欲以零陵米五千斛與尚. 弘曰"天下一家 彼此無異 吾今給之 則無西顧之憂矣." 遂以三萬斛給之 尚賴以自存. 李興願留爲弘參軍 弘奪其手版而遣之. 又遣治中何松領兵屯巴東爲尚後繼. 于時流民有荊州者十餘萬戶 羈旅貧乏 多爲盜賊 弘大給其田及種糧 擢其賢才 隨資敍用 流民遂安.

4   三月 乙酉 丞相穎表廢皇后羊氏 幽于金墉城 廢皇太子覃爲淸河王.

5   陳敏與石冰戰數十合 冰衆十倍於敏 敏擊之 所向皆捷 遂與周玘合攻冰於建康. 三月 冰北走 投封雲 雲司馬張統斬冰及雲以降 揚 · 徐二州平. 周玘 · 賀循皆散衆還家 不言功賞. 朝廷以陳敏爲廣陵相.

6   河間王顒表請立丞相穎爲太弟. 戊申 詔以穎爲皇太弟 都督中外諸軍事 丞相如故. 大赦. 乘輿服御皆遷于鄴 制度一如魏武帝故事. 以顒爲大宰 · 大都督 · 雍州牧 前太傅劉寔爲太尉. 寔以老 固讓不拜.

7   太弟穎僭侈日甚 嬖幸用事 大失衆望. 司空東海王越 與右衛將軍陳眕 及長沙王故將上官已等謀討之. 秋 七月 丙申朔 陳眕勒兵入雲龍門 以詔召三公百僚及殿中 戒嚴討穎 石超奔鄴. 戊戌 大赦 復皇后羊氏及太子覃. 己亥 越奉帝北征. 以越

爲大都督. 徵前侍中嵇紹詣行在. 侍中秦準謂紹曰"今往 安危
難測 卿有佳馬乎？"紹正色曰"臣子扈衛乘輿 死生以之 佳馬
何爲！"

越檄召四方兵 赴者雲集 比至安陽 衆十餘萬 鄴中震恐. 穎
會羣僚問計 東安王繇曰"天子親征 宜釋甲縞素出迎請罪."穎
不從 遣石超帥衆五萬拒戰. 折衝將軍喬智明勸穎奉迎乘輿 穎
怒曰"卿名曉事 投身事孤 今主上爲羣小所逼 卿奈何欲使孤
束手就刑邪！"

陳眕二弟匡·規自鄴赴行在 云鄴中皆已離散 由是不甚設
備. 己未 石超軍奄至 乘輿敗績於蕩陰 帝傷頰 中三矢 百官侍
御皆散. 嵇紹朝服 下馬登輦 以身衛帝 兵人引紹於轅中斫之.
帝曰"忠臣也 勿殺！"對曰"奉太弟令 惟不犯陛下一人耳！"
遂殺紹. 血濺帝衣. 帝墮於草中 亡六璽. 石超奉帝幸其營 帝餒
甚 超進水 左右奉秋桃. 穎遣盧志迎帝 庚申 入鄴. 大赦 改元
曰建武. 左右欲浣帝衣. 帝曰"嵇侍中血 勿浣也！"

陳眕·上官巳等奉太子覃守洛陽. 司空越奔下邳 徐州都督
東平王楙不納 越徑還東海. 太弟穎以越兄北弟宗室之望 下令
招之 越不應命. 前奮威將軍孫惠上書勸越邀結藩方 同獎王室.
越以惠爲記室參軍 與參謀議. 北軍中候苟晞奔范陽王虓 虓承
制以晞行兗州刺史.

8　　初 三王之起兵討趙王倫也 王浚擁衆挾兩端 禁所部士民
不得赴三王召募. 太弟穎欲討之而未能 浚心亦欲圖穎. 穎以右

司馬和演爲幽州刺史 密使殺浚. 演與烏桓單于審登謀與浚游
薊城南清泉 因而圖之. 會天暴雨 兵器霑濕 不果而還. 審登以
爲浚得天助 乃以演謀告浚. 浚與審登密嚴兵 約幷州刺史東嬴
公騰共圍演 殺之 自領幽州營兵. 騰 越之弟也. 太弟穎稱詔徵
浚 浚與鮮卑段務勿塵・烏桓羯朱及東嬴公騰同起兵討穎 穎遣
北中郎將王斌及石超擊之.

9　太弟穎怨東安王繇前議 八月 戊辰 收繇 殺之. 初 繇兄琅
邪恭王覲薨 子睿嗣. 睿沈敏有度量 爲左將軍 與東海參軍王導
善. 導 敦之從父弟也 識量清遠 以朝廷多故 每勸睿之國. 及繇
死 睿從帝在鄴 恐及禍 將逃歸. 穎先敕諸關津 無得出貴人 睿
至河陽 爲津吏所止. 從者宋典自後來 以鞭拂睿而笑曰 "舍長
官禁貴人 汝亦被拘邪?" 吏乃聽過. 至洛陽 迎太妃夏侯氏俱
歸國.

10　丞相從事中郎王澄發孟玖姦利事 勸太弟穎誅之 穎從之.

11　上官巳在洛陽 殘暴縱橫. 守河南尹周馥 浚之從父弟也 與
司隸滿奮等謀誅之. 事洩 奮等死 馥走 得免. 司空越之討太弟
穎也 太宰顒遣右將軍・馮翊太守張方將兵二萬救之 聞帝已入
鄴 因命方鎮洛陽. 巳與別將苗願拒之 大敗而還. 太子覃夜襲
巳・願 巳・願出走 方入洛陽. 覃於廣陽門迎方而拜 方下車扶
止之. 復廢覃及羊后.

12　　初 太弟穎表匈奴左賢王劉淵爲冠軍將軍 監五部軍事 使將兵在鄴. 淵子聰 驍勇絕人 博涉經史 善屬文 彎弓三百斤 弱冠游京師 名士莫不與交. 穎以聰爲積弩將軍.

淵從祖右賢王宣謂其族人曰 “自漢亡以來 我單于徒有虛號 無復尺土 自餘王侯 降同編戶. 今吾衆雖衰 猶不減二萬 奈何斂手就役 奄過百年！左賢王英武超世 天苟不欲興匈奴 必不虛生此人也. 今司馬氏骨肉相殘 四海鼎沸 復呼韓邪之業 此其時矣！” 乃相與謀 推淵爲大單于 使其黨呼延攸詣鄴告之.

淵白穎 請歸會葬 穎弗許. 淵令攸先歸 告宣等使招集五部及雜胡 聲言助穎 實欲叛之. 及王浚・東嬴公騰起兵 淵說穎曰 “今二鎭跋扈 衆十餘萬 恐非宿衛及近郡士衆所能御也 請爲殿下還說五部 以赴國難.” 穎曰 “五部之衆 果可發否？ 就能發之 鮮卑・烏桓 未易當也. 吾欲奉乘輿還洛陽以避其鋒 徐傳檄天下 以逆順制之 君意何如？” 淵曰 “殿下武皇帝之子 有大勳于王室 威恩遠著 四海之內 孰不願爲殿下盡死力者！何難發之！王浚豎子 東嬴疏屬 豈能與殿下爭衡邪！殿下一發鄴宮 示弱於人 洛陽不可得而至 雖至洛陽 威權不復在殿下也. 願殿下撫勉士衆 靖以鎭之 淵請爲殿下以二部摧東嬴 三部梟王浚二豎之首 可指日而懸也.” 穎悅 拜淵爲北單于・參丞相軍事.

淵至左國城 劉宣等上大單于之號 二旬之間 有衆五萬 都於離石 以聰爲鹿蠡王. 遣左於陸王宏帥精騎五千 會穎將王粹拒東嬴公騰. 粹已爲騰所敗 宏無及而歸.

王浚・東嬴公騰合兵擊王斌 大破之. 浚以主簿祁弘爲前鋒

敗石超于平棘 乘勝進軍. 候騎至鄴 鄴中大震 百僚奔走 土卒
分散. 盧志勸穎奉帝還洛陽. 時甲士尙有萬五千人 志夜部分
至曉將發 而程太妃戀鄴不欲去 穎狐疑未決. 俄而衆潰 穎遂將
帳下數十騎與志奉帝御犢車南奔洛陽. 倉猝上下無齎 中黃門
被囊中齎私錢三千 詔貸之 於道中買飯 夜則御中黃門布被 食
以瓦盆. 至溫 將謁陵 帝喪履 納從者之履 下拜流涕. 及濟河
張方自洛陽遣其子羆帥騎三千 以所乘車奉迎帝. 至芒山下 方
自帥萬餘騎迎帝. 方將拜謁 帝下車自止之. 帝還宮 奔散者稍
還 百官粗備. 辛巳 大赦.

王浚入鄴 士衆暴掠 死者甚衆. 使烏桓羯朱追太弟穎 至朝歌
不及. 浚還薊 以鮮卑多掠人婦女 命"有敢挾藏者斬!"於是
沈於易水者八千人.

13　　東嬴公騰乞師於拓跋猗㐌以擊劉淵 猗㐌與弟猗盧合兵擊
淵於西河 破之 與騰盟于汾東而還.

劉淵聞太弟穎去鄴 歎曰"不用吾言 逆自奔潰 眞奴才也!
然吾與之有言矣 不可以不救." 將發兵擊鮮卑 · 烏桓 劉宣等
諫曰"晉人奴隸御我 今其骨肉相殘 是天棄彼而使我復呼韓邪
之業也. 鮮卑 · 烏桓 我之氣類 可以爲援 奈何擊之!"淵曰
"善! 大丈夫當爲漢高 · 魏武 呼韓邪何足效哉!"宣等稽首曰
"非所及也!"

14　　荊州兵擒斬張昌 同黨皆夷三族.

15 　李雄以范長生有名德 爲蜀人所重 欲迎以爲君而臣之 長生不可. 諸將固請雄卽尊位. 冬 十月 雄卽成都王位 大赦 改元曰建興. 除晉法 約法七章. 以其叔父驤爲太傅 兄始爲太保 李離爲太尉 李雲爲司徒 李璜爲司空 李國爲太宰 閻式爲尙書令 楊褒爲僕射. 尊母羅氏爲王太后 追尊父特爲成都景王. 雄以李國 · 李離有智謀 凡事必咨而後行 然國 · 離事雄彌謹.

16 　劉淵遷都左國城 胡 · 晉歸之者愈衆. 淵謂羣臣曰 "昔漢有天下久長 恩結於民. 吾 漢氏之甥 約爲兄弟. 兄亡弟紹 不亦可乎！" 乃建國號曰漢. 劉宣等請上尊號 淵曰 "今四方未定 且可依高祖稱漢王." 於是卽漢王位 大赦 改元曰元熙. 追尊安樂公禪爲孝懷皇帝 作漢三祖 · 五宗神主而祭之. 立其妻呼延氏爲王后. 以右賢王宣爲丞相 崔游爲御史大夫 左於陸王宏爲太尉 范隆爲大鴻臚 朱紀爲太常 上常崔懿之 · 後部人陳元達 皆爲黃門郎 族子曜爲建武將軍 游固辭不就.

　元達少有志操 淵嘗招之 元達不答. 及淵爲漢王 或謂元達曰 "君其懼乎？" 元達笑曰 "吾知其人久矣 彼亦亮吾之心 但恐不過三 · 二日 驛書必至." 其暮 淵果徵元達. 元達事淵 屢進忠言 退而削草 雖子弟莫得知也.

　曜生而眉白 目有赤光 幼聰慧 有膽量 早孤 養於淵. 及長 儀觀魁偉 性拓落高亮 與衆不羣 好讀書 善屬文 鐵厚一寸 射而洞之. 常自比樂毅及蕭 · 曹 時人莫之許也 惟劉聰重之 曰 "永明 漢世祖 · 魏武之流 數公何足道哉！"

17　帝既還洛陽 張方擁兵專制朝政 太弟穎不得復豫事. 豫州都督范陽王虓 · 徐州都督東平王楙等上言"穎弗克負荷 宜降封一邑 特全其命. 太宰宜委以關右之任 自州郡以下 選舉授任一皆仰成 朝之大事 廢興損益 每輒疇咨. 張方爲國效節 而不達變通 未卽西還 宜遣還郡 所加方官 請悉如舊. 司徒戎 · 司空越 並忠國小心 宜幹機事 委以朝政. 王浚有定社稷之勳 宜特崇重 遂撫幽朔 長爲北藩. 臣等竭力扞城 藩屏皇家 則陛下垂拱 四海自正矣."

張方在洛既久 兵士剽掠殆竭 衆情喧喧 無復留意 議欲奉帝遷都長安 恐帝及公卿不從 欲須帝出而劫之. 乃請帝謁廟 帝不許. 十一月 乙未 方引兵入殿 以所乘車迎帝 帝馳避後園竹中. 軍人引帝出 逼使上車 帝垂泣從之. 方於馬上稽首曰"今寇賊縱橫 宿衛單少 願陛下幸臣壘 臣盡死力以備不虞." 時羣臣皆逃匿 唯中書監盧志侍側 曰"陛下今日之事 當一從右將軍." 帝遂幸方壘 令方具車載宮人 · 寶物. 軍人因妻略後宮 分爭府藏 割流蘇 · 武帳爲馬帴 魏 · 晉以來蓄積 掃地無遺. 方將焚宗廟 · 宮室以絶人返顧之心 盧志曰"董卓無道 焚燒洛陽 怨毒之聲 百年猶存 何爲襲之!"乃止.

帝停方壘三日 方擁帝及太弟穎 · 豫章王熾等趨長安 王戎出奔郟. 太宰顒帥官屬步騎三萬迎于霸上 顒前拜謁 帝下車止之. 帝入長安 以征西府爲宮. 唯尚書僕射荀藩 · 司隸劉暾 · 河南尹周馥等在洛陽爲留臺 承制行事 號東 · 西臺. 藩 勗之子也. 丙午 留臺大赦 改元復爲永安. 辛丑 復皇后羊氏.

18 羅尙移屯巴郡 遣兵掠蜀中 獲李驤妻昝氏及子壽.

19 十二月 丁亥 詔太弟穎以成都王還第 更立豫章王熾爲皇
太弟. 帝兄弟二十五人 時存者惟穎·熾及吳王晏. 晏材質庸
下 熾沖素好學 故太宰顒立之. 詔以司空越爲太傅 與顒夾輔帝
室 王戎參錄朝政. 又以光祿大夫王衍爲尙書左僕射. 高密王略
爲鎭南將軍 領司隷校尉 權鎭洛陽. 東中郎將模爲寧北將軍 都
督冀州諸軍事 鎭鄴. 百官各還本職. 令州郡蠲除苛政 愛民務
本 淸通之後 當還東京. 大赦 改元. 略·模 皆越之弟也. 王浚
旣去鄴 越使模鎭之. 顒以四方乖離 禍難不已 故下此詔和解之
冀獲少安. 越辭太傅不受. 又詔以太宰顒都督中外諸軍事. 張
方爲中領軍·錄尙書事 領京兆太守.

20 東嬴公騰遣將軍聶玄擊漢王淵 戰於大陵 玄兵大敗.
　淵遣劉曜寇太原 取泫氏·屯留·長子·中都. 又遣冠軍將
軍喬晞寇西河 取介休. 介休令賈渾不降 晞殺之 將納其妻宗氏
宗氏罵晞而哭 曰晞又殺之. 淵聞之 大怒曰"使天道有知 喬晞
望有種乎！"追還 降秩四等 收渾尸 葬之. *

資治通鑑 卷086

❖ 孝惠皇帝下 永興 2年(乙丑, 305年)

1   夏 四月 張方廢羊后.

2   游楷等攻皇甫重 累年不能克 重遣其養子昌求救於外. 昌
詣司空越 越以太宰顒新與山東連和 不肯出兵. 昌乃與故殿中
人楊篇詐稱越命 迎羊后於金墉城. 入宮 以后令發兵討張方 奉
迎大駕. 事起倉猝 百官初皆從之 俄知其詐 相與誅昌. 顒請遣
御史宣詔喻重令降 重不奉詔. 先是城中不知長沙厲王及皇甫
商已死 重獲御史騶人 問曰"我弟將兵來 欲至未?"騶人曰
"已爲河間王所害."重失色 立殺騶人. 於是城中知無外救 共
殺重以降顒. 以馮翊太守張輔爲秦州刺史.

3   六月 甲子 安豐元侯王戎薨于郟.

4 張輔至秦州 殺天水太守封尙 欲以立威 又召隴西太守韓稚 稚子樸勒兵擊輔. 輔軍敗 死. 涼州司馬楊胤言於張軌曰 "韓稚擅殺剌史 明公杖鉞一方 不可以不討." 軌從之 遣中督護汜瑗帥衆二萬討稚 稚詣軌降. 未幾 鮮卑若羅拔能寇涼州 軌遣司馬宋配擊之 斬拔能 俘十餘萬口 威名大振.

5 漢王淵攻東嬴公騰 騰復乞師於拓跋猗㐌 衛操勸猗㐌助之. 猗㐌帥輕騎數千救騰 斬漢將綦毌豚. 詔假猗㐌大單于 加操右將軍. 甲申 猗㐌卒 子普根代立.

6 東海中尉劉洽以張方劫遷車駕 勸司空越起兵討之. 秋 七月 越傳檄山東征‧鎭‧州‧郡云 "欲糾帥義旅 奉迎天子 還復舊都." 東平王楙聞之 懼 長史王脩說楙曰 "東海 宗室重望 今興義兵 公宜舉徐州以授之 則免於難 且有克讓之美矣." 楙從之. 越乃以司空領徐州都督 楙自爲兗州刺史 詔卽遣使者劉虔授之. 是時 越兄弟並據方任 於是范陽王虓及王浚等共推越爲盟主 越輒選置刺史以下 朝士多赴之.

7 成都王穎旣廢 河北人多憐之. 穎故將公師藩等自稱將軍起兵於趙‧魏 衆至數萬. 初 上黨武鄕羯人石勒 有膽力 善騎射. 幷州大饑 建威將軍閻粹說東嬴公騰執諸胡於山東 賣充軍實. 勒亦被掠 賣爲茌平人師懽奴 懽奇其狀貌而免之. 懽家鄰於馬牧 勒乃與牧帥汲桑結壯士爲羣盜. 及公師藩起 桑與勒帥

數百騎赴之. 桀始命勒以石爲姓 勒爲名. 藩攻陷郡縣 殺二千
石·長史 轉前 攻鄴. 平昌公模甚懼 范陽王虓遣其將苟晞救鄴
與廣平太守譙國丁紹共擊藩 走之.

8　八月 辛丑 大赦.

9　司空越以琅邪王睿爲平東將軍 監徐州諸軍事 留守下邳.
睿請王導爲司馬 委以軍事. 越帥甲士三萬 西屯蕭縣 范陽王虓
自許屯于滎陽. 越承制以豫州刺史劉喬爲冀州刺史 以范陽王
虓領豫州刺史 喬以虓非天子命 發兵拒之. 虓以劉琨爲司馬 越
以劉蕃爲淮北護軍 劉輿爲潁川太守. 喬上尚書 列輿兄弟罪惡
因引兵攻許 遣其長子祐將兵拒越於蕭縣之靈壁 越兵不能進.
東平王楙在兗州 徵求不已 郡縣不堪命. 范陽王虓遣苟晞還兗
州 徙楙都督靑州. 楙不受命 背山東諸侯 與劉喬合.

10　太宰顒聞山東兵起 甚懼. 以公師藩爲成都王穎起兵 王午
表穎爲鎮軍大將軍·都督河北諸軍事 給兵千人 以盧志爲魏郡
太守 隨穎鎮鄴 欲以撫安之 又遣建武將軍呂朗屯洛陽.
　顒發詔 令東海王越等各就國 越等不從. 會得劉喬上事 冬
十月 丙子 下詔稱"劉輿迫脅范陽王虓 造搆凶逆. 其令鎮南大
將軍劉弘·平南將軍彭城王釋·征東大將軍劉準 各勒所統 與
劉喬幷力 以張方爲大都督 統精卒十萬 與呂朗共會許昌 誅輿
兄弟." 釋 宣帝弟子穆王權之孫也. 丁丑 顒使成都王穎領將軍

劉褒等 前車騎將軍石超領北中郎將王闡等 據河橋 爲劉喬繼
援 進喬鎮東將軍 假節.

劉弘遺喬及司空越書 欲使之解怨釋兵 同獎王室 皆不聽. 弘
又上表曰 "自頃兵戈紛亂 猜禍鋒生 疑隙構於羣王 災難延于
宗子. 今夕爲忠 明旦爲逆 翻其反而 互爲戎首. 載籍以來 骨肉
之禍未有如今者也 臣竊悲之! 今邊陲無備豫之儲 中華有杼軸
之困 而股肱之臣 不惟國體 職競尋常 自相楚剝. 萬一四夷乘
虛爲變 此亦猛虎交鬭自效於卞莊者矣. 臣以爲宜速發明詔詔
越等 令兩釋猜嫌 各保分局. 自今以後 其有不被詔書 擅興兵
馬者 天下共伐之." 時太宰顒方拒關東 倚喬爲助 不納其言.

喬乘虛襲許 破之. 劉琨將兵救許 不及 遂與兄輿及范陽王虓
俱奔河北 琨父母爲喬所執. 劉弘以張方殘暴 知顒必敗 乃遣參
軍劉盤爲督護 帥諸軍受司空越節度.

時天下大亂 弘專督江・漢 威行南服. 謀事有成者 則曰 "某
人之功" 如有負敗 則曰 "老子之罪." 每有興發 手書守相 丁
寧款密. 所以人皆感悅 急赴之 咸曰 "得劉公一紙書 賢於十部
從事." 前廣漢太守辛冉說弘以從橫之事 弘怒 斬之.

11   有星孛于北斗.

12   平昌公模遣將軍宋冑趣河橋.

13   十一月 立節將軍周權 詐被檄 自稱平西將軍 復立羊后.

洛陽令何喬攻權 殺之 復廢羊后. 太宰顒矯詔 以羊后屢爲姦人
所立 遣尙書田淑敕留臺賜后死. 詔書屢至 司隷校尉劉暾等上
奏 固執以爲"羊庶人門戶殘破 廢放空宮 門禁峻密 無緣得與
姦人搆亂. 衆無愚智 皆謂其冤. 今殺一枯窮之人 而令天下傷
慘 何益於治！"顒怒 遣呂朗收暾. 暾奔靑州 依高密王略. 然
羊后亦以是得免.

14　十二月 呂朗等東屯滎陽 成都王穎進據洛陽.

15　劉琨說冀州刺史太原溫羨 使讓位於范陽王虓. 虓領冀州
遣琨詣幽州乞師于王浚 浚以突騎資之 擊王闡於河上 殺之. 琨
遂與虓引兵濟河 斬石超於滎陽. 劉喬自考城引退. 虓遣琨及督
護田徽東擊東平王楙於廩丘 楙走還國. 琨·徽引兵東迎越 擊
劉祐於譙 祐敗死 喬衆遂潰 喬奔平氏. 司空越進屯陽武 王浚
遣其將祁弘帥突騎鮮卑·烏桓爲越先驅.

16　初 陳敏旣克石冰 自謂勇略無敵 有割據江東之志. 其父怒
曰"滅我門者 必此兒也！"遂以憂卒. 敏以喪去職. 司空越起
敏爲右將軍·前鋒都督. 越爲劉祐所敗 敏請東歸收兵 遂據歷
陽叛. 吳王常侍甘卓 棄宮東歸 至歷陽 敏爲子景娶卓女 使卓
假稱皇太弟令 拜敏揚州刺史. 敏使弟恢及別將錢端等南略江
州 弟斌東略諸郡 揚州刺史劉機·丹陽太守王曠皆棄官走.
　敏遂據有江東 以顧榮爲右將軍 賀循爲丹陽內史 周玘爲安

豐太守 凡江東豪傑·名士 咸加收禮 爲將軍·郡守者四十餘人 或有老疾 就加秩命. 循詐爲狂疾 得免 乃以榮領丹陽內史. 玘亦稱疾 不之郡. 敏疑諸名士終不爲己用 欲盡誅之. 榮說敏曰“中國喪亂 胡夷內侮. 觀今日之勢 不能復振 百姓將無遺種. 江南雖經石冰之亂 人物尚全 榮常憂無孫·劉之主有以存之. 今將軍神武不世 勳效已著 帶甲數萬 舳艫山積 若能委信君子 使各得盡懷 散蔕芥之嫌 塞讒諂之口 則上方數州 可傳檄而定 不然 終不濟也.”敏命僚佐推己爲都督江東諸軍事·大司馬·楚公 加九錫 列上尚書 稱被中詔 自江入沔·漢 奉迎鑾駕.

太宰顒以張光爲順陽太守 帥步騎五千詣荊州討敏. 劉弘遣江夏太守陶侃·武陵太守苗光屯夏口 又遣南平太守汝南應詹督水軍以繼之.

侃與敏同郡 又同歲擧吏. 隨郡內史扈懷言於弘曰“侃居大郡 統強兵 脫有異志 則荊州無東門矣！”弘曰“侃之忠能 吾得之已久 必無是也.”侃聞之 遣子洪及兄子臻詣弘以自固 弘引爲參軍 資而遣之. 曰“賢叔征行 君祖母年高 便可歸也. 匹夫之交 尚不負心 況大丈夫乎！”

敏以陳恢爲荊州刺史 寇武昌 弘加侃前鋒督護以禦之. 侃以運船爲戰艦 或以爲不可. 侃曰“用官船擊官賊 何爲不可！”侃與恢戰 屢破之 又與皮初·張光·苗光共破錢端於長岐.

南陽太守衛展說弘曰“張光 太宰腹心 公旣與東海 宜斬光以明向背.”弘曰“宰輔得失 豈張光之罪！危人自安 君子弗爲

也."乃表光殊勳 乞加遷擢.

17　是歲 離石大饑 漢王淵徙屯黎亭 就邸閣穀 留太尉宏守離
石 使大司農卜豫運糧以給之.

❖ 孝惠皇帝下 光熙 元年(丙寅, 306年)

1　春 正月 戊子朔 日有食之.

2　初 太弟中庶子蘭陵繆播有寵於司空越 播從弟右衛率胤
太宰顒前妃之弟也. 越之起兵 遣播 · 胤詣長安說顒 令奉帝還
洛 約與顒分陝爲伯. 顒素信重播兄弟 卽欲從之. 張方自以罪
重 恐爲誅首 謂顒曰"今據形勝之地 國富兵強 奉天子以號令
誰敢不從 奈何拱手受制於人！"顒乃止. 及劉喬敗 顒懼 欲罷
兵 與山東和解. 恐張方不從 猶豫未決.
　方素與長安富人郅輔親善 以爲帳下督. 顒參軍河間畢垣 嘗
爲方所侮 因說顒曰"張方久屯霸上 聞山東兵盛 盤桓不進 宜
防其未萌. 其親信郅輔具知其謀."繆播 · 繆胤復說顒"宜急斬
方以謝 山東可不勞而定."顒使人召輔 垣迎說輔曰"張方欲反
人謂卿知之. 王若問卿 何辭以對？"輔驚曰"實不聞方反 爲
之奈何？"垣曰"王若問卿 但言爾爾 不然 必不免禍."輔入
顒問之曰"張方反 卿知之乎？"輔曰"爾."顒曰"遣卿取之

可乎？"又曰"爾."顯於是使輔送書於方 因殺之. 輔旣昵於方 持刀而入 守閤者不疑. 方火下發函 輔斬其頭. 還報 顯以輔爲 安定太守. 送方頭於司空越以請和 越不許.

宋冑襲河橋 樓褒西走. 平昌公模遣前鋒督護馮嵩會宋冑逼 洛陽. 成都王穎西奔長安 至華陰 聞顯已與山東和親 留不敢 進. 呂朗屯滎陽 劉琨以張方首示之 遂降. 甲子 司空越遣祁 弘‧宋冑‧司馬纂帥鮮卑西迎車駕 以周馥爲司隸校尉‧假節 都督諸軍 屯澠池.

3　三月 惽令劉柏根反 衆以萬數 自稱惽公. 王彌帥家僮從之 柏根以彌爲長史 彌從父弟桑爲東中郞將. 柏根寇臨淄 靑州都 督高密王略使劉暾將兵拒之 暾兵敗 奔洛陽 略走保聊城. 王浚 遣將討柏根 斬之. 王彌亡入長廣山爲羣盜.

4　寧州頻歲饑疫 死者以十萬計. 五苓夷強盛 州兵屢敗. 吏 民流入交州者甚衆 夷遂圍州城. 李毅疾病 救援路絕 乃上疏言 "不能式遏寇虐 坐待殄斃. 若不垂矜恤 乞降大使 及臣尙存 加 臣重辟 若臣已死 陳尸爲戮." 朝廷不報. 積數年 子釗自洛往 省之 未至 毅卒. 毅女秀 明達有父風 衆推秀領寧州事. 秀獎厲 戰士 嬰城固守. 城中糧盡 炙鼠拔草而食之. 伺夷稍怠 輒出兵 掩擊 破之.

5　范長生詣成都 成都王雄門迎 執版 拜爲丞相 尊之曰范賢.

6　夏 四月 己巳 司空越引兵屯溫. 初 太宰顒以爲張方死 東方兵必可解. 旣而東方兵聞方死 爭入關 顒悔之 乃斬郅輔 遣弘農太守彭隨·北地太守刁默將兵拒祁弘等於湖. 五月 壬辰 弘等擊隨·默 大破之. 遂西入關 又敗顒將馬瞻·郭偉於霸水 顒單馬逃入太白山. 弘等入長安 所部鮮卑大掠 殺二萬餘人 百官奔散 入山中 拾橡實食之. 己亥 弘等奉帝乘牛車東還. 以太弟太保梁柳爲鎮西將軍 守關中. 六月 丙辰朔 帝至洛陽 復羊后. 辛未 大赦 改元.

7　馬瞻等入長安 殺梁柳 與始平太守梁邁共迎太宰顒於南山. 弘農太守裴廙·秦國內史賈龕·安定太守賈疋等起兵擊顒 斬馬瞻·梁邁. 疋 詡之曾孫也. 司空越遣督護麋晃將兵擊顒 至鄭 顒使平北將軍牽秀屯馮翊. 顒長史楊騰 詐稱顒命 使秀罷兵 騰遂殺秀 關中皆服於越 顒保城而已.

8　成都王雄卽皇帝位 大赦 改元曰晏平 國號大成. 追尊父特曰景皇帝 廟號始祖 尊王太后曰皇太后. 以范長生爲天地太師 復其部曲 皆不豫征稅. 諸將恃恩 互爭班位 尚書令閻式上疏 請考漢·晉故事 立百官制度 從之.

9　秋 七月 乙酉朔 日有食之.

10　八月 以司空越爲太傅 錄尚書事 范陽王虓爲司空 鎮鄴 平

昌公模爲鎭東大將軍 鎭許昌 王浚爲驃騎大將軍·都督東夷·
河北諸軍事 領幽州刺史. 越以吏部郞庾敳爲軍諮祭酒 前太弟
中庶子胡母輔之爲從事中郞 黃門侍郞河南郭象爲主簿 鴻臚丞
阮脩爲行參軍 謝鯤爲掾. 輔之薦樂安光逸於越 越亦辟之. 敳
等皆尙虛玄 不以世務嬰心 縱酒放誕 敳殖貨無厭 象薄行 好
招權 越皆以其名重於世 故辟之.

11　　祁弘之入關也 成都王穎自武關奔新野. 會新城元公劉弘
卒 司馬郭勱作亂 欲迎穎爲主 郭舒奉弘子璠以討勱 斬之. 詔
南中郞將劉陶收穎. 穎北渡河 奔朝歌 收故將士 得數百人 欲
赴公師藩. 九月 頓丘太守馮嵩執之 送鄴 范陽王虓不忍殺而幽
之. 公師藩自白馬南渡河 兗州刺史苟晞討斬之.

12　　進東嬴公騰爵爲東燕王 平昌公模爲南陽王.

13　　冬 十月 范陽王虓薨. 長史劉輿以穎素爲鄴人所附 祕不發
喪 僞令人爲臺使稱詔 夜 賜穎死 幷殺其二子. 穎官屬先皆逃
散 惟盧志隨從 至死不怠 收而殯之. 太傅越召志爲軍諮祭酒.
　越將召劉輿 或曰"輿猶膩也 近則汚人." 及至 越疏之. 輿密
視天下兵簿及倉庫·牛馬·器械·水陸之形 皆默識之. 時軍
國多事 每會議 自長史潘滔以下 莫知所對 輿應機辨晝 越傾
膝酬接 卽以爲左長史 軍國之務 悉以委之. 輿說越遣其弟琨鎭
幷州 以爲北面之重 越表琨爲幷州刺史 以東燕王騰爲車騎將

軍‧都督鄴城諸軍事 鎭鄴.

14　十一月 己巳 夜 帝食麪中毒 庚午 崩于顯陽殿. 羊后自
以於太弟熾爲嫂 恐不得爲太后 將立淸河王覃. 侍中華混諫曰
“太弟在東宮已久 民望素定 今日寧可易乎！” 卽露版馳告太
傅越 召太弟入宮. 后已召覃至尙書閣 疑變 託疾而返. 癸酉 太
弟卽皇帝位 大赦 尊皇后曰惠皇后 居弘訓宮 追尊母王才人曰
皇太后 立妃梁氏爲皇后.
　懷帝始遵舊制 於東堂聽政. 每至宴會 輒與羣官論衆務 考經
籍. 黃門侍郞傳宣歎曰 “今日復見武帝之世矣！”

15　十二月 壬午朔 日有食之.

16　太傅越以詔書徵河間王顒爲司徒 顒乃就徵. 南陽王模遣
其將梁臣邀之於新安車上扼殺之 幷殺其三子.

17　辛丑 以中書監溫羨爲左光祿大夫 領司徒 尙書左僕射王
衍爲司空.

18　己酉 葬惠帝于太陽陵.

19　劉琨至上黨 東燕王騰卽自井陘東下. 時幷州饑饉 數爲胡
寇所掠 郡縣莫能自保. 州將田甄‧甄弟蘭‧任祉‧祁濟‧李

惲·薄盛等及使民萬餘人 悉隨騰就穀冀州 號爲"乞活"所餘之戶不滿二萬 寇賊縱橫 道路斷塞. 琨募兵上黨 得五百人 轉鬭而前. 至晉陽 府寺焚毀 邑野蕭條 琨撫循勞倈 流民稍集.

❖ 孝懷皇帝上 永嘉 元年(丁卯, 307年)

1   春 正月 癸丑 大赦 改元.

2   吏部郞周穆 太傅越之姑子也 與其妹夫御史中丞諸葛玫說越曰"主上之爲太弟 張方意也. 淸河王本太子 公宜立之."越不許. 重言之 越怒 斬之.

3   二月 王彌寇靑·徐二州 自稱征東大將軍 攻殺二千石. 太傅越以公車令東萊鞠羨爲本郡太守 以討彌 彌擊殺之.

4   陳敏刑政無章 不爲英俊所附 子弟凶暴 所在爲患 顧榮·周玘等憂之. 廬江內史華譚遺榮等書曰"陳敏盜據吳·會 命危朝露. 諸君或剖符名郡 或列爲近臣 而更辱身姦人之朝 降節叛逆之黨 不亦羞乎! 吳武烈父子皆以英傑之才 繼承大業. 今以陳敏凶狡 七弟頑冗 欲躡桓王之高蹤 蹈大皇之絕軌 遠度諸賢 猶當未許也. 皇輿東返 俊彥盈朝 將舉六師以淸建業 諸賢何顔復見中州之士邪?"榮等素有圖敏之心 及得書 甚慚 密

遣使報征東大將軍劉準 使發兵臨江. 己爲內應 剪髮爲信. 準
遣揚州刺史劉機等出歷陽討敏.

敏使其弟廣武將軍昶將兵數萬屯烏江 歷陽太守宏屯牛渚.
敏弟處知顧榮等有貳心 勸敏殺之 敏不從.

昶司馬錢廣 周玘同郡人也 玘密使廣殺昶 宣言州下已殺敏
敢動者誅三族. 廣勒兵朱雀橋南 敏遣甘卓討廣 堅甲精兵悉
委之. 顧榮慮敏之疑 故往就敏. 敏曰"卿當四出鎭衛 豈得就
我邪!"榮乃出 與周玘共說甘卓曰"若江東之事可濟 當共成
之. 然卿觀茲事勢 當有濟理不? 敏既常才 政令反覆 計無所
定 其子弟各已驕矜 其敗必矣. 而吾等安然受其官祿 事敗之日
使江西諸軍函首送洛 題曰'逆賊顧榮·甘卓之首'此萬世之辱
也!"卓遂詐稱疾 迎女 斷橋 收船南岸 與玘·榮及前松滋侯
相丹陽紀瞻共攻敏.

敏自帥萬餘人討卓 軍人隔水語敏衆曰"本所以戮力陳公者
正以顧丹陽·周安豐耳 今皆異矣 汝等何爲!"敏衆狐疑未決
榮以白羽扇揮之 衆皆潰去. 敏單騎北走 追獲之於江乘 歎曰
"諸人誤我 以至今日!"謂弟處曰"我負卿 卿不負我!"遂斬
敏於建業 夷三族. 於是會稽等郡盡殺敏諸弟.

時平東將軍周馥代劉準鎭壽春. 三月 己未朔 馥傳敏首至京
師. 詔徵顧榮爲侍中 紀瞻爲尙書郞. 太傅越辟周玘爲參軍 陸
玩爲掾. 玩 機之從弟也. 榮等至徐州 聞北方愈亂 疑不進 越與
徐州刺史裴盾書曰"若榮等顧望 以軍禮發遣!"榮等懼 逃歸.
盾 楷之兄子 越妃兄也.

5 西陽夷寇江夏 太守楊珉請督將議之. 諸將爭獻方略 騎督朱伺獨不言. 珉曰"朱將軍何以不言？"伺曰"諸人以舌擊賊 伺惟以力耳." 珉又問"將軍前後擊賊 何以常勝？"伺曰"兩敵共對 惟當忍之 彼不能忍 我能忍 是以勝耳." 珉善之.

6 詔追復楊太后尊號 丁卯 改葬之 諡曰武悼.

7 庚午 立淸河王覃弟豫章王詮爲皇太子. 辛未 大赦.

8 帝觀覽大政 留心庶事 太傅越不悅 固求出藩. 庚辰 越出鎭許昌.

9 以高密王略爲征南大將軍 都督荊州諸軍事 鎭襄陽 南陽王模爲征西大將軍 都督秦‧雍‧梁‧益諸軍事 鎭長安 東燕王騰爲新蔡王 都督司‧冀二州諸軍事 仍鎭鄴.

10 公師藩旣死 汲桑逃還苑中 更聚衆劫掠郡縣 自稱大將軍 聲言爲成都王報仇 以石勒爲前驅 所向輒克 署勒討虜將軍 遂進攻鄴. 時鄴中府庫空竭 而新蔡武哀王騰資用甚饒. 騰性吝嗇 無所振惠 臨急 乃賜將士米各數升 帛各丈尺 以是人不爲用. 夏 五月 桑大破魏郡太守馮嵩 長驅入鄴 騰輕騎出奔 爲桑將李豐所殺. 桑出成都王穎棺 載之車中 每事啓而後行. 遂燒鄴宮 火旬日不滅 殺士民萬餘人 大掠而去. 濟自延津 南擊兗州.

太傅越大懼 使苟晞及將軍王贊等討之.

11　秦州流民鄧定・訇氐等據成固 寇掠漢中 梁州刺史張殷遣巴西太守張燕討之. 鄧定等飢窘 詐降於燕 且賂之 燕爲之緩師. 定密遣訇氐求救於成 成主雄遣太尉離・司徒雲・司空璜將兵二萬救定 與燕戰 大破之 張殷及漢中太守杜孟治棄城走. 積十餘日 離等引還 盡徙漢中民於蜀. 漢中人句方・白落帥吏民還守南鄭.

12　石勒與苟晞等相持於平原・陽平間 數月 大小三十餘戰 互有勝負. 秋 七月 己酉朔 太傅越屯官渡 爲晞聲援.

13　己未 以琅邪王睿爲安東將軍・都督揚州江南諸軍事・假節 鎮建業.

14　八月 己卯朔 苟晞擊汲桑於東武陽 大破之. 桑退保淸淵.

15　分荊州・江州八郡爲湘州.

16　九月 戊申 琅邪王睿至建業. 睿以安東司馬王導爲謀主 推心親信 每事咨焉. 睿名論素輕 吳人不附 居久之 士大夫莫有至者 導患之. 會睿出觀禊 導使睿乘肩輿 具威儀 導與諸名勝皆騎從 紀瞻・顧榮等見之驚異 相帥拜于道左. 導因說睿曰

"顧榮‧賀循 此土之望 宜引之以結人心. 二子旣至 則無不來
矣." 睿乃使導躬造循‧榮 二人皆應命而至. 以循爲吳國內史
榮爲軍司 加散騎常侍 凡軍府政事 皆與之謀議. 又以紀瞻爲軍
祭酒 卞壼爲從事中郎 周玘爲倉曹屬 琅邪劉超爲舍人 張闓及
魯國孔衍爲參軍. 壼 粹之子 闓 昭之曾孫也. 王導說睿"謙以
接士 儉以足用 用淸靜爲政 撫綏新舊." 故江東歸心焉. 睿初
至 頗以酒廢事 導以爲言. 睿命酌 引觴覆之 於此遂絶.

17　苟晞追擊汲桑 破其八壘 死者萬餘人. 桑與石勒收餘衆 將
奔漢 冀州刺史譙國丁紹邀之於赤橋 又破之. 桑奔馬牧 勒奔樂
平. 太傅越還許昌 加苟晞撫軍將軍‧都督靑‧兗諸軍事 丁紹
寧北將軍 監冀州諸軍事 皆假節.
　晞屢破强寇 威名甚盛 善治繁劇 用法嚴峻. 其從母依之 晞
奉養甚厚. 從母子求爲將 晞不許 曰"吾不以王法貸人 將無後
悔邪！"固求之 晞乃以爲督護 後犯法 晞杖節斬之 從母叩頭
救之 不聽. 旣而素服哭之曰"殺卿者 兗州刺史 哭弟者 苟道
將也."

18　胡部大張㔨督‧馮莫突等 擁衆數千 壁于上黨 石勒往從
之 因說㔨督等曰"劉單于擧兵擊晉 部大拒而不從 自度終能
獨立乎？"曰"不能." 勒曰"然則安可不早有所屬！今部落皆
已受單于賞募 往往聚議 欲叛部大而歸單于矣." 㔨督等以爲
然. 冬 十月 㔨督等隨勒單騎歸漢 漢王淵署㔨督爲親漢王 莫

突爲都督部大 以勒爲輔漢将軍・平晉王 以統之.

　烏桓張伏利度有衆二千 壁于樂平 淵屢招 不能致. 勒僞獲罪
於淵 往奔伏利度 伏利度喜 結爲兄弟 使勒帥諸胡寇掠 所向
無前 諸胡畏服. 勒知衆心之附己 乃因會執伏利度 謂諸胡曰
"今起大事 我與伏利度誰堪爲主？" 諸胡咸推勒. 勒於是釋伏
利度 帥其衆歸漢. 淵加勒督山東征討諸軍事 以伏利度之衆配
之.

19　十一月 戊申朔 日有食之.

20　甲寅 以尙書右僕射和郁爲征北将軍 鎭鄴.

21　乙亥 以王衍爲司徒. 衍說太傅越曰"朝廷危亂 當賴方伯
宜得文武兼資以任之." 乃以弟澄爲荆州都督 族弟敦爲靑州刺
史 語之曰"荆州有江・漢之固 靑州有負海之險 卿二人在外
而吾居中 足以爲三窟矣." 澄至鎭 以郭舒爲別駕 委以府事.
澄日夜縱酒 不親庶務 雖寇戎交急 不以爲懷. 舒常切諫 以爲
宜愛民養兵 保全州境 澄不從.

22　十二月 戊寅 乞活田甄・田蘭・薄盛等起兵 爲新蔡王騰
報讎 斬汲桑于樂陵. 棄成都王穎棺於故井中 穎故臣收葬之.

23　甲午 以前太傅劉寔爲太尉 寔以老固辭 不許. 庚子 以光

祿大夫高光爲尙書令.

24 前北軍中候呂雍‧度支校尉陳顔等 謀立淸河王覃爲太子
事覺 太傅越矯詔囚覃於金墉城.

25 初 太傅越與苟晞親善 引升堂 結爲兄弟. 司馬潘滔說越曰
"兗州衝要 魏武以之創業. 苟晞有大志 非純臣也 久令處之 則
患生心腹矣. 若遷于靑州 厚其名號 晞必悅. 公自牧兗州 經緯
諸夏 藩衛本朝 此所謂爲之於未亂者也." 越以爲然. 癸卯 越
自爲丞相 領兗州牧 都督兗‧豫‧司‧冀‧幽‧幷諸軍事. 以
晞爲征東大將軍‧開府儀同三司 加侍中‧假節‧都督靑州諸
軍事 領靑州刺史 封東平郡公. 越‧晞由是有隙.
  晞至靑州 以嚴刻立威 日行斬戮 州人胃之 "屠伯." 頓丘太
守魏植爲流民所逼 衆五六萬 大掠兗州 晞出屯無鹽以討之. 以
弟純領靑川 刑殺更甚於晞. 晞討植 破之.
  初 陽平劉靈 少貧賤 力制奔牛 走及奔馬 時人雖異之 莫能
舉也. 靈撫膺歎曰 "天乎 何當亂也！" 及公師藩起 靈自稱將
軍 寇掠趙‧魏. 會王彌爲苟純所敗 靈亦爲王贊所敗 遂俱遣使
降漢. 漢拜彌鎭東大將軍‧靑徐二州牧‧都督緣海諸軍事 封
東萊公 以靈爲平北將軍.

26 李釗至寧州 州人奉釗領州事. 治中毛孟詣京師 求刺史 屢
上奏 不見省. 孟曰 "君亡親喪 幽閉窮城 萬里訴哀 精誠無感

生不如死！”欲自刎 朝廷憐之 以魏興大守王遜爲寧州刺史
仍詔交州出兵救李釗. 交州刺史吾彦遣其子咨將兵救之.

27　慕容廆自稱鮮卑大單于.

28　拓跋祿官卒 弟猗盧總攝三部 與廆通好.

❖ 孝懷皇帝 永嘉 2年(戊辰, 308年)

1　春 正月 丙午朔 日有食之.

2　丁未 大赦.

3　漢王淵遣撫軍將軍聰等十將南據太行 輔漢將軍石勒等十
將東下趙‧魏.

4　二月 辛卯 太傅越殺淸河王覃.

5　庚子 石勒寇常山 王浚擊破之.

6　涼州刺史張軌病風 口不能言 使其子茂攝州事. 隴西內史
晉昌張越 涼州大族 欲逐軌而代之 與其兄酒泉太守鎭及西平

太守曹祛 謀遣使詣長安告南陽王模 稱軌廢疾 請以秦州刺史
賈龕代之. 龕將受之 其兄讓龕曰"張涼州一時名士 威著西州
汝何德以代之！"龕乃止. 鎮‧祛上疏 更請刺史 未報 遂移檄
廢軌 以軍司杜耽攝州事 使耽表越爲刺史.

軌下敎 欲避位 歸老宜陽. 長史王融‧參軍孟暢蹋折鎮檄 排
閣入言曰"晉室多故 明公撫寧西夏 張鎮兄弟敢肆凶逆 當鳴
鼓誅之."遂出 戒嚴. 會軌長子寔自京師還 乃以寔爲中督護
將兵討鎮. 遣鎮甥太府主簿令狐亞先往說鎮 爲陳利害 鎮流涕
曰"人誤我！"乃詣寔歸罪. 寔南擊曹祛 走之.

朝廷得鎮‧祛疏 以侍中袁瑜爲涼州刺史. 治中楊澹馳詣長
安 割耳盤上 訴軌之被誣. 南陽王模表請停瑜 武威太守張琠亦
上表留軌 詔依模所表 且命誅曹祛. 軌於是命寔帥步騎三萬討
祛 斬之. 張越奔鄴 涼州乃定.

7 三月 太傅越自許昌徙鎮鄄城.

8 王彌收集亡散 兵復大振. 分遣諸將攻掠靑‧徐‧兗‧豫
四州 所過攻陷郡縣 多殺守令 有衆數萬 苟晞與之連戰 不能
克. 夏 四月 丁亥 彌入許昌.

太傅越遣司馬王斌帥甲士五千人入衛京師 張軌亦遣督護北
宮純將兵衛京師. 五月 彌入自轘轅 敗官軍于伊北 京師大震
宮城門晝閉. 王戌 彌至洛陽 屯于津陽門. 詔以王衍都督征討
諸軍事. 北宮純募勇士百餘人突陳 彌兵大敗. 乙丑 彌燒建春

門而東 衍遣左衛將軍王秉追之 戰于七里澗 又敗之.

彌走渡河 與王桑自軹關如平陽. 漢王淵遣侍中兼御史大夫郊迎 令曰 "孤親行將軍之館 拂席洗爵 敬待將軍." 及至 拜司隷校尉 加侍中·特進 以桑爲散騎侍郎.

北宮純等與漢劉聰戰於河東 敗之.

9　詔封張軌西平郡公 軌辭不受. 時州郡之使 莫有至者 軌獨遣使貢獻 歲時不絕.

10　秋 七月 甲辰 漢王淵寇平陽 太守宋抽棄郡走 河東太守路述戰死 淵徙都蒲子. 上郡鮮卑陸逐延·氐酋單徵並降於漢.

11　八月 丁亥 太傅越自鄄城徙屯濮陽 未幾 又徙屯滎陽.

12　九月 漢王彌·石勒寇鄴 和郁棄城走. 詔豫州刺史裴憲屯白馬以拒彌 車騎將軍王堪屯東燕以拒勒 平北將軍曹武屯大陽以備蒲子. 憲 楷之子也.

13　冬 十月 甲戌 漢王淵卽皇帝位 大赦 改元永鳳. 十一月 以其子和爲大將軍 聰爲車騎大將軍 族子曜爲龍驤大將軍.

14　王寅 幷州刺史劉琨使上黨太守劉惇帥鮮卑攻壺關 漢鎭東將軍綦毋達戰敗亡歸.

15 　丙午 漢都督中外諸軍事・領丞相右賢王宣卒.

16 　石勒・劉靈帥衆三萬寇魏郡・汲郡・頓丘 百姓望風降附者五十餘壘 皆假壘主將軍・都尉印綬 簡其強壯五萬爲軍士 老弱安堵如故. 己酉 勒執魏郡太守王粹于三臺 殺之.

17 　十二月 辛未朔 大赦.

18 　乙亥 漢主淵以大將軍和爲大司馬 封梁王 尙書令歡樂爲大司徒 封陳留王 后父御史大夫呼延翼爲大司空 封鴈門郡公宗室以親疏悉封郡縣王 異姓以功伐悉封郡縣公侯.

19 　成尙書令楊褒卒. 褒好直言 成主雄初得蜀 用度不足 諸將有以獻金銀得官者 褒諫曰"陛下設官爵 當網羅天下英豪 何有以官買金邪！"雄謝之. 雄嘗醉 推中書令杖太官令 褒進曰"天子穆穆 諸侯皇皇. 安有天子而爲酗也！"雄慚而止.

20 　成平寇將軍李鳳屯晉壽 屢寇漢中 漢中民東走荊沔. 詔以張光爲梁州刺史. 荊州寇盜不禁 詔起劉璠爲順陽刺史 江・漢間翕然歸之. *

資治通鑑 卷087

【晉紀九】

起屠維大荒落(己巳) 盡重光協洽(辛未) 凡三年.

❖ 孝懷皇帝中 永嘉 3年(己巳, 309年)

1   春 正月 辛丑朔 熒惑犯紫微. 漢太史令宣于脩之 言於漢
主淵曰"不出三年 必克洛陽. 蒲子崎嶇 難以久安 平陽氣象方
昌 請徙都之."淵從之. 大赦 改元河瑞.

2   三月 戊申 高密孝王略薨. 以尙書左僕射山簡爲征南將
軍·都督荊·湘·交·廣四州諸軍事 鎭襄陽. 簡 濤之子也 嗜
酒 不恤政事 表"順陽內史劉璠得衆心 恐百姓劫璠爲主."詔
徵璠爲越騎校尉. 南州由是遂亂 父老莫不追思劉弘.

3   丁巳 太傅越自滎陽入京師. 中書監王敦謂所親曰"太傅
專執威權 而選用表請 尙書猶以舊制裁之 今日之來 必有所
誅."

帝之爲太弟也 與中庶子繆播親善 及卽位 以播爲中書監 繆
胤爲太僕卿 委以心膂 帝舅散騎常侍王延‧尙書何綏‧太史令
高堂沖 並參機密. 越疑朝臣貳於己 劉輿‧潘滔勸越悉誅播等.
越乃誣播等欲爲亂 乙丑 遣平東將軍王秉 帥甲士三千入宮 執
播等十餘人於帝側 付廷尉 殺之. 帝歎息流涕而已.

綏 曾之孫也. 初 何曾侍武帝宴 退 謂諸子曰"主上開創大
業 吾每宴見 未嘗聞經國遠圖 惟說平生常事 非貽厥孫謀之道
也 及身而已 後嗣其殆乎! 汝輩猶可以免."指諸孫曰"此屬必
及於難."及綏死 兄嵩哭之曰"我祖其殆聖乎!"曾日食萬錢
猶云無下箸處. 子劭 日食二萬. 綏及弟機‧羨 汏侈尤甚 與人
書疏 詞禮簡傲. 河內王尼見綏書 謂人曰"伯蔚居亂世而矜豪
乃爾 其能免乎?"人曰"伯蔚聞卿言 必相危害."尼曰"伯蔚
比聞我言 自己死矣!"及永嘉之末 何氏無遺種.

❖ 臣光曰

何曾譏武帝偸惰 取過目前 不爲遠慮 知天下將亂 子
孫必與其憂 何其明也! 然身爲僭侈 使子孫承流 卒以驕
奢亡族 其明安在哉! 且身爲宰相 知其君之過 不以告而
私語於家 非忠臣也.

4　太傅越以王敦爲揚州刺史.

5 　劉寔連年請老 朝廷不許. 尙書左丞劉坦上言"古之養老以不事爲憂 不以吏之爲重 謂宜聽寔所守."丁卯 詔寔以侯就第. 以王衍爲太尉.

　太傅越解兗州牧 領司徒. 越以頃來興事 多由殿省 乃奏宿衛有侯爵者皆罷之. 時殿中武官並封侯 由是出者略盡 皆泣涕而去. 更使右衛將軍何倫・左衛將軍王秉領東海國兵數百人宿衛.

6 　左積弩將軍朱誕奔漢 具陳洛陽孤弱 勸漢主淵攻之. 淵以誕爲前鋒都督 以滅晉大將軍劉景爲大都督 將兵攻黎陽 克之 又敗王堪於延津 沈男女三萬餘人於河. 淵聞之 怒曰"景何面復見朕？ 且天道豈能容之？ 吾所欲除者 司馬氏耳 細民何罪？"黜景爲平虜將軍.

7 　夏 大旱 江・漢・河・洛皆竭 可涉.

8 　漢安東大將軍石勒寇巨鹿・常山 衆至十餘萬 集衣冠人物別爲君子營. 以趙郡張賓爲謀主 刁膺爲股肱 夔安・孔萇・支雄・桃豹・逯明爲爪牙 幷州諸胡羯多從之.

　初 張賓好讀書 闊達有大志 常自比張子房. 及石勒徇山東 賓謂所親曰"吾歷觀諸將 無如此胡將軍者 可與共成大業！"乃提劍詣軍門 大呼請見 勒亦未之奇也. 賓數以策干勒 已而皆如所言. 勒由是奇之 署爲軍功曹 動靜咨之.

9　漢主淵以王彌爲侍中·都督靑·徐·兗·豫·荊·揚六
州諸軍事·征東大將軍·靑州牧 與楚王聰共攻壺關 以石勒爲
前鋒都督. 劉琨遣護軍黃肅·韓述救之 聰敗述於西澗 勒敗肅
於封田 皆殺之.

太傅越遣淮南內史王曠·將軍施融·曹超將兵拒聰等. 曠濟
河 欲長驅而前 融曰"彼乘險間出 我雖有數萬之衆 猶是一軍
獨受敵也. 且當阻水爲固以量形勢 然後圖之." 曠怒曰"君欲
沮衆邪!" 融退 曰"彼善用兵 曠暗於事勢 吾屬今必死矣!"
曠等於太行與聰遇 戰於長平之間 曠兵大敗 融·超皆死.

聰遂破屯留·長子 凡斬獲萬九千級. 上黨太守龐淳以壺關
降漢. 劉琨以都尉張倚領上黨太守 據襄垣.

初 匈奴劉猛死 右賢王去卑之子誥升爰代領其衆. 誥升爰卒
子虎立 居新興 號鐵弗氏 與白部鮮卑皆附於漢. 劉琨自將擊虎
劉聰遣兵襲晉陽 不克.

10　五月 漢主淵封子裕爲齊王 隆爲魯王.

11　秋 八月 漢主淵命楚王聰等進攻洛陽 詔平北將軍曹武等
拒之 皆爲聰所敗. 聰長驅至宜陽 自恃驟勝 怠不設備. 九月 弘
農太守垣延詐降 夜襲聰軍 聰大敗而還.

王浚遣祁弘與鮮卑段務勿塵擊石勒于飛龍山 大破之 勒退屯
黎陽.

12　　冬 十月 漢主淵復遣楚王聰·王彌·始安王曜·汝陰王景
帥精騎五萬寇洛陽 大司空鴈門剛穆公呼延翼帥步卒繼之. 丙
辰 聰等至宜陽. 朝廷以漢兵新敗 不意其復至 大懼. 辛酉 聰屯
西明門. 北宮純等夜帥勇士千餘人出攻漢壁 斬其征虜將軍呼
延顥. 壬戌 聰南屯洛水. 乙丑 呼延翼爲其下所殺 其衆自大陽
潰歸. 淵敕聰等還師 聰表稱晉兵微弱 不可以翼·顥死故還師
固請留攻洛陽 淵許之. 太傅越嬰城自守. 戊寅 聰親祈嵩山 留
平晉將軍安陽哀王厲·冠軍將軍呼延朗督攝留軍 太傅參軍孫
詢說越乘虛出擊朗 斬之 厲赴水死. 王彌謂聰曰"今軍既失利
洛陽守備猶固 運車在陝 糧食不支數日. 殿下不如與龍驤還平
陽 裏糧發卒 更爲後舉 下官亦收兵穀 待命於兗·豫 不亦可
乎?"聰自以請留 未敢還. 宣于脩之言於淵曰"歲在辛未 乃
得洛陽. 今晉氣猶盛 大軍不歸 必敗."淵乃召聰等還.

13　　天水人苟琦等殺成太尉李離·尙書令閻式 以梓潼降羅尙
成主雄遣太傅驤·司徒雲·司空璜攻之 不克 雲·璜戰死.
　　初 譙周有子居巴西 成巴西太守馬脫殺之 其子登詣劉弘請
兵以復讎. 弘表登爲梓潼內史 使自募巴·蜀流民 得二千人 西
上 至巴郡 從羅尙求益兵 不得. 登進攻宕渠 斬馬脫 食其肝.
會梓潼降 登進據涪城 雄自攻之 爲登所敗.

14　　十一月 甲申 漢楚王聰·始安王曜歸于平陽. 王彌南出轘
轅 流民之在潁川·襄城·汝南·南陽·河南者數萬家 素爲居

民所苦 皆燒城邑 殺二千石‧長吏以應彌.

15　石勒寇信都 殺冀州刺史王斌. 王浚自領冀州. 詔車騎將軍
王堪‧北中郎將裴憲將兵討勒 勒引兵還 拒之 魏郡太守劉矩
以郡降勒. 勒至黎陽 裴憲棄軍奔淮南 王堪退保倉垣.

16　十二月 漢主淵以陳留王歡樂爲太傅 楚王聰爲大司徒 江
都王延年爲大司空. 遣都護大將軍曲陽王賢與征北大將軍劉
靈‧安北將軍趙固‧平北將軍王桑 東屯內黃. 王彌表左長史
曹嶷行安東將軍 東徇青州 且迎其家 淵許之.

17　初 東夷校尉勃海李臻 與王浚約共輔晉室 浚內有異志 臻
恨之. 和演之死也 別駕昌黎王誕亡歸李臻 說臻舉兵討浚. 臻
遣其子成將兵擊浚. 遼東太守龐本 素與臻有隙 乘虛襲殺臻 遣
人殺成於無慮. 誕亡歸慕容廆. 詔以勃海封釋代臻爲東夷校尉
龐本復謀殺之 釋子悛勸釋伏兵請本 收斬之 悉誅其家.

❖ 孝懷皇帝中 永嘉 4年(庚午, 310年)

1　春 正月 乙丑朔 大赦.

2　漢主淵立單徵女爲皇后 梁王和爲皇太子 大赦 封子乂爲

北海王 以長樂王洋爲大司馬.

3 　漢鎮東大將軍石勒濟河 拔白馬 王彌以三萬衆會之 共寇
徐·豫·兗州. 二月 勒襲鄄城 殺兗州刺史袁孚 遂拔倉垣 殺
王堪. 復北濟河 攻冀州諸郡 民從之者九萬餘口.

4 　成太尉李國鎮巴西 帳下文石殺國 以巴西降羅尙.

5 　太傅越徵建威將軍吳興錢璯及揚州刺史王敦. 璯謀殺敦以
反 敦奔建業 告琅邪王睿. 璯遂反 進寇陽羨 睿遣將軍郭逸等
討之 周玘糾合鄕里 與逸等共討璯 斬之. 玘三定江南 睿以玘
爲吳興太守 於其鄕里置義興郡以旌之.

6 　曹嶷自大梁引兵而東 所至皆下 遂克東平 進攻琅邪.

7 　夏 四月 王浚將祁弘敗漢冀州刺史劉靈於廣宗 殺之.

8 　成主雄謂其將張寶曰"汝能得梓潼 吾以李離之官賞汝."
寶乃先殺人而亡奔梓潼 訇琦等信之 委以心腹. 會羅尙遣使至
梓潼 琦等出送之 寶從後閉門 琦等奔巴西. 雄以寶爲太尉.

9 　幽·幷·司·冀·秦·雍六州大蝗 食草木·牛馬毛皆盡.

10　秋 七月 漢楚王聰·始安王曜·石勒及安北大將軍趙國圍河內太守裴整于懷 詔征虜將軍宋抽救懷. 勒與平北大將軍王桑逆擊抽 殺之 河內人執整以降 漢主淵以整爲尙書左丞. 河內督將郭默收整餘衆 自爲塢主 劉琨以默爲河內太守.

11　羅尙卒於巴郡 詔以長沙太守下邳皮素代之.

12　庚午 漢主淵寢疾 辛未 以陳留王歡樂爲太宰 長樂王洋爲太傅 江都王延年爲太保 楚王聰爲大司馬·大單于 並錄尙書事. 置單于臺於平陽西. 以齊王裕爲大司徒 魯王隆爲尙書令 北海王乂爲撫軍大將軍·領司隷校尉 始安王曜爲征討大都督·領單于左輔 廷尉喬智明爲冠軍大將軍·領單于右輔 光祿大夫劉殷爲左僕射 王育爲右僕射 任顗爲吏部尙書 朱紀爲中書監 護軍馬景領左衛將軍 永安王安國領右衛將軍 安昌王盛·安邑王欽·西陽王璿皆領武衛將軍 分典禁兵. 初 盛少時不好讀書 唯讀《孝經》·《論語》曰"誦此能行 足矣 安用多誦而不行乎！"李熹見之 歎曰"望之如可易 及至 肅如嚴君 可謂君子矣！"淵以其忠篤 故臨終委以要任. 丁丑 淵召太宰歡樂等入禁中 受遺詔輔政. 己卯 淵卒 太子和卽位.

和性猜忌無恩. 宗正呼延攸 翼之子也 淵以其無才行 終身不遷官 侍中劉乘 素惡楚王聰 衛尉西昌王銳 恥不預顧命 乃相與謀 說和曰"先帝不惟輕重之勢 使三王總強兵於內 大司馬擁十萬衆屯於近郊 陛下便爲寄坐耳. 宜早爲之計."和 攸之甥

也 深信之. 辛巳夜 召安昌王盛・安邑王欽等告之. 盛曰"先
帝梓宮在殯 四王未有逆節 一旦自相魚肉 天下謂陛下何！且
大業甫爾 陛下勿信讒夫之言以疑兄弟. 兄弟尚不可信 他人
誰足信哉！"攸・銳怒之曰"今日之議 理無有二 領軍是何言
乎！"命左右刃之. 盛既死 欽懼曰"惟陛下命！"壬午 銳帥
馬景攻楚王聰于單于臺 攸帥永安王安國攻齊王裕于司徒府 乘
帥安邑王飲攻魯王隆 使尚書田密・武衛將軍劉璿攻北海王乂.
密・璿挾乂斬關歸于聰 聰命貫甲以待之. 銳知聰有備 馳還 與
攸・乘共攻隆・裕. 攸・乘疑安國・欽有異志 殺之. 是日 斬
裕 癸未 斬隆. 甲申 聰攻西明門 克之 銳等走入南宮 前鋒隨
之. 乙酉 殺和於光極西室 收銳・攸・乘 梟首通衢.

　羣臣請聰卽帝位 聰以北海王乂 單后之子也 以位讓之. 乂
涕泣固請 聰久而許之 曰"乂及羣公正以禍難尚殷 貪孤年長
故耳. 此家國之事 孤何敢辭！俟乂年長 當以大業歸之."遂卽
位. 大赦 改元光興. 尊單氏曰皇太后 其母張氏曰帝太后. 以乂
爲皇太弟・領大單于・大司徒. 立其妻呼延氏爲皇后. 呼延氏
淵后之從父妹也. 封其子粲爲河內王 易爲河間王 翼爲彭城王
悝爲高平王 仍以粲爲撫軍大將軍・都督中外諸軍事. 以石勒
爲幷州刺史 封汲郡公.

13　略陽臨渭氐酋蒲洪 驍勇多權略 羣氏畏服之. 漢主聰遣使
拜洪平遠將軍 洪不受 自稱護氐校尉・秦州刺史・略陽公.

14 九月 辛未 葬漢主淵于永光陵 諡曰光文皇帝 廟號高祖.

15 雍州流民多在南陽 詔書遣還鄉里. 流民以關中荒殘 皆不
願歸 征南將軍山簡‧南中郎將杜蕤各遣兵送之 促期令發. 京
兆王如遂潛結壯士 夜襲二軍 破之. 於是馮翊嚴嶷‧京兆侯脫
各聚衆攻城鎭 殺令長以應之 未幾 衆至四五萬 自號大將軍‧
領司‧雍二州牧 稱藩于漢.

16 冬 十月 漢河內王粲‧始安王曜及王彌帥衆四萬寇洛陽
石勒帥騎二萬會粲于大陽 敗監軍裴邈于澠池 遂長驅入洛川.
粲出轘轅 掠梁‧陳‧汝‧潁間. 勒出成皋關 壬寅 圍陳留太守
王讚於倉垣 爲讚所敗 退屯文石津.

17 劉琨自將討劉虎及白部 遣使卑辭厚禮說鮮卑拓跋猗盧以
請兵. 猗盧使其弟弗之子鬱律帥騎二萬助之 遂破劉虎‧白部
屠其營. 琨與猗盧結爲兄弟 表猗盧爲大單于 以代郡封之爲代
公. 時代郡屬幽州 王浚不許 遣兵擊猗盧 猗盧拒破之. 浚由是
與琨有隙.

猗盧以封邑去國懸遠 民不相接 乃帥部落萬餘家自雲中入鴈
門 從琨求陘北之地. 琨不能制 且欲倚之爲援 乃徒樓煩‧馬
邑‧陰館‧繁時‧崞五縣民於陘南 以其地與猗盧 由是猗盧益
盛.

琨遣使言於太傅越 請出兵共討劉聰‧石勒 越忌苟晞及豫州

刺史馮嵩 恐爲後患 不許. 琨乃謝猗盧之兵 遣歸國.

　劉虎收餘衆 西渡河 居朔方肆盧川 漢主聰以虎宗室 封樓煩公.

18　壬子 以劉琨爲平北大將軍 王浚爲司空 進鮮卑段務勿塵爲大單于.

19　京師饑困日甚 太傅越遣使以羽檄徵天下兵 使入援京師. 帝謂使者曰"爲我語諸征·鎭 今日尙可救 後則無及矣!"既而卒無至者. 征南將軍山簡遣督護王萬將兵入援 軍于涅陽 爲王如所敗. 如遂大掠沔·漢 進逼襄陽 簡嬰城自守. 荆州刺史王澄自將 欲援京師 至沔口 聞簡敗 衆散而還. 朝議多欲遷都以避難 王衍以爲不可 賣車牛以安衆心. 山簡爲嚴嶷所逼 自襄陽徙屯夏口.

20　石勒引兵濟河 將趣南陽 王如·侯脫·嚴嶷等聞之 遣衆一萬屯襄城以拒勒. 勒擊之 盡俘其衆 進屯宛北. 是時 侯脫據宛 王如據穰. 如素與脫不協 遣使重賂勒 結爲兄弟 說勒使攻脫. 勒攻宛 克之 嚴嶷引兵救宛 不及而降. 勒斬脫 囚嶷 送于平陽 盡幷其衆. 遂南寇襄陽 攻拔江西壘壁三十餘所. 還 趣襄城 王如遣弟璃襲勒 勒迎擊 滅之 復屯江西.

21　太傅越既殺王延等 大失衆望 又以胡寇益盛 內不自安 乃

戎服入見 請討石勒 且鎭集兗‧豫. 帝曰"今胡虜侵逼郊畿 人無固志 朝廷社稷 倚賴於公 豈可遠出以孤根本！"對曰"臣出幸而破賊 則國威可振 猶愈於坐待困窮也."十一月 甲戌 越帥甲士四萬向許昌 留妃裴氏‧世子毗及龍驤將軍李惲‧右衛將軍何倫守衛京師 防察宮省 以潘滔爲河南尹 總留事. 越表以行臺自隨 用太尉衍爲軍司 朝賢素望 悉爲佐吏 名將勁卒 咸入其府. 於是宮省無復守衛 荒饉日甚 殿內死人交橫 盜賊公行府寺營署 並掘塹自守. 越東屯項 以馮嵩爲左司馬 自領豫州牧.

竟陵王楙白帝遣兵襲何倫 不克 帝委罪於楙 楙逃竄 得免.

22 揚州都督周馥以洛陽孤危 上書請遷都壽春. 太傅越以馥不先白己而直上書 大怒 召馥及淮南太守裴碩. 馥不肯行 令碩帥兵先進. 碩詐稱受越密旨 襲馥 爲馥所敗 退保東城.

23 詔加張軌鎭西將軍‧都督隴右諸軍事. 光祿大夫傅祗‧太常摯虞遣軌書 告以京師飢匱. 軌遣參軍杜勳獻馬五百匹 毯布三萬匹.

24 成太傅驤攻譙登於涪城. 羅尙子宇及參佐素惡登 不給其糧. 益州刺史皮素怒 欲治其罪 十二月 素至巴郡 羅宇等使人夜殺素 建平都尉暴重殺宇 巴郡亂. 驤知登食盡援絕 攻涪愈急. 士民皆熏鼠食之 餓死甚衆 無一人離叛者. 驤子壽先在登

所 登乃歸之. 三府官屬表巴東監軍南陽韓松爲益州刺史 治巴
東.

25　初 帝以王彌·石勒侵逼京畿 詔苟晞督帥州郡討之. 會曹
嶷破琅邪 北收齊地 兵勢甚盛 苟純閉城自守. 晞還救靑川 與
嶷連戰 破之.

26　是歲 寧州刺史王遜到官 表李釗爲朱提太守. 時寧州外逼
於成 內有夷寇 城邑丘墟. 遜惡衣菜食 招集離散 勞倈不倦 數
年之間 州境復安. 誅豪右不奉法者十餘家 以五苓夷昔爲亂首
擊滅之 內外震服.

27　漢主聰自以越次而立 忌其嫡兄恭 因恭寢 穴其壁間 刺而
殺之.

28　漢太后單氏卒 漢主聰尊母張氏爲皇太后. 單氏年少美色
聰烝焉. 太弟乂屢以爲言 單氏慙恚而死. 乂寵由是漸衰 然以
單氏故 尙未之廢也. 呼延後言於聰曰"父死子繼 古今常道.
陛下承高祖之業 太弟何爲者哉! 陛下百年後 粲兄弟必無種
矣."聰曰"然 吾當徐思之."呼延氏曰"事留變生 太弟見粲兄
弟浸長 必有不安之志 萬一有小人交構其間 未必不禍發于今
日也."聰心然之. 乂舅光祿大夫單沖泣謂乂曰"疏不間親. 主
上有意於河內王矣 殿下何不避之!"乂曰"河瑞之末 主上自

惟嫡庶之分 以大位讓乂. 乂以主上齒長 故相推奉. 天下者 高
祖之天下 兄終弟及 何爲不可！粲兄弟旣壯 猶今日也. 且子弟
之間 親疏詎幾 主上寧可有此意乎！

❖ 孝懷皇帝中 永嘉 5年(辛未, 311年)

1　春 正月 壬申 苟晞爲曹嶷所敗 棄城奔高平.

2　石勒謀保據江·漢 參軍都尉張賓以爲不可. 會軍中飢疫
死者太半 乃渡沔 寇江夏 癸酉 拔之.

3　乙亥 成太傅驤拔涪城 獲譙登. 太保始拔巴西 殺文石. 於
是成主雄大赦 改元玉衡. 譙登至成都 雄欲宥之 登詞氣不屈
雄殺之.

4　巴蜀流民布在荊·湘間 數爲土民所侵苦 蜀人李驤聚衆據
樂鄉反 南平太守應詹與醴陵令杜弢芯共擊破之. 王澄使成都
內史王機討驤 驤請降 澄僞許而襲殺之. 以其妻子爲賞 沈八千
餘人於江 流民益怨忿.
　蜀人杜疇等復反 湘州參軍馮素與蜀人汝班有隙 言於刺史
荀眺曰 "巴·蜀流民皆欲反." 眺信之 欲盡誅流民. 流民大懼
四五萬家一時俱反 以杜弢州里重望 共推爲主. 弢自稱梁·益

二州牧‧領湘州刺史.

5　裴碩求救於琅邪王睿　睿使揚威將軍甘卓等攻周馥於壽春.
馥衆潰　奔項　豫州都督新蔡王確執之　馥憂憤而卒. 確　騰之子
也.

6　揚州刺史劉陶卒. 琅邪王睿復以安東軍諮祭酒王敦爲揚州
刺史　尋加都督征討諸軍事.

7　庚辰　平原王幹薨.

8　二月　石勒攻新蔡　殺新蔡莊王確於南頓　進拔許昌　殺平東
將軍王康.

9　氐苻成‧隗文復叛　自宜都趣巴東　建平都尉暴重討之. 重
因殺韓松　自領三府事.

10　東海孝獻王越旣與苟晞有隙　河南尹潘滔‧尚書劉望等復
從而譖之. 晞怒　表求滔等首　揚言"司馬元超爲宰相不平　使天
下淆亂　苟道將豈可以不義使之！"乃移檄諸州　自稱功伐　陳
越罪狀. 帝亦惡越專權　多違詔命　所留將士何倫等　抄掠公卿
逼辱公主　密賜晞手詔　使討之. 晞數與帝文書往來　越疑之　使
游騎於成皋間伺之　果獲晞使及詔書. 乃下檄罪狀晞　以從事中

郎楊珉爲兖州刺史 使與徐州刺史裴盾共討晞. 晞遣騎收潘滔
滔夜遁 得免 執尙書劉曾·侍中程延 斬之. 越憂憤成疾 以後
事付王衍 三月 丙子 薨于項 祕不發喪. 衆共推衍爲元帥 衍不
敢當 以讓襄陽王範 範亦不受. 範 瑋之子也. 於是衍等相與奉
越喪還葬東海. 何倫·李惲等聞越薨 奉裴妃及世子毗自洛陽
東走 城中士民爭隨之. 帝追貶越爲縣王 以苟晞爲大將軍·大
都督 督靑·徐·兖·豫·荊·揚六州諸軍事.

11　益州將吏共殺暴重 表巴郡太守張羅行三府事. 羅與隗文
等戰死 文等驅掠吏民 西降於成. 三府文武共表平西司馬蜀郡
王異行三府事 領巴郡太守.

12　初 梁州刺史張光會諸郡守於魏興 共謀進取. 張燕唱言
"漢中荒敗 迫近大賊 克復之事 當俟英雄." 光以燕受鄧定略
致失漢中 今復沮衆 呵出 斬之. 治兵進戰 累年乃得至漢中 綏
撫荒殘 百姓悅服.

13　夏 四月 石勒帥輕騎追太傅越之喪 及於苦縣寧平城 大敗
晉兵 縱騎圍而射之 將士十餘萬人相踐如山 無一人得免者. 執
太尉衍·襄陽王範·任城王濟·武陵莊王澹·西河王喜·梁
懷王禧·齊王超·吏部尙書劉望·廷尉諸葛銓·豫州刺史劉
喬·太傅長史庾敳等 坐之幕下 問以晉故. 衍具陳禍敗之由 云
計不在己 且自言少無宦情 不豫世事 因勸勒稱尊號 冀以自免.

勒曰"君少壯登朝 名蓋四海 身居重任 何得言無宦情邪！破壞天下 非君而誰！"命左右扶出. 衆人畏死 多自陳述. 獨襄陽王範神色儼然 顧呵之曰"今日之事 何復紛紜！"勒謂孔萇曰"吾行天下多矣 未嘗見此輩人 當可存乎？"萇曰"彼皆晉之王公 終不爲吾用."勒曰"雖然 要不可加以鋒刃."夜 使人排牆殺之. 濟 宣帝弟子景王陵之子 禧 澹之子也. 剖越柩 焚其尸 曰"亂天下者此人也 吾爲天下報之 故焚其骨以告天地."

何倫等至洧倉 遇勒 戰敗 東海世子及宗室四十八王皆沒於勒 何倫奔下邳 李惲奔廣宗. 裴妃爲人所掠賣 久之 渡江. 初琅邪王睿之鎮建業 裴妃意也 故睿德之 厚加存撫 以其子沖繼越後.

14　漢趙固 · 王桑攻裴盾 殺之.

15　杜弢攻長沙. 五月 荀眺棄城奔廣州 弢追擒之. 於是弢南破零 · 桂 東掠武昌 殺二千石長吏甚衆.

16　以太子太傅傅祗爲司徒 尚書令荀藩爲司空 加王浚大司馬 · 侍中 · 大都督 督幽 · 冀諸軍事 南陽王模爲太尉 · 大都督 張軌爲車騎大將軍 琅邪王睿爲鎮東大將軍 兼督揚 · 江 · 湘 · 交 · 廣五州諸軍事.

初 太傅越以南陽王模不能綏撫關中 表徵爲司空. 將軍淳于定說模使不就徵 模從之 表遣世子保爲平西中郎將 鎮上邽 秦

州刺史裴苞拒之. 模使帳下都尉陳安攻苞 苞奔安定 太守賈疋
納之.

18 荀晞表請遷都倉垣 使從事中郎劉會將船數十艘‧宿衛
五百人‧穀千斛迎帝. 帝將從之 公卿猶豫 左右戀資財 遂不果
行. 旣而洛陽饑困 人相食 百官流亡者什八九. 帝召公卿議 將
行而衛從不備. 帝撫手歎曰"如何曾無車輿！"乃使傅祗出詣
河陰 治舟楫 朝士數十人導從. 帝步出西掖門 至銅駝街 爲盜
所掠 不得進而還. 度支校尉東郡魏浚 帥流民數百家保河陰之
峽石 時劫掠得穀麥 獻之. 帝以爲揚威將軍‧平陽太守 度支如
故.

18 漢主聰使前軍大將軍呼延晏將兵二萬七千寇洛陽 比及河
南 晉兵前後十二敗 死者三萬餘人. 始安王曜‧王彌‧石勒皆
引兵會之 未至 晏留輜重于張方故壘 癸未 先至洛陽 甲申 攻
平昌門 丙戌 克之 遂焚東陽門及諸府寺. 六月 丁亥朔 晏以外
繼不至 俘掠而去. 帝具舟於洛水 將東走 晏盡焚之. 庚寅 荀藩
及弟光祿大夫組奔轘轅. 辛卯 王彌至宣陽門 王辰 始安王曜至
西明門 丁酉 王彌‧呼延晏克宣陽門 入南宮 升太極前殿 縱
兵大掠 悉收宮人‧珍寶. 帝出華林園門 欲奔長安 漢兵追執之
幽於端門. 曜自西明門入屯武庫. 戊戌 曜殺太子詮‧吳孝王
晏‧竟陵王楙‧右僕射曹馥‧尚書閭丘沖‧河南尹劉默等 士
民死者三萬餘人. 遂發掘諸陵 焚宮廟‧官府皆盡. 曜納惠帝羊

皇后 遷帝及六璽於平陽. 石勒引兵出轘轅 屯許昌. 光祿大夫 劉蕃‧尚書盧志奔幷州.

丁未 漢主聰大赦 改元嘉平. 以帝爲特進左光祿大夫 封平阿公 以侍中庾珉‧王儁爲光祿大夫. 珉 敳之兄也.

初 始安王曜以王彌不待己至 先入洛陽 怨之. 彌說曜曰"洛陽天下之中 山河四塞 城池‧宮室不假修營 宜白主上自平陽徙都之."曜以天下未定 洛陽四面受敵 不可守 不用彌策而焚之. 彌罵曰"屠各子 豈有帝王之意邪?"遂與曜有隙 引兵東屯項關. 前司隸校尉劉暾說彌曰"今九州麋沸 羣雄競逐 將軍於漢建不世之功 又與始安王相失 將何以自容! 不如東據本州 徐觀天下之勢 上可以混壹四海 下不失鼎峙之業 策之上者也."彌心然之.

19　司徒傅祗建行臺於河陰 司空荀藩在陽城 河南尹華薈在成皋 汝陰太守平陽李矩爲之立屋 輸穀以給之. 薈 歆之曾孫也.

藩與弟組‧族子中護軍崧 薈與弟中領軍恒 建行臺於密 傳檄四方 推琅邪王睿爲盟主. 藩承制以崧爲襄城太守 矩爲滎陽太守 前冠軍將軍河南褚翜爲梁國內史. 揚威將軍魏浚屯洛北石梁塢 劉琨承制假浚河南尹 浚詣荀藩諮謀軍事. 藩邀李矩同會 矩夜赴之. 矩官屬皆曰"浚不可信 不宜夜往."矩曰"忠臣同心 何所疑乎!"遂往 相與結歡而去. 浚族子該 聚衆據一泉塢 藩以爲武威將軍.

豫章王端 太子詮之弟也 東奔倉垣 苟晞率羣官奉以爲皇太

子 置行臺. 端承制以晞領太子太傅 · 都督中外諸軍 · 錄尙書
事 自倉垣徙屯蒙城.

撫軍將軍秦王業 吳孝王之子 荀藩之甥也 年十二 南奔密 藩
等奉之 南趣許昌. 前豫州刺史天水閻鼎 聚西州流民數千人於
密 欲還鄕里. 荀藩以鼎有才而擁衆 用鼎爲豫州刺史 以中書令
李絙 · 司徒左長史彭城劉疇 · 鎭軍長史周顗 · 司馬李述等爲
之參佐. 顗 浚之子也.

時海內大亂 獨江東差安 中國士民避亂者多南渡江. 鎭東司
馬王導說琅邪王睿 收其賢俊 與之共事. 睿從之 辟掾屬百餘
人 時人謂之百六掾. 以前潁川太守勃海刁協爲軍諮祭酒 前東
海太守王承 · 廣陵相卞壼爲從事中郎 江寧令諸葛恢 · 歷陽參
軍陳國陳頵爲行參軍 前太傅掾庾亮爲西曹掾. 承 渾之弟子 恢
靚之子 亮 袞之弟子也.

20　江州刺史華軼 歆之曾孫也 自以受朝廷之命而爲琅邪王睿
所督 多不受其敎令. 郡縣多諫之 軼曰 "吾欲見詔書耳." 及睿
承荀藩檄 承制署置官司 改易長吏 軼與豫州刺史裴憲皆不從
命. 睿遣揚州刺史王敦 · 歷陽內史甘卓與揚烈將軍廬江周訪合
兵擊軼. 軼兵敗 奔安成 訪追斬之 及其五子. 裴憲奔幽州. 睿
以甘卓爲湘州刺史 周訪爲尋陽太守 又以揚武將軍陶侃爲武昌
太守.

21　秋 七月 王浚設壇告類 立皇太子 布告天下 稱受中詔承制

封拜 備置百官 列署征·鎭 以苟藩爲太尉 琅邪王睿爲大將軍.
浚自領尙書令 以裴憲及其壻棗嵩爲尙書 以田徽爲兗州刺史
李惲爲靑州刺史.

22　南陽王模使牙門趙染戍蒲阪 染求馮翊太守不得而怒 帥衆
降漢 漢主聰以染爲平西將軍. 八月 聰遣染與安西將軍劉雅帥
騎二萬攻模于長安 河內王粲·始安王曜帥大衆繼之. 染敗模
兵於潼關 長驅至下邽. 涼州將北宮純自長安帥其衆降漢. 漢兵
圍長安 模遣淳于定出戰而敗. 模倉庫虛竭 士卒離散 遂降於
漢. 趙染送模於河內王粲 九月 粲殺模. 關西饑饉 白骨蔽野 士
民存者百無一二. 聰以始安王曜爲車騎大將軍·雍州牧 更封
中山王 鎭長安. 以王彌爲大將軍 封齊公.

23　苟晞驕奢苛暴 前遼西太守閻亨 纘之子也 數諫晞 晞殺之.
從事中郎明預有疾 自輿入諫. 晞怒曰"我殺閻亨 何關人事 而
輿病罵我！"預曰"明公以禮待預 故預以禮自盡. 今明公怒預
其如遠近怒明公何！桀爲天子 猶以驕暴而亡 況人臣乎！願明
公且置是怒 思預之言."晞不從. 由是衆心離怨 加以疾疫·饑
饉. 石勒攻王贊於陽夏 擒之. 遂襲蒙城 執晞及豫章王端 鎖晞
頸 以爲左司馬. 漢主聰拜勒幽州牧.
　王彌與勒 外相親而內相忌 劉暾說彌使召曹嶷之兵以圖勒
彌爲書 使暾召嶷 且邀勒兵共向靑州. 暾至東阿 勒游騎獲之
勒潛殺暾而彌不知. 會彌將徐邈·高梁輒引所部兵去 彌兵漸

衰. 彌聞勒擒苟晞 心惡之 以書賀勒曰"公獲苟晞而用之 何其
神也！使晞爲公左 彌爲公右 天下不足定也."勒謂張賓曰"王
公位重而言卑 其圖我必矣."賓因勸勒乘彌小衰 誘而取之. 時
勒方與乞活陳午相攻於蓬關 彌亦與劉瑞相持甚急. 彌請救於
勒 勒未之許. 張賓曰"公常恐不得王公之便 今天以王公授我
矣. 陳午小豎 不足憂 王公人傑 當早除之."勒乃引兵擊瑞 斬
之. 彌大喜 謂勒實親己 不復疑也. 冬 十月 勒請彌燕于己吾.
彌將往 長史張嵩諫 不聽. 酒酣 勒手斬彌而幷其衆 表漢主聰
稱彌叛逆. 聰大怒 遣使讓勒"專害公輔 有無君之心"然猶加
勒鎭東大將軍‧督幷‧幽二州諸軍事‧領幷州刺史 以慰其心.
苟晞‧王贊潛謀叛勒 勒殺之 幷晞弟純.

勒引兵掠豫州諸郡 臨江而還 屯于葛陂.

初 勒之爲人所掠賣也 與其母王氏相失. 劉琨得之 幷其從子
虎送於勒 因遺勒書曰"將軍用兵如神 所向無敵. 所以周流天
下而無容足之地 百戰百勝而無尺寸之功者 蓋得主則爲義兵
附逆則爲賊衆故也. 成敗之數 有似呼吸 吹之則寒 噓之則溫.
今相授侍中‧車騎大將軍‧領護匈奴中郎將‧襄城郡公 將軍
其受之！"勒報書曰"事功殊途 非腐儒所知. 君當逞節本朝
吾自夷難爲效."遺琨名馬‧珍寶 厚禮其使 謝而絕之.

時虎年十七 殘忍無度 爲軍中患. 勒白母曰"此兒凶暴無賴
使軍人殺之 聲名可惜 不若自除之."母曰"快牛爲犢 多能破
車 汝小忍之！"及長 便弓馬 勇冠當時. 勒以爲征虜將軍 每
屠城邑 鮮有遺類. 然御衆嚴而不煩 莫敢犯者 指授攻討 所向

無前 勒遂寵任之. 勒攻滎陽太守李矩 矩擊卻之.

24　初 南陽王模以從事中郎綝爲馮翊太守. 綝 靖之子也. 模死 綝與安夷護軍金城麴允・頻陽令梁肅 俱奔安定. 時安定太守賈疋與諸氏・羌皆送任子於漢 綝等遇之於陰密 擁還臨涇 與疋謀興復晉室 疋從之. 乃共推疋爲平西將軍 帥衆五萬向長安. 雍州刺史麴特・新平太守竺恢皆不降於漢 聞疋起兵 與扶風太守梁綜帥衆十萬會之. 綜 肅之兄也. 漢河內王粲在新豐 使其將劉雅・趙染攻新平 不克. 索綝救新平 大小百戰 雅等敗退. 中山王曜與疋等戰於黃丘 曜衆大敗. 疋遂襲漢梁州刺史彭蕩仲 殺之. 麴特等擊破粲於新豐 粲還平陽. 於是疋等兵勢大振 關西胡・晉翕然響應.

閻鼎欲奉秦王業入關 據長安以號令四方 河陰令傅暢 祗之子也 亦以書勸之. 鼎遂行. 荀藩・劉疇・周顗・李述等 皆山東人 不欲西行 中途逃散 鼎遣兵追之 不及 殺李絚等. 鼎與業自宛趣武關 遇盜於上洛 士卒敗散 收其餘衆 進至藍田 使人告賈疋 疋遣兵迎之 十二月 入于雍城 使梁綜將兵衛之.

周顗奔琅邪王睿 睿以顗爲軍諮祭酒. 前騎都尉譙國桓彝亦避亂過江 見睿微弱 謂顗曰 “我以中州多故 來此求全 而單弱如此 將何以濟!” 既而見王導 共論世事 退 謂顗曰 “向見管夷吾 無復憂矣!”

諸名士相與登新亭遊宴 周顗中坐歎曰 “風景不殊 舉目有江河之異!” 因相視流涕. 王導愀然變色曰 “當共戮力王室 克復

神州 何至作楚囚對泣邪！"衆皆收淚謝之.

陳頵遺王導書曰"中華所以傾弊者 正以取才失所 先白望而後實事 浮競驅馳 互相貢薦 言重者先顯 言輕者後敍 遂相波扇 乃至陵遲. 加有莊·老之俗 傾惑朝廷 養望者爲弘雅 政事者爲俗人 王職不卹 法物墜喪. 夫欲制遠 先由近始. 今宜改張明賞信罰 拔卓茂於密縣 顯朱邑於桐鄉 然後大業可舉 中興可冀耳."導不能從.

25　劉琨長於招懷而短於撫御 一日之中 雖歸者數千 而去者亦相繼. 琨遣子遵請兵於代公猗盧 又遣族人高陽內史希合衆於中山 幽州所統代郡·上谷·廣寧之民多歸之 衆至三萬. 王浚怒 遣燕相胡矩督諸軍 與遼西公段疾陸眷共攻希 殺之 驅略三郡士女而去. 疾陸眷 務勿塵之子也. 猗盧遣其子六脩將兵助琨戍新興.

琨牙門將邢延以碧石獻琨 琨以與六脩 六脩復就延求之 不得 執延妻子. 延怒 以所部兵襲六脩 六脩走 延遂以新興附漢 請兵以攻幷州.

26　李臻之死也 遼東附塞鮮卑素喜連·木丸津託爲臻報仇 攻陷諸縣 殺掠士民 屢敗郡兵 連年爲寇. 東夷校尉封釋不能討 請與連和 連·津不從. 民失業 歸慕容廆者甚衆 廆稟給遣還 願留者卽撫存之.

廆少子鷹揚將軍翰言於廆曰"自古有爲之君 莫不尊天子以

從民望 成大業. 今連·津外以寵本爲名 內實幸災爲亂. 封使君已誅本請和 而寇暴不已. 中原離亂 州師不振 遼東荒散 莫之救卹 單于不若數其罪而討之. 上則興復遼東 下則幷吞二部 忠義彰於本朝 私利歸於我國 此霸王之基也." 廆笑曰"孺子乃能及此乎！"遂帥衆東擊連·津 以翰爲前鋒 破斬之 盡幷二部之衆. 得所掠民三千餘家 及前歸廆者悉以付郡 遼東賴以復存.

封釋疾病 屬其孫奕於廆. 釋卒 廆召奕與語 說之 曰"奇士也！"補小都督. 釋子冀州主簿悛·幽州參軍抽來奔喪. 廆見之 曰"此家扰扰千斤犍也."以道不通 喪不得還 皆留仕廆 廆以抽爲長史 悛爲參軍.

王浚以妻舅崔毖爲東夷校尉. 毖 琰之曾孫也.✳

資治通鑑 卷088

【晉紀十】

起玄黓涒灘(壬申) 盡昭陽作噩(癸酉) 凡二年.

❖ 孝懷皇帝下 永嘉 6年(壬申, 312年)

1　春 正月 漢呼延后卒 謚曰武元.

2　漢鎮北將軍靳沖 · 平北將軍卜珝寇幷州 辛未 圍晉陽.

3　甲戌 漢主聰以司空王育 · 尙書令任顗女爲左 · 右昭儀 中軍大將軍王彰 · 中書監范隆 · 左僕射馬景女皆爲夫人 右僕射朱紀女爲貴妃 皆金印紫綬. 聰將納太保劉殷女 太弟乂固諫. 聰以問太宰延年 · 太傅景 皆曰"太保自云劉康公之後 與隆下殊源 納之何害!"聰悅 拜殷二女英 · 娥爲左 · 右貴嬪 位在昭儀上 又納殷女孫四人皆爲貴人 位次貴妃. 於是六劉之寵傾後宮 聰希復出外 事皆中黃門奏決.

4 故新野王歆牙門將胡亢聚衆於竟陵 自號楚公 寇掠荊土 以歆南蠻司馬新野杜曾爲竟陵太守. 曾勇冠三軍 能被甲游於水中.

5 二月 王子朔 日有食之.

6 石勒築壘於葛陂 課農造舟 將攻建業. 琅邪王睿大集江南之衆於壽春 以鎮東長史紀瞻爲揚威將軍 都督諸軍以討之.

會大雨 三月不止 勒軍中飢疫 死者太半 聞晉軍將至 集將佐議之. 右長史刁膺請先送款於睿 求掃平河朔以自贖 俟其軍退 徐更圖之 勒愀然長嘯. 中堅將軍夔安請就高避水 勒曰"將軍何怯邪！"孔萇等三十餘將請各將兵 分道夜攻壽春 斬吳將頭 據其城 食其粟. 要以今年破丹陽 定江南. 勒笑曰"是勇將之計也！"各賜鎧馬一疋. 顧謂張賓曰"於君意何如？"賓曰"將軍攻陷京師 囚執天子 殺害王公 妻略妃主. 擢將軍之髮 不足以數將軍之罪 奈何復相臣奉乎！去年旣殺王彌 不當來此 今天降霖雨於數百里中 示將軍不應留此也. 鄴有三臺之固 西接平陽 山河四塞 宜北徙據之 以經營河北 河北旣定 天下無處將軍之右者矣. 晉之保壽春 畏將軍往攻之耳. 彼聞吾去 喜於自全 何暇追襲吾後 爲吾不利邪！將軍宜使輜重從北道先發 將軍引大兵向壽春. 輜重旣遠 大兵徐還 何憂進退無地乎？"勒攘袂鼓髯曰"張君計是也！"責刁膺曰"君旣相輔佐 當共成大功 奈何遽勸孤降！此策應斬！然素知君怯 特相宥耳."

於是黜膺爲將軍 擢賓爲右長史 號曰"右侯."

勒引兵發葛陂 遣石虎帥騎二千向壽春 遇晉運船 虎將士爭取之 爲紀瞻所敗. 瞻追奔百里 前及勒軍 勒結陳待之 瞻不敢擊 退還壽春.

7 漢主聰封帝爲會稽郡公 加儀同三司. 聰從容謂帝曰"卿昔爲豫章王 朕與王武子造卿 武子稱朕於卿 卿言聞其名久矣 贈朕柘弓銀研 卿頗記否？"帝曰"臣安敢忘之？ 但恨爾日不早識龍顔！"聰曰"卿家骨肉何相殘如此？"帝曰"大漢將應天受命 故爲陛下自相驅除 此殆天意 非人事也！且臣家若能奉武皇帝之業 九族敦睦 陛下何由得之！"聰喜 以小劉貴人妻帝 曰"此名公子孫也 卿善遇之."

8 代公猗盧遣兵救晉陽 三月 乙未 漢兵敗走. 卜珝之卒先奔斬沖擅收珝 斬之 聰大怒 遣使持節斬沖.

9 聰納其舅子輔漢將軍張寔二女徽光·麗光爲貴人 太后張氏之意也.

10 涼州主簿馬魴說張軌"宜命將出師 翼戴帝室."軌從之 馳檄關中 共尊輔秦王 且言"今遣前鋒督護宋配帥步騎二萬 徑趨長安 西中郎將寔帥中軍三萬 武威太守張琠帥胡騎二萬 絡繹繼發."

11 夏 四月 丙寅 征南將軍山簡卒.

12 漢主聰封其子敷爲渤海王 驥爲濟南王 鸞爲燕王 鴻爲楚
王 勱爲齊王 權爲秦王 操爲魏王 持爲趙王.

13 聰以魚蟹不供 斬左都水使者襄陵王擄 作溫明 · 徽光二殿
未成 斬將作大匠望都公靳陵. 觀漁于汾水 昏夜不歸. 中軍大
將軍王彰諫曰"比觀陛下所爲 臣實痛心疾首. 今愚民歸漢之
志未專 思晉之心猶甚 劉琨咫尺 刺客縱橫 帝王輕出 一夫敵
耳. 願陛下改往修來 則億兆幸甚!"聰大怒 命斬之. 王夫人
叩頭乞哀 乃囚之. 太后張氏以聰刑罰過差 三日不食 太弟义 ·
單于粲輿櫬切諫. 聰怒曰"吾豈桀 · 紂 而汝輩生來哭人!"太
宰延年 · 太保殷等公卿 · 列侯百餘人 皆免冠涕泣曰"陛下功
高德厚 曠世少比 往也唐 · 虞 今則陛下. 而頃來以小小不供
亟斬王公 直言忤旨 遽囚大將. 此臣等竊所未解 故相與憂之
忘寢與食."聰慨然曰"朕昨大醉 非其本心 微公等言之 朕不
聞過."各賜帛百匹 使侍中持節赦彰曰"先帝賴君如左右手 君
著勳再世 朕敢忘之!此段之過 希君蕩然. 君能盡懷憂國 朕所
望也. 今進君驃騎將軍 · 定襄郡公 後有不逮 幸數匡之!"

14 王彌旣死 漢安北將軍趙固 · 平北將軍王桑恐爲石勒所幷
礠欲引兵歸平陽. 軍中乏糧 士卒相食 乃自礠津西渡. 劉琨以
其兄子演爲魏郡太守 鎭鄴 固 · 桑恐演邀之 遣長史臨深爲質

於琨. 琨以固爲雍州刺史 桑爲豫州刺史.

15　賈疋等圍長安數月 漢中山王曜連戰皆敗 驅掠士女八萬餘口 奔于平陽. 秦王業自雍入于長安. 五月 漢主聰貶曜爲龍驤大將軍 行大司馬. 聰使河內王粲攻傅祗於三渚 右將軍劉參攻郭默於懷 會祗病薨 城陷 粲遷祗子孫幷其士民二萬餘戶于平陽.

16　六月 漢主聰欲立貴嬪劉英爲皇后 張太后欲立貴人張徽光 聰不得已 許之. 英尋卒.

17　漢大昌文獻公劉殷卒. 殷爲相 不犯顏忤旨 然因事進規 補益甚多. 漢主聰每與羣臣議政事 殷無所是非 羣臣出 殷獨留 爲聰敷暢條理 商榷事宜 聰未嘗不從之. 殷常戒子孫曰 "事君當務幾諫. 凡人尙不可面斥其過 況萬乘乎！夫幾諫之功 無異犯顏 但不彰君之過 所以爲優耳." 官至侍中 · 太保 · 錄尙書 賜劍履上殿 · 入朝不趨 · 乘輿入殿. 然殷在公卿間 常恂恂有卑讓之色 故能處驕暴之國 保其富貴 不失令名 以壽考自終.

18　漢主聰以河間王易爲車騎將軍 彭城王翼爲衛將軍 並典兵宿衛. 高平王悝爲征南將軍 鎮離石 濟南王驥爲征西將軍 築西平城以居之 魏王操爲征東將軍 鎮蒲子.

19　趙固·王桑自懷求迎於漢 漢主聰遣鎮遠將軍梁伏疵將兵迎之. 未至 長史臨深·將軍牟穆帥衆一萬叛歸劉演. 固隨疵而西 桑引其衆東奔靑州 固遣兵追殺之於曲梁 桑將張鳳帥其餘衆歸演. 聰以固爲荊州刺史·領河南太守 鎮洛陽.

20　石勒自葛陂北行 所過皆堅壁淸野 虜掠無所獲 軍中飢甚 士卒相食. 至東燕 聞汲郡向冰聚衆數千壁枋頭 勒將濟河 恐冰邀之. 張賓曰 "聞冰船盡在瀆中未上 宜遣輕兵間道襲取 以濟大軍 大軍旣濟 冰必可擒也." 秋 七月 勒使支雄·孔萇自文石津縛筏潛渡 取其船. 勒引兵自棘津濟河 擊冰 大破之 盡得其資儲 軍勢復振 遂長驅至鄴. 劉演保三臺以自固 臨深·牟穆等復帥其衆降於勒.

　諸將欲攻三臺 張賓曰 "演雖弱 衆猶數千 三臺險固 攻之未易猝拔. 捨而去之 彼將自潰. 方今王彭祖·劉越石 公之大敵也 宜先取之 演不足顧也. 且天下饑亂 明公雖擁大兵 遊行羈旅 人無定志 非所以保萬全 制四方也. 不若擇便地而據之 廣聚糧儲 西稟平陽以圖幽·幷 此霸王之業也. 邯鄲·襄國 形勝之地 請擇一而都之." 勒曰 "右侯之計是也." 遂進據襄國.

　賓復言於勒曰 "今吾居此 彭祖·越石所深忌也 恐城壍未固 資儲未廣 二寇交至. 宜亟收野穀 且遣使至平陽 具陳鎭此之意." 勒從之 分命諸將攻冀州 郡縣壁壘多降 運其穀以輸襄國 且表於漢主聰 聰以勒爲都督冀·幽·幷·營四州諸軍事·冀州牧 進封上黨公.

21 劉琨移檄州郡 期以十月會平陽 擊漢. 琨素奢豪 喜聲色.
河南徐潤以音律得幸於琨 琨以爲晉陽令. 潤驕恣 干預政事.
護軍令狐盛數以爲言 且勸琨殺之 琨不從. 潤譖盛於琨 琨收盛
殺之. 琨母曰"汝不能駕御豪傑以恢遠略 而專除勝己 禍必及
我."

　盛子泥奔漢 具言虛實. 漢主聰大喜 遣河內王粲 · 中山王曜
將兵寇幷州 以令狐泥爲鄉導. 琨聞之 東出 收兵於常山及中山
使其將郝詵 · 張喬將兵拒粲 且遣使求救於代公猗盧. 詵 · 喬
俱敗死. 粲 · 曜乘虛襲晉陽 太原太守高喬 · 幷州別駕郝聿以
晉陽降漢. 八月 庚戌 琨還救晉陽 不及 帥左右數十騎奔常山.
辛亥 粲 · 曜入晉陽. 壬子 令狐泥殺琨父母.

　粲 · 曜送尙書盧志 · 侍中許遐 · 太子右衛率崔瑋于平陽. 聰
復以曜爲車騎大將軍 以前將軍劉豐爲幷州刺史 鎭晉陽. 九月
聰以盧志爲太弟太師 崔瑋爲太傅 許遐爲太保 高喬 · 令狐泥
皆爲武衛將軍.

22 己卯 漢衛尉梁芬奔長安.

23 辛巳 賈疋等奉秦王業爲皇太子 建行臺於長安 登壇告類
建宗廟 · 社稷 大赦. 以閻鼎爲太子詹事 總攝百揆 加賈疋征西
大將軍 以秦州刺史南陽王保爲大司馬. 命司空荀藩督攝遠近
光祿大夫荀組領司隸校尉 · 行豫州刺史 與藩共保開封.

24 秦州刺史裴苞據險以拒涼州兵 張寔·宋配等擊破之 苞奔
桑凶塢.

25 冬 十月 漢主聰封其子恒爲代王 逞爲吳王 朗爲潁川王 皋
爲零陵王 旭爲丹陽王 京爲蜀王 坦爲九江王 晃爲臨川王 以
王育爲太保 王彰爲太尉 任顗爲司徒 馬景爲司空 朱紀爲尙書
令 范隆爲左僕射 呼延晏爲右僕射.

26 代公猗盧遣其子六脩及兄子普根·將軍衛雄·範班·箕
澹帥衆數萬爲前鋒以攻晉陽 猗盧自帥衆二十萬繼之 劉琨收散
卒數千爲之鄉導. 六脩與漢中山王曜戰於汾東 曜兵敗 墜馬 中
七創. 討虜將軍傅虎以馬授曜 曜不受 曰"卿光乘以自免 吾創
已重 自分死此."虎泣曰"虎蒙大王識拔至此 常思效命 今其
時矣. 且漢室初基 天下可無虎 不可無大王也!"乃扶曜上馬
驅令渡汾 自還戰死. 曜入晉陽 夜 與大將軍粲·鎭北大將軍豐
掠晉陽之民 踰蒙山而歸. 十一月 猗盧追之 戰於藍谷 漢兵大
敗 擒劉豐 斬邢延等三千餘級 伏尸數百里. 猗盧因大獵壽陽山
陳閱皮肉 山爲之赤. 劉琨自營門步入拜謝 固請進軍. 猗盧曰
"吾不早來 致卿父母見害 誠以相愧. 今卿已復州境 吾遠來 士
馬疲弊 且待後舉 劉聰未可滅也."遣琨馬·牛·羊各千餘疋
車百乘而還 留其將箕澹·段繁等戍晉陽.
　琨徙居陽曲 招集亡散. 盧諶爲劉粲參軍 亡歸琨 漢人殺其父
志及弟謐·詵. 贈傅虎幽州刺史.

27　十二月 漢主聰立皇后張氏 以其父寔爲左光祿大夫.

28　彭仲蕩之子天護帥羣胡攻賈疋 天護陽不勝而走 疋追之夜墜澗中 天護執而殺之. 漢以天護爲涼州刺史. 衆推始平太守麴允領雍州刺史. 閻鼎與京兆太守梁綜爭權 鼎遂殺綜. 麴允與撫夷護軍索綝·馮翊太守梁肅合兵攻鼎 鼎出奔雍 爲氐竇首所殺.

29　廣平游綸·張豺擁衆數萬 據苑鄉 受王浚假署 石勒遣夔安·支雄等七將攻之 破其外壘. 浚遣督護王昌帥諸軍及遼西公段疾陸眷·疾陸眷弟匹磾·文鴦·從弟末柸部衆五萬攻勒於襄國.

　疾陸眷屯于渚陽 勒遣諸將出戰 皆爲疾陸眷所敗. 疾陸眷大造攻具 將攻城 勒衆甚懼. 勒召將佐謀之曰"今城塹未固 糧儲不多 彼衆我寡 外無救授 吾欲悉衆與之決戰 何如？"諸將皆曰"不如堅守以疲敵 待其退而擊之."張賓·孔萇曰"鮮卑之種 段氏最爲勇悍 而末柸尤甚 其銳卒皆在末柸所. 今聞疾陸眷刻日攻北城 其大衆遠來 戰鬭連日 謂我孤弱 不敢出戰 意必懈惰 宜且勿出 示之以怯 鑿北城爲突門二十餘道 俟其來至 列守未定 出其不意 直沖末柸帳 彼必震駭 不暇爲計 破之必矣. 末柸敗 則其餘不攻而潰矣."勒從之 密爲突門. 既而疾陸眷攻北城 勒登城望之 見其將士或釋仗而寢 乃命孔萇督銳卒自突門出擊之 城上鼓以助其勢. 萇攻末柸逐之 入其壘門 爲勒

衆所獲 疾陸眷等軍皆退走. 莨乘勝追擊 枕尸三十餘里 獲鎧馬
五千匹. 疾陸眷收其餘衆 還屯渚陽.

　勒質末杯 遣使求和於疾陸眷 疾陸眷許之. 文鴦諫曰"今以
末杯一人之故而縱垂亡之虜 得無爲王彭祖所怨 招後患乎！"
疾陸眷不從 復以鎧馬金銀賂勒 且以末杯三弟爲質而請末杯.
諸將皆勸勒殺末杯 勒曰"遼西鮮卑健國也 與我素無仇讎 爲
王浚所使耳. 今殺一人而結一國之怨 非計也. 歸之 必深德我
不復爲浚用矣." 乃厚以金帛報之 遣石虎與疾陸眷盟于渚陽
結爲兄弟. 疾陸眷引歸 王昌等不能獨留 亦引兵還薊. 勒召末
杯 與之燕飲 誓爲父子 遣還遼西. 末杯在塗 日南嚮而拜者三.
由是段氏專心附勒 王浚之勢遂衰.

　游綸・張豺請降於勒. 勒攻信都 殺冀州刺史王象. 浚復以邵
擧行冀州刺史 保信都.

30　是歲大疫.

31　王澄少與兄衍名冠海內 劉琨謂澄曰"卿形雖散朗 而內實
動俠 以此處世 難得其死." 及在荊州 悅成都內史王機 謂爲己
亞 使之內綜心膂 外爲爪牙. 澄屢爲杜弢所敗 望實俱損 猶傲
然自得 無憂懼之意 但與機日夜縱酒博弈 由是上下離心 南平
太守應詹屢諫 不聽.

　澄自出軍擊杜弢 軍于作塘. 故山簡參軍王沖擁衆迎應詹爲
刺史 詹以沖無賴 棄之 還南平 沖乃自稱刺史. 澄懼 使其將杜

蕤守江陵 徙治孱陵 尋又奔沓中. 別駕郭舒諫曰"使君臨州雖無異政 然一州人心所繫 今西收華容之兵 足以擒此小醜 奈何自棄 遽爲奔亡乎!"澄不從 欲將舒東下. 舒曰"舒爲萬里紀綱 不能匡正 今使君奔亡 誠不忍渡江."乃留屯沌口. 琅邪王睿聞之 召澄爲軍諮祭酒 以軍諮祭酒周顗代之 澄乃赴召.

顗始至州 建平流民傅密等叛迎杜弢 弢別將王眞襲沔陽 顗狼狽失據. 征討都督王敦遣武昌太守陶侃‧尋陽太守周訪‧歷陽內史甘卓共擊弢 敦進屯豫章 爲諸軍繼援.

王澄過詣敦 自以名聲素出敦右 猶以舊意侮敦. 敦怒 誣其與杜弢通信 遣壯士搤殺之. 王機聞澄死 懼禍 以其父毅‧兄矩皆嘗爲廣州刺史 就敦求廣州 敦不許. 會廣州將溫卲等叛刺史郭訥 迎機爲刺史 機遂將奴客門生千餘人入廣州. 訥遣兵拒之 將士皆機父兄時部曲 不戰迎降 訥乃避位 以州授之.

32　王如軍中飢乏 官軍討之 其黨多降 如計窮 遂降於王敦.

33　鎮東軍司顧榮‧前太子洗馬衛玠皆卒. 玠 瓘之孫也 美風神 善清談 常以爲人有不及 可以情恕 非意相干 可以理遣 故終身不見喜慍之色.

34　江陽太守張啓 殺行益州刺史王異而代之. 啓 翼之孫也 尋病卒. 三府文武共表涪陵太守向沈行西夷校尉 南保涪陵.

35 南安赤亭羌姚弋仲東徙榆眉 戎・夏襁負隨之者數萬 自稱
護羌校尉・雍州刺史・扶風公.

❖ 孝愍皇帝上 建興 元年(癸酉, 313年)

1 春 正月 丁丑朔 漢主聰宴羣臣於光極殿 使懷帝著青衣行
酒. 庾珉・王儁等不勝悲憤 因號哭 聰惡之. 有告珉等謀以平
陽應劉琨者 二月 丁未 聰殺珉・儁等故晉臣十餘人 懷帝亦遇
害. 大赦 復以會稽劉夫人爲貴人.

❖ 荀崧曰

懷帝天姿清劭 少著英猷 若遇承平 足爲守文佳主. 而
繼惠帝擾亂之後 東海專政 故無幽・厲之釁而有流亡之
禍矣!

2 乙亥 漢太后張氏卒 謚曰光獻. 張后不勝哀 丁丑 亦卒 謚
曰武孝.

3 己卯 漢定襄忠穆公王彰卒.

4 三月 漢主聰立貴嬪劉娥爲皇后 爲之起鴦儀殿. 廷殿陳元

達切諫 以爲"天生民而樹之君 使司牧之 非以兆民之命窮一
人之欲也. 晉氏失德 大漢受之 蒼生引領 庶幾息肩. 是以光文
皇帝身衣大布 居無重茵 后妃不衣錦綺 乘輿馬不食粟 愛民故
也. 陛下踐阼以來 已作殿觀四十餘所 加之軍旅數興 餽運不
息 饑饉・疾疫 死亡相繼 而益思營繕 豈爲民父母之意乎!今
有晉遺類 西據關中 南擅江表 李雄奄有巴・蜀 王浚・劉琨窺
覦肘腋 石勒・曹嶷貢稟漸疏. 陛下釋此不憂 乃更爲中宮作殿
豈目前之所急乎!昔太宗居治安之世 粟帛流衍 猶愛百金之
費 息露臺之役. 陛下承荒亂之餘 所有之地 不過太宗之二郡
戰守之備 非特匈奴・南越而已. 而宮室之侈乃至於此 臣所以
不敢不冒死而言也."聰大怒曰"朕爲天子 營一殿 何問汝鼠子
乎 乃敢妄言沮衆!不殺此鼠子 朕殿不成!"命左右"曳出斬
之!幷其妻子同梟首東市 使羣鼠共穴!"時聰在逍遙園李中
堂 元達先鎖腰而入 卽以鎖鎖堂下樹 呼曰"臣所言者 社稷之
計 而陛下殺臣. 朱雲有言'臣得與龍逢・比干遊 足矣!'"左
右曳之不能動.

大司徒任顗・光祿大夫朱紀・范隆・驃騎大將軍河間王易
等叩頭出血曰"元達爲先帝所知 受命之初 卽引置門下 盡忠
竭慮 知無不言. 臣等竊祿偸安 每見之未嘗不發愧. 今所言雖
狂直 願陛下容之. 因諫諍而斬列卿 其如後世何!"聰默然.

劉后聞之 密敕左右停刑 手疏上言"今宮室已備 無煩更營
四海未壹 宜愛民力. 廷尉之言 社稷之福也 陛下宜加封賞 而
更誅之 四海謂陛下何如哉!夫忠臣進諫者固不顧其身也 而人

主拒諫者亦不顧其身也. 陛下爲妾營殿而殺諫臣 使忠良結舌者由妾 遠近怨怒者由妾 公私困弊者由妾 社稷阽危者由妾 天下之罪皆萃於妾 妾何以當之！妾觀自古敗國喪家 未始不由婦人 心常疾之. 不意今日身自爲之 使後世視妾由妾之視昔人也！妾誠無面目復奉巾櫛 願賜死此堂 以塞陛下之過！"聰覽之變色.

任顗等叩頭流涕不已. 聰徐曰"朕比年已來 微得風疾 喜怒過差 不復自制. 元達 忠臣也 朕未之察. 諸公乃能破首明之 誠得輔弼之義也. 朕愧戢于心 何敢忘之！"命顗等冠履就坐 引元達上 以劉氏表示之 曰"外輔如公 內輔如后 朕復何憂！"賜顗等穀帛各有差 更命逍遙園曰納賢園 李中堂曰愧賢堂. 聰謂元達曰"卿當畏朕 而反使朕畏卿邪！"

5　　西夷校尉向沈卒 衆推汶山太守蘭維爲西夷校尉. 維率吏民北出 欲向巴東. 成將李恭 · 費黑邀擊 獲之.

6　　夏 四月 丙午 懷帝凶問至長安 皇太子舉哀 因加元服. 壬申 卽皇帝位 大赦 改元. 以衛將軍梁芬爲司徒 雍州刺史麹允爲尙書左僕射 · 錄尙書事 京兆太守索綝爲尙書右僕射 · 領吏部 · 京兆尹. 是時長安城中 戶不盈百 蒿棘成林 公私有車四乘 百官無章服 · 印綬 唯桑版署號而已. 尋以索綝爲衛將軍 · 領太尉 軍國之事 悉以委之.

7 　漢中山王曜 · 司隷校尉喬智明寇長安 平西將軍趙染帥衆
赴之 詔麴允屯黃白城以拒之.

8 　石勒使石虎攻鄴 鄴潰 劉演奔廩丘 三臺流民皆降於勒. 勒
以桃豹爲魏郡太守以撫之 久之 以石虎代豹鎭鄴.
　初 劉琨用陳留太守焦求爲兗州刺史 苟藩又用李述爲兗州刺
史 述欲攻求 琨召求還. 及鄴城失守 琨復以劉演爲兗州刺史
鎭廩丘. 前中書侍郎郗鑒 少以淸節著名 帥高平千餘家避亂保
嶧山 琅邪王睿就用鑒爲兗州刺史 鎭鄒山. 三人各屯一郡 兗州
吏民莫知所從.

9 　琅邪王睿以前廬江內史華譚爲軍諮祭酒. 譚嘗在壽春依周
馥. 睿謂譚曰"周祖宣何故反？"譚曰"周馥雖死 天下尙有直
言之士. 馥見寇賊滋蔓 欲移都以紓國難 執政不悅 興兵討之
馥死未踰時而洛都淪沒. 若謂之反 不亦誣乎！"睿曰"馥位爲
征鎭 握強兵 召之不入 危而不持 亦天下之罪人也."譚曰"然
危而不持 當與天下共受其責 非但馥也."
　睿參佐多避事自逸 錄事參軍陳頵言於睿曰"洛中承平之時
朝士以小心恭恪爲凡俗 以偃蹇倨肆爲優雅 流風相染 以至敗
國. 今僚屬皆承西臺餘弊 養望自高 是前車已覆而後車又將尋
之也. 請自今臨使稱疾者 皆免官."睿不從. 三王之誅趙王倫
也 制《己亥格》以賞功 自是循而用之. 頵上言"昔趙王篡逆 惠
皇失位 三王起兵討之 故厚賞以懷嚮義之心. 今功無大小 皆以

格斷 乃至金紫佩士卒之身 符策委僕隸之門 非所以重名器 正
紀綱也 請一切停之！”頵出於寒微 數為正論 府中多惡之 出
頵為譙郡太守.

10　　吳興太守周玘 宗族強盛 琅邪王睿頗疑憚之. 睿左右用事
者 多中州亡官失守之士 駕御吳人 吳人頗怨. 玘自以失職 又
為刁協所輕 恥恚愈甚 乃陰與其黨謀誅執政 以諸南士代之. 事
泄 玘憂憤而卒 將死 謂其子勰曰“殺我者 諸傖子也 能復之
乃吾子也.”

11　　石勒攻李惲於上白 斬之. 王浚復以薄盛為青州刺史.

12　　王浚使棗嵩督諸軍屯易水 召段疾陸眷 欲與之共擊石勒
疾陸眷不至. 浚怒 以重幣賂拓跋猗盧 并檄慕容廆等共討疾陸
眷. 猗盧遣右賢王六脩將兵會之 為疾陸眷所敗. 廆遣慕容翰攻
段氏 取徒河‧新城 至陽樂 聞六脩敗而還 翰因留鎮徒河 壁
青山.
　　初 中國士民避亂者 多北依王浚 浚不能存撫 又政法不立 士
民往往復去之. 段氏兄弟專尚武勇 不禮士大夫. 唯慕容廆政事
脩明 愛重人物 故士民多歸之. 廆舉其英俊 隨才授任 以河東
裴嶷‧北平陽耽‧盧江黃泓‧代郡魯昌為謀主 廣平游邃‧北
海逢羨‧北平西方虔‧西河宋奭及封抽‧裴開為股肱 平原宋
該‧安定皇甫岌‧岌弟真‧蘭陵繆愷‧昌黎劉斌及封奕‧封

裕典機要. 裕 抽之子也.

　裴嶷清方有幹略 爲昌黎太守 兄武爲玄菟太守. 武卒 嶷與武子開以其喪歸 過廆 廆敬禮之 及去 厚加資送. 行及遼西 道不通 嶷欲還就廆. 開曰 "鄕里在南 奈何北行！且等爲流寓 段氏強 慕容氏弱 何必去此而就彼也！" 嶷曰 "中國喪亂 今往就之 是相帥而入虎口也. 且道遠 何由可達！若俟其清通 又非歲月可冀. 今欲求託足之地 豈可不愼擇其人. 汝觀諸段 豈有遠略 且能待國士乎！慕容公修仁行義 有霸王之志 加以國豐民安 今往從之 高可以立功名 下可以庇宗族 汝何疑焉！" 開乃從之. 旣至 廆大喜. 陽耽清直沈敏 爲遼西太守. 慕容翰破段氏於陽樂 獲之 廆禮而用之. 游邃·逄羨·宋奭 皆嘗爲昌黎太守 與黃泓俱避地於薊 後歸廆. 王浚屢以手書召邃兄暢 暢欲赴之 邃曰 "彭祖刑政不修 華·戎離叛. 以邃度之 必不能久 兄且磐桓以俟之." 暢曰 "彭祖忍而多疑 頃者流民北來 命所在追殺之. 今手書殷勤 我稽留不往 將累及卿. 且亂世宗族宜分 以冀遺種." 遂從之 卒與浚俱沒. 宋該與平原杜羣·劉翔先依王浚 又依段氏 皆以爲不足託 帥諸流寓同歸於廆. 東夷校尉崔毖請皇甫岌爲長史 卑辭說諭 終莫能致 廆招之 岌與弟眞卽時俱至. 遼東張統據樂浪·帶方二郡 與高句麗王乙弗利相攻 連年不解. 樂浪王遵說統帥其民千餘家歸廆 廆爲之置樂浪郡 以統爲太守 遵參軍事.

13　王如餘黨涪陵李運·巴西王建等自襄陽將三千餘家入漢

中 梁州刺史張光遣參軍晉邀將兵拒之. 邀受運・建賂 勸光納
其降 光從之 使居成固. 旣而邀見運・建及其徒多珍寶 欲盡取
之 復說光曰"運・建之徒 不修農事 專治器仗 其意難測 不如
悉掩殺之 不然 必爲亂." 光又從之. 五月 邀將兵攻運・建 殺
之. 建壻楊虎收餘衆擊光 屯于阤水 光遣其子孟萇討之 不能
克.

14　壬辰 以琅邪王睿爲左丞相・大都督 督陝東諸軍事 南
陽王保爲右丞相・大都督 督陝西諸軍事. 詔曰"今當掃除鯨
鯢 奉迎梓宮. 令幽・幷兩州勒卒三十萬直造平陽 右丞相宜帥
秦・涼・梁・雍之師三十萬徑詣長安 左丞相帥所領精兵二十
萬徑造洛陽 同赴大期 克成元勳."

15　漢中山王曜屯蒲阪.

16　石勒使孔萇擊定陵 殺田徽 薄盛帥所部降勒 山東郡縣 相
繼爲勒所取. 漢主聰以勒爲侍中・征東大將軍. 烏桓亦叛王浚
潛附於勒.

17　六月 劉琨與代公猗盧會于陘北 謀擊漢. 秋 七月 琨進據
藍谷 猗盧遣拓跋普根屯于北屈. 琨遣監軍韓據自西河而南 將
攻西平. 漢主聰遣大將軍粲等拒琨 驃騎將軍易等拒普根 蕩晉
將軍蘭陽等助守西平. 琨等聞之 引兵還. 聰使諸軍仍屯所在

爲進取之計.

18 　帝遣殿中都尉劉蜀詔左丞相睿以時進軍　與乘輿會於中原.
八月　癸亥　蜀至建康　睿辭以方平定江東　未暇北伐. 以鎭東長
史刁協爲丞相左長史　從事中郎彭城劉隗爲司直　邵陵內史廣陵
戴邈爲軍諮祭酒　參軍丹陽張闓爲從事中郎　尙書郎潁川鍾雅爲
記室參軍　譙國桓宣爲舍人　豫章熊遠爲主簿　會稽孔愉爲掾. 劉
隗雅習文史　善伺候睿意　故睿特親愛之.

　熊遠上書　以爲"軍興以來　處事不用律令　競作新意　臨事立
制　朝作夕改　至於主者不敢任法　每輒關諮　非爲政之體也. 愚
謂凡爲駁議者　皆當引律令・經傳　不得直以情言　無所依準　以
虧舊典. 若開塞隨宜　權道制物　此是人君之所得行　非臣子所宜
專用也."睿以時方多事　不能從.

　初　范陽祖逖　少有大志　與劉琨俱爲司州主簿. 同寢　中夜聞
雞鳴　蹴琨覺曰"此非惡聲也！"因起舞. 及渡江　左丞相睿以
爲軍諮祭酒. 逖居京口　糾合驍健　言於睿曰"晉室之亂　非上
無道而下怨叛也　由宗室爭權　自相魚肉　遂使戎狄乘隙　毒流中
土. 今遺民旣遭殘賊　人思自奮　大王誠能命將出師　使如逖者統
之以復中原　郡國豪傑　必有望風響應者矣！"睿素無北伐之志
以逖爲奮威將軍・豫州刺史　給千人廩　布三千匹　不給鎧仗　使
自召募. 逖將其部曲百餘家渡江　中流　擊楫而誓曰"祖逖不能
淸中原而復濟者　有如大江！"遂屯淮陰　起冶鑄兵　募得二千
餘人而後進.

19 　胡亢性猜忌 殺其驍將數人. 杜曾懼 潛引王沖之兵使攻亢. 亢悉精兵出拒之 城中空虛 曾因殺亢而幷其衆.

20 　周顗屯潯水城 爲杜弢所困 陶侃使明威將軍朱伺救之 弢退保泠口. 侃曰"弢必步向武昌." 乃自徑道還郡以待之 弢果來攻. 侃使朱伺逆擊 大破之 弢遁歸長沙. 周顗出潯水投王敦於豫章 敦留之. 陶侃使參軍王貢告捷於敦 敦曰"若無陶侯 便失荊州矣！" 乃表侃爲荊州刺史 屯沔江. 左丞相睿召周顗 復以爲軍諮祭酒.

21 　初 氐王楊茂搜之子難敵 遣養子販易於梁州 私賣良人子一人 張光鞭殺之. 難敵怨曰"使君初來 大荒之後 兵民之命仰我氐活 氐有小罪 不能貰也？" 及光與楊虎相攻 各求救於茂搜 茂搜遣難敵救光. 難敵求貨於光 光不與. 楊虎厚賂難敵 且曰"流民珍貨 悉在光所 今伐我 不如伐光." 難敵大喜. 光與虎戰 使張孟萇居前 難敵繼後. 難敵與虎夾擊孟萇 大破之 孟萇及其弟援皆死. 光嬰城自守. 九月 光憤激成疾 僚屬勸光退據魏興. 光按劍曰"吾受國重任 不能討賊 今得死如登仙 何謂退也！" 聲絕而卒. 州人推其少子邁領州事 又與氐戰沒 衆推始平太守胡子序領梁州.

22 　荀藩薨于開封.

23　漢中山王曜·趙染攻麴允于黃白城 允累戰皆敗 詔以索綝
爲征東大將軍 將兵助允.

24　王貢自王敦所還 至竟陵 矯陶侃之命 以杜曾爲前鋒大都
督 擊王沖 斬之 悉降其衆. 侃召曾 曾不至. 貢恐以矯命獲罪
遂與曾反擊侃. 冬 十月 侃兵大敗 僅以身免. 敦表侃以白衣領
職. 侃復帥周訪等進攻杜弢 大破之 敦乃奏復侃官.

25　漢趙染謂中山王曜曰"麴允帥大衆在外 長安空虛 可襲
也." 曜使染帥精騎五千襲長安 庚寅夜 入外城. 帝奔射鴈樓.
染焚龍尾及諸營 殺掠千餘人 辛卯旦 退屯逍遙園. 壬辰 將軍
麴鑒自阿城帥衆五千救長安. 癸巳 染引還 鑒追之 與曜遇於零
武 鑒兵大敗.

26　楊虎·楊難敵急攻梁州 胡子序棄城走 難敵自稱刺史.

27　漢中山王曜恃勝而不設備. 十一月 麴允引兵襲之 漢兵大
敗 殺其冠軍將軍喬智明 曜引歸平陽.

28　王浚以其父字處道 自謂應"當塗高"之讖 謀稱尊號. 前
勃海太守劉亮·北海太守王摶·司空掾高柔切諫 浚皆殺之.
燕國霍原 志節淸高 屢辭徵辟. 浚以尊號事問之 原不答. 浚誣
原與羣盜通 殺而梟其首. 於是士民駭怨 而浚矜豪日甚 不親

政事 所任皆苛刻小人 棗嵩・朱碩 貪橫尤甚. 北州謠曰"府中
赫赫 朱丘伯 十囊・五囊 入棗郎." 調發殷煩 下不堪命 多叛
入鮮卑. 從事韓咸監護柳城 盛稱慕容廆能接納士民 欲以諷浚.
浚怒 殺之.

浚始者唯恃鮮卑・烏桓以爲強 旣而皆叛之. 加以蝗旱連年
兵勢益弱. 石勒欲襲之 未知虛實 將遣使覘之 參佐請用羊祜・
陸抗故事 致書於浚. 勒以問張賓 賓曰"浚名爲晉臣 實欲廢晉
自立 但患四海英雄莫之從耳 其欲得將軍 猶項羽之欲得韓信
也. 將軍威振天下 今卑辭厚禮 折節事之 猶懼不言 況爲羊・
陸之亢敵乎！夫謀人而使人覺其情 難以得志矣." 勒曰"善！"
十二月 勒遣舍人王子春・董肇多齎珍寶 奉表於浚曰"勒本
小胡 遭世饑亂 流離屯厄 竄命冀州 竊相保聚以救性命. 今晉
祚淪夷 中原無主 殿下州鄉貴望 四海所宗 爲帝王者 非公復
誰！勒所以捐軀起兵 誅討暴亂者 正爲殿下驅除爾. 伏願陛
(殿)下應天順人 早登皇祚. 勒奉戴殿下如天地父母 殿下察勒
微心 亦當視之如子也." 又遺棗嵩書 厚賂之.

浚以段疾陸眷新叛 士民多棄己去 聞勒欲附之 甚喜 謂子
春曰"石公一時豪傑 據有趙・魏 乃欲稱藩於孤 其可信乎？"
子春曰"石將軍才力強盛 誠如聖旨. 但以殿下中州貴望 威行
夷・夏 自古胡人爲輔佐名臣則有矣 未有爲帝王者也. 石將
軍非惡帝王不爲而讓於殿下 顧以帝王自有曆數 非智力之所
取 雖強取之 必不爲天人之所與故也. 項羽雖強 終爲漢有. 石
將軍之比殿下 猶陰精之與太陽 是以遠鑒前事 歸身殿下 此乃

石將軍之明識所以遠過於人也 殿下又何怪乎！”浚大悅 封子
春‧肇皆爲列侯 遣使報聘 以厚幣酬之.

游綸兄統 爲浚司馬 鎭范陽 遣使私附於勒 勒斬其使以送浚.
浚雖不罪統 益信勒爲忠誠 無復疑矣.

29　　是歲 左丞相睿遣世子紹鎭廣陵 以丞相掾蔡謨爲參軍. 謨
克之子也.

30　　漢中山王曜圍河南尹魏浚於石梁 兗州刺史劉演‧河內太
守郭默遣兵救之 曜分兵逆戰於河北 敗之 浚夜走 獲而殺之.

31　　代公猗盧城盛樂以爲北都 治故平城爲南都 又作新平城於
灅水之陽 使右賢王六脩鎭之 統領南部. *

資治通鑑　卷089

【晉紀十一】

起閼逢閹茂(甲戌) 盡柔兆困敦(丙子) 凡三年.

❖ 孝愍皇帝下 建興 2年(甲戌, 314年)

1　春 正月 辛未 有如日隕于地 又有三日相承 出西方而東
行.

2　丁丑 大赦.

3　有流星出牽牛 入紫微 光燭地 墜于平陽北 化爲肉 長三十
步 廣二十七步. 漢主聰惡之 以問公卿. 陳元達以爲"女寵太
盛 亡國之徵." 聰曰"此陰陽之理 何關人事!" 聰后劉氏賢明
聰所爲不道 劉氏每規正之. 己丑 劉氏卒 謚曰武宣. 自是嬖寵
競進 後宮無序矣.

4　聰置丞相等七公 又置輔漢等十六大將軍 各配兵二千 以

諸子爲之 又置左右司隸 各領戶二十餘萬 萬戶置一內史 單于
左右輔 各主六夷十萬落 萬落置一都尉 左‧右選曹尚書 並典
選擧. 自司隸以下六官 皆位亞僕射. 以其子粲爲丞相‧領大將
軍‧錄尚書事 進封晉王. 江都王延年錄尚書六條事 汝陰王景
爲太師 王育爲太傅 任顗爲太保 馬景爲大司徒 朱紀爲大司空
中山王曜爲大司馬.

5   壬辰 王子春等及王浚使者至襄國 石勒匿其勁卒‧精甲
羸師虛府以示之 北面拜使者而受書. 浚遺勒麈尾 勒陽不敢執
懸之於壁 朝夕拜之 曰"我不得見王公 見其所賜 如見公也."
復遺董肇奉表于浚 期以三月中旬親詣幽州奉上尊號 亦脩牋于
棗嵩 求幷州牧‧廣平公.

　勒問浚之政事於王子春 子春曰"幽州去歲大水 人不粒食
浚積粟百萬 不能賑贍 刑政苛酷 賦役殷煩 忠賢內離 夷狄外
叛. 人皆知其將亡 而浚意氣自若 曾無懼心 方更置立臺閣 布
列百官 自謂漢高‧魏武不足比也."勒撫几笑曰"王彭祖眞可
擒也."浚使者還薊 具言"石勒形勢寡弱 款誠無二."浚大悅
益驕怠 不復設備.

6   楊虎掠漢中吏民以奔成 梁州人張咸等起兵逐楊難敵. 難
敵去 咸以其地歸成 於是漢嘉‧涪陵‧漢中之地皆爲成有. 成
主雄以李鳳爲梁州刺史 任回爲寧州刺史 李恭爲荆州刺史.

　雄虛己好賢 隨才授任 命太傅驤養民於內 李鳳等招懷於外

刑政寬簡 獄無滯囚 興學校 置史官. 其賦 民男丁歲穀三斛 女丁半之 疾病又半之. 戶調絹不過數丈 綿數兩. 事少役希 民多富實 新附者皆給復除. 是時天下大亂 而蜀獨無事 年穀屢熟乃至閭門不閉 路不拾遺. 漢嘉夷王沖歸·朱提審炤·建寧爨量皆歸之. 巴郡嘗告急 云有晉兵. 雄曰"吾常憂琅邪微弱 遂爲石勒所滅 以爲耿耿 不圖乃能舉兵 使人欣然."然雄朝無儀器 爵位濫溢 吏無祿秩 取給於民 軍無部伍 號令不肅 此其所短也.

7　二月 壬寅 以張軌爲太尉·涼州牧 封西平郡公 王浚爲大司馬·都督幽·冀諸軍事 荀組爲司空·領尚書左僕射兼司隷校尉 行留臺事 劉琨爲大將軍·都督幷州諸軍事. 朝廷以張軌老病 拜其子寔爲副刺史.

8　石勒纂嚴 將襲王浚 而猶豫未發. 張賓曰"夫襲人者 當出其不意. 今軍嚴經日而不行 豈非畏劉琨及鮮卑·烏桓爲吾後患乎?"勒曰"然. 爲之奈何?"賓曰"彼三方智勇無及將軍者 將軍雖遠出 彼必不敢動 且彼未謂將軍便能懸軍千里取幽州也. 輕軍往返 不出二旬 藉使彼雖有心 比其謀議出師 吾已還矣. 且劉琨·王浚 雖同名晉臣 實爲仇敵. 若脩牋于琨 送質請和 琨必喜我之服而快浚之亡 終不救浚而襲我也. 用兵貴神速 勿後時也."勒曰"吾所未了 右侯已了之 吾復何疑!"
　遂以火宵行 至柏人 殺主簿游綸 以其兄統在范陽 恐泄軍謀

故也. 遣使奉牋送質于劉琨 自陳罪惡 請討浚以自效. 琨大喜
移檄州郡 稱"己與猗盧方議討勒 勒走伏無地 求拔幽都以贖
罪. 今便當遣六脩南襲平陽 除僭偽之逆類 降知死之逋羯. 順
天副民 翼奉皇家 斯乃纍年積誠靈祐之所致也!"

三月 勒軍達易水 王浚督護孫緯馳遣白浚 將勒兵拒之 游
統禁之. 浚將佐皆曰"胡貪而無信 必有詭計 請擊之." 浚怒曰
"石公來 正欲奉戴我耳 敢言擊者斬!" 衆不敢復言. 浚設饗以
待之. 壬申 勒晨至薊 叱門者開門 猶疑有伏兵 先驅牛羊數千
頭 聲言上禮 實欲塞諸街巷. 浚始懼 或坐或起. 勒既入城 縱兵
大掠 浚左右請禦之 浚猶不許. 勒升其聽事 浚乃走出堂皇 勒
衆執之. 勒召浚妻 與之並坐 執浚立於前. 浚罵曰"胡奴調乃
公 何凶逆如此!" 勒曰"公位冠元台 手握強兵 坐觀本朝傾覆
曾不救援 乃欲自尊爲天子 非凶逆乎! 又委任姦貪 殘虐百姓
賊害忠良 毒徧燕土 此誰之罪也!"使其將王洛生以五百騎先
送浚于襄國. 浚自投于水 束而出之 斬于襄國市.

勒殺浚麾下精兵萬人 浚將佐等爭詣軍門謝罪 饋賂交錯 前
尚書裴憲・從事中郎荀綽獨不至 勒召而讓之曰"王浚暴虐 孤
討而誅之 諸人皆來慶謝 二君獨與之同惡 將何以逃其戮乎!"
對曰"憲等世仕晉朝 荷其榮祿 浚雖凶粗 猶是晉之藩臣 故憲
等從之 不敢有貳. 明公苟不脩德義 專事威刑 則憲等死自其分
又何逃乎!請就死."不拜而出. 勒召而謝之 待以客禮. 綽 勗
之孫也. 勒數朱碩・棗嵩等以納賄亂政 爲幽州患 責游統以不
忠所事 皆斬之. 籍浚將佐・親戚家貲皆至巨萬 惟裴憲・荀綽

止有書百餘袟 鹽米各十餘斛而已. 勒曰"吾不喜得幽州 喜得二子." 以憲爲從事中郎 綽爲參軍. 分遣流民 各還鄉里. 勒停薊二日 焚浚宮殿 以故尙書燕國劉翰行幽州刺史 戍薊 置守宰而還. 孫緯遮擊之 勒僅而得免.

勒至襄國 遣使奉王浚首獻捷于漢 漢以勒爲大都督·督陝東諸軍事·驃騎大將軍·東單于 增封十二郡 勒固辭 受二郡而已.

劉琨請兵於拓跋猗盧以擊漢 會猗盧所部雜胡萬餘家謀應石勒 猗盧悉誅之 不果赴琨約. 琨知石勒無降意 乃大懼 上表曰"東北八州 勒滅其七 先朝所授 存者惟臣. 勒據襄國 與臣隔山 朝發夕至 城塢駭懼 雖懷忠憤 力不從願耳！"

劉翰不欲從石勒 乃歸段匹磾 匹磾遂據薊城. 王浚從事中郎陽裕 耽之兄子也 逃奔令支 依段疾陸眷. 會稽朱左車·魯國孔纂·泰山胡母翼自薊逃奔昌黎 依慕容廆. 是時中國流民歸廆者數萬家 廆以冀州人爲冀陽郡 豫州人爲成周郡 靑州人爲營丘郡 幷州人爲唐國郡.

9　初 王浚以邵續爲樂陵太守 屯厭次. 浚敗 續附於石勒 勒以續子乂爲督護. 浚所署勃海太守東萊劉胤棄郡依續 謂續曰"凡立大功 必杖大義. 君 晉之忠臣 奈何從賊以自汙乎！"會段匹磾以書邀續同歸左丞相睿 續從之. 其人皆曰"今棄勒歸匹磾 其如乂何？"續泣曰"我豈得顧子而爲叛臣哉！"殺異議者數人. 勒聞之 殺乂. 續遣劉胤使江東 睿以胤爲參軍 以續

爲平原太守. 石勒遣兵圍續 匹磾使其弟文鴦救之 勒引去.

10 襄國大饑 穀二升直銀一斤 肉一斤直銀一兩.

11 杜弢將王眞襲陶侃於林障 侃奔灄中. 周訪救侃 擊弢兵 破之.

12 夏 五月 西平武穆公張軌寢疾 遺令"文武將佐 務安百姓 上思報國 下以寧家." 己丑 軌薨 長史張璽等表世子寔攝父位.

13 漢中山王曜・趙染寇長安. 六月 曜屯渭汭 染屯新豐 索綝將兵出拒之. 染有輕綝之色 長史魯徽曰"晉之君臣 自知強弱不敵 將致死于我 不可輕也." 染曰"以司馬模之強 吾取之如拉朽 索綝小豎 豈能汙吾馬蹄・刀刃邪!"晨 帥輕騎數百逆之 曰"要當獲綝而後食." 綝與戰于城西 染兵敗而歸 悔曰"吾不用魯徽之言以至此 何面目見之!"先命斬徽. 徽曰"將軍愚惷以取敗 乃復忌前害勝 誅忠良以逞忿 猶有天地 將軍其得死於枕席乎!"詔加索綝驃騎大將軍・尙書左僕射・錄尙書 承制行事.

曜・染復與將軍殷凱帥衆數萬向長安 麴允逆戰於馮翊 允敗 收兵 夜 襲凱營 凱敗死. 曜乃還攻河內太守郭默于懷 列三屯圍之. 默食盡 送妻子爲質 請糴於曜 糴畢 復嬰城固守. 曜怒 沈默妻子于河而攻之. 默欲投李矩於新鄭 矩使其甥郭誦迎之.

兵少 不敢進. 會劉琨遣參軍張肇帥鮮卑五百餘騎詣長安 道阻
不通 還 過矩營 矩說肇 使擊漢兵. 漢兵望見鮮卑 不戰而走
默遂帥衆歸矩. 漢主聰召曜還屯蒲阪.

14 秋 趙染攻北地 麴允拒之 染中弩而死.

15 石勒始命州郡閱實戶口 戶出帛二匹 穀二斛.

16 冬 十月 以張寔爲都督涼州諸軍事‧涼州刺史‧西平公.

17 十一月 漢主聰以晉王粲爲相國‧大單于 總百揆. 粲少有
俊才 自爲宰相 驕奢專恣 遠賢親佞 嚴刻愎諫 國人始惡之.

18 周勰以其父遺言 因吳人之怨 謀作亂 使吳興功曹徐馥矯
稱叔父丞相從事中郎札之命 收合徒衆 以討王導‧刁協 豪傑
翕然附之 孫皓族人弼亦起兵於廣德以應之.

❖ 孝愍皇帝下 建興 3年(乙亥, 315年)

1 春 正月 徐馥殺吳興太守袁琇 有衆數千 欲奉周札爲主.
札聞之 大驚 以告義興太守孔侃. 勰知札意不同 不敢發. 馥黨
懼 攻馥 殺之 孫弼亦死. 札子續亦聚衆應馥 左丞相睿議發兵

討之. 王導曰 "今少發兵則不足以平寇 多發兵則根本空虛. 續族弟黃門侍郎莚 忠果有謀 請獨使莚往 足以誅續." 睿從之. 莚晝夜兼行 至郡 將入 遇續於門 謂續曰 "當與君共詣孔府君有所論." 續不肯入 莚牽逼與俱. 坐定 莚謂孔侃曰 "府君何以置賊在坐?" 續衣中常置刀 卽操刀逼莚 莚叱郡傳敎吳曾格殺之. 莚因欲誅颺 札不聽 委罪於從兄卲而誅之. 莚不歸家省母遂長驅而去 母狼狽追之. 睿以札爲吳興太守 莚爲太子右衛率. 以周氏吳之豪望 故不窮治 撫颺如舊.

2 詔平東將軍宋哲屯華陰.

3 成主雄立后任氏.

4 二月 丙子 以琅邪王睿爲丞相·大都督·督中外諸軍事 南陽王保爲相國 荀組爲太尉·領豫州牧 劉琨爲司空·都督 幷·冀·幽三州諸軍事. 琨辭司空不受.

5 南陽王模之敗也 都尉陳安往歸世子保於秦州 保命安將千餘人討叛羌 寵待甚厚. 保將張春疾之 譖安 云有異志 請除之 保不許 春輒伏刺客以刺安. 安被創 馳還隴城 遣使詣保 貢獻不絶.

6 詔進拓跋猗盧爵爲代王 置官屬 食代·常山二郡. 猗盧請

幷州從事鴈門莫含於劉琨 琨遣之. 含不欲行 琨曰"以幷州單
弱 吾之不材 而能自存於胡·羯之間者 代王之力也. 吾傾身竭
貨 以長子爲質而奉之者 庶幾爲朝廷雪大恥也. 卿欲爲忠臣 奈
何惜共事之小誠 而忘徇國之大節乎? 往事代王 爲之腹心 乃
一州之所賴也."含遂行. 猗盧甚重之 常與參大計.

　猗盧用法嚴 國人犯法者 或舉部就誅 老幼相攜而行 人問
"何之?"曰"往就死."無一人敢逃匿者.

7　　王敦遣陶侃·甘卓等討杜弢 前後數十戰 弢將士多死 乃
請降於丞相睿 睿不許. 弢遣南平太守應詹書 自陳昔與詹"共
討樂鄕 本同休戚. 後在湘中 懼死求生 遂相結聚. 儻以舊交
之情 爲明枉直 使得輸誠盟府 廁列義徒 或北淸中原 或西取
李雄 以贖前愆 雖死之日 猶生之年也!"詹爲啓呈其書 且言
"弢 益州秀才 素有淸望 爲鄕人所逼. 今悔惡歸善 宜命使撫納
以息江·湘之民!"睿乃使前南海太守王運受弢降 赦其反逆
之罪 以弢爲巴東監軍. 弢旣受命 諸將猶攻之不已. 弢不勝憤
怒 遂殺運復反 遣其將杜弘·張彥殺臨川內史謝擒 遂陷豫章.
三月 周訪擊彥 斬之 弘奔臨賀.

8　　漢大赦 改元建元.

9　　雨血於漢東宮延明殿 太弟乂惡之 以問太傅崔瑋·太保許
遐. 瑋·遐說乂曰"主上往日以殿下爲太弟者 欲以安衆心耳

其志在晉王久矣 王公已下莫不希旨附之. 今復以晉王爲相國 羽儀威重 踰於東宮 萬機之事 無不由之 諸王皆置營兵以爲羽翼 事勢已去 殿下非徒不得立也 朝夕且有不測之危 不如早爲之計. 今四衛精兵不減五千 相國輕佻 正煩一刺客耳. 大將軍無日不出 其營可襲而取 餘王並幼 固易奪也. 苟殿下有意 二萬精兵指顧可得 鼓行入雲龍門 宿衛之士 孰不倒戈以迎殿下者! 大司馬不慮其爲異也." 乂弗從. 東宮舍人荀裕告瑋‧遐勸乂謀反 漢主聰收瑋‧遐於詔獄 假以他事殺之. 使冠威將軍卜抽將兵監守東宮 禁乂不聽朝會. 乂憂懼不知所爲 上表乞爲庶人 幷除諸子之封 褒美晉王 請以爲嗣 抽抑而弗通.

10 漢青州刺史曹嶷盡得齊‧魯間郡縣 自鎭臨菑 有衆十餘萬 臨河置戍. 石勒表稱"嶷有專據東方之志 請討之." 漢主聰恐勒滅嶷 不可復制 弗許.

聰納中護軍靳準二女月光‧月華 立月光爲上皇后 劉貴妃爲左皇后 月華爲右皇后. 左司隸陳元達極諫 以爲"並立三后 非禮也." 聰不悅 以元達爲右光祿大夫 外示優崇 實奪其權. 於是太尉范隆等皆請以位讓元達 聰乃復以元達爲御史大夫‧儀同三司. 月光有穢行 元達奏之 聰不得已廢之 月光慙恚自殺 聰恨元達.

11 夏 四月 大赦.

12   六月 盜發漢霸·杜二陵及薄太后陵 得金帛甚多 詔收其
餘以實內府.

13   辛巳 大赦.

14   漢大司馬曜攻上黨 八月 癸亥 敗劉琨之衆於襄垣. 曜欲進
攻陽曲 漢主聰遣使謂之曰"長安未平 宜以爲先." 曜乃還屯蒲
阪.

15   陶侃與杜弢相攻 弢使王貢出挑戰 侃遙謂之曰"杜弢爲益
州小吏 盜用庫錢 父死不奔喪. 卿本佳人 何爲隨之！天下寧有
白頭賊邪？"貢初橫腳馬上 聞侃言 斂容下腳. 侃知可動 復遣
使諭之 截髮爲信 貢遂降於侃. 弢衆潰 遁走 道死. 侃與南平太
守應詹進克長沙 湘州悉平. 丞相睿承制赦其所部 進王敦鎮東
大將軍 加都督江·揚·荊·湘·交·廣六州諸軍事·江州刺
史. 敦始自選置刺史以下 浸益驕橫.
　　初 王如之降也 敦從弟稜愛如驍勇 請敦配己麾下. 敦曰"此
輩險悍難畜 汝性狷急 不能容養 更成禍端."稜固請 乃與之.
稜置左右 甚加寵遇. 如數與敦諸將角射爭鬪 稜杖之 如深以爲
恥. 及敦潛畜異志 稜每諫之. 敦怒其異己 密使人激如令殺稜.
如因閒宴 請劍舞爲歡 稜許之. 如舞劍漸前 稜惡而呵之 如直
前殺稜. 敦聞之 陽驚 亦捕如誅之.

16   初 朝廷聞張光死 以侍中第五猗爲安南將軍 監荊·梁·
益·寧四州諸軍事·荊州刺史 自武關出. 杜曾迎猗於襄陽 爲
兄子娶猗女 遂聚兵萬人 與猗分據漢·沔.

陶侃旣破杜弢 乘勝進擊曾 有輕曾之志. 司馬魯恬諫曰"凡
戰 當先料其將. 今使君諸將 無及曾者 未易可逼也."侃不從
進圍曾於石城. 曾軍多騎兵 密開門突侃陳 出其後 反擊之 侃
兵死者數百人. 曾將趨順陽 下馬拜侃 告辭而去.

時荀崧都督荊州·江北諸軍事 屯宛 曾引兵圍之. 崧兵少食
盡 欲求救於故吏襄城太守石覽. 崧小女灌 年十三 帥勇士數十
人 踰城突圍夜出 且戰且前 遂達覽所 又爲崧書 求救於南中
郎將周訪. 訪遣子撫帥兵三千 與覽共救崧 曾乃遁去.

曾復致牋於崧 求討丹水賊以自效 崧許之. 陶侃遺崧書曰
"杜曾凶狡 所謂'鴟梟食母之物.'此人不死 州土未寧 足下當
識吾言!"崧以宛中兵少 藉曾爲外援 不從. 曾復帥流亡二千
餘人圍襄陽 數日 不克而還.

17   王敦嬖人吳興錢鳳 疾陶侃之功 屢毀之. 侃將還江陵 欲詣
敦自陳. 朱伺及安定皇甫方回諫曰"公入必不出."侃不從. 旣
至 敦留侃不遣 左轉廣州刺史 以其從弟丞相諮祭酒廞爲荊
州刺史. 荊州將吏鄭攀·馬雋等詣敦 上書留侃 敦怒 不許. 攀
等以侃始滅大賊 而更被黜 衆情憤惋 又以廞忌戾難事 遂帥其
徒三千人屯涢口 西迎杜曾. 廞爲攀等所襲 奔于江安. 杜曾與
攀等北迎第五猗以拒廞. 廞督諸軍討曾 復爲曾所敗. 敦意攀承

侃風旨 被甲持矛將殺侃 出而復還者數四. 侃正色曰"使君雄
斷 當裁天下 何此不決乎!"因起如厠. 諮議參軍梅陶・長史
陳頒言於敦曰"周訪與侃親姻 如左右手 安有斷人左手而右手
不應者乎!"敦意解 乃設盛饌以餞之 侃便夜發 敦引其子瞻
爲參軍.

初 交州刺史顧祕卒 州人以祕子壽領州事. 帳下督梁碩起兵
攻壽 殺之 碩遂專制交州. 王機自以盜據廣州 恐王敦討之 更
求交州. 會杜弘詣機降 敦欲因機以討碩 乃以降杜弘爲機功 轉
交州刺史. 機至鬱林 碩迎前刺史脩則子湛行州事以拒之. 機
不得進 乃更與杜弘及廣州將溫邵・交州秀才劉沈謀復還據廣
州. 陶侃至始興 州人皆言宜觀察形勢 不可輕進. 侃不聽 直至
廣州 諸郡縣皆已迎機矣. 杜弘遣使僞降 侃知其謀 進擊弘 破
之 遂執劉沈於小桂. 遣督護許高討王機 走之. 機病死于道 高
掘其尸 斬之. 諸將皆請乘勝擊溫邵 侃笑曰"吾威名已著 何事
遣兵!但一函紙自定耳."乃下書諭之. 邵懼而走 追獲於始興.
杜弘詣王敦降 廣州遂平.

侃在廣州無事 輒朝運百甓於齋外 暮運於齋內. 人問其故 答
曰"吾方致力中原 過爾優逸 恐不堪事 故自勞耳."

王敦以杜弘爲將 寵任之.

18　九月 漢主聰使大鴻臚賜石勒弓矢 策命勒爲陝東伯 得專
征伐 拜刺史・將軍・守宰 封列侯 歲盡集上.

19 漢大司馬曜寇北地 詔以麴允爲大都督·驃騎將軍以禦之. 冬 十月 以索綝爲尙書僕射·都督宮城諸軍事. 曜進拔馮翊 太守梁肅奔萬年. 曜轉寇上郡. 麴允去黃白城 軍于靈武 以兵弱不敢進.

　帝屢徵兵於丞相保 保左右皆曰"蝮虵螫手 壯士斷腕. 今胡寇方盛 且宜斷隴道以觀其變." 從事中郎裴詵曰"今虵已螫頭 頭可斷乎！"保乃以鎮軍將軍胡崧行前鋒都督 須諸軍集乃發. 麴允欲奉帝往就保 索綝曰"保得天子 必逞其私志." 乃止. 於是自長安以西 不復貢奉朝廷 百官飢乏 採稆以自存.

20 涼州軍士張冰得璽 文曰"皇帝行璽"獻於張寔 僚屬皆賀. 寔曰"是非人臣所得留." 遣使歸于長安.

❖ 孝愍皇帝下 建興 4年(丙子, 316年)

1 春 正月 司徒梁芬議追尊吳王晏 右僕射索綝等引魏明帝詔以爲不可 乃贈太保 諡曰孝.

2 漢中常侍王沈·宣懷·中宮僕射郭猗等 皆寵幸用事. 漢主聰游宴後宮 或三日不醒 或百日不出 自去冬不視朝 政事一委相國粲 唯殺生·除拜乃使沈等入白之. 沈等多不白 而自以其私意決之 故勳舊或不敍 而姦佞小人有數日至二千石者. 軍

旅歲起 將士無錢帛之賞 而後宮之家 賜及僮僕 動至數千萬.
沈等車服·第舍踰於諸王 子弟中表爲守令者三十餘人 皆貪殘
爲民害. 靳準闚宗諂事之.

　郭猗與準皆有怨於太弟乂 猗謂相國粲曰"殿下光文帝之世
孫 主上之嫡子 四海莫不屬心 奈何欲以天下與太弟乎！且臣
聞太弟與大將軍謀因三月上巳大宴作亂 事成 許以主上爲太上
皇 大將軍爲皇太子 又許衛軍爲大單于. 三王處不疑之地 並握
重兵 以此舉事 無不成者. 然二王貪一時之利 不顧父兄 事成
之後 主上豈有全理？ 殿下兄弟 固不待言 東宮·相國·單于
當在武陵兄弟 何肯與人也！今禍期甚迫 宜早圖之. 臣屢言於
主上 主上篤於友愛 以臣刀鋸之餘 終不之信 願殿下勿泄 密
表其狀. 殿下儻不信臣 可召大將軍從事中郎王皮·衛軍司馬
劉惇 假之恩意 許其歸首以問之 必可知也."粲許之. 猗密謂
皮·惇曰"二王逆狀 主上及相國具知之矣 卿同之乎？"二人
驚曰"無之."猗曰"茲事已決 吾憐卿親舊幷見族耳！"因歔
欷流涕. 二人大懼 叩頭求哀. 猗曰"吾爲卿計 卿能用之乎？
相國問卿 卿但云'有之'若責卿不先啓 卿卽云'臣誠負死罪.
然仰惟主上寬仁 殿下敦睦 苟言不見信 則陷於誣譖不測之誅
故不敢言也.'"皮·惇許諾. 粲召問之 二人至不同時 而其辭
若一 粲以爲信然.

　勒準復說粲曰"殿下宜自居東宮 以領相國 使天下早有所繫.
今道路之言 皆云大將軍·衛將軍欲奉太弟爲變 期以季春 若
使太弟得天下 殿下無容足之地矣."粲曰"爲之奈何？"準曰

"人告太弟爲變 主上必不信. 宜緩東宮之禁 使賓客得往來 太弟雅好待士 必不以此爲嫌 輕薄小人不能無迎合太弟之意爲之謀者. 然後下官爲殿下露表其罪 殿下收其賓客與太弟交通者考問之 獄辭旣具 則主上無不信之理也."粲乃命卜抽引兵去東宮.

少府陳休·左衛將軍卜崇 爲人淸直 素惡沈等 雖在公座 未嘗與語 沈等深疾之. 侍中卜幹謂休·崇曰"王沈等勢力足以回天地 卿輩自料親賢孰與竇武·陳蕃?"休·崇曰"吾輩年踰五十 職位已崇 唯欠一死耳！死於忠義 乃爲得所 安能俛首伍眉以事閹豎乎！去矣卜公 勿復有言！"

二月 漢主聰出臨上秋閣 命收陳休·卜崇及特進綦毋達·太中大夫公彧·尙書王琰·田歆·大司農朱誕並誅之 皆宦官所惡也. 卜幹泣諫曰"陛下方側席求賢 而一旦戮卿大夫七人 皆國之忠良 無乃不可乎！藉使休等有罪 陛下不下之有司 暴明其狀 天下何從知之！詔尙在臣所 未敢宣露 願陛下熟思之！"因叩頭流血. 王沈叱幹曰"卜侍中欲拒詔乎！"聰拂衣而入 免幹爲庶人.

太宰河間王易·大將軍勃海王敷·御史大夫陳元達·金紫光祿大夫西河王延等皆詣闕表諫曰"王沈等矯弄詔旨 欺誣日月 內諂陛下 外佞相國 威權之重 侔於人主 多樹姦黨 毒流海內. 知休等忠臣 爲國盡節 恐發其姦狀 故巧爲誣陷. 陛下不察 遽加極刑 痛徹天地 賢愚傷懼. 今遺晉未殄 巴·蜀不賓 石勒謀據趙·魏 曹嶷欲王全齊 陛下心腹四支 何處無患！乃復以

沈等助亂 誅巫咸 戮扁鵲 臣恐遂成膏盲之疾 後雖救之 不可
及已. 請免沈等官 付有司治罪." 聰以表示沈等 笑曰 "豎兒爲
元達所引 遂成癡也." 沈等頓首泣曰 "臣等小人 過蒙陛下識
拔 得灑掃閨閤 而王公・朝士疾臣等如讎 又深恨陛下. 願以臣
等膏鼎鑊 則朝廷自然雍穆矣." 聰曰 "此等狂言常然 卿何足恨
乎!" 聰問沈等於相國粲 粲盛稱沈等忠淸 聰悅 封沈等爲列
侯.

太宰易又詣闕上疏極諫 聰大怒 手壞其疏. 三月 易忿恚而
卒. 易素忠直 陳元達倚之爲援 得盡諫諍. 及卒 元達哭之慟 曰
"'人之云亡 邦國殄瘁.' 吾旣不復能言 安用默默苟生乎!" 歸
而自殺.

3　　初 代王猗盧愛其少子比延 欲以爲嗣 使長子六脩出居新
平城 而黜其母. 六脩有駿馬 日行五百里 猗盧奪之 以與比延.
六脩來朝 猗盧使拜比延 六脩不從. 猗盧乃坐比延於其步輦 使
人導從出游. 六脩望見 以爲猗盧 伏謁路左 至 乃比延 六脩慙
怒而去. 猗盧召之不至 大怒 帥衆討之 爲六脩所敗. 猗盧微服
逃民間 有賤婦人識之 遂爲六脩所弑. 拓跋普根先守外境 聞難
來赴 攻六脩 滅之.

普根代立 國中大亂 新舊猜嫌 迭相誅滅. 左將軍衛雄・信義
將軍箕澹 久佐猗盧 爲衆所附 謀歸劉琨 乃言於衆曰 "聞舊人
忌新人悍戰 欲盡殺之 將奈何?" 晉人及烏桓皆驚懼 曰 "死生
隨二將軍!" 乃與琨質子遵帥晉人及烏桓三萬家・馬牛羊十

萬頭歸于琨. 琨大喜 親詣平城撫納之 琨兵由是復振.

夏 四月 普根卒. 其子始生 普根母惟氏立之.

4 張寔下令 "所部吏民有能擧其過者 賞以布帛羊米." 賊曹
佐高昌隗瑾曰 "今明公爲政 事無巨細 皆自決之 或興師發令
府朝不知 萬一違失 謗無所分. 羣下畏威 受成而已. 如此 雖賞
之千金 終不敢言也. 謂宜少損聰明 凡百政事 皆延訪羣下 使
各盡所懷 然後采而行之 則嘉言自至 何必賞也!" 寔悅 從之
增瑾位三等.

寔遣將軍王該帥步騎五千入援長安 且送諸郡貢計. 詔拜寔
都督陝西諸軍事 以寔弟茂爲秦州刺史.

5 石勒使石虎攻劉演于廩丘 幽州刺史段匹磾使其弟文鴦救
之 虎拔廩丘 演奔文鴦軍 虎獲演弟啓以歸.

6 寧州刺史王遜 嚴猛喜誅殺. 五月 平夷太守雷炤‧平樂太
守董霸帥三千餘家叛 降於成.

7 六月 丁巳朔 日有食之.

8 秋 七月 漢大司馬曜圍北地太守麴昌 大都督麴允將步騎
三萬救之. 曜繞城縱火 煙起蔽天 使反間紿允曰 "郡城已陷 往
無及也!" 衆懼而潰. 曜追敗允於磻石谷 允奔還靈武 曜遂取

北地.

允性仁厚 無威斷 喜以爵位悅人. 新平太守竺恢 · 始平太守
楊像 · 扶風太守竺爽 · 安定太守焦嵩 皆領征 · 鎮 杖節 加侍
中 · 常侍 村塢主帥 小者猶假銀靑將軍之號 然恩不及下 故諸
將驕恣而士卒離怨. 關中危亂 允告急於焦嵩 嵩素侮允 曰 "須
允困 當救之."

曜進至涇陽 渭北諸城悉潰. 曜獲建威將軍魯充 · 散騎常侍
梁緯 · 少府皇甫陽. 曜素聞充賢 募生致之 旣見 賜之酒曰 "吾
得子 天下不足定也！" 充曰 "身爲晉將 國家喪敗 不敢求生.
若蒙公恩 速死爲幸." 曜曰 "義士也." 賜之劍 令自殺. 梁緯妻
辛氏 美色 曜召見 將妻之 辛氏大哭曰 "妾夫已死 義不獨生
且一婦人而事二夫 明公又安用之！" 曜曰 "貞女也." 亦聽自
殺 皆以禮葬之.

9　　漢主聰立故張后侍婢樊氏爲上皇后 三后之外 佩皇后璽綬
者復有七人. 嬖寵用事 刑賞紊亂. 大將軍敷數涕泣切諫 聰怒
曰 "汝欲乃公速死邪 何以朝夕生來哭人！" 敷憂憤 發病卒.

河東平陽大蝗 民流殍者什五六. 石勒遣其將石越帥騎二萬
屯幷州 招納流民 民歸之者二十萬戶. 聰遣使讓勒 勒不受命
潛與曹嶷相結.

10　　八月 漢大司馬曜逼長安.

11 　九月 漢主宴羣臣於光極殿 引見太弟乂. 乂容貌憔悴 鬢髮
蒼然 涕泣陳謝 聰亦爲之慟哭 乃縱酒極歡 待之如初.

12 　焦嵩·竺恢·宋哲皆引兵救長安 散騎常侍華輯監京兆·
馮翊·弘農·上洛四郡兵 屯霸上 皆畏漢兵強 不敢進. 相國保
遣胡崧將兵入援 擊漢大司馬曜於靈臺 破之. 崧恐國威復振則
麴·索勢盛 乃帥城西諸郡兵屯渭北不進 遂還槐裏.

　曜攻陷長安外城 麴允·索綝退保小城以自固. 內外斷絕 城
中飢甚 米斗直金二兩 人相食 死者太半 亡逃不可制 唯涼州
義衆千人 守死不移. 太倉有麴數十餅 麴允屑之爲粥以供帝 既
而亦盡. 冬 十一月 帝泣謂允曰"今窮厄如此 外無救援 當忍
恥出降 以活士民."因歎曰"誤我事者 麴·索二公也！"使侍
中宗敞送降牋於曜. 索綝潛留敞 使其子說曜曰"今城中食猶
足支一年 未易克也 若許綝以儀同·萬戶郡公者 請以城降."
曜斬而送之 曰"帝王之師 以義行也. 孤將兵十五年 未嘗以詭
計敗人 必窮兵極勢 然後取之. 今索綝所言如此 天下之惡一也
輒相爲戮之. 若兵食審未盡者 便可勉強固守 如其糧竭兵微 亦
宜早寤天命."

　甲午 宗敞至曜營 乙未 帝乘羊車 肉袒·銜璧·輿櫬出東門
降. 羣臣號泣 攀車執帝手 帝亦悲不自勝. 御史中丞馮翊吉朗
歎曰"吾智不能謀 勇不能死 何忍君臣相隨 北面事賊虜乎！"
乃自殺. 曜焚櫬受璧 使宗敞奉帝還宮. 丁酉 遷帝及公卿以下
於其營 辛丑 送至平陽. 壬寅 漢主聰臨光極殿 帝稽首於前. 麴

允伏地慟哭 扶不能起. 聰怒 囚之 允自殺. 聰以帝爲光祿大夫
封懷安侯. 以大司馬曜爲假黃鉞‧大都督‧督陝西諸軍事‧太
宰 封秦王. 大赦 改元麟嘉. 以麴允忠烈 贈車騎將軍 諡節愍
侯. 以索綝不忠 斬于都市. 尙書梁允‧侍中梁濬等及諸郡守皆
爲曜所殺 華輯奔南山.

❖ 干寶論曰

"昔高祖宣皇帝 以雄才碩量 應時而起 性深阻有若城
府 而能寬綽以容納 行數術以御物 而知人善采拔. 於是
百姓與能 大象始構. 世宗承基 太祖繼業 咸黜異圖 用融
前烈. 至于世祖 遂享皇極 仁以厚下 儉以足用 和而不弛
寬而能斷 掩唐‧虞之舊域 班正朔於八荒 于時有"天下
無窮人"之諺 雖太平未洽 亦足以明民樂其生矣.

武皇既崩 山陵未乾而變難繼起. 宗子無維城之助 師
尹無具瞻之貴 朝爲伊‧周 夕成桀‧跖 國政迭移於亂
人 禁兵外散於四方 方岳無鈞石之鎭 關門無結草之固.
戎‧羯稱制 二帝失尊 何哉? 樹立失權 託付非才 四維
不張 而苟且之政多也.

夫基廣則難傾 根深則難拔 理節則不亂 膠結則不
遷. 昔之有天下者所以能長久 用此道也. 周自后稷愛民
十六王而武始君之 其積基樹本 如此其固. 今晉之興也
其創基立本 固異於先代矣. 加以朝寡純德之人 鄕乏不

二之老 風俗淫僻 恥尙失所. 學者以莊·老爲宗而黜《六經》談者以虛蕩爲辯而賤名檢 行身者以放濁爲通而狹節信 進仕者以苟得爲貴而鄙居正 當官者以望空爲高而笑勤恪. 是以劉頌屢言治道 傅咸每糾邪正 皆謂之俗吏 其倚杖虛曠 依阿無心者 皆名重海內. 若夫文王日昃不暇食 仲山甫夙夜匪懈者 蓋共嗤黜以爲灰塵矣！由是毀譽亂於善惡之實 情慝奔於貨欲之塗 選者爲人擇官 官者爲身擇利 世族貴戚之子弟 陵邁超越 不拘資次. 悠悠風塵 皆奔競之士 列官千百 無讓賢之舉. 子眞著《崇讓》而莫之省 子雅制九班而不得用. 其婦女不知女工 任情而動 有逆于舅姑 有殺戮妾媵 父兄弗之罪也 天下莫之非也. 禮法刑政 於此大壞. "國之將亡 本必先顚" 其此之謂乎！

故觀阮籍之行而覺禮敎崩弛之所由 察庾純·賈充之爭而見師尹之多僻 考平吳之功而知將帥之不讓 思郭欽之謀而寤戎狄之有釁 覽傅玄·劉毅之言而得百官之邪核傅咸之奏·《錢神》之論而覩寵賂之彰. 民風國勢 旣已如此 雖以中庸之才·守文之主治之 猶懼致亂 況我惠帝以放蕩之德臨之哉！懷帝承亂得位 羈以強臣 愍帝奔播之後 徒守虛名. 天下之勢旣去 非命世之雄才 不能復取之矣！

13　石勒圍樂平太守韓據于坫城 據請救於劉琨. 琨新得拓跋

猗盧之衆 欲因其銳氣以討勒. 箕澹 · 衛雄諫曰 "此雖晉民 久
淪異域 未習明公之恩信 恐其難用. 不若且內收鮮卑之餘穀 外
抄胡賊之牛羊 閉關守險 務農息兵 待其服化感義 然後用之
則功無不濟矣!" 琨不從 悉發其衆 命澹帥步騎二萬爲前驅
琨屯廣牧 爲之聲援.

石勒聞澹至 將逆擊之. 或曰 "澹士馬精強 其鋒不可當 不若
且引兵避之 深溝高壘 以挫其銳 必獲萬全." 勒曰 "澹兵雖衆
遠來疲弊 號令不齊 何精強之有! 今寇敵垂至 何可捨去! 大
軍一動 豈易中還! 若澹乘我之退而逼之 顧逃潰不暇 焉得深
溝高壘乎! 此自亡之道也." 立斬言者. 以孔萇爲前鋒都督 令
三軍 "後出者斬!" 勒據險要 設疑兵於山上 前設二伏 出輕騎
與澹戰 陽爲不勝而走. 澹縱兵追之 入伏中. 勒前後夾擊澹軍
大破之 獲鎧馬萬計. 澹 · 雄帥騎千餘奔代郡 韓據棄城走 幷土
震駭.

14　十二月 乙卯朔 日有食之.

15　司空長史李弘以幷州降石勒. 劉琨進退失據 不知所爲 段
匹磾遣信邀之 己未 琨帥衆從飛狐奔薊. 匹磾見琨 甚相親重
與之結婚 約爲兄弟. 勒徙陽曲 · 樂平民于襄國 置守宰而還.

孔萇攻箕澹于代郡 殺之.

萇等攻賊帥馬嚴 · 馮睹 久而不克 司 · 冀 · 幷 · 兗流民數
萬戶在遼西 迭相招引 民不安業. 勒問計於濮陽侯張賓 賓曰

"嚴·腊本非公之深仇 流民皆有戀本之志 今班師振旅 選良牧守使招懷之 則幽·冀之寇可不日而清 遼西流民將相帥而至矣." 勒乃召莨等歸 以武遂令李回爲易北督護 兼高陽太守. 馬嚴士卒素服回威德 多叛嚴歸之 嚴懼而出走 赴水死. 馮腊帥其衆降. 回徙居易京 流民歸之者相繼於道. 勒喜 封回爲弋陽子 增張賓邑千戶 進位前將軍 賓固辭不受.

16　丞相睿聞長安不守 出師露次 躬擐甲冑 移檄四方 刻日北征. 以漕運稽期 斬督運令史淳于伯. 刑者以刀拭柱 血逆流上至柱末二丈餘而下 觀者咸以爲冤. 丞相司直劉隗上言"伯罪不至死 請免從事中郎周莚等官." 於是右將軍王導等上疏引咎請解職. 睿曰"政刑失中 皆吾闇塞所致."一無所問.
　隗性剛訐 當時名士多被彈劾 睿率皆容貸 由是衆怨皆歸之. 南中郎將王含 敦之兄也 以族強位顯 驕傲自恣 一請參佐及守長至二十許人 多非其才 隗劾奏含 文致甚苦 事雖被寢 而王氏深忌疾之.

17　丞相睿以邵續爲冀州刺史. 續女壻廣平劉遐聚衆河·濟之間 睿以遐爲平原內史.

18　託跋普根之子又卒 國人立其從父鬱律. ＊

資治通鑑 卷090

【晉紀十二】

起強圉赤奮若(丁丑) 盡著雍攝提格(戊寅) 凡二年.

❖ 中宗元皇帝上 建武 元年(丁丑, 317年)

1　春 正月 漢兵東略弘農 太守宋哲奔江東.

2　黃門郞史淑 · 侍御史王沖自長安奔涼州 稱愍帝出降前一日 使淑等齎詔賜張寔 拜寔大都督 · 涼州牧 · 侍中 · 司空 承制行事 且曰 "朕已詔琅邪王時攝大位 君其協贊琅邪 共濟多難." 淑等至姑臧 寔大臨三日 辭官不受.

初 寔叔父肅爲西海太守 聞長安危逼 請爲先鋒入援. 寔以其老 弗許. 及聞長安不守 肅悲憤而卒.

寔遣太府司馬韓璞 · 撫戎將軍張閬等帥步騎一萬東擊漢 命討虜將軍陳安 · 安故太守賈騫 · 隴西太守吳紹各統郡兵爲前驅. 又遺相國保書曰 "王室有事 不忘投軀. 前遣賈騫瞻公舉動 中被符命 敕騫還軍. 俄聞寇逼長安 胡崧不進 麴允持金五百

請救於崧 遂決遣騫等進軍度嶺. 會聞朝廷傾覆 爲忠不遂 憤痛
之深 死有餘責. 今更遣璞等 唯公命是從." 璞等卒不能進而還.

至南安 諸羌斷路 相持百餘日 糧竭矢盡. 璞殺車中牛以饗士
泣謂之曰"汝曹念父母乎?"曰"念.""念妻子乎?"曰"念."
"欲生還乎?"曰"欲.""從我令乎?"曰"諾."乃鼓譟進戰.
會張閬帥金城兵繼至 夾擊 大破之 斬首數千級.

先是 長安謠曰"秦川中 血沒腕 唯有涼州倚柱觀." 及漢兵
覆關中 氐‧羌掠隴右 雍‧秦之民 死者什八九 獨涼州安全.

3 二月 漢主聰使從弟暢帥步騎三萬攻滎陽太守李矩 屯韓王
故壘 相去七里 遣使招矩. 時暢兵猝至 矩未及爲備 乃遣使詐
降於暢. 暢不復設備 大饗 渠帥皆醉. 矩欲夜襲之 士卒皆惟懼
矩乃遣其將郭誦禱於子產祠 使巫揚言曰"子產有敎 當遣神兵
相助."衆皆踊躍爭進. 矩選勇敢千人 使誦將之 掩擊暢營 斬
首數千級 暢僅以身免.

4 辛巳 宋哲至建康 稱受愍帝詔 令丞相琅邪王睿統攝萬機.
三月 琅邪王素服出次 擧哀三日. 於是西陽王羕及官屬等共
上尊號 王不許. 羕等固請不已 王慨然流涕曰"孤 罪人也. 諸
賢見逼不已 當歸琅邪耳!"呼私奴 命駕將歸國. 羕等乃請依
魏‧晉故事 稱晉王 許之. 辛卯 卽晉王位 大赦 改元 始備百
官 立宗廟 建社稷.

有司請立太子 王愛次子宣城公裒 欲立之 謂王導曰"立子

當以德." 導曰 "世子‧宣城 俱有朗雋之美 而世子年長." 王從
之. 丙辰 立世子紹爲王太子 封裒爲琅邪王 奉恭王後 仍以裒
都督靑‧徐‧兗三州諸軍事 鎭廣陵. 以西陽王羕爲太保 封譙
剛王遜之子承爲譙王. 遜 宣帝之弟子也. 又以征南大將軍王敦
爲大將軍‧江州牧 揚州刺史王導爲驃騎將軍‧都督中外諸軍
事‧領中書監‧錄尚書事 丞相左長史刁協爲尚書左僕射 右長
史周顗爲吏部尚書 軍諮祭酒賀循爲中書令 右司馬戴淵‧王邃
爲尚書 司直劉隗爲御史中丞 行參軍劉超爲中書舍人 參軍事
孔愉長兼中書郎 自餘參軍悉拜奉車都尉 掾屬拜駙馬都尉 行
參軍舍人拜騎都尉. 王敦辭州牧 王導以敦統六州 辭中外都督
賀循以老病辭中書令 王皆許之 以循爲太常. 是時 承喪亂之後
江東草創 刁協久宦中朝 諳練舊事 賀循爲世儒宗 明習禮學
凡有疑議 皆取決焉.

5   劉琨‧段匹磾相與歃血同盟 期以翼戴晉室. 辛丑 琨檄告
華‧夷 遣兼左長史‧右司馬溫嶠 匹磾遣左長史榮邵 奉表及
盟文詣建康勸進. 嶠 羨之弟子也. 嶠之從母爲琨妻 琨謂嶠曰
"晉祚雖衰 天命未改 吾當立功河朔 使卿延譽江南. 行矣 勉
之!"
  王以鮮卑大都督慕容廆爲都督遼左雜夷流民諸軍事‧龍驤
將軍‧大單于‧昌黎公 廆不受. 征虜將軍魯昌說廆曰 "今兩
京覆沒 天子蒙塵 琅邪王承制江東 爲四海所係屬. 明公雖雄據
一方 而諸部猶阻兵未服者 蓋以官非王命故也. 謂宜通使琅邪

勸承大統 然後奉詔令以伐有罪 誰敢不從！"處士遼東高詡曰
"霸王之資 非義不濟. 今晉室雖微 人心猶附之 宜遣使江東 示
有所尊 然後仗大義以徵諸部 不患無辭矣." 廆從之 遣長史王
濟浮海詣建康勸進.

6　漢相國粲使其黨王平謂太弟乂曰"適奉中詔 云京師將有
變 宜衷甲以備非常." 乂信之 命宮臣皆衷甲以居. 粲馳遣告靳
準 · 王沈. 準以白漢主聰曰"太弟將爲亂 已衷甲矣！" 聰大驚
曰"寧有是邪！" 王沈等皆曰"臣等聞之久矣 屢言之 而陛下
不之信也." 聰使粲以兵圍東宮. 粲使準 · 沈收乂 · 羌酋長十
餘人 窮問之 皆懸首高格 燒鐵灼目 酋長自誣與乂謀反. 聰謂
沈等曰"吾今而後知卿等之忠也！當念知無不言 勿恨往日言
而不用也！" 於是誅東宮官屬及乂素所親厚 準 · 沈等素所憎
怨者大臣數十人 阬士卒萬五千餘人. 夏 四月 廢乂爲北部王
粲尋使準賊殺之. 乂形神秀爽 寬仁有器度 故士心多附之. 聰
聞其死 哭之慟 曰"吾兄弟止餘二人而不相容 安得使天下知
吾心邪！" 氐 · 羌叛者甚衆 以靳準行車騎大將軍 討平之.

7　五月 壬午 日有食之.

8　六月 丙寅 溫嶠等至建康 王導 · 周顗 · 庾亮等皆愛嶠才
爭與之交. 是時 太尉 · 豫州牧荀組 · 冀州刺史邵續 · 靑州刺
史曹嶷 · 寧州刺史王遜 · 東夷校尉崔毖等皆上表勸進 王不許.

9　初 流民張平・樊雅各聚衆數千人在譙 爲塢主. 王之爲丞相也 遣行參軍譙國桓宣往說平・雅 平・雅皆請降. 及豫州刺史祖逖出屯蘆洲 遣參軍殷乂詣平・雅. 乂意輕平 視其屋 曰 "可作馬廄." 見大鑊 曰"可鑄鐵器." 平曰"此乃帝王鑊 天下清平方用之 奈何毀之！" 乂曰"卿未能保其頭 而愛鑊邪！" 平大怒 於坐斬乂 勒兵固守. 逖攻之 歲餘不下 乃誘其部將謝浮 使殺之 逖進據太丘. 樊雅猶據譙城 與逖相拒. 逖攻之不克 請兵於南中郎將王含. 桓宣時爲含參軍 含遣宣將兵五百助逖. 逖謂宣曰"卿信義已著於彼 今復爲我說雅." 宣乃單馬從兩人詣雅曰"祖豫州方欲平蕩劉・石 倚卿爲援 前殷乂輕薄 非豫州意也." 雅卽詣逖降. 逖旣入譙城 石勒遣石虎圍譙 王含復遣桓宣救之 虎解去. 逖表宣爲譙國內史.

　己巳 晉王傳檄天下 稱"石虎敢帥犬羊 渡河縱毒 今遣琅邪王裒等九軍 銳卒三萬 水陸四道 徑造賊場 受祖逖節度." 尋復召裒還建康.

10　秋 七月 大旱 司・冀・幷・靑・雍州大蝗 河・汾溢 漂千餘家.

11　漢主聰立晉王粲爲皇太子 領相國・大單于 總攝朝政如故. 大赦.

12　段匹磾推劉琨爲大都督 檄其兄遼西公疾陸眷及叔父涉

復辰·弟末杯等會于固安 共討石勒. 末杯說疾陸眷·涉復辰
曰"以父兄而從子弟 恥也 且幸而有功 匹磾獨收之 吾屬何有
哉！"各引兵還. 琨·匹磾不能獨留 亦還薊.

13　以荀組爲司徒.

14　八月 漢趙固襲衛將軍華薈於臨潁 殺之.
　　初 趙固與長史周振有隙 振密譖固於漢主聰. 李矩之破劉暢
也 於帳中得聰詔 令暢旣克矩 還過洛陽 收固斬之 以振代固.
矩送以示固 固斬振父子 帥騎一千來降 矩復令固守洛陽.

15　鄭攀等相與拒王廙 衆心不壹 散還橫桑口 欲入杜曾. 王敦
遣武昌太守趙誘·襄陽太守朱軌擊之 攀等懼 請降. 杜曾亦請
擊第五猗於襄陽以自贖.
　　廙將赴荊州 留長史劉浚鎭揚口壘. 竟陵內史朱伺謂廙曰"曾
猾賊也 外示屈服 欲誘官軍使西 然後兼道襲揚口耳. 宜大部分
未可便西."廙性矜厲自用 以伺爲老怯 遂西行. 曾等果還趨揚
口 廙乃遣伺歸 裁至壘 卽爲曾所圍. 劉浚自守北門 使伺守南
門. 馬雋從曾來攻壘 雋妻子先在壘中 或欲皮其面以示之. 伺
曰"殺其妻子 未能解圍 但益其怒耳."乃止. 曾攻陷北門 伺
被傷 退入船 開船底以出 沈行五十步 乃得免. 曾遣人說伺曰
"馬雋德卿全其妻子 今盡以卿家內外百口付雋 雋已盡心收視
卿可來也."伺報曰"吾年六十餘 不能復與卿作賊 吾死亦當南

歸 妻子付汝裁之."乃就王廙於甑山 病創而卒.

戊寅 趙誘·朱軌及陵江將軍黃峻與曾戰於女觀湖 誘等皆敗死. 曾乘勝徑告沔口 威震江·沔.

王使豫章太守周訪擊之. 訪有眾八千 進至沌陽. 曾銳氣甚盛 訪使將軍李恒督左甄 許朝督右甄 訪自領中軍. 曾先攻左·右甄 訪於陣後射雉以安眾心 令其眾曰"一甄敗 鳴三鼓 兩甄敗 鳴六鼓." 趙誘子胤 將父餘兵屬左甄 力戰 敗而復合 馳馬告訪. 訪怒 叱令更進 胤號哭還戰. 自旦至申 兩甄皆敗. 訪選精銳八百人 自行酒飲之 敕不得妄動 聞鼓音乃進. 曾兵未至三十步 訪親鳴鼓 將士皆騰躍奔赴 曾遂大潰 殺千餘人. 訪夜追之 諸將請待明日 訪曰"曾驍勇能戰 向者彼勞我逸 故克之 宜及其衰乘之 可滅也."乃鼓行而進 遂定漢·沔. 曾走保武當. 王廙始得至荊州. 訪以功遷梁州刺史 屯襄陽.

16　冬 十月 丁未 琅邪王裒薨.

17　十一月 己酉朔 日有食之.

18　丁卯 以劉琨爲待中·太尉.

19　征南軍司戴邈上疏 以爲"喪亂以來 庠序隳廢 議者或謂平世尚文 遭亂尚武 此言似之 而實不然. 夫儒道深奧 不可倉猝而成. 比天下平泰 然後脩之 則廢墜已久矣. 又 貴遊之子 未

必有斬將搴旗之才 從軍征戌之役 不及盛年使之講肄道義 良可惜也. 世道久喪 禮俗日弊 猶火之消膏 莫之覺也. 今王業肇建 萬物權輿 謂宜篤道崇儒 以勵風化." 王從之 始立太學.

20　漢主聰出畋 以愍帝行車騎將軍 戎服執戟前導. 見者指之曰"此故長安天子也." 聚而觀之 故老有泣者. 太子粲言於聰曰"昔周武王豈樂殺紂乎? 正恐同惡相求 爲患故也. 今興兵聚衆者 皆以子業爲名 不如早除之!" 聰曰"吾前殺庾珉輩 而民心猶如是. 吾未忍復殺也 且小觀之." 十二月 聰饗羣臣于光極殿 使愍帝行酒洗爵 已而更衣 又使之執蓋 晉臣多涕泣 有失聲者. 尙書郎隴西辛賓起 抱帝大哭 聰命引出 斬之.

趙固與河內太守郭默侵漢河東 至絳 右司隸部民奔之者三萬餘人. 騎兵將軍劉勳追擊之 殺萬餘人 固·默引歸. 太子粲帥將軍劉雅生等步騎十萬屯小平津 固揚言曰"要當生縛劉粲以贖天子." 粲表於聰曰"子業若死 民無所望 則不爲李矩·趙固之用 不攻而自滅矣." 戊戌 愍帝遇害於平陽. 粲遣雅生攻洛陽 固奔陽城山.

21　是歲 王命課督農功 二千石·長吏以入穀多少爲殿最 諸軍各自佃作 卽以爲稟.

22　氐王楊茂搜卒 長子難敵立 與少子堅頭分領部曲 難敵號左賢王 屯下辨 堅頭號右賢王 屯河池.

23   河南王吐谷渾卒. 吐谷渾者 慕容廆之庶兄也 父涉歸 分戶一千七百以隸之. 及廆嗣位 二部馬鬪 廆遣使讓吐谷渾曰 “先公分建有別 奈何不相遠異 而今馬有鬪傷” 吐谷渾怒曰 “馬是六畜 鬪乃其常 何至怒及於人！欲遠別甚易 恐後會爲難耳！今當去汝萬里之外.” 遂帥其衆西徙. 廆悔之 遣其長史乙郍婁馮追謝之. 吐谷渾曰 “先公嘗稱卜筮之言云 ‘吾二子皆當強盛 祚流後世.’ 我 孽子也 理無並大. 今因馬而別 殆天意乎！” 遂不復還 西傅陰山而居. 屬永嘉之亂 因度隴而西 據洮水之西 極于白蘭 地方數千里. 鮮卑謂兄爲阿干 廆追思之 爲之作《阿干之歌》. 吐谷渾有子六十人 長子吐延嗣. 吐延長大有勇力 羌·胡皆畏之.

❖ 中宗元皇帝上 太興 元年(戊寅, 318年)

1   春 正月 遼西公疾陸眘卒 其子幼 叔父涉復辰自立. 段匹磾自薊往奔喪 段末杯宣言 “匹磾之來 欲爲篡也.” 匹磾至右北平 涉復辰發兵拒之. 末杯乘虛襲涉復辰 殺之 幷其子弟黨與 自稱單于. 迎擊匹磾 敗之 匹磾走還薊.

2   三月 癸丑 愍帝凶問至建康 王斬縗居廬 百官請上尊號 王不許. 紀瞻曰 “晉氏統絕 於今二年 陛下當承大業 顧望宗室 誰復與讓！若光踐大位 則神·民有所憑依 苟爲逆天時 違

人事 大勢一去 不可復還. 今兩都燔蕩 宗廟無主 劉聰竊號於西北 而陛下方高讓於東南 此所謂揖讓而救火也."王猶不許 使殿中將軍韓績徹去御坐. 瞻叱績曰"帝坐上應列星 敢動者斬!"王爲之改容.

奉朝請周嵩上疏曰"古之王者 義全而後取 讓成而後得 是以享世長久 重光萬載也. 今梓宮未返 舊京未淸 義夫泣血 士女遑遑. 宜開延嘉謀 訓卒厲兵 先雪社稷大恥 副四海之心 則神器將安適哉!"由是忤旨 出爲新安太守 又坐怨望抵罪. 嵩 顗之弟也.

丙辰 王卽皇帝位 百官皆陪列. 帝命王導升御牀共坐 導固辭曰"若太陽下同萬物 蒼生何由仰照?"帝乃止. 大赦 改元 文武增位二等. 帝欲賜諸吏投刺勸進者加位一等 民投刺者皆除吏 凡二十餘萬人. 散騎常侍熊遠曰"陛下應天繼統 率土歸戴 豈獨近者情重 遠者情輕! 不若依漢法遍賜天下爵 於恩爲普 且可以息檢核之煩 塞巧僞之端也."帝不從.

庚午 立王太子紹爲皇太子. 太子仁孝 喜文辭 善武藝 好賢禮士 容受規諫 與庾亮 · 溫嶠等爲布衣之交. 亮風格峻整 善談老 · 莊 帝器重之 聘亮妹爲太子妃. 帝以賀循行太子太傅 周顗爲少傅 庾亮以中書郎侍講東宮. 帝好刑名家 以《韓非》書賜太子. 庾亮諫曰"申 · 韓刻薄傷化 不足留聖心."太子納之.

3　　帝復遣使授慕容廆龍驤將軍 · 大單于 · 昌黎公 廆辭公爵不受. 廆以游邃爲龍驤長史 劉翔爲主簿 命邃創定府朝儀法.

裴嶷言於廆曰"晉室衰微 介居江表 威德不能及遠 中原之亂
非明公不能拯也. 今諸部雖各擁兵 然皆頑愚相聚 宜以漸幷取
以爲西討之資." 廆曰"君言大 非孤所及也. 然君中朝名德 不
以孤僻陋而敎誨之 是天以君賜孤而祐其國也." 乃以嶷爲長史
委以軍國之謀 諸部弱小者 稍稍擊取之.

4   李矩使郭默‧郭誦救趙固 屯于洛汭. 誦潛遣其將耿稚等
夜濟河襲漢營 漢貝丘王翼光覘知之 以告太子粲 請爲之備. 粲
曰"彼聞趙固之敗 自保不暇 安敢來此邪! 毋爲驚動將士!"
俄而稚等奄至 十道進攻 粲衆驚潰 死傷太半 粲走保陽鄉. 稚
等據其營 獲器械‧軍資不可勝數. 及旦 粲見稚等兵少 更與劉
雅生收餘衆攻之 漢主聰使太尉范隆帥騎助之 與稚等相持 苦
戰二十餘日 不能下. 李矩進兵救之 漢兵臨河拒守 矩兵不得
濟. 稚等殺其所獲牛馬 焚其軍資 突圍 奔虎牢. 詔以矩都督河
南三郡諸軍事.

5   漢蠡斯則百堂災 燒殺漢主聰之子會稽王康等二十一人.

6   聰以其子濟南王驥爲大將軍‧都督中外諸軍事‧錄尚書
齊王勱爲大司徒.

7   焦嵩‧陳安舉兵逼上邽 相國保遣使告急於張寔 寔遣金城
太守竇濤督步騎二萬赴之. 軍至新陽 聞愍帝崩 保謀稱尊號.

破羌都尉張詵言於寔曰"南陽王 國之疏屬 忘其大恥而遽欲自尊 必不能成功. 晉王近親 且有名德 當帥天下以奉之."寔從之 遣牙門蔡忠奉表詣建康 比至 帝已卽位. 寔不用江東年號 猶稱建興.

8 夏 四月 丁丑朔 日有食之.

9 加王敦江州牧 王導驃騎大將軍·開府儀同三司.
　導遣八部從事行揚州郡國 還 同時俱見. 諸從事各言二千石官長得失 獨顧和無言. 導問之 和曰"明公作輔 寧使網漏吞舟 何緣采聽風聞 以察察爲政邪!"導咨嗟稱善. 和 榮之族子也.

10 成丞相范長生卒 成主雄以長生子侍中賁爲丞相. 長生博學 多藝能 年近百歲 蜀人奉之如神.

11 漢中常侍王沈養女有美色 漢主聰立以爲左皇后. 尚書令王鑒·中書監崔懿之·中書令曹恂諫曰"臣聞王者立后 比德乾坤 生承宗廟 沒配后土. 必擇世德名宗 幽閑令淑 乃副四海之望 稱神祇之心. 孝成帝以趙飛燕爲后 使繼嗣絕滅 社稷爲墟 此前鑒也. 自麟嘉以來 中宮之位 不以德舉. 借使沈之弟女 刑餘小醜 猶不可以塵汙椒房 況其家婢邪! 六宮妃嬪 皆公子公孫 奈何一旦以婢主之! 臣恐非國家之福也."聰大怒 使中常侍宣懷謂太子粲曰"鑒等小子 狂言侮慢 無復君臣上下之禮

其速考實！」於是收鑒等送市 皆斬之. 金紫光祿大夫王延馳
將入諫 門者弗通.

鑒等臨刑 王沈以杖叩之曰「庸奴 復能爲惡乎！乃公何與汝
事！」鑒瞋目叱之曰「豎子 滅大漢者 正坐汝鼠輩與靳準耳！
要當訴汝於先帝 取汝於地下治之.」準謂鑒曰「吾受詔收君 有
何不善 君言漢滅由吾也！」鑒曰「汝殺皇太弟 使主上獲不友
之名. 國家畜養汝輩 何得不滅！」懿之謂準曰「汝心如梟獍
必爲國患 汝既食人 人亦當食汝.」

聰又立宣懷養女爲中皇后.

12　司徒荀組在許昌 逼於石勒 帥其屬數百人渡江. 詔組與太
保西陽王羕並錄尙書事.

13　段匹磾之奔疾陸眷喪也 劉琨使其世子羣送之. 匹磾敗 羣
爲段末柸所得. 末柸厚禮之 許以琨爲幽州刺史 欲與之襲匹磾
密遣使齎羣書 請琨爲內應 爲匹磾邏騎所得. 時琨別屯征北小
城 不知也 來見匹磾. 匹磾以羣書示琨曰「意亦不疑公 是以白
公耳.」琨曰「與公同盟 庶雪國家之恥 若兒書密達 亦終不以
一子之故負公而忘義也.」匹磾雅重琨 初無害琨意 將聽還屯.
其弟叔軍謂匹磾曰「我 胡夷耳 所以能服晉人者 畏吾衆也. 今
我骨肉乖離 是其良圖之日 若有奉琨以起 吾族盡矣.」匹磾遂
留琨. 琨之庶長子遵懼誅 與琨左長史楊橋等閉門自守 匹磾攻
拔之. 代郡太守辟閭嵩・後將軍韓據復潛謀襲匹磾 事泄 匹磾

執嵩·據及其徒黨 悉誅之. 五月 癸丑 匹磾稱詔收琨 縊殺之
幷殺其子姪四人. 琨從事中郎盧諶·崔悅等帥琨餘衆奔遼西
依段末柸 奉劉羣爲主 將佐多奔石勒. 悅 林之曾孫也. 朝廷以
匹磾尚強 冀其能平河朔 乃不爲琨舉哀. 溫嶠表“琨盡忠帝室
家破身亡 宜在褒恤.”盧諶·崔悅因末柸使者 亦上表爲琨訟
冤. 後數歲 乃贈琨太尉·侍中 諡曰愍. 於是夷·晉以琨死 皆
不附匹磾.

　末柸遣其弟攻匹磾 匹磾帥其衆數千將奔邵續 勒將石越邀之
於鹽山 大敗之 匹磾復還保薊. 末柸自稱幽州刺史.

　初 溫嶠爲劉琨奉表詣建康 其母崔氏固止之 嶠絕裾而去. 既
至 屢求返命 朝廷不許 會琨死 除散騎侍郎. 嶠聞母亡 阻亂不
得奔喪·臨葬 固讓不拜 苦請北歸. 詔曰“凡行禮者 當使理可
經通. 今桀逆未梟 諸軍奉迎梓宮猶未得進 嶠以一身 於何濟其
私難而不從王命邪！”嶠不得已受拜.

14　　初 曹嶷旣據青州 乃叛漢來降. 又以建康懸遠 勢援不接
復與石勒相結 勒授嶷東州大將軍·青州牧 封琅邪公.

15　　六月 甲申 以刁協爲尚書令 荀崧爲左僕射. 協性剛悍 與
物多忤 與侍中劉隗俱爲帝所寵任 欲矯時弊 每崇上抑下 排沮
豪強 故爲王氏所疾 諸刻碎之政 皆云隗·協所建. 協又使酒放
肆 侵毀公卿 見者皆側目憚之.

16　戊戌 封皇子晞爲武陵王.

17　劉虎自朔方侵拓跋鬱律西部. 秋 七月 鬱律擊虎 大破之. 虎走出塞 從弟路孤帥其部落降于鬱律. 於是鬱律西取烏孫故地 東兼勿吉以西 士馬精強 雄于於方.

18　漢主聰寢疾 徵大司馬曜爲丞相 石勒爲大將軍 皆隸尙書事 受遺詔輔政. 曜‧勒固辭. 乃以曜爲丞相‧領雍州牧 勒爲大將軍‧領幽‧冀二州牧 勒辭不受. 以上洛王景爲太宰 濟南王驥爲大司馬 昌國公顗爲太師 朱紀爲太傅 呼延晏爲太保 並錄尙書事 范隆守尙書令‧儀同三司 靳準爲大司空‧領司隸校尉 皆迭決尙書奏事. 癸亥 聰卒. 甲子 太子粲卽位. 尊皇后靳氏爲皇太后 樊氏號弘道皇后 武氏號弘德皇后 王氏號弘孝皇后 立其妻靳氏爲皇后 子元公爲太子. 大赦 改元漢昌. 葬聰於宣光陵 諡曰昭武皇帝 廟號烈宗. 靳太后等皆年未盈二十 粲多行無禮 無復哀戚.

　靳準陰有異志 私謂粲曰"如聞諸公欲行伊‧霍之事 先誅太保及臣 以大司馬統萬機 陛下宜早圖之！"粲不從. 準懼 復使二靳氏言之 粲乃從之. 收其太宰景‧大司馬驥‧驥母弟車騎大將軍吳王逞‧太師顗‧大司徒齊王勱 皆殺之. 朱紀‧范隆奔長安. 八月 粲治兵於上林 謀討石勒. 以丞相曜爲相國‧都督中外諸軍事 仍鎭長安. 靳準爲大將軍‧錄尙書事. 粲常遊宴後宮. 軍國之事 一決於準. 準矯詔以從弟明爲車騎將軍 康爲

衛將軍.

準將作亂 謀於王延. 延弗從 馳 將告之 遇靳康 劫延以歸. 準遂勒兵升光極殿 使甲士執粲 數而殺之 謚曰隱帝. 劉氏男女無少長皆斬東市. 發永光·宣光二陵 斬聰屍 焚其宗廟. 準自號大將軍·漢天王 稱制 置百官 謂安定胡嵩曰"自古無胡人爲天子者 今以傳國璽付汝 還如晉家."嵩不敢受 準怒 殺之. 遣使告司州刺史李矩曰"劉淵 屠各小醜 因晉之亂. 矯稱天命使二帝幽沒. 輒率衆扶侍梓宮 請以上聞."矩馳表于帝 帝遣太常韓胤等奉迎梓宮. 漢尙書北宮純等招集晉人 堡於東宮 靳康攻滅之. 準欲以王延爲左光祿大夫 延罵曰"屠各逆奴 何不速殺我!以吾左目置西陽門 觀相國之入也 右目置建春門 觀大將軍之入也!"準殺之.

相國曜聞亂 自長安赴之. 石勒帥精銳五萬以討準 據襄陵北原. 準數挑戰 勒堅壁以挫之.

冬 十月 曜至赤壁. 太保呼延晏等自平陽歸之 與太傅朱紀等共上尊號. 曜卽皇帝位 大赦 惟靳準一門不在赦例. 改元光初. 以朱紀領司徒 呼延晏領司空 太尉范隆以下悉復本位. 以石勒爲大司馬·大將軍 加九錫 增封十郡 進爵爲趙公.

勒進攻準於平陽 巴及羌·羯降者十餘萬落 勒皆徙之於所部郡縣.

漢主曜使征北將軍劉雅·鎭北將軍劉策屯汾陰 與勒共討準.

19 十一月 乙卯 日夜出 高三丈.

20　詔以王敦爲荊州牧 加陶侃都督交州諸軍事. 敦固辭州牧
乃聽爲刺史.

21　庚申 詔羣公卿士各陳得失. 御史中丞熊遠上疏 以爲“胡
賊猾夏 梓宮未返 而不能遣軍進討 一失也 羣官不以仇賊未報
爲恥 務在調戲‧酒食而已 二失也 選官用人 不料實德 惟在
白望 不求才幹 惟事請託 當官者以治事爲俗吏 奉法爲苛刻
盡禮爲諂諛 從容爲高妙 放蕩爲達士 驕蹇爲簡雅 三失也 世
之所惡者 陸沈泥滓 時之所善者 翶翔雲霄. 是以萬機未整 風
俗僞薄. 朝廷羣司 以從順爲善 相違見貶 安得朝有辨爭之臣
士無祿仕之志乎！古之取士 敷奏以言 今光祿不試 甚違古義.
又擧賢不出世族 用法不及權貴 是以才不濟務 姦無所懲. 若此
道不改 求以救亂 難矣！”
　先是 帝以離亂之際 欲慰悅人心 州郡秀‧孝至者 不試 普皆
署吏. 尙書陳頵亦上言“宜漸循舊制 試以經策.”帝從之 仍詔
“不中科者 刺史‧太守免官.”於是秀‧孝皆不敢行 其有到者
亦皆託疾 比三年無就試者. 帝欲特除孝廉已到者官 尙書郎孔
坦奏議 以爲“近郡懼累君父 皆不敢行 遠郡冀于不試 冒昧來
赴. 今若偏加除署 是爲謹身奉法者失分 僥幸投射者得官 頹風
傷教 恐從此始. 不若一切罷歸 而爲之延期 使得就學 則法均
而令信矣.”帝從之 聽孝廉申至七年乃試. 坦 愉之從子也.

22　靳準使侍中卜泰送乘輿‧服御 請和於石勒 勒囚泰 送於

漢主曜. 曜謂泰曰"先帝末年 實亂大倫. 司空行伊‧霍之權 使朕及此 其功大矣. 若早迎大駕者 當悉以政事相委 況免死乎！卿爲朕入城 具宣此意." 泰還平陽 準自以殺曜母兄 沈吟 未從. 十二月 左‧右車騎將軍喬泰‧王騰‧衛將軍靳康等相 與殺準 推尙書令靳明爲主 遣卜泰奉傳國六璽降漢. 石勒大怒 進軍攻明 明出戰 大敗 乃嬰城固守.

23　丁丑 封皇子煥爲琅邪王. 煥 鄭夫人之子 生二年矣 帝愛 之 以其疾篤 故王之. 己卯 薨. 帝以成人之禮葬之 備吉凶儀服 營起園陵 功費甚廣. 琅邪國右常侍會稽孫霄上疏諫曰"古者 凶荒殺禮 況今海內喪亂 憲章舊制 猶宜節省. 而禮典所無 顧 崇飾如是乎！竭已罷之民 營無益之事 殫已困之財 脩無用之 費 此臣之所不安也." 帝不從.

24　彭城內史周撫殺沛國內史周默 以其衆降石勒. 詔下邳內 史劉遐領彭城內史 與徐州刺史蔡豹‧泰山太守徐龕共討之. 豹 質之玄孫也.

25　石虎帥幽‧冀之兵會石勒攻平陽 靳明屢敗 遣使求救於 漢. 漢主曜使劉雅‧劉策迎之 明帥平陽士女萬五千人奔漢. 曜 西屯粟邑 收靳氏男女 無少長皆斬之. 曜迎其母胡氏之喪於平 陽 葬于粟邑 號曰陽陵 謚曰宣明皇太后. 石勒焚平陽宮室 使 裴憲‧石會脩永光‧宣光二陵 收漢主粲已下百餘口葬之 置戍

而歸.

26　成梁州刺史李鳳數有功 成主雄兄子稚在晉壽 疾之. 鳳以
巴西叛 雄自至涪 使太傅驤討鳳 斬之 以李壽爲前將軍 督巴
西軍事. *